当代中国劳资伦理
法律规制问题研究

■ 秦国荣等　著

商务印书馆
The Commercial Press

本书系国家社科基金重点项目
"当代中国劳资伦理法律规制问题研究"
（14AFX016）结项成果

自 序

在现代工业化市场经济国家，劳动关系乃是极为重要的社会生产关系。自改革开放，尤其是自《劳动法》颁布实施以来，中国共产党高度重视劳动关系的法治保障与制度建设，对劳动关系法治化的认识也不断深化。党的十八大明确提出构建和谐劳动关系，将努力构建中国特色和谐劳动关系作为推动和谐社会建设的重要战略部署。2015 年 3 月，中共中央、国务院发布了《关于构建和谐劳动关系的意见》，将和谐劳动关系建设上升到事关广大职工和企业的切身利益、事关经济发展与社会和谐的战略高度。党的十九大则进一步提出建立"规范有序、公正合理、互利共赢、和谐稳定"的新时代劳动关系建设目标，全方位推进和谐劳动关系建设。

探索中国特色劳动法治建设的学术理论体系，为和谐劳动关系法治建设提供理性、科学的理论话语、理论逻辑和学理依据，乃是劳动法学研究者义不容辞的职责。一段时期以来，在看待劳动关系，尤其是以劳资关系为语境的情况下，无论是理论界（包括劳动法学界），还是普通民众，相当一部分人将劳资双方看作是利益对立的当事方，劳资冲突、劳资矛盾、劳资对立几乎成为这部分人的思维定式，成为他们理解和思考劳动关系的逻辑前提和基点。而"资强劳弱""资恶劳善"也几乎成为他们判断劳动关系的"社会定律"。

不可否认，历史和现实中资本与市场竞争的冷酷，使得资本与劳动的关系时常为实际的利益所左右,资本追求利润最大化与劳动者追求工资收入最大化,似乎成为双方利益分配中难解的"死结"。但如果我们仅仅基于双方利益分配中的诉求相异而简单地得出劳资双方必然对立与冲突的结论,就未免过于武断了。

从学术研究的角度来看,究竟如何认识与理解市场化、契约化的劳动关系,如何定性劳动法律关系,如何定位劳动关系法治化,自劳动关系产生以来,在理论界就一直是见仁见智、充满争议甚至对立冲突的话题,而劳资冲突与对立学说乃是在政治学、经济学、社会学等领域有着较大影响力的一种观点和思想。劳资协商、劳资合作、劳资共赢等学说则在管理学(尤其是人力资源管理)、劳动经济学、伦理学等领域有着广泛的共识。这表明从不同的视角和立场观察劳动关系,会有着不同甚至截然相左的认识。

劳动关系作为一种现实性的社会关系存在,有着经济性与伦理性的双重属性。也就是说,如果我们将劳动关系置于企业组织体之中,可以看到劳资双方存在着彼此相互依存、不可分离的内在关系。劳资双方以企业或公司共同体为平台,形成了特定的协作分工、相互配合的内部共事或同事关系,并按照劳动纪律和职场规则进行工作相处与利益分配。这应该是劳资双方相互关系的正常状态。

如果单纯从利益诉求与契约自利动机的角度看,劳资之间确实存在着天然的内在矛盾。在资本主义发展初期,在资本血腥逐利与资产阶级政权强力维护资本利益的制度架构下,劳资矛盾确实表现为具有激烈对抗性质的阶级斗争,工人阶级和资本家之间存在着剥削与反剥削、压迫与反压迫的社会革命性斗争。资产阶级对工人阶级的疯狂压榨与压迫,使得工人阶级的反抗及工人运动风起云涌,更使得社会人文主义、人本主义,尤其是马克思主义及社会主义思想和理论得以在世界范围内广泛传播。

各国劳动法律制度在各种思潮、思想、观念以及制度实践的冲击下，不断进行着调整、变革与重构。而法律制度背后的逻辑则更成为法学家们所思考和研究的课题。尽管在中西方劳动法学界以及在民间的一般性惯常思维中，劳资对立或劳资双方利益冲突的观点仍然占主导地位。但是，这种观点或结论的逻辑却越来越受到理论与实践的质疑。比如，如果说劳资是对立的，那么，为什么资方出资兴办企业或公司，还要花钱雇佣专门与自己对立的劳方？如果劳资双方利益对立，资方仅仅是追求利润，劳方仅仅是追求自己的工资收入，那么，这种关系与劳务合同又有什么区别？劳资双方为什么还要形成一种继续性、长期性、紧密型的相互关系？

如果我们再进一步探究，则可追问：资方投资的企业究竟是什么属性？企业仅仅是资方追求自身利润的手段或工具吗？如果说企业对于作为以自有资产甚至身家性命进行投资的资方非常重要，那么企业生存发展对于依赖于企业以获取生存与生活资料的劳动者来说同样非常重要。在劳动者享有充分的人身自由与自主择业权的时代，如果劳资双方的利益诉求是对立的，那么究竟是怎样的力量使劳资双方紧密结合在一起？特别重要的是，如果劳资对立以及劳资双方利益冲突的观点是正确的，又怎么解释国有企业的性质及其运行，怎么解释股份公司尤其是上市公司的性质及其运行？可见，面对劳资双方以企业或公司为彼此利益与命运共同体的现实，劳资对立说是很难有理论说服力与解释力的。

在人力资源管理的理论看来，劳动关系就是企业或公司内部的科层结构关系与绩效管理的对象，属于企业内部的劳动分工、考核、管理与利益分配关系。换言之，劳动关系就是企业或公司的内部人之间的相互关系。劳资双方以企业或公司为平台，按照职场规则与劳动纪律构建起了彼此相互依存、荣辱与共、利益相联的"同事"关系。这种同事关系对于劳动者而言,乃是至关重要的社会关系。如果说家庭关系是劳动者作为自然人,构成了以血缘或亲情为纽带的血亲共同体关系,那么劳动关系则是劳动者作为社会人,构成了以参与社会分工、利益分配和对外社会交往为纽带的职业共同体关系。

社会关系的运行有其基本的法则,这种法则既包括为国家立法所确认、承认或制定的法律,也包括长期以来为公众所普遍认知或遵循的公序良俗与公德规范,还有大量约定俗成的人际交往规则与行为准则,这些被称为"活法"的规则与准则构成了社会伦理的重要内容。劳资关系是社会关系的重要组成部分,毫无疑问,劳资双方需要共守基本的伦理准则,比如资方应以关怀、照顾、公平对待等为伦理守则,劳方则应以忠实、勤勉、敬业等为伦理守则,双方共同以企业或公司为利益共同体或组织平台,合作分工,共同努力应对外部市场竞争,推进企业进步与发展。

按照科斯对企业的理解,"雇主与雇员"的法律关系类似于"主人与仆人"的关系,指挥是"雇主与雇员"这种法律关系的实质。从双方订立劳动契约起始的自利动机来看,雇主作为资本的所有者,雇员作为自身劳动力的所有者,双方在劳动力市场上乃是以平权的所有权人身份进行市场交易,即缔约阶段的雇主与雇员均以自身的利益需要为缔约的前提,双方均是通过满足对方的需要来实现自己的目的,均以"互为手段与目的"的市民社会交易达成彼此都能接受的契约。在这个阶段,双方的利益需要和自利诉求存在着显而易见的对立与冲突。但是,我们恰恰需要看到的是,劳动契约之所以与一般的民事契约存在着本质的区别,正在于劳资双方这种以实现各自利益需要为目的的缔约一经完成,即劳动契约进入履行阶段,劳动者即成为资方企业的员工,成为企业组织体的一员,劳资双方不再是利益对立的关系,而是同舟共济的同事关系,劳资双方均成为企业的"内部人",劳动关系成为企业共同体或组织体的内部关系。

企业作为劳资双方利益与命运所系的共同体,劳资双方既要共同面对残酷激烈的市场竞争,也要面对内部职场的人际关系与利益分配,这就需要在由陌生人所组成的企业职场中,形成劳资双方恪守的职场规则与伦理准则。这种伦理准则构成了劳资双方职业道德的基本内容,同时也构成了劳动立法的基本依据。劳资伦理作为社会伦理的重要组成部分,是否能够恪守这种伦理准则,乃是判别劳资双方行为善恶与是非对错的基本标尺。

劳资伦理的基本内涵在于劳资双方应当承担的基本责任,资方的伦理责任构成了资方承担社会责任的重要部分,而劳方的伦理责任则构成了判别劳动者德行的重要标尺。在我国大力弘扬社会主义核心价值观的今天,厘清与明晰劳资伦理责任,对于落实和践行社会主义核心价值观有着极为重要的理论与实践意义。

本书以当代中国劳资伦理的法律规制为研究论题,试图阐释劳资伦理责任的理论内涵,并以劳资伦理责任的方式变项作为劳动立法的圭臬,以此对劳动关系调整中的"法"与"法律"做出合理的理论解释。毫无疑问,随着市场经济的发展,尤其是随着网络用工及各种灵活用工方式的出现,劳动立法需要为适应时代变迁和社会要求而不断进行技术性修改与调整,但无论劳动立法如何调整,劳动关系或劳资伦理的基本责任与准则不会改变。这或许正是本书的旨趣与学术意义所在吧。

是为序,愿读者谨识。

秦国荣

2020 年 9 月

目　录

第一章
市场经济法治与劳资伦理关系定位：
价值判断与理论逻辑

　　市场经济乃是以供求价格机制为引导，以商品生产与交换为主要内容的经济运行方式，是一种以市场配置资源、调节供给与需求为主的经济发展模式。市场经济作为制度化的人类经济活动方式，既包括有着产权保护、等价有偿、公平竞争、自由平等等一系列价值理念的法律制度体系，也包括调整社会的生产、分配、交换、消费等活动的经济体系，还包括以互利共赢、利己利他、诚实守信等为主要内容的伦理道德体系。市场经济既是法治经济，也是德行经济。而市场经济中将这种法治和德行表现得最为典型与集中的，就是劳动关系。作为社会生产的单元，企业将社会生产关系表现为法律上的劳动关系，这种基于市场经济而产生的劳动关系，乃是物质资本、人格化的资本与人力资本、劳动力资本相结合进行商品生产和交换活动的基本方式。劳动关系集中体现了现代市场经济的法治与伦理要求，研究这一课题对于市场经济法治理论与实践的价值，可谓"窥斑知豹"，意义重大。

第一节　劳资伦理关系的法学意蕴

劳资伦理关系定位问题是近年来颇受学界和实践部门关注的话题。这一方面源于劳资纠纷的日益增多引起了社会的反思,产生了化解劳资矛盾、建构和谐劳资关系的善良愿景;另一方面则源于学界开始深入思考劳资关系的内在本质,期望通过理论研究探索应然状态的劳资关系,进而为劳资法律制度建构提供可靠的理论依据。从学术研究与实务角度说,劳资伦理作为跨学科、跨领域的命题,对于企业内部治理、人力资源管理、和谐劳资关系建设以及劳动法制建构等,均具有现实的理论与实践价值。

一、劳资伦理关系的法律特征分析

恩格斯(Friedich Engels)曾经说过:"资本和劳动的关系,是我们现代全部社会体系所围绕旋转的轴心。"①劳资关系是随着工业化大生产与资本主义制度的建立而产生的,同时也是随着市场经济发展和世界范围内的社会制度变革而不断发生变迁的。综观劳资关系的历史变化,大致可以分为三个阶段。

第一个阶段是资本对劳动的绝对控制与压榨阶段。这一阶段大致

---

①　〔德〕弗·恩格斯:《卡·马克思〈资本论〉第一卷书评——为〈民主周报〉作》,载《马克思恩格斯文集》第3卷,人民出版社2009年版,第79页。

从 17 世纪中叶至 19 世纪中叶，尤其是在西方资本主义早期发展阶段，新兴资产阶级为了彻底摧毁封建社会的社会基础与文化习惯，巩固资本对劳动的剥削地位，通过立法确认和保护资方对劳工的管制与压迫。① 这使得劳工不仅在经济上处于对资本的依赖地位，而且在其他各个方面都不得不屈从于资本淫威之下。在这种极度纵容资本逐利与残酷剥削的制度体系下，劳工成为资本"活的机器"，疯狂追逐利润的资本所有者及其守护者也由此丧失了人性，早期资本主义社会几乎成了血腥、残酷、无耻地对工人阶级进行压榨与剥削的代名词。正因为此，马克思（Karl Heinrich Marx）曾经愤怒地指出："作为别人辛勤劳动的制造者，作为剩余价值的榨取者和劳动力的剥削者，资本在精力、贪婪和效率方面，远远超过了一切以直接劳动为基础的生产制度。"②"资本来到人世，从头到脚，每个毛孔都滴着血和肮脏的东西。"③

　　第二个阶段是劳资激烈冲突阶段。这一阶段大致从 19 世纪中叶至 20 世纪中叶，为了反抗资方的残酷剥削和管制，逐步觉醒了的劳工开始进行有组织的工人运动，④尤其是随着马克思主义和社会主义运

---

　　①　如英国伊丽莎白一世时期的立法就明确将劳动规定为义务而不是权利，立法确认了最高工资与最低工时制度，确认了资方对劳工的劳动纪律管制。马克思在研究这段历史时，曾经写道："被暴力剥夺了土地、被驱逐出来而变成了流浪者的农村居民，由于这种古怪的恐怖的法律，通过鞭打、烙印、酷刑，被迫习惯于雇佣劳动制度所必需的纪律。"参见〔德〕卡·马克思：《资本论》，载《马克思恩格斯文集》第 5 卷，人民出版社 2009 年版，第 846 页。

　　②　〔德〕卡·马克思：《资本论》，载《马克思恩格斯文集》第 5 卷，人民出版社 2009 年版，第 344 页。

　　③　〔德〕卡·马克思：《资本论》，载《马克思恩格斯文集》第 5 卷，人民出版社 2009 年版，第 829 页。

　　④　对于 19 世纪中叶资本主义企业残酷剥削工人的情形，马克思非常愤怒，他深刻地指出，"为了'抵御'折磨他们的毒蛇，工人必须把他们的头聚在一起，作为一个阶级来强行争取一项国家法律，一个强有力的社会屏障，使自己不致再通过自愿与资本缔结的契约而把自己和后代卖出去送死和受奴役"。参见〔德〕卡·马克思：《资本论》，载《马克思恩格斯文集》第 5 卷，人民出版社 2009 年版，第 349 页。

动在欧洲的兴起,工人阶级找到了自己斗争的理论武器,劳资冲突开始上升为阶级斗争、制度对抗与意识形态对立,这使得劳资关系呈现出敌对性的、极为紧张激烈的冲突状态。巴黎公社对社会主义的初步实践尝试,苏联、东欧、中国等社会主义制度的逐步探索与确立,以及社会主义理念与制度在全球范围内影响的逐步扩大,使得基于劳资关系敌对的意识形态观念上升为"社会主义与资本主义阵营"的相互"冷战"对立。

第三个阶段是近现代以来劳资关系不断缓和,趋向于形成劳资新伦理的阶段。这一阶段自 20 世纪中叶发轫至今,随着马克思主义理论和社会主义实践在全球昭彰和产生巨大影响,西方发达国家开始不断调整政策与法律,缓和劳资冲突;西方人本主义理论的兴起,国际范围内劳工组织的建立与推动,使得相当一部分西方国家从理念到制度均进行了变革;资本跨国流动,高科技、信息化企业的不断发展,股份公司、股权合作与上市公司等资本结构的出现,人力资源与人力资本以及企业内部治理结构的转型等实质性的影响,西欧部分发达国家"福利国家"政策的实行,社会保障制度的建构与完善,工会组织的政党化及其对选举与政府政策的影响等,均使得劳资关系呈现出不断缓和、融合的特质,劳资逐步融为一体,成为企业生存与发展的共识性观念,并由此开始逐步形成新型劳资伦理关系。而摆脱极左观念、实行改革开放的社会主义国家,随着对商品和市场经济,以及对资本运行规律及要求的重新认识,开始科学地审视资本与劳动的内在关系,社会主义和谐劳资关系理念和伦理价值判断逐步成为社会共识。

纵观劳资关系的发展演变历史,实质上是从政治国家领域逐步回归到市民社会的过程。无论是早期资本主义时期,还是工人运动风起云涌的时期,都是将资本与劳动置于对立斗争的两端,要么是资方以压制劳方为手段,来建构满足资本利益和扩张需要的制度结构与分配方式;要么是劳方以否定资方为手段,来建构符合劳方利益需要的制度形态。劳资对立长期以来成为双方心照不宣的"共识",彼此都是通过意识形态宣扬和政治体制建构,力图压制与控制对方,目的在于最大限度地实现彼此各自的利益。而经过双方长期的政治上与观念上的"零和博弈",尤其经过市场经济的自发运行与不断完善发展,劳资关系开始从政治的与观念的"虚空世界",回到市场的与经济的"现实人间":资本与劳动,原本就是企业得以正常运行的最基本要素,资本作为历史的"活劳动"与劳工作为现实的"活劳动",两者只有在结合过程中相互协作,才能实现劳资双方的共同利益。对于双方而言,"斗则两败俱伤,和则互利共赢"。

如果我们将劳资关系置于市场经济与企业内部治理结构关系中考察,可以清晰地看到劳资关系的应然状态。劳资伦理关系的法律特征大致有以下几点。

(一) 契约平权性

虽然从劳资双方实际力量对比的角度看,资方相对于劳方处于优势地位,但双方这种实质性不均衡地位乃是一种社会性差异,并不能改变双方在法律上人格与权利的形式平等性。从法律角度看,劳资双方作为彼此追求各自私人利益和利己目的的市民主体,双方在市场交易过程中均为希望实现自身利益的市场主体,双方按照平等、自愿、意思自治的法律准则,通过市场竞争、选择、协商,确定对方作为合适的缔约对象并缔结劳动合同。在这一过程中,任何欺诈、胁迫和违反对方意思自治与自愿的行为,均属无效法律行为,不能产生法律约束力。

其实,以劳资双方实力不均衡、社会地位实质不平等来否定劳资双方的法律平等与缔约公平,乃是对法律与法治精神的不了解。因为法律的平等乃是指双方在人格以及缔约资格上的平等,这种平等是法律赋予双方根据各自的意思自治通过平等协商达成契约的权利,这种权利乃是法律设定的形式平等,与缔约双方的实际状况如何或是否处于实质不平等的社会地位之间并没有多少内在关联。①

从市场交易以及劳动契约缔结角度看,劳动者与资方在法律上乃是按照主体平等、意思自治和缔约自由的基本准则发生关系的。这种"资本与劳动"的交换首先是一种平等主体之间的交易,正如马克思批判性地认识到的,"劳动力所有者与货币所有者在市场上相遇,彼此作为身份平等的商品所有者发生关系,所不同的只是一个是买者,一个是卖者,因此双方是在法律上平等的人"②。

劳资双方主体平等与缔约自由的法律平权特质,既是劳资双方能够建立合作关系的前提,也是双方能够建立起伦理型法律关系的基础。正是双方在平等基础上缔结劳动契约,才使得自利双方能够和对方形成"互为手段与目的"的法律关系,这种法律上的平权契约关系构成了劳资伦理关系的逻辑起点。

(二) 组织协作性

劳动关系作为现代工业化大生产的产物,有组织的集体化协作生

---

① 从法律及其实施的角度说,法律所能实现的只能是形式正义。对于劳动法上形式正义的弊端,恩格斯曾经对此做过极为深刻的批评,他指出:"劳动契约仿佛是由双方自愿缔结的。但是,这种契约的缔结之所以被认为出于自愿,只是因为法律在纸面上规定双方处于平等地位而已。至于不同的阶级地位给予一方的权力,以及这一权力加于另一方的压迫,即双方实际的经济地位——这是与法律毫不相干的。……至于经济地位迫使工人甚至把最后一点表面上的平等权利也抛弃掉,这仍然与法律毫不相干。"参见〔德〕弗·恩格斯:《家庭、私有制和国家的起源》,载《马克思恩格斯选集》第4卷,人民出版社1977年版,第69页。

② 〔德〕卡·马克思:《资本论》,载《马克思恩格斯文集》第5卷,人民出版社2009年版,第190页。

产乃是劳动关系运行的基本图景。这种劳动正如马克思所指出的，乃是"较多的工人在同一时间、同一空间（或者说同一劳动场所），为了生产同种商品，在同一资本家的指挥下工作"①。尽管从工作岗位职责角度看，每个劳动者都按照劳动契约约定和资方及其代理人的指令，独立完成各自岗位的工作任务。但从资方从事商品生产与市场交易的整体环节来看，每个劳动者的劳动其实都不是独立的劳动，都是在资方整体劳动分工下所从事的某一工序下的协作劳动。这种协作劳动乃是与社会化大生产的特点和需要相适应，它与民法上的劳务活动以及手工业、农业劳动等独立性较强的个体劳动有着极大的差别。

劳动的协作性与组织性，是资本雇佣劳动的基本要求，也是劳动管理与劳动纪律得以形成的必要性条件。马克思指出："一切规模较大的直接社会劳动或共同劳动，都或多或少地需要指挥，以协调个人的活动，并执行生产总体的运动……一旦从属于资本的劳动成为协作劳动，这种管理、监督和调节的职能就成为资本的职能。这种管理的职能作为资本的特殊职能取得了特殊的性质。"②组织化劳动由此必然产生组织体规则、纪律与伦理要求，这种规则伦理不仅出于维系组织体本身及其生产活动的正常运行与秩序之需要，而且在机器化大生产以及工序流程的分工协作劳动中，这种规则伦理有利于形成符合人性要求和人文关怀的企业文化。

（三）身份隶属性

对于劳动关系的身份隶属特征，国内外法学界和实务界基本上没

---

① 〔德〕卡·马克思：《资本论》，载《马克思恩格斯文集》第5卷，人民出版社2009年版，第358页。

② 〔德〕卡·马克思：《资本论》，载《马克思恩格斯文集》第5卷，人民出版社2009年版，第367—368页。

有多少争议。这种身份隶属与雇佣劳动的特征和要求也是紧密相联的,因为劳动者与资方订立劳动契约后,即成为资方集体劳动团队的一员,成为资方企业或公司的员工,参与资方集体劳动的分工协作。在这种劳动过程中,劳动者不仅要接受资方的工作分工与指令,而且要服从资方管理与纪律约束。因而其作为资方员工,既具有显著的身份特征与归属,其劳动行为及其后果也归属于资方统一承受。

雇佣劳动区别于民事雇佣的最突出标志正在于其所具有的组织性与身份隶属性,其以团队集体劳动的形式出现,表明每个劳动者不仅以分工协作者的身份与其他劳动者形成了紧密的同事关系,而且与资方也形成了团队成果分享、荣辱与共的合作共赢关系。正是基于这种身份隶属关系,劳动者在接受资方管理和纪律约束的同时,也拥有在资方团队中以自身才能、技能等获得各种物质性与精神性激励的权利,同时还拥有在资方科层式管理结构中获得晋升空间的机会。

劳动关系的身份隶属性作为劳动雇佣关系最典型的本质特征,表征着劳资双方利益相互对立共存的工作分工合作性和团队融入性。对此,美国学者巴德(John W. Budd)认为,在劳动雇佣关系中,效率乃是雇主的首要目的,而公平与发言权则是劳方的目的。① 两者之间确实存在着差异。但"雇佣关系的目标"恰恰就是寻求"效率、公平与发言权之间的平衡",因为"在某些情况下,效率、公平与发言权是相辅相成的。一个能够创造生产力的工作场所为平等的工作条件(包括雇员在决策中的发言权)提供了经济资源。而平等待遇和雇员参与权能够为减少人员流动、增强雇员责任感以及树立工人提高生产力和改善质量

---

① 〔美〕约翰·W. 巴德:《人性化的雇佣关系——效率、公平与发言权之间的平衡》,解格先、马振英译,北京大学出版社 2007 年版,第 18 页。

的思想创造条件"①。

二、劳资伦理内蕴劳资权利义务关系要求

劳资关系乃是极为复杂的社会生产关系,受意识形态以及长期以来阶级斗争思维的影响,我们在劳资关系本质的认识上,曾经将劳资双方看作是势不两立的阶级对立方。这种认识很显然与社会主义制度,尤其与社会主义市场经济本质以及和谐劳动关系建设的要求是不相吻合的。在改革开放不断深化的今天,这种观点已被中国社会所抛弃。

在劳资关系的认识问题上,较为常见的一种错误观念就是将劳资关系看作是一种金钱关系,认为劳资双方都是为了各自的经济利益,如资方是为了利润,劳方是为了工资收入,而走到一起的,经济利益是将双方连接在一起的纽带。这种观点实质上是将民事劳务或民事雇佣关系与劳动关系混为一谈。民事雇佣或劳务关系作为一种单纯的合同关系,双方以临时的、偶然的市场交易,以劳务或劳务产品为交易标的,形成了民事买卖合同关系,这种关系只有劳务及劳务产品与货币的交换,只有"冷冰冰"的商品交换与市场交易,"物"的因素构成了这种交易的最核心内容。而劳资关系很显然并不仅仅包含经济内容,劳资双方在履行劳动契约过程中具有协作性与身份隶属性特征,"人"的因素构成了这种社会关系的最本质、最核心的内容。因此,劳资关系绝不是一种单纯的金钱关系或物质关系,而恰恰是一种包含人伦因素的法律关系。

---

① 〔美〕约翰·W. 巴德:《人性化的雇佣关系——效率、公平与发言权之间的平衡》,解格先、马振英译,北京大学出版社 2007 年版,导言第 1 页。

市场经济条件下的劳资关系,具有经济性与人身性相结合的特性,劳资双方既有彼此互为"目的"与"手段"的经济关系,也有相互协作的人身与身份隶属关系。劳动契约是要求劳动者必须亲自履行、协作履行的身份契约。劳资双方均是以企业或公司组织体为平台,形成了特定的利益共同体关系。企业作为"资合"与"人合"的社会经济组织,需要劳资双方通过合作协力,共同应对残酷激烈的市场竞争,才能实现企业目标,进而实现劳资双方的切身利益。所以,将劳资关系看作是一种包含丰富伦理内涵的社会关系,最为切合劳资关系的法律本质。

我们这里所说的劳资伦理关系,既包含劳方与资方应然存在的利益关系内容,也包含双方彼此行为约束的"德行"关系内容。这种关系既有其经济内涵,也有其道德内涵,即"这种关系既不是自然的、盲目的关系,也不是由权威、律令强行规定的关系,而是一种由关系双方作为自觉主体本着'应当如此'的精神相互对待的关系"①。也就是说,基于契约、协作、身份隶属等伦理属性而形成的劳资关系,包含有劳资双方对应的伦理方式变项,即资方应恪守资方伦理,而劳方应信守劳方伦理,这种伦理内涵要求构成了劳资双方权利义务关系深层次的价值要求与行为指引。

虽然从生活经验角度说,我们似乎在观念上很容易将劳方与资方看作是相对立的当事人双方。然而,从严格的学术角度说,由于企业乃是资合与人合的社会组织,企业原本就是由其团队成员所构成的利益共同体,因而我们要在经济学意义上将两者截然分开,确实比较困难。在美国学者罗纳德·H. 科斯(Ronald H. Coase)看来,要想搞清楚"真实存在的企业"的性质,可以"通过研究通常称作'主人与仆人'或'雇

---

① 宋希仁:《论伦理关系》,《中国人民大学学报》2000 年第 3 期。

主与雇员'的法律关系来搞清企业的构成。这种关系的实质如下:
(1)仆人有义务向主人或代表主人的人提供个人服务……(2)主人必
须有权控制仆人的工作;或者亲力亲为或通过其他仆人或代理人"①。
由此可以得出结论:"'雇主与雇员'这个法律概念的实质就是指挥。"②

　　在罗伯特·C. 所罗门(Robert C. Solomon)看来,"无论法律上如
何定义,企业本身都是社会不可或缺的公民"③。企业实质上就是"社
会公民或者利益共同体",这种"'利益共同体'的概念中还包括决定着
企业是否有效运转的因素。这些因素绝不是什么精良的机械装置,而
是内在贯通的人际关系,是融为一体的竞争与合作,是团队精神和人们
优秀的道德品质。正是这一切构成了我们的企业"④。确实,在现代市
场经济中,企业不仅是向社会提供物质与精神产品的单元和基地,是社
会生产力最为活跃的载体与组织,而且事实上已成为连接个人、社会与
政府的最重要的舞台和环节,正如所罗门所说,"对于成千上万的管理
者来说,企业已经成了他们最重要的活动领域,甚至连家庭也被囊括其
中。我们先不评论这种现象是好是坏,但其至少意味着他们人生中的
大部分价值观和利益冲突将由企业来决定"⑤。

　　对于企业而言,资方作为雇主,与劳方作为雇员,乃是相互依存和

---

　　① 〔美〕罗纳德·H. 科斯:《企业的性质》,载〔美〕奥利弗·E. 威廉姆森、西德尼·
G. 温特编:《企业的性质——起源、演变和发展》,姚海鑫、邢源源译,商务印书馆2007年
版,第35—36页。

　　② 〔美〕罗纳德·H. 科斯:《企业的性质》,载〔美〕奥利弗·E. 威廉姆森、西德尼·
G. 温特编:《企业的性质——起源、演变和发展》,姚海鑫、邢源源译,商务印书馆2007年
版,第36页。

　　③ 〔美〕罗伯特·C. 所罗门:《商道别裁——从成员正直到组织成功》,周笑译,中国
劳动社会保障出版社2004年版,第64页。

　　④ 〔美〕罗伯特·C. 所罗门:《商道别裁——从成员正直到组织成功》,周笑译,中国
劳动社会保障出版社2004年版,第65页。

　　⑤ 〔美〕罗伯特·C. 所罗门:《商道别裁——从成员正直到组织成功》,周笑译,中国
劳动社会保障出版社2004年版,第64页。

合作的利益结构与共同体关系。劳资双方所形成的社会生产关系、组织结构及其现实生产活动，既有其物质、精神财富生产与现实利益关系内涵，也有其丰富的人际交往与价值观形成内涵，即"企业并不是抽象的事物，也不是一个个独立的个体，它们是由人集合而成的实实在在的团体。这种团队合作的影响力是难以想象的。很多时候，这种影响力是有益的，甚至能够引发重大的变革，提高整个国家的生活水平；退一步说，它能够创造出很多新的工作岗位，促进团队合作意识，开发新的资源，为消费者提供更多的选择"①。

劳资关系作为现代企业运行过程中的特定社会关系，虽然劳资双方的力量对比、自利目的等均不同，在企业利益分配过程中会产生经济上的冲突（如资方利润与劳方工资收入的冲突），但这些都改变不了一个基本的事实，那就是：劳资双方均以企业为载体和平台，实现着彼此不同的人生价值和自利目的。企业兴旺则劳资两利，企业衰败则劳资俱伤。尤为重要的是，劳资双方作为朝夕相处、共同为完成企业经营与发展目标的成员，已成为按照内部分工而彼此相互协作与合作的同事。这种合作的同事关系在相当程度上已不是一种法律关系，而是企业"内部人"的人际关系。就是说，"法律和契约对于调节和维系劳动关系是有效的，但是，再健全的法律、再明细的契约也解决不了所有的劳动关系问题。劳动关系的稳定与和谐不仅要依赖于法律和契约的强制性，还需要雇主与工人双方高度自觉的道德责任意识"②。

劳资伦理具有极为丰富的价值观内涵，对资方与劳方有着不同的行为要求。由于资方享有对劳方进行指挥与管理的权利，这就使得资

---

① 〔美〕罗伯特·C. 所罗门：《伦理与卓越——商业中的合作与诚信》，罗汉等译，上海译文出版社 2006 年版，第 8—9 页。

② 曹凤月：《企业道德责任论——企业与利益关系者的和谐与共生》，社会科学文献出版社 2006 年版，第 170 页。

方相对于劳方而言,处于相对强势地位,由此也就决定了资方应承担起更多的责任与义务。对于资方而言,资方伦理要求资方应以照顾员工利益为核心,以关怀、保护、尊重、平等、公平等为价值观和行为判断标准,不仅应注重营造提升劳方良好的"生活条件"与"工作环境",①而且应重视"员工权利"的实现。

资方伦理最为重要的内涵就是对员工的权利给予尊重与保障,这种尊重与保障构成了资方伦理的义务内容。劳方享有的"员工权利"至少应包括:

健康安全与休息休假权。即资方应当为劳方提供符合安全卫生规范要求的工作场所和设备,确保劳方生命与身体健康不受损害。资方应保证劳方有足够的休息休假时间,以利于劳方恢复体力和保持良好的精神健康状态。

薪酬合理与福利待遇权。即资方应设计科学合理的薪酬分配标准和考核机制,确保劳方能够获得公平合理的薪资与福利待遇。

雇佣自由与解雇保护权。即资方在尊重劳方的自由择业权和辞职权的同时,应确保劳方免受不公正待遇,免被无理解雇,保障劳方的职业安定。

机会均等与公平对待权。即资方应为劳方提供公平合理、公开透明的晋级、加薪、提拔等内部管理机制,确保每个员工都能获得公平公正的晋升机会。

人格尊重与隐私保护权。即资方应尊重每一个员工,确保员工的人格尊严不受侵害。尊重员工隐私权,不以包括加强管理在内的各种

---

① 有学者指出,经营者既要关注员工的各项权利,也要致力于提高员工的工作生活质量。如工作环境人性化、关心员工生活等。参见曹凤月:《企业道德责任论——企业与利益关系者的和谐与共生》,社会科学文献出版社 2006 年版,第 180—181 页。

名义,侵犯员工的个人隐私。

　　劳资伦理对劳方同样有着责任与义务要求,对于劳方而言,尽管每个员工均有其独立的人格和自由,均有各自的理想与生活追求,但是,每个员工应明白这个最基本的道理,即"企业是由人构成的,个人也因企业而获得自身的一个身份"①。因此,"当一个人自愿加入一个组织(一个公司),同意为其利益而行动,并认同它的价值观和目标时,顺从和忠诚也就成为诚信的一部分"②。这就意味着,员工自加入企业(公司),与资方形成劳动契约伦理关系后,即成为该企业(公司)的内部团队成员,获得了隶属于企业的员工身份,由此就决定了劳方必须要以忠实维护资方利益为核心,以勤勉敬业、忠实忠诚、遵章守纪、团结协作等为价值观与行为判断标准,不断提升自身的从业技能与职业道德,以良好的职业操守和行为习惯,切实维护企业形象与利益。

　　作为企业的内部员工,劳方伦理要求和行为的基本出发点就是要忠实忠诚地维护企业利益,恪尽职守,遵守职业道德与从业规范。劳方恪守的伦理规范至少应包括:

　　勤勉敬业。即劳方应敬重和珍惜自己自愿选择的职业,勤恳工作,养成精益求精的"工匠"精神,在自己的工作岗位上尽职尽责,尽心尽力,恪尽职守,以主人翁姿态高质量完成契约约定和单位指定、指派的工作任务。

　　忠实忠诚。即劳方作为企业员工,作为隶属于单位组织体的成员,其最基本的品性要求和本分就是忠实于本单位的利益,处处为本单位着想,时时维护本单位的声誉,努力为本单位做出自己的贡献,以"厂

---

　　①　〔美〕罗伯特・C. 所罗门:《伦理与卓越——商业中的合作与诚信》,罗汉等译,上海译文出版社 2006 年版,第 182 页。

　　②　〔美〕罗伯特・C. 所罗门:《伦理与卓越——商业中的合作与诚信》,罗汉等译,上海译文出版社 2006 年版,第 203 页。

兴我荣,厂衰我耻"、和单位荣辱与共的心理和态度,对待本单位的一切工作。

遵章守纪。即组织体规则规范乃是维系和确保组织体运行及生产安全的基本法则,劳方作为企业组织体成员,应遵守组织体内部的管理规章、操作规程和行为准则,服从管理,遵守劳动纪律,严格执行工作规程和指令,这是一个员工应该达到的基本要求。

团结协作。即任何一个企业都是由不同岗位、不同分工的不同员工所构成的合作团队,劳方作为企业员工,应珍惜与其他同事共事的机会和缘分,与其他同事保持良好的协作关系,共同完成单位工作任务。

的确,现代企业作为市场经济中最重要的社会组织,无论是资方还是劳方均在企业中找到了与社会进行连接的支点,均在企业的存在与发展中找到了自己的归宿和价值。如所罗门所说,"企业是具有结构和组织的团体。在其中个人根据组织寻找到他们的角色,建立他们的身份"①。现代企业以共同利益和事业为纽带,以团队合作为基本运行方式,形成了特定的劳资伦理关系。这种关系的基本状态就是,劳资双方"他们奉行一种惊人的几乎是军人般的忠诚,尽管存在激烈的竞争,他们还是首先鼓舞和要求团队合作的。企业是真正的公社,既不是想象的,也不是理想化的,因此它是开始理解美德本性的最完美的地方"②。

三、维护劳资伦理关系的法律制度建构

劳资关系是现代市场经济和现代工业化大生产的产物,随着科技

---

① 〔美〕罗伯特·C. 所罗门:《伦理与卓越——商业中的合作与诚信》,罗汉等译,上海译文出版社2006年版,第91页。

② 〔美〕罗伯特·C. 所罗门:《伦理与卓越——商业中的合作与诚信》,罗汉等译,上海译文出版社2006年版,第137页。

创新、产权制度和市场交易的不断变革,劳资关系日趋呈现出相互依存与紧密合作的特点。现代劳动法治建设就是要维护和促进劳资间的合作与和谐关系,为劳资伦理关系提供法律指引与法治保障。

其一,劳动立法应确认与维护劳资伦理,应以劳资伦理要求定位劳资双方权利义务关系。

从劳动法哲学角度说,劳动立法作为通过国家意志对劳动关系进行规范调整的制度体系,它一方面反映了立法者对劳动关系发展的客观必然性的认识水平,另一方面也反映了立法者所希望建立的劳动关系调整的法律秩序。而这种立法究竟科学不科学、合理不合理,归根结底要取决于是否符合劳资伦理的内在应然要求。马克思主义经典作家曾经指出,商品所有者"这种具有契约形式的(不管这种契约是不是用法律固定下来的)法权关系,是一种反映着经济关系的意志关系。这种法权关系或意志关系的内容是由这种经济关系本身决定的"①。劳资关系是现代工业化大生产条件下现代社会生产关系的最典型表现形式。随着现代市场经济条件下企业内部治理结构和产权关系的不断发展与完善,面对激烈的市场竞争,以企业共同体为彼此利益实现平台的劳资双方,日益呈现出不断加强合作的态势,日益表现出利益相互依存的共赢关系。劳资双方在这种合作共赢的利益共同体格局中,彼此形成了类似婚姻关系的伦理关系。

劳动立法应当要适应现代市场经济条件下劳资伦理关系的内在要求,彻底摒弃劳资对立的思维,②以劳资伦理所要求的权利义务关系设

---

① 〔德〕卡·马克思:《资本论》,载《马克思恩格斯文集》第5卷,人民出版社2009年版,第102页。

② 对于劳资双方而言,所谓市场竞争只是在以下两个层面展开,一是企业与企业即资方之间,二是劳动者与劳动者即劳方之间。资方之间在于市场份额的竞争,而劳方之间则在于工作岗位的竞争。对于同一个企业中的劳资双方而言,并不存在经济利益意义上的竞争关系。

定双方的法律权利与义务。劳动立法应围绕劳资伦理关系的核心要素进行制度设计，尤其是要对劳资双方分别应承担的伦理义务加以规定，将伦理义务上升为劳资双方必须要共同遵守的法律规则。劳动法应当是和谐劳资关系的维护法，而不是劳资关系的破坏法。由于在劳资伦理关系定位中，资方相对于劳方应承担更多的伦理责任和义务，因而劳动法可以适当加大资方应承担的责任，确保资方能够照顾和关怀劳动者。

劳动立法应当以全新的劳资伦理维护的基本理念，设计双方法律上的权利义务关系。要做到这一点，首先，必须彻底反思和检讨传统劳动立法在法律理念上存在的劳资对立观、劳资金钱关系观等思维，整体性、全方位地思考劳资关系的法律定位，一切立法均应围绕维护劳资伦理关系、建构和谐劳资关系的基本目标来进行。其次，应修改和废除现有劳动立法中与劳资伦理关系维护相悖的相关制度规定，如劳动合同期限种类的规定[①]、劳动合同书面形式的强制规定及其二倍工资惩罚性规定[②]等。最后，要提升劳动立法水平，既要修改劳动立法中的"低级错误"和"硬伤"（如《劳动合同法》第 38 条第 5 款、第 39 条第 5 款等），也要修改那些违背基本法理的内容（如《劳动合同法》第三章）等。

其二，劳动法治建设应有系统化推进的整体思维，注重劳动法治的系统与体系建构，形成严谨有序的劳资伦理法律调整格局。

[①]　我国现有《劳动法》《劳动合同法》对劳动合同期限种类的规定，与劳资伦理关系的基本性质和要求是完全违背的。正如婚姻法如果规定婚姻期限种类，会摧毁婚姻关系当事人的相互信赖与忠诚一样。我国劳动立法这种对劳动合同期限种类的规定，严重违背劳资伦理的相互忠实与信任要求，直接导致了劳资双方互信丧失以及劳动合同的短期化。这种规定对劳资伦理关系的破坏性极大，必须要予以废除。

[②]　《劳动合同法》中极为严格的书面劳动合同形式要求以及二倍工资惩罚性规定，没有任何法理上的理由能够支撑，且严重违背了合同法的基本原理和要求。其直接后果就是劳资关系的紧张与互信丧失，其制度中的利益诱惑又导致了劳动者基本诚信丧失，破坏了劳资伦理与社会道德信念。

劳资关系乃是现代社会生产关系最重要的组成部分,对劳资关系的法律调整乃是涉及多方面的、极为复杂的社会系统工作。从劳动法治建设的角度说,要维护劳资伦理关系,绝不能仅仅靠立法、执法或司法某一个方面的"单兵突进",而要有劳动法治的整体推进思维。

首先,劳动法本身乃是有着自身内在逻辑和特定运行要求的法律体系,它是在宪法统摄下由劳动一般法(如劳资关系法)、劳动公法(如劳动基准法、安全生产法、劳动监察法等)、劳动私法(如劳动合同法、集体协商法等)、劳动争议解决程序法(如劳动仲裁诉讼法等)等法律所构成。这些法律构成了劳动关系调整的内在和谐一致的体系,劳动法治运行应特别注重以劳资伦理要求完善劳动立法,注重各个不同性质立法的相互配合与协同,共同为维护劳资伦理关系提供法律指引和保障。

其次,应充分注重协调劳资伦理关系中的各种社会组织与力量,共同推动和谐劳资关系建构。劳资关系不仅涉及劳资关系当事人双方,而且涉及政府、工会、非政府组织、行业协会等。正如中共中央、国务院发布的《关于构建和谐劳动关系的意见》所指出的那样:"劳动关系是否和谐,事关广大职工和企业的切身利益,事关经济发展与社会和谐。"[①]劳资关系问题既关涉社会生产关系的发展问题,也关涉社会利益分配格局问题,更关涉劳资双方当事人在长期合作相处过程中产生的诸多具体问题,这种带有强烈社会伦理色彩的社会关系绝不仅仅,甚至在相当大程度上根本就不属于法律调整的问题。因此,在应对与处理劳资关系问题时,我们既要有法治意识与规则观念,充分尊重当事人司法解决劳动纠纷的权利和自由,也需要运用包括政府指导引导、工会

---

① 《中共中央国务院关于构建和谐劳动关系的意见(2015 年 3 月 21 日)》,《人民日报》2015 年 4 月 9 日第 1 版。

与行业协会等非政府组织的协调调解、劳资集体协商、民间自治自发和解等手段,着力以和缓说理以及双方都能接受的方式化解和处理劳资矛盾与纠纷。

再次,应建立科学规范合理的劳动监察机制,既授权劳动行政监察部门依法着力查处、惩戒、追究资方违法丧德、损害劳动者合法权益的行为,也特别强调劳动监察行为的合规合法,确保其严格依照法律正当程序行使劳动监察权。要做到这一点,就必须建立对劳动监察行为进行责任落实与错案追究的机制,以及对给社会主体合法权益造成损害的非法行政行为予以处罚和赔偿的侵权救济机制,从而确保劳动监察行政权力行使的合法化、透明化。

最后,应完善劳动争议与纠纷解决的司法机制,废止饱受学界、实践部门和当事人诟病的"一裁两审"制度,尊重当事人的选择,实行劳动仲裁与诉讼的"或裁或审""一裁终局,两审终审"制度,[①]减少劳资纠纷当事人的讼累;充分发挥我国人民调解制度的传统优势与功能,将其纳入司法体系,确认人民调解解决劳动争议纠纷的正当性与合法有效性;注重建设公平公正、透明严格的司法体制机制,在处理劳动争议案件过程中,做到"以事实为根据,以法律为准绳",严格司法,不偏不倚,不枉不纵,不"拉偏架",依照法律和劳资伦理的内在要求,确保劳资双方当事人获得公平合理的解决结果,使其心悦诚服于司法公正和法律正义,从而使劳资伦理观念和法治意识深入劳资当事人内心。

其三,应大力弘扬劳资和谐与合作的法律文化,为社会主义核心价值观提供强有力支撑。

劳资关系是社会生产关系最为重要的组成部分和法律表现形式之

---

① 参见秦国荣:《我国劳动争议解决的法律机制选择——对劳动仲裁前置程序的法律批判》,《江海学刊》2010 年第 3 期。

一,建构良性和谐的劳资关系有利于全社会培育和建立起理性有序的社会关系秩序和道德观念,而劳资伦理法治化及其内蕴法律文化的弘扬,更能够对社会主义核心价值观的践行和深入人心起到强有力的支撑作用。

劳资伦理包含一系列相互关联与自成体系的伦理关系和法律关系逻辑,其内蕴的价值指向承载了社会主义核心价值观的具体内容和要求。比如劳资伦理内蕴的契约伦理,要求劳动契约当事人不得采用欺诈、胁迫等手段,违背对方意思自治和意愿订立合同,双方当事人应按照文明、自由、平等、诚信等价值要求,通过平等协商和真实意思表示依法订立和履行劳动契约;劳资伦理所内蕴的协作伦理,要求劳动契约当事人,尤其是资方,应按照民主、公正、法治等价值要求,在企业内部做到规范化、规则化、透明化、民主化管理,尊重和保障劳方参与企业民主管理的权利,激发劳方的主人翁意识,使劳方与资方之间、劳方与劳方之间相互尊重和协作,形成运行良好的生产秩序与企业管理秩序;劳资伦理内蕴的身份伦理,要求资方应对劳方尽到照顾与保护义务,劳方应对资方尽到忠实和勤勉义务,劳资双方应按照和谐、敬业、友善等价值取向,形成劳资双方相互信任、合作共赢的良性和谐关系。

综上,劳资关系作为社会生产关系的重要组成部分,其内蕴有极为丰富而深刻的社会伦理价值判断。这种社会伦理关系及其价值判断,为劳动立法提供了深厚的伦理观念与价值基础,要求劳动立法应遵循劳资伦理的内在要求,以维护劳资关系和谐为立法的基本价值取向,并以此作为劳动法律制度安排的基本原则;劳动行政执法、劳动仲裁和司法同样应以维护劳资伦理关系为出发点和立足点,以法律和劳资伦理关系要求判定当事人权利义务关系,明确其行为规范及应承担的法律责任;劳资伦理更是我们建构和谐劳资关系文化、舆论与社会心理的基础,是建立德行劳资关系的价值依据。只有使劳资伦理观念深入人心,使劳资合作共赢的理念形成社会关系的常态,我们才能真正实现劳资关系的和谐稳定,最终才能有助于促进社会主义核心价值观的实际践行,推动劳资法律关系的正常有序运行,从而为社会主义法治国家与和谐社会的实现提供强大可靠的社会观念保障。

第二节　劳资伦理:劳动法治运行的
价值判断与秩序维护

　　无论是从学术研究,还是从现实社会关系的角度来看,劳资关系①都不是法学研究或法律调整的独有领域。② 劳资关系作为社会生产关系的法律表现形式,其产生、发展和存在状况,与一定社会的政治、经济、文化和社会生产力发展水平等都有着极为紧密的联系。恩格斯曾经指出:"资本和劳动的关系,是我们现代全部社会体系所围绕旋转的轴心。"③在社会主义市场经济条件下研究和思考劳资关系问题,需要法学界特别谨慎地对待。要在社会系统论的视野下,吸纳不同学科的相关理论和观点,深入思考法律究竟如何规制市场竞争格局下的劳资

---

　　① 本文所谓资方,乃是资本所有者或劳动力雇佣者的代名词。本文所谓劳方,乃是劳动力所有者或受雇者的代名词。本文所谓劳资关系,乃是指劳动法意义上因雇佣与受雇而形成的当事人之间的劳动关系。

　　② 劳资关系研究涉及的学科领域,至少包括劳动关系学、人力资源管理学、劳动产权学、劳动法学等,因而劳资关系乃是各个不同的学科所共同关注和研究的对象。

　　③ 〔德〕弗·恩格斯:《卡·马克思〈资本论〉第一卷书评——为〈民主周报〉作》,载《马克思恩格斯文集》第3卷,人民出版社2009年版,第79页。

关系。唯其如此,我们的研究成果才能为国家的劳动法治建设贡献一点理论智慧。

一、劳资伦理:契约缔结中的平等交易与意思自治

如果说市场经济取代自然经济,现代法治取代传统专制,给整个社会带来的是"从身份到契约的运动"的话,①那么在具有社会伦理色彩的法律关系中,尤其是在劳动法律关系和婚姻法律关系中,则是"契约与身份相统一"的法制状态。劳资双方以契约方式确立起彼此之间的"陌生人"联系,双方按照市民社会交易法则,形成了特定的交换关系和利益分配关系。劳资双方出于实现各自利益的目的,以平等协商订立契约的方式确立起了彼此之间的法律与利益联系:资方以给付约定工资或货币的方式获得劳动者的劳动力使用权,劳方以给付劳动的方式获得货币工资或生活资料。这种契约交换关系的实质在于劳资双方"以自己的劳动为基础的所有权,在流通中成为占有他人劳动的基础"②。或者说,"从流通观点来看,只有通过自己劳动的转让才能占有他人商品即他人劳动"③。

对于流通或市场交易过程中劳资双方的平等与自由,或者说对于缔约阶段劳资双方的平权性质,马克思有着极为深刻的阐发。他认为从法

---

① 毋庸置疑,19 世纪英国著名法学家梅因(Henry Sumner Maine)的这段名言"所有进步社会的运动,到此处为止,是一个从身份到契约的运动"(〔英〕梅因:《古代法》,沈景一译,商务印书馆 1959 年版,第 97 页),对于 160 多年来世界法制发展和观念革新,起到了巨大的革命性作用。

② 〔德〕卡·马克思:《〈政治经济学批判〉第一分册第二章初稿片断和第三章开头部分》,载《马克思恩格斯全集》第 46 卷(下),人民出版社 1989 年版,第 463 页。

③ 〔德〕卡·马克思:《〈政治经济学批判〉第一分册第二章初稿片断和第三章开头部分》,载《马克思恩格斯全集》第 46 卷(下),人民出版社 1989 年版,第 463 页。

律的角度看,这种"资本与劳动"的交换首先是一种平等主体之间的交易,即"劳动力占有者和货币占有者在市场上相遇,彼此作为身份平等的商品占有者发生关系,所不同的只是一个是买者,一个是卖者,因此双方是在法律上平等的人"①。换言之,劳动者"在市场上,他作为'劳动力'这种商品的占有者与其他商品的占有者相对立,即作为商品占有者与商品占有者相对立。他把自己的劳动力卖给资本家时所缔结的契约,可以说像白纸黑字一样表明了他可以自由支配自己"②。在这种交易中,劳动者出让的乃是自身的劳动力使用权,而不是将自己"卖身为奴",即劳动者"他在让渡自己的劳动力时不放弃自己对它的所有权"③。

缔约阶段的劳资双方通过招聘应聘、彼此接触、协商、洽谈,表达了希望订立劳动契约、形成劳动关系的合意。尽管在这种劳动契约背后,劳资双方当事人确实存在着经济实力、资源掌握、力量对比等各方面的不均衡、不平等,劳动者相对于资方而言确实处于实质性的"弱势"地位,而劳动力"供大于求"的现实客观上也使得劳动者难以掌握缔约的主动权和话语权,但这并不能改变劳资双方在协商缔结劳动契约过程中在法律上同样客观存在的平等、自由等平权性质,不能改变双方意思自治、协商一致的合意性质。④

现代企业的生产经营乃是货币资本与劳动力资本的相互结合,通

---

① 〔德〕卡·马克思:《资本论》,载《马克思恩格斯文集》第5卷,人民出版社2009年版,第195页。

② 〔德〕卡·马克思:《资本论》,载《马克思恩格斯文集》第5卷,人民出版社2009年版,第349页。

③ 〔德〕卡·马克思:《资本论》,载《马克思恩格斯文集》第5卷,人民出版社2009年版,第195—196页。

④ 应当说,劳资双方社会地位实质不平等的问题虽然确实是一个社会现象,但不能成为法学或法律问题。法律只是为社会主体设定权利义务关系的规则,它无法也不可能解决当事人之间的实质不平等问题。从法学的角度说,劳动契约的平权性质,只是从法律表明了双方当事人的形式平等与意志自由,表明劳动契约与奴隶社会的"卖身为奴"和封建社会丫鬟、家奴的"卖身契"等在根本性质上有着天壤之别。

过"活劳动"实现了"物化劳动"的价值再生产和再创造。如果说资方从事市场营利活动与竞争的资本在于其资金和生产资料的话,劳动者从事市场营利活动和竞争的资本则在于其拥有的劳动力,[①]劳动者出让劳动力使用权的行为同样属于市场交易的自利行为。换言之,资方雇佣劳动者与劳动者出让劳动力使用权,两者在利益获取的自利动机上并没有本质区别。

劳资关系的契约特质表明了劳资双方当事人具有以下平权性的法律关系:其一,劳动契约与其他民事契约一样,都是双方当事人以意思自治、协商一致为准则和基础而订立的,其订立与履行必须要遵循契约自由精神和自治运行原则,任何一方都不能以违背对方当事人意愿的胁迫、欺诈等方式与对方订立契约。其二,双方按照市场对价、等价交换的要求,以不低于国家劳动基准法规定的最低工资标准约定劳动与工资报酬的给付。劳动者"劳动力资本"与资方"货币资本"之间的市场交易,反映了市场经济中平权主体之间的劳动等价交换。其三,双方既可以自由、平等的原则协商订立、履行劳动契约,也可按照法律规定和契约约定终止与解除劳动契约。

从法律角度说,劳动者与资方在市场交易过程中乃是所有权平等的主体,任何一方都不得侵犯他方当事人的所有权。劳资双方在相互尊重和保护对方所有权的基础上按照市场交易规则和意思自治原则相互选择、结合与协作,双方都是从满足各自需要和自利目的出发,进行着独立判断和抉择。在双方缔约阶段,资方享有用人自主权,劳方享有择业自由权。在履约阶段,资方享有用工管理权和劳动指挥权,劳方享

---

① 这里所谓的"劳动力"乃是包括劳动者体力、智力、技能、智识等在内的综合素质的概念。劳动者所拥有的"劳动力"乃是劳动者能够与资方进行交易的"资本"。

有劳动法律赋予的包括工资报酬权在内的各项权利。[①] 劳动法律毫无疑问应承认劳资双方作为民事平权主体的性质，应当要对双方当事人的缔约自由和合法权益给予一视同仁的保护。

劳资双方在市场交易中以各自所有物进行等价交换，这就需要劳动立法不仅要对其财产所有权给予明确的设定和保护，而且要制定良好的交易规则以规范劳资双方的交易行为，维护诚信、自由、平等、公平的市场交易和劳动关系秩序。劳动立法不是寻求以法律形式干预双方的市场交易行为，也不是为了偏袒一方利益而去损害另一方的利益。劳动立法的主要任务在于明确劳资关系当事各方的权利义务范围，设定彼此之间的行为规则，对劳资双方的正当合法权益给予同等确认与保护。

在现代市场经济条件下，劳资关系作为工业化大生产和市场经济的产物，之所以存在这种既相独立又相依赖的平权关系，其原因不仅在于资本需要与劳动力紧密结合才能真正形成有组织的工业化大生产，而且在于在面对市场竞争过程中，劳资双方本身也存在着相互协作配合的内部分工关系。劳资关系的这种平权与合作的特征，在社会主义市场经济条件下，表现得尤为突出。

虽然从静态的表象上看，资方主要从事企业发展战略、人力资源管理、生产资源投入、生产经营指挥、财务核算与市场营销等复杂性劳动，而劳方主要从事产品生产与销售等具体劳动。但在企业内部，劳资双方形成了联系密切的组织分工与内部科层结构，资方不仅为劳动者提供劳动工作岗位，而且提供岗位调整和职级晋升的空间与机会。在现代企业治理与管理的体制架构中，企业所有者、决策者、

---

① 劳动权、劳动者权等概念及其法学内涵乃是完全不同的，对于劳动权的内涵，请参见秦国荣：《劳动权的权利属性及其内涵》，《环球法律评论》2010 年第 1 期。

管理者、执行者等构成了严密的组织共同体。

在现代市场经济和法治社会条件下,劳动者在法律意义上拥有自己的劳动力所有权、使用权以及以此进行出让、入股、买卖等市场交易的权利,有权将自己的劳动力及其使用权作为"资本"投入市场,从事市场竞争活动,以此实现自身生存和发展,获得经济利益及实现其他私利目的。而在现代公司治理结构中,尤其是在职工持股和股权激励等公司制度架构中,我们甚至难以准确区分资本所有者与劳动者。

事实上,以企业或公司共同体为载体,以内部分工为纽带,劳资双方形成了相互依赖、分工明确、紧密协作的合作关系,形成了共同面对市场竞争、利益共享、风险共担的组织共同体关系。从劳动的社会性分工角度看,劳资双方在社会分工的条件下所从事的"劳动的内容由社会联系所决定",他实际上只是"为满足所有其他人的需要而劳动"。[①]虽然说市场经济中的个别成员的"特殊的劳动的特殊关系不是由社会决定;他的意愿是由他的天赋、爱好、他所处的自然生产条件等等自然而然地决定的"[②],但正如马克思所指出的那样:"这种个人的孤立化,他在生产内部在单个点上独立化,是受分工制约的,而分工又建立在一系列经济条件的基础上,这些经济条件全面地制约着个人同他人的联系和他自己的生存方式。"[③]因此我们说,正是通过这种社会分工与协作,劳资双方都实现了各自的利益、目的和自由。

由于劳资双方在社会力量与资源占有等方面确实存在着差异,而

---

① 〔德〕卡·马克思:《〈政治经济学批判〉第一分册第二章初稿片断和第三章开头部分》,载《马克思恩格斯全集》第46卷(下),人民出版社1989年版,第472页。

② 〔德〕卡·马克思:《〈政治经济学批判〉第一分册第二章初稿片断和第三章开头部分》,载《马克思恩格斯全集》第46卷(下),人民出版社1989年版,第472页。

③ 〔德〕卡·马克思:《〈政治经济学批判〉第一分册第二章初稿片断和第三章开头部分》,载《马克思恩格斯全集》第46卷(下),人民出版社1989年版,第467页。

劳动者作为求职群体,其劳动力使用权能否让渡取决于资方对劳动力的实际需求,这就必然使得劳动者群体相对于资方群体而言处于弱势地位,但这种弱势并不是个别劳动者对个别资方的弱势,而是劳动者相对于资方而言处于"社会性"弱势地位。因此,劳动立法应当要在尊重劳资双方契约自由的基础上适当地给予劳动者以倾斜保护,但这种保护应当是在法律上对劳动者群体利益的平等保护,而不是在个别案件中对个别劳动者的特殊保护。

劳动法作为对劳资关系进行有效调整和保护的法律部门,它应当从维护劳资双方合法权益的角度去思考和设定法律规则,但决不能不讲原则地一味偏袒劳资双方中的任何一方当事人。否则,不仅起不到维护劳资关系稳定的作用,相反可能会激化劳资矛盾。因此,劳动法治运行至少应注意处理好以下几点:一是要充分尊重劳资双方的契约自由和自我调适,对劳资双方意思自治范围内的事务不予干预。二是要摒弃劳资对立和冲突的传统观念,树立起劳资合作的伦理观念,以立法倡导和维护劳资协作关系。三是要明确劳资双方的法律责任,尤其是要适当加大资方应承担的法律义务,在劳动基准、安全生产、劳动者权利保障等方面明确资方的法定义务。所谓劳动法对劳动者的倾斜保护,是指在法律责任的设定和承担上,适当加大资方应承担的法律责任,适当扩大劳动者应享受的权利,而不是在劳动立法或司法实践中无原则地限制资方权利。四是应明确政府和工会在劳动关系运行中的法律角色定位和实际功能。①

---

① 如何科学合理地厘清政府与工会角色,建构中国特色和谐劳资关系的法律运行与维护机制,乃是法治社会建设必须要解决的重大理论与实践课题。

二、劳资伦理:契约履行中的分工协作与利益共赢

由于劳资关系问题极为复杂,涉及社会经济、文化、伦理、利益安排乃至政治、意识形态等诸多问题,因此需要我们去全面理解和思考劳资关系的本质内涵和规则设计。研究和思考劳资关系法治,至少需要在以下两个领域进行:一是在市场交易领域,二是在生产劳动领域。劳资关系在这两个不同的阶段,其法律关系和权利义务内涵是截然不同的。劳资关系相对于普通民事关系而言,其特殊性与复杂性在于,尽管当事人形成法律关系同样要经过缔约和履行阶段,但劳资契约履行乃是双方长期相处的协作过程,因而真正能够体现劳资双方法律关系本质的在于履约而不在于缔约。

与一般民事契约履行完全不同的是,劳动契约需要劳动者亲自履行、实际履行和全面履行,劳动者在履约过程中需要接受用人单位管理、指挥和劳动纪律约束。在劳动契约履行过程中,劳动者与资方之间不仅形成了具有经济意义的平权主体关系,而且形成了管理与被管理的人身隶属关系,更形成了彼此合作与协调的"内部人"关系。虽然法律不能也不可能改变劳资双方的"不对等"或"资强劳弱"的客观现状,①但劳动法治运行可以将规范或规制的重点放在劳资关系当事人的履约过程中,通过对双方当事人权利义务的设定和对维权机制的建

---

① 长期以来,法学界似乎形成了这样一种似是而非的"定论":由于劳资双方存在的地位不平等和力量对比不均衡,"资强劳弱"的格局决定了劳动法必须限制资方权利,以劳动者为保护对象。该论断尽管能够获得同情弱者的社会道义的支持,但从法学立论的角度看,却很难获得应有的逻辑支撑。"资强劳弱"乃是劳资关系双方当事人"天然"存在的客观现象,如果法律以这种社会中"天然"存在的客观情况为立法出发点,企图通过法律手段来介入或调整这种客观状况,那么,很显然这不仅违反了法律应有的公平公正原则,而且也超越了法律的功能。毕竟,法律作为调整社会行为和利益分配的"人定"规则,除了设定社会主体一体遵守的行为准则外,并不具备改变人们现实生活状况的功能。

构,保护劳资双方尤其是劳动者的合法权益不受侵害。

从劳动法治的运行来说,在社会主义市场经济条件下,无论是劳动立法还是劳动执法,均应首先确立劳资伦理观念,将维护劳资合作和劳资关系和谐作为法治实现目标。尽管劳动者与资方在各自私人利益实现和自利动机上确实存在一定的矛盾与冲突,但立法者与执法者应该明白,劳资双方在企业共同体中不仅是相互合作关系,而且是利益共赢关系。企业作为共载双方命运之舟,其兴衰成败对于劳资双方而言,都有着荣辱与共、利害攸关的影响。企业兴盛,则劳资两利;企业衰败,则双方利益均无法实现,此所谓"皮之不存,毛将焉附"。劳动法治对劳资伦理关系的维系,不仅有助于和谐劳资关系的建立,有利于保护社会生产力基本单元,而且有助于社会稳定和社会核心价值观的形成。

我们说,现代市场经济条件下的资方企业和公司,作为一种社会经济组织,它有着"资合"与"人合"相统一的特性。从纯粹市场竞争角度说,这种竞争往往在以下两个层面展开:一是企业之间的经营竞争;二是劳动者之间的岗位竞争。在国际经济一体化时代,这种竞争又往往是在全球范围内进行的。对于资方企业而言,它在向社会不特定公众提供就业岗位、选择劳动者的过程中,需要从竞聘岗位的人中选择适合自己内部分工和岗位需要的劳动者。而劳动者面对不同资方提供的相同或不同的工作岗位,一般是出于自身实际情况和需要做出对雇佣方及其岗位的选择。这种选择既有薪酬高低的经济因素考虑,也有专业对口、能力适岗、晋升空间、未来发展等现实因素考量,甚至还有工作地点、人际环境、家庭状况等实际情况的顾虑。就是说,劳动者选择就业单位及工作岗位,并不是"单向度"的经济唯一性思考,而是基于自身实际状况和需要进行的利弊得失等综合因素的反复权衡。

问题的关键在于,一旦劳动者之间的竞争完毕,资方从竞聘岗位的劳动者中选择到适合自己需要的就业劳动者,则该劳动者就成为企业生产经营与管理团队中的一名员工。这个员工将进入资方内部,不仅与其他团队成员形成了相互协作和配合的同事关系,而且劳动者全体与资方一起构成了对内进行生产经营、对外开展市场竞争的共同体。对此,美国著名管理学家、近代管理理论奠基人之一巴纳德(Chester Irving Barnard)指出,任何企业组织都是由个人所组成的群体,在企业组织体中,每个人都各有其个人的需求。企业组织体如果要求其成员对组织做出贡献,那么就必须为这些成员提供相对等或公平的利益诱因以满足其个人需求。这些诱因不仅包括金钱等物质的因素,而且包括威望、权力、参与管理等社会的因素。[1] 他强调企业与员工之间存在着目标的共同性、相互之间的协作性等内在关系,而这种协作的前提是企业和员工双方都必须为了共同的目标而付出努力。[2]

在劳资双方相互结合、共同面对市场竞争的过程中,资方为劳动者提供工作岗位,使劳动者不仅获得了施展自身才华与能力的舞台,而且获得了资方的身份认定和认同,成为资方团队的"内部人"。正因为此,美国古典管理学派的泰罗(Frederick Winslow Taylor)认为,从本质上说,"工人和雇主的最大利益是一致的"[3],即"两者的利益是一致的;除非雇员也一样富裕起来,雇主的富裕是不会长久的,反之亦然"[4]。而劳资双方完全可以在"科学管理"的模式下取得"共赢"结果。因为

[1]　Chester Irving Barnard, *Organization and Management: Selected Papers*, Cambridge MA: Harvard University Press, 1948, pp. 35 – 37.

[2]　Chester Irving Barnard, *Functions of the Executive*, Cambridge MA: Harvard University Press, 1968, p. 48.

[3]　〔美〕F. W. 泰罗:《科学管理原理》,胡隆昶等译,中国社会科学出版社 1984 年版,第 138 页。

[4]　〔美〕F. W. 泰罗:《科学管理原理》,胡隆昶等译,中国社会科学出版社 1984 年版,第 157 页。

劳资双方"他们将会明白,当他们停止相互对抗,转为向一个方向并肩前进时,他们的共同努力所创造出来的盈利将会大得惊人。他们会懂得,当他们用友谊合作、互相帮助来代替敌对情绪时,通过共同努力,就能创造出比过去大得多的盈余。完全可以做到既增加工人工资也增加资方的利润"①。

应该说,由于劳动契约履行是劳动者在与资方存在人身隶属和管理的条件下进行的,因而在实际履行过程中,有很多影响劳资关系及其运行的内外在因素,这就需要劳动立法能够尽量全面准确地考虑到这些复杂而特殊的因素,做到能够维系和谐劳资关系。比如美国经济学家约翰·邓洛普(John Dunlop)认为,影响劳资关系的基本要素主要包括:行为者,即工人和他们的组织、管理者和他们的政府;环境,包括社会环境和技术环境,是指行为者面对的市场和预算约束,行为者的权利关系和地位等;思想意识,即行为者共有的决定每一个行为者的角色和地位的主导思想观念等。② 美国学者桑德沃(Marcus H. Sandver)也认为,影响劳资关系的因素主要有:环境,包括经济、技术、政治和法律、思想意识等;工作场所,包括技术、预算和市场力量、管理、所有制和企业的思想等;个人需求,包括经济、安全和保障需求,社会化、交往和权力需求,公平和平等需求,价值观和信仰等。这些综合因素的存在都有可能导致劳资关系的紧张与冲突,要处理好上述关系,约束行为者的规章制度的制定及其建立过程,乃是研究劳资关系的关键所在。③ 换言之,真正最理想的目标实际上是

---

① 〔美〕F. W. 泰罗:《科学管理原理》,胡隆昶等译,中国社会科学出版社1984年版,第239—240页。

② John T. Dunlop, *Industrial Relations System*, New York: Henry Holt, 1958, pp. 24 - 31.

③ Marcus H. Sandver, *Labor Relations: Process and Outcomes*, Boston: Little, Brown and Company, 1987, pp. 43 - 51.

建构"一种有效的雇佣关系,既要成功地解决由于利益冲突产生的问题,又要成功地追求劳资共同的目标"①。

　　虽然从社会现实生活角度看,就业劳动对于绝大部分普通社会主体而言,是其获得生存与生活资料的主要途径,因而这种劳动是其迫不得已为之的谋生手段。② 但从法律角度说,就业劳动对于社会主体而言,是一种法律上的权利而非义务。从理论上说,就业劳动作为法定权利,具有以下基本内涵:其一,就业决定权,即有就业与不就业的权利;其二,就业选择权,即有选择就业范围、地域、工作内容和种类、雇佣对象等的权利;其三,就业自由权,即拥有自主确定是否就业、何时就业、如何就业等的自由和权利。换言之,在现代信息社会,尤其是在从业领域、专业与社会分工日益细化的情况下,每个社会主体在决定其从业、执业、就业或择业的范围(包括行业、工作类别、地域等)、方式(包括自主创业、独立或合伙经营、自雇或受雇等)等方面,已经享有很大的自主权和选择权。在从事雇佣劳动并不是社会主体唯一选择的情况下,从法律角度看,劳动对于社会主体而言,是其自行决定取舍与否的权利。

　　从纯粹经济角度说,在现代市场经济条件下,劳动给付与资本投资一样,都是当事人获得生活资料的手段之一。对于劳动者而言,在以劳动给付为谋生手段的方式中,相对于自主创业、自由职业、合伙联营等

---

　　① 〔美〕哈里·C.卡茨、托马斯·A.科钱、亚历山大·J.S.科尔文:《集体谈判与产业关系概论》(第4版),李丽林、吴清军译,东北财经大学出版社2010年版,第4页。

　　② 马克思对于以私有制为基础的市场经济条件下,劳动成为工人谋生手段,由此所产生的"异化劳动"、按劳分配的"资产阶级法权"等有着极为精到的论述。他指出,"活劳动被对象化劳动所占有——创造价值的力量或活动被自为存在的价值所占有——,这种包含在资本概念中的占有,在以机器为基础的生产中,也从生产的物质要素和生产的物质运动上被确立为生产过程本身的性质"。参见〔德〕卡·马克思:《政治经济学批判(1857—1858年手稿)》,载《马克思恩格斯文集》第8卷,人民出版社2009年版,第185页。

需要当事人自担风险和责任的谋生途径而言,就业劳动乃是相对较为简便的谋生之道。这种方式对当事人的货币资本、市场竞争能力、综合与特殊素质(如市场研判、投资决策等)、抗市场风险能力等方面的要求相对较低。立法从保护公民的生存权、人权和经济文化权利角度,尤其是从保护劳动者权利的角度出发,在就业与雇佣的问题上,只对劳动者进行授权性规定,即劳动者不仅享有宪法上的劳动权,[1]而且享有劳动法上的劳动权。

对于资方而言,向劳动者提供就业岗位的资方则要承担更多的法律责任。其不仅要承担民商法上的资本投入、经营条件等信用担保责任,而且要自行承担经营成本付出、行政规费和税收缴纳以及市场竞争风险等市场经营责任,此外还要对劳动者承担劳动法上的相关责任。[2]这就意味着,尽管从社会力量的实质对比来看,劳资双方确实存在着"资强劳弱"的客观事实。但从法律角度对比劳资双方所各自承担的法律责任,显然属于"劳强资弱"。资方承担的法律责任远远大于劳方,至少从劳动者角度看,只要就业劳动者的技能、专业、素质等能够满足用人单位的要求,就可以获得工作岗位,而没有其他准入性的法律限制。而资方如果想获得市场经营与劳动者雇佣资格,则需要严格的市场准入条件与法律约束。

我们要知道,在现代市场经济条件下,雇佣劳动对于劳动者而言,既有"谋生性"劳动的特点,也有"发展性"劳动的特点。那些放弃民商法上的自营、合伙、自雇等劳动方式,而选择就业劳动进行工作的劳动者,已不再是因"一无所有"而不得不出让自己劳动力的人群,而是有

---

① 对于劳动者的就业劳动,除资方要对劳动者承担相关责任外,包括政府在内的社会各界也要承担促进就业的责任。

② 资方或用人单位对劳动者承担的法律责任,在劳动法上有着对内与对外责任的统一。

着更为复杂的社会性需求以及实现自身社会性目的的主体。对此,西方行为科学学者埃尔顿·梅奥(Elton Mayo)和罗特利斯伯格(Fritz J. Roethlisberger)于 20 世纪 20 年代在美国进行了霍桑工厂试验,提出了以下论断:工人作为复杂社会系统中的成员,并不是将金钱当作自己唯一的生活动力或工作积极性的"经济人",而是在物质之外还有社会、心理等方面需求的"社会人"。换言之,工人在工作中并不单纯追求工资或金钱收入,还有着人与人之间的友情、安全感、归属感和受人尊重等社会心理和情感追求。① 选择就业劳动的劳动者,既有通过提供劳动获得生活资料和收入分配的经济愿望,也有以工作岗位为平台获取个人专业特长与才能发挥、社会认同与不断发展的社会"晋升之阶"的目的。

基于此,劳动法治运行应充分尊重劳资双方的意志自由和合法权益,以适当倾斜保护劳动者为原则,注重劳资伦理关系的维系,确保劳资双方在企业共同体得以维持与发展的基础上,都能共享相互分工合作带来的利益共赢结果。

三、劳资伦理:劳动法治的价值追求与精神塑造

劳动法作为调整劳动关系的法律部门,需要按照劳资关系的内在本质和应然要求进行制度设计。劳动法治至少应按照劳动契约缔结、劳动契约履行、争议解决等劳动关系运行的各个环节加以展开,根据各个环节的不同特点和要求形成科学合理的制度架构。特别重要的是,劳动法治建设应按照劳资关系运行的内在伦理要求,劳动立法应准确

---

① 参见马洪:《〈国外经济管理名著丛书〉前言》,载 F. W. 泰罗:《科学管理原理》,胡隆昶译,中国社会科学出版社 1984 年版,第 6 页。

反映劳资伦理关系的基本内容，以劳资伦理维护为价值判断，设定劳资关系当事方的权利义务关系。劳动执法应以维系劳资关系稳定和谐为基本目标，劳动司法则应通过保护劳资双方的正当合法权利，彰显劳资伦理观念，维护劳动法的公平公正。

其一，劳动法治建设应始终贯彻劳资伦理维护的基本理念，通过劳动法治推动新型劳资关系的建立。

我们应懂得，劳动契约履行具有强烈的人身隶属色彩，是劳资双方朝夕相处、分工协同、相互配合与磨合的过程，是劳资双方相互协作形成企业团队的过程。与民事契约履行中的双方当事人相互分离、彼此没有身份隶属关系形成鲜明对照的是，劳动契约履行具有劳资双方紧密结合、相互协作和不可分离的特点。虽然从利益驱动的角度说，劳资双方确实有着各自不同的利益诉求和私利目的，但劳资双方只有通过相互结合，彼此"互为手段与目的"，在协作中形成共同关系，才能实现各自利益和目的。由此，企业就成为承载、实现彼此利益的共同平台，劳资双方通过相互结合与合作，不仅能够实现其经济目的，而且通过共同协作与奋斗也能够实现各自的人生目标、理想寄托、事业追求、才能展示及生活乐趣。对于资方而言，作为资本所有者，在实现资本资产增值的同时，有着拓展产品、生产、经营等事业和实现自身人生价值与梦想的追求；对于劳方而言，其择业和从业行为本身既能够获取薪酬福利与经济收入，也能够发挥自身特长、技能、才能等，获得社会认可、承认，寻求社会地位和人生价值的实现。

劳动契约履行具有人身性特质，要求劳动者在缔结劳动契约后，应按照契约约定在资方生产经营区域和地点，参与到资方生产经营的劳动分工之中，与其他劳动者一起形成特定的分工协作关系，共同劳动。同时在资方统一协调和指挥下，形成特定的生产经营组织体和利益共同体,获得企业利益分配。在资方企业共同体内,劳动者的劳动属于"既不是从个人的意志,也不是从个人的直接本性中产生的,而是从那些使个人已成为社会的个人,成为由社会规定的个人的历史条件和关系中产生的"①劳动。或者说,劳动者"他已经是在某种联系中进行生产,即在只有经过某种历史过程才形成的生产条件和交往关系中进行生产,而这些条件和关系对他本人来说表现为自然的必然性"②。

　　在现代市场经济和法治条件下,劳资双方注定属于彼此不可分离和相互追寻的合作方。对于资方而言,需要寻找到具备勤勉、能干、肯干、忠实等优良品质的劳动者;对于劳动者而言,需要寻找到适合自己才能和特长发挥的用人单位。对于双方而言,劳动契约履行的实质关系在于在长期相互协作调适中,在共同面对市场竞争的环境中,形成彼此忠实信任和相互依赖的利益关系。劳资关系绝不像一般民事关系那样,只有"赤裸裸""冷冰冰"的利益交换或金钱关系,它是一种团队关系,一种同事关系,一种同舟共济、荣辱与共的利益共同体关系。劳资关系虽然同样具有经济内容和利益分配关系,但它更多的是"家族式"内部分工关系,一种经济组织体紧密协作关系。劳资之间不仅有严密的内部分工和组织结构,而且有特定的组织纪律、职业道德和行为规范。在企业长期发展过程中,甚至能够形成代际相传的共同理念和信念、共同道德标准、共同企业灵魂和文化氛围。所以,正如单纯将企业看作是经济体的观点属于庸俗片面的看法一样,那种将劳资关系看作是纯粹利益关系或金钱关系的观点

---

　　①　〔德〕卡·马克思:《〈政治经济学批判〉第一分册第二章初稿片断和第三章开头部分》,载《马克思恩格斯全集》第46卷(下),人民出版社1989年版,第466页。
　　②　〔德〕卡·马克思:《〈政治经济学批判〉第一分册第二章初稿片断和第三章开头部分》,载《马克思恩格斯全集》第46卷(下),人民出版社1989年版,第466页。

同样是非常狭隘和荒谬的。事实上，现代市场经济条件下的劳资关系，具有极为丰富的社会伦理与文化内涵，劳动法治建设应对此能够敏锐而准确地予以回应。

其二，劳动法治建设应维护劳资关系利益共同体，通过公平公正的制度设计维护双方的正当合法权益。

从现代企业中劳资合作与相互依赖的内在关系来看，资方投资设立企业的目的在于从事市场营利活动，而拥有资本和资金的资方要想在激烈的市场竞争中获得生存与发展，就必须要依靠劳方的支持与合作。[①] 资方作为出资人在市场经济中投资设立从事营利活动、进行市场竞争的企业，[②]从经济学、组织学角度来看，这表明其在法律上设定了一个具有利益共同体特征的经济组织。在现实生活中，每个企业或资方都是由具有不同家庭背景、知识背景、生活阅历、人生理想和道德情操的人所投资设立的。投资人以自己的资产投资设立企业，需要巨大的勇气和过人的智慧。面对激烈残酷的市场竞争，他们不仅要熟谙生产与经营之道，精于计算和谋划，长于沟通和协调，而且要面对形形色色、方方面面的事件和问题。要搞好企业，需要的是志在事业，以生产经营实现自己人生价值和理想的信念，需要的是敢于面对市场风险、迎接市场挑战的决心和勇气，需要的是敏锐判断、善于沟通的智慧，需要的是管理有方、应对困难的能力。身处市场竞争中的资方"是些在冷酷无情的生活环境中成长起来的人，既精打细算又敢想敢为。最重要的是，所有这些人都节制有度，讲究信用，精明强干，全心全意地投身

---

① 参见秦国荣：《无固定期限劳动合同：劳资伦理定位与制度安排》，《中国法学》2010 年第 2 期。

② 在一定意义上，企业就是在市场经济竞争中"企图实现某项事业的经济体"。而从公司的英文含义来看，company、corporation、firm 这样一些词语都有着"同伴""合作""协作""事业"等内涵。

于事业中"①。

从企业本身的发展来看,一个企业要想能够在激烈的市场竞争中立足,要想能够获得社会认可和事业发展,首先需要的是资方及其内部管理人员的卓越领导和指挥。就资方内部管理人员而言,应当要承认,"绝大多数经理人员和执行总裁都是些兢兢业业工作、安安稳稳过日子的本分人士,既非圣人也非恶棍。我们必须反复提醒并确信:企业界并非一股隐形的力量或者独立的巨石,而是有血有肉的人及其相互关系。他们为着各自的利益共同合作,大部分都尽力做着正确的事"②。如果我们真正做到站在理性而不是偏激、中立而不是情绪化的学术思考角度来看待劳资关系,可以非常清晰地看到,劳资双方的真实关系乃是:劳资双方以企业共同体为载体,在共同面对市场竞争与逐利过程中,通过相互协作与分工,形成了利益和命运休戚相关的经济关系和伦理关系。劳动法治建设应着力维护劳资双方的利益共同体关系,以"双保护"原则维护双方的合法权益。

其三,劳动法治应以劳资伦理价值判断为指引,设定劳资当事各方的权利义务,以此形成符合劳资关系良性运行的制度体系。

以公有制为基础的社会主义制度以及社会主义市场经济体制,为劳资关系提供了全新的伦理价值内涵,这种劳资伦理包含资方伦理、劳方伦理等一系列相互对应的"方式变项"。对于资方而言,其伦理责任不仅在于对外应向社会提供质地优良、技术先进、合格健康的产品,提供就业岗位,承担依法纳税等社会责任,向社会展示诚信守法、奋发进

---

① 〔德〕马克斯·韦伯:《新教伦理与资本主义精神》,于晓、陈维纲译,生活·读书·新知三联书店1987年版,第50页。

② 〔美〕罗伯特·C. 所罗门:《商道别裁——从成员正直到组织成功》,周笑译,中国劳动社会保障出版社2004年版,第11页。

取、积极向上的良好企业品牌和形象,而且在于对内应做到培育对员工关怀、保护、照顾、倾听、服务的公平民主的文化氛围与企业德行。换言之,"企业作为一种生产经营单位,它的首要功能就是为市场、为社会提供有益的商品和服务,而以此获得的收益才能使企业得到生存、发展,而企业伦理主要审视的是企业是以什么方式和路径来实现它的这种功能,在实现这种功能时以及完成这种功能后以什么样的伦理姿态应对社会"①。

资方确立和建构劳资伦理观念,其基本意义"就是企业基于现代伦理视角,在权利、公平公正公开以及伦理性关怀等方面通过相关规章制度的制定、执行以及良好工作环境、人际环境的创建……尊重员工,创造充满人性关怀的和谐劳动关系的过程"②。其基本内容在于"善待员工,尊重员工的各项合理的权益,关心员工的工作、生活、自身发展及娱乐,公正地对待员工,对其实施伦理关怀"③。劳资关系作为资方与劳动者进行双向自由选择而形成的特定法律关系,其能够健康和谐运行的关键在于劳资双方的相互信任和合作。这种伦理建构的主体是资方,因为"企业行为是否符合伦理要求是企业与其利益相关人之间建立信任的基础。……企业与员工之间的相互信任可以在企业中创造融洽的气氛,增强员工信心,减少员工流动,减少员工与管理层之间及员工与员工之间的摩擦,从而提高组织的效率"④。

只有资方恪守劳资伦理规范,才能真正实现劳资之间的合作共赢,

---

① 杨光飞:《企业伦理:意涵及其功能》,《伦理学研究》2005年第6期。

② 张斌:《企业劳动关系伦理化管理:动因、内涵及策略》,《经济问题探索》2010年第7期。

③ 刘玉:《企业伦理关怀管理的经济学分析》,《淮北煤炭师范学院学报(哲学社会科学版)》2007年第1期。

④ 赵薇:《论我国企业的商业伦理建设》,《南京大学学报(哲学·人文科学·社会科学)》2003年第3期。

企业才能在市场竞争中立于不败之地。资方"对员工进行伦理关怀——尊重、关心、平等、适当偏爱员工,把员工当作真正的'手段与目的相统一的人'来善待。这样,一方面使员工感到生活、工作具有稳定性,感到企业的温暖和个人的价值得到尊重,对事业和前途有信心,激发他们的积极性、主动性和创造性,进而从根本上增强企业的凝聚力、向心力和效益"①。

对于劳动者而言,同样应遵守特定的职业伦理规范,做到以勤勉、忠实、敬业、遵纪、守法、团结、协作等为自己的行为指引。作为能够通过自己的能力、学识、技能、品行等获得工作岗位的劳动者,相比于相当一部分自谋职业和没有获得工作岗位的群体而言,乃是劳动力市场竞争中的成功者。劳动者在职场生涯中,应该自强、自律、自信、自爱,忠实维护本单位的声誉和利益,与同事保持良好沟通和协作关系,忠于职守,勤勉工作,以自己的诚实勤劳和忠诚付出获得自己的薪资、晋升和发展空间。

诚如有学者所说,所谓劳资伦理,乃是"指企业出资者、代理人、法人机构、经营监督机构与普通雇员之间,在处理彼此关系时所持有的伦理精神和伦理原则"②。如果说"劳资伦理精神是劳方与资方交往的内心道德灵魂",那么"劳资伦理原则是劳方与资方交往行动的理性原则"。③ 我国劳动法治乃是在社会主义市场经济条件下逐步推进的,劳动法治建设要实现良法善法之治,就应以劳资伦理维护为价值支撑,以"民主、文明、和谐、自由、平等、公正、法治、敬业、诚信、友善"等社会主义核心价值观为精神内涵,塑造新型劳资关系。换言之,我国当下的劳

---

①　刘玉:《企业伦理关怀管理的经济学分析》,《淮北煤炭师范学院学报(哲学社会科学版)》2007 年第 1 期。

②　杜海燕:《论非公企业劳资伦理精神和原则》,《东北师大学报(哲学社会科学版)》2012 年第 1 期。

③　杜海燕:《论非公企业劳资伦理精神和原则》,《东北师大学报(哲学社会科学版)》2012 年第 1 期。

动法治建设应深刻认识和理解社会主义市场经济条件下的劳资伦理关系,特别注意完善企业内部治理结构和培育现代企业团队精神,既要注意防范与遏制企业侵害劳动者基本权益的违法丧德行为,维护劳动者的人身权和工资福利报酬权等基本权益,也要注意惩戒劳动者违背诚信与忠实义务等有违职业操守、损害企业利益的行为,从而维护法律的公平与正义,维护劳资伦理秩序与社会道德信念。

第三节　市场经济条件下劳动关系治理的法治逻辑

随着中国市场经济的逐步深入发展,以及由此引发的社会利益格局的重大变革,劳动立法日渐成为社会所关注的热点话题。而自饱受争议的《劳动合同法》颁布及实施后,时至今日,关于该法的废、改以及《劳动法》究竟需不需要重新修改、制定的问题,业已成为社会热议的话题。确实,作为调整最基本社会生产关系——劳动关系的立法,面对日益纷繁复杂的社会变迁和劳动关系现状,究竟如何适应社会关系发展的要求和满足利益主体的诉求,确实值得立法者和劳动法学理论研究与实践工作者认真思考。

劳动法作为现代市场经济中极为重要的部门法,其重要性不仅在于其能够调整劳动关系当事人——用人单位与劳动者的切身利益和权利义务关系,而且对社会经济运行、利益分配、社会治理等诸多社会关系也有着直接或间接的影响。我们在思考劳动法律问题的过程中,应该避免"头痛医头、脚痛医脚"的应急性短视行为,确立起劳动法律体系的整体思维观,搞清楚不同劳动立法各自的功能定位与内在机理机制,同时需要认真思考和研究劳动立法背后的基本原理及其法哲学问题,从而才有可能真正找到一条完善中国特色劳动立法的科学路径。

一、劳动关系调整中的法和法律

劳动关系作为现代市场经济条件下社会生产关系的法权表现形式,它具有契约平权性、组织协作性与身份隶属性等诸多特点。劳动关系作为极为复杂的社会关系,有其独特的运行方式与内在逻辑。然而,有一种观念和做法值得我们关注与警惕,那就是在对劳动关系进行法律制度设计与思考的过程中,立法者与部分法学学者似乎显得比较自信,在坚信法治是解决一切劳动关系问题的"灵丹妙药"的理论预设下,法律"工具主义""功用主义"思维占据了主导地位。一如当年出台《劳动合同法》,希冀"应急性"解决劳动关系中诸多问题一样,时下关于修改《劳动合同法》的争论,同样带有功利主义与"应时"实用主义色彩。

特别有趣的是,在关于《劳动合同法》修改与否的争论中,部分非劳动法学学科的法学学者,[①]以及非法学学科的其他学科学者,还有部分政府官员,[②]大都从各自不同学科的理论原理出发对《劳动合同法》

---

① 比较有代表性、有影响的言论及文献有梁治平:《立法何为?——对〈劳动合同法〉的几点观察》,《书屋》2008 年 6 月号;梁慧星:《劳动合同法:有什么错? 为什么错?》,http://www.aisixiang.com/data/29948.html,2016 年 10 月 17 日上午访问;等等。

② 比较有代表性、有影响的言论及文献有楼继伟系列言论,如楼继伟:《现行劳动合同法不适合灵活用工》,http://news.qq.com/a/20160308/007221.htm,2016 年 10 月 17 日下午访问;楼继伟:《劳动合同法对企业和雇员保护程度是不平衡的》,http://news.xinhuanet.com/legal/2016-03/07/c_128779543.htm,2016 年 10 月 17 日下午访问;楼继伟:《下一步要修改劳动合同法》,http://www.yjbys.com/news/421300.html,2016 年 10 月 17 日下午访问;等等。

提出了质疑与否定。而相当一部分学者认为这部法律加重了企业用工和管理成本,导致了国民经济的下行和滑坡,①类似断言在网络媒体上可谓屡见不鲜。而主张维护现有立法、反对修改法律的学者,则认为《劳动合同法》提升了企业的守法意识,改善了劳动者的工作状况,维护了劳动者的基本权益等。② 争论观点对立,可谓热闹非凡。

我们先不论上述争论背后的思维与论争方式问题,比如争论双方均撇开或根本没有针对具体的法条和规定展开直截了当的争论,而是笼统地、泛化地谈论整部法律对社会的影响;双方均没有拿出数据和调研报告进行论证,以说明立法中的哪条规定在现实生活中究竟产生了怎样的影响,而是均停留于"坐而论道"的理论与主观推论演绎等。单就这种争论本身而言,均是讨论立法对社会生活的影响问题,而没有深入研究和思考劳动关系本身及其立法的内在关联问题。也就是说,这种讨论严格意义上并不具有学术或学理上的价值,最多只具有对该立法的社会效果进行评估与评价的作用。

其实,立法问题乃是极为复杂而严肃的事情,劳动立法尤其如此。因为劳动关系作为现代市场经济条件下极其复杂的社会关系,与一个国家中特定的政治、经济、文化、心理、习俗等均有着或近或远、或紧或松的联系,与一个国家所处的特定国际环境也有着千丝万缕的联系。

---

①　比较有代表性、有影响的言论及文献有张五常的系列言论,如张五常:《对新劳动合同法很生气》,http://money.163.com/10/0427/17/659U9QGU00254CHD.html,2016 年 10 月 17 日上午访问;张五常:《劳动合同法让中国损失几十万亿》,http://news.sohu.com/20160728/n461512556.shtml,2016 年 10 月 17 日上午访问;张五常:《取缔现有劳动法中国经济才有可为》,http://finance.sina.com.cn/zl/china/2016-01-25/zl-ifxnuvxc1919561.shtml,2016 年 10 月 17 日上午访问;等等。

②　客观地说,尽管从表象上看,劳动法学界似乎同样存在"激烈"的争论,但从学者们论述论证的基本观点与立场来看,都是主张劳动立法应保护劳动者的正当合法权益,维护劳动关系的和谐稳定,在这个问题上的学术观点和见解的思路其实大致是一致的。参见常凯、董保华、王全兴等学者的相关著述。

毫无疑问,每个国家的国情与文化不同,其劳动关系的表现形式也会有所不同。特别重要的是,随着社会制度变迁以及社会生活的变动不居,劳动关系本身也在不断发生着变化。面对这种变化,究竟以什么样的立法来调整劳动关系,绝不是一件简单的事情。

劳动立法乃是立法者通过法定程序制定劳动关系运行规范和利益调整规则的过程,这种立法主要反映了立法者所希望实现的劳动关系运行的理想状态与秩序。问题在于,劳动立法者所制定的法律,究竟能不能与劳动关系自身的内在要求、劳动关系的运行逻辑,以及立法者所希冀实现的劳动关系秩序状况等相吻合。这不仅取决于立法者对劳动关系现实及其发展规律的把握与认知,而且取决于立法过程中各种复杂利益主体的意志表达与博弈,甚至还取决于社会偶然因素的影响等。因此,劳动立法作为立法者意志的产物,它与劳动关系中的应然规则及其内在要求之间,往往难以完全契合。或许正因为此,卢梭曾经感慨地说:"要为人类制定法律,简直是需要神明。"①

对于立法与事物本身的内在要求和应然状态之间的关系,马克思主义经典作家对此有着极为精到深刻的理解与阐发。② 在马克思看来,法律是以国家意志表现出来的统治阶级意志,而法则是市民社会在物质交往过程中所形成的利益关系和法权要求。马克思认为,在研究国家、法和法律的关系问题上,要注意防止这样一种唯心主义的错误倾向,即"因为国家是属于统治阶级的各个个人借以实现其共同利益的形式,是该时代的整个市民社会获得集中表现的形式,因此可以得出一个结论:一切共同的规章都是以国家为中介的,都带有政治形式。由此

---

① 〔法〕卢梭:《社会契约论》,何兆武译,商务印书馆1980年版,第53页。
② 参见秦国荣:《市民社会与法的内在逻辑——马克思的思想及其时代意义》,社会科学文献出版社2005年版,第218页。

便产生了一种错觉，好像法律是以意志为基础的，而且是以脱离现实基础的自由意志为基础的。同样，法随后也被归结为法律"①。

与其他社会领域的立法一样，劳动立法作为反映立法者意志和对劳动关系进行强制调整的规则体系，其产生并不应是立法者意志任性的产物，相反这种立法应当要反映当时社会经济条件下劳动关系的应然要求和法权关系。要做到这一点，立法者就应当要深入了解劳动关系本质以及当事各方相应的利益诉求，这样才能制定科学合理的劳动立法。对于立法的科学性，马克思曾经指出："法律是肯定的、明确的、普遍的规范，在这些规范中自由的存在具有普遍的、理论的、不取决于个别人的任性的性质。"②因此，他告诫道："立法者应该把自己看作一个自然科学家。他不是在制造法律，不是在发明法律，而仅仅是在表述法律，他把精神关系的内在规律表现在有意识的现行法律之中。如果一个立法者用自己的臆想来代替事情的本质，那么我们就应该责备他极端任性。同样，当私人想违反事物的本质任意妄为时，立法者也有权利把这种情况看作是极端任性。"③

劳动立法在社会主义中国具有极为特殊的重要意义。从中国共产党劳动立法的历史来看，应该说，作为中国工人阶级的先锋队，中国共产党自成立之日起，一直高度重视劳动立法。而新中国成立前中国共产党在劳动立法上经历了艰难探索的过程，在早期中央苏区的劳动立法中，由于主张劳资对立，将资方作为革命对象，因而立法对劳动者保护力度过大，对资方限制过多，其结果是劳动立法不仅没有起到保护劳

---

① 〔德〕卡·马克思、弗·恩格斯：《德意志意识形态》，载《马克思格斯全集》第3卷，人民出版社2002年版，第70—71页。

② 〔德〕卡·马克思：《第六届莱茵省议会的辩论（第一篇论文）》，载《马克思恩格斯全集》第1卷，人民出版社2002年版，第71页。

③ 〔德〕卡·马克思：《论离婚法草案》，载《马克思恩格斯全集》第1卷，人民出版社2002年版，第183页。

动者的作用,反而对苏区经济造成了严重破坏,最终也损害了劳动者的根本利益。此后,从抗日战争到解放战争期间,中共不断对以往劳动政策进行反思,在主张劳资双方共同发展的基础上逐步提出了"发展生产、繁荣经济、公私兼顾、劳资两利"的处理劳资关系的方针,①这一政策一直持续到新中国成立后第一个五年计划圆满完成时。历史实践证明,这一方针不仅在政治上巩固与加强了中共的爱国统一战线,而且极大地激发了民族资本的积极性与创新性,为新中国迅速医治战争创伤、发展国民经济奠定了良好的政策基础。

中共在新中国成立前的劳动立法实践从正反两方面均证明了这一点:劳动立法既不是简单的意识形态或政治态度表达,也不是某种道德感、同情心的情绪宣泄,更不是基于某种偏私立场对一方当事人利益给予特殊照顾而对另一方当事人利益给予故意打压。劳动关系是反映现代商品经济或市场经济条件下的社会生产关系,对这一复杂社会关系进行调整的劳动立法不仅事关劳动关系当事人双方的利益关系及相互调适,而且与社会经济、政治、文化、心理等也有着极为密切的内在联系。劳动关系有其自身社会伦理属性与内在要求,亦即有其自身的运行逻辑之"法",立法者必须深入思考劳动关系的内在"法"的要求,而不能用自己的主观愿望与意志任性代替"法"的规律性要求。

从劳动关系本身来看,市场经济条件下的劳动雇佣关系具有契约性、协作性、人身隶属性、组织性等基本特征。从劳动关系当事人发生这一关系的领域来看,大致可分为市场交易领域与实际用工的生产领域。在市场交易领域,双方当事人乃是平权性民事关系主体,双方以劳动契约约定彼此的权利义务关系。劳动关系当事双方在这一领域进行

---

① 参见秦国荣:《建国前中国共产党劳动立法的演变及其启示》,《江海学刊》2008 年第 4 期。

双向选择,约定劳动内容与待遇报酬等,与其他民事主体从事市场交易之间并没有多少本质的区别。

真正使得劳动关系区别于其他民事关系的,乃在于劳动契约履约过程的特殊性质及要求。劳动契约要求劳动者必须按照亲自履行、协作履行和全面履行的原则进行,在劳动契约实际履行过程中,劳动者进入用工单位的集体劳动场所,就成为在该用工单位从事协作集体劳动的一员,成为该单位的"员工"或"内部人"。每个劳动者不仅与其他劳动者之间形成了特定的同事和工作伙伴关系,而且尤为重要的是,劳动者与用工单位之间形成了特定的身份关系,成为特定用工单位的"单位人",打上了鲜明的身份烙印。这种特定的身份关系、合作关系、伦理关系,很显然并不是因为有了劳动立法才出现的,正如血缘关系、亲属关系并不是因为有了家庭婚姻法才出现的一样。恰恰相反,如同家庭婚姻法只是对血缘关系、亲属关系的法律确认一样,劳动立法其实只是对劳动关系内在本质的法律确认。[①]

在现代社会,法律作为公开、普遍、中立的社会行为准则,已成为可供社会主体进行价值判断和确立彼此权利义务的最权威的规则指南。而法律究竟能否得到切实有效施行,关键在于立法本身是否科学合理(是否为善法)以及在现实生活中能否得到尊重与遵守。亚里士多德所阐释的法治要义也正在于此。劳动立法毫无疑问同样应遵循这一规

[①]　在理解"法和法律"的关系问题上,公丕祥先生对此有着极为精到而深刻的认识。他指出:"法对一定社会经济关系的反映是直接的,它是社会经济关系的直接的法权要求和内部结构形式,是社会主体在社会经济活动中形成的直接的法的愿望、倾向和态度,它与社会经济条件的联系具有客观必然性的性质。"而"法律则是占统治阶级地位的那个阶级意志的集中体现。……法律虽然也要反映一定社会的物质生活条件,但这种反映通常需要掌握国家政权的统治阶级作为中介环节,并且这种反映往往取决于统治阶级对客观必然性的认识水平。因此,"法律与社会经济条件之间的联系,常常具有偶然性的特征,它是社会经济条件的外部表现形式。这就是法与法律之间的基本差异性"。参见公丕祥:《法哲学与法治现代化》,南京师范大学出版社1998年版,第25—26页。

律和要求。对于具有身份性、伦理性特质的劳动关系,立法者应秉持审慎、中立、客观的基本态度,认真深入思考当下中国劳动关系的本质及应然要求,不能用自己的意志任性和"臆想来代替事情的本质",也不能用自己的情感偏私来扭曲劳动关系的本来面目,要摒弃不符合中国现实与时代要求的劳资对立意识形态。

要深刻地认识到,社会主义制度下的劳动关系,已经消除了劳资双方的根本利益冲突与矛盾,劳动关系当事人已逐步建立起合作、共赢、分享的社会基础与价值认同。尽管在社会转型与深化改革的过程中,劳资双方确实存在着这样那样的纠纷与矛盾,有时候甚至是激烈的冲突,但总体而言,随着党和政府日益高度重视和谐劳动关系建设,劳资协商与合作的伦理关系已成为全社会共识和发展主流。而随着新型就业模式的不断兴起,劳资合作的范围和方式均前所未有地呈现出新特点、新变化,劳动立法首先应思考如何适应劳资伦理关系发展的内在要求,维护、推动与促进和谐劳资关系建设,维护社会诚信体系与核心价值观念,既要遏制与惩罚用人单位违法丧德、侵害劳动者正当合法权益的行为,也要惩处劳动者违反诚信与忠实义务、损害用人单位合法权益的行为,确保劳动关系的健康和谐运行。

立法者还应该认识到,劳动法乃是与社会经济、政治、文化、社会条件等发展有着紧密联系的法律部门,劳动立法应该保持一定的制度刚性与政策弹性,防止制度僵化损害社会经济发展。计划经济使得国民经济发展失去活力的原因之一,就在于其用人用工模式僵化死板,分配机制均平,企业没有用工与经营自主权。我国经济体制改革的目标本身就是要打破计划经济时代的这种僵化用人用工模式,还权于企业,引入市场竞争机制。实践证明,经过约 40 年的商品经济、市场经济发展,融入国际经济全球化时代的我国市场经济建设取得了举世瞩目的巨大成就。

市场经济与法治有着天然的内在耦合性,因为法律可以设定市场主体的行为准则和交易规则,确定市场各方当事人的权利义务关系,对各方当事人进行行为指引和后果预测,从而使市场主体处于成本可核算、后果可预计、交易可计算的状态。法治可以为市场经济运行提供可靠、稳定、理性的制度环境,为全社会确立公平、平等、自由的基本理念和价值指导,建立有德行的市场伦理。如果说法制是一种相对静态的制度体系,是确保法治社会建立和运行的规则体系,是关于公权力运行、市场主体交易及界定和指引公民权利的"行为指南",是确保全社会"有法可依"的必要途径;那么,法治则是一种动态的法律治理的状态,是在"规则之治"下实现理性有序的法律控制的社会运行模式。而这些正是市场经济得以健康运行的制度环境。

劳动法作为市场经济立法,同样应遵循市场经济规律和法治运行要求,为劳动关系双方提供稳定、可靠、合理的交往规则和权利保障体系。只有劳动关系双方当事人利益都能得到法律的有效保护,劳动立法才能在现实生活中得到切实有效的遵守与执行。也只有适应市场发展与企业生存需的劳动立法,才能真正维护劳动关系双方的根本利益,进而才能实现促进生产力发展和劳资双方共赢的目的。这就是说,劳动立法应该站在维护劳动关系和谐与劳资利益平衡的角度,为劳动关系双方提供确立彼此权利义务关系的指南,设定解决彼此权利与利益冲突、界分行为是非曲直从而有效达到"定纷止争"目的的规则,让企业能够在处理好内部关系的前提下,与劳动者一起同舟共济、齐心协力地集中精力,共同面对纷繁复杂、变动不居的市场形势与市场竞争,在赢得市场、获得企业生存与发展的前提下,实现双方的共同利益与各自的"私人"利益。

二、劳动关系调适中的法权与利益

劳动关系是现代市场经济条件下社会化大生产与分工的社会生产关系,讨论劳动关系毫无疑问离不开对劳动关系中的利益与当事人诉求进行追问。因为市场经济和市民社会乃是利益与"需要的体系"(黑格尔语)。而在讨论劳动关系问题上,以下两种观点似乎极为普遍。

一是劳资对立说。这种观点除了受传统意识形态方面的影响外,其立论的基本理由就是,劳资双方作为自利主体,双方在利益追求问题上存在"不可调和"的冲突,即资方追求利润最大化,劳动者追求工资收入最大化,两者之间存在着"根本利益"的冲突,这种冲突决定了劳资双方必然是相互对立的。

二是劳资金钱关系说。这种观点在普通民众中较为常见。其立论的基本理由就是,资方之所以雇佣劳方,在于看中了劳方具有能够为其创造价值的能力。而劳方之所以选择资方,在于资方能够为其带来报酬收入。劳资双方的关系就是市场交换关系与金钱关系。

如果单纯从利益追求的角度看,上述观点确实并非毫无道理。但问题恰恰在于,类似观点只是从劳资一方的利益诉求和愿望出发,看到了所谓"利益对立",而没有深入思考和了解劳资双方的利益实现机制,不了解劳资双方是基于怎样的社会关系结构产生了各自的法权要求,尤其是对当下我国劳动关系的本质缺乏整体性思考,因而这种观点其实是站不住脚的。

现代劳动关系乃是市场经济发展的必然产物,我国劳动关系的产生和发展走过了一条与西方国家完全不同的道路。与西方劳动法发展截然不同的是,我国当代劳动法治建设是以改革计划经济为历史起点的。计划经济时代,企业作为政府的附属机构,其用工乃是一种行政人事关系,而不是劳动雇佣关系,这种僵化的行政用工体系严重制约了企业发展和员工积极性发挥。经济体制改革就是要"增强企业的活力,特别是增强全民所有制的大、中型企业的活力",国有企业改革成为推进整个经济体制改革的"中心环节"。[①] 这就是说,自党中央推动经济体制改革,尤其是我国明确实行社会主义市场经济以来,将企业和劳动者推向市场,打破"企业吃国家的大锅饭"和"职工吃企业的大锅饭"的格局,彻底改革传统计划经济体制下的劳动行政管理关系,建构符合市场竞争要求的契约型劳动关系,已成为劳动立法必须要解决的问题,这是我们理解和把握我国劳动关系及其法治建构的逻辑起点。离开这一最基本的历史前提和现实背景,简单套用西方劳动关系及其法律发展的理论与制度,注定是无法解释中国特色劳动关系及其历史发展的基本要求的。

我国经济体制改革是在"党和政府的领导下有计划、有步骤、有秩序地进行的,是社会主义制度的自我完善和发展"[②]。我国劳动法是以打破计划经济体制下的僵化用工模式,打破"两个大锅饭",推进企业与劳动用工市场化为立法出发点的。尽管劳动立法毫无疑问同样承担着保护劳动者合法权益的基本任务,但这种"立法先导"的体制变革目的更为明确。对此,早在 1984 年 10 月,党的十二届三中全会通过的《中共中央关于经济体制改革的决定》就说得非常清楚:国有企业改革乃是整个经济体制改革的中心环节,而"围绕这个中心环节,主要应该解决好两个方面的关系问题,即确立国家和全民所有制企业之间的正确关系,扩大企业自主权;确立职工和企业之间的正确关系,保证劳动

---

① 《中共中央关于经济体制改革的决定》,1984 年 10 月 20 日中国共产党第十二届中央委员会第三次全体会议通过。

② 《中共中央关于经济体制改革的决定》,1984 年 10 月 20 日中国共产党第十二届中央委员会第三次全体会议通过。

者在企业中的主人翁地位……确立国家和企业、企业和职工这两方面的正确关系,是以城市为重点的整个经济体制改革的本质内容和基本要求"①。

中央文件对于中国劳动关系的内在利益关系与法权关系做了极为朴实而客观的描述。文件指出:"企业活力的源泉,在于脑力劳动者和体力劳动者的积极性、智慧和创造力。当劳动者的主人翁地位在企业的各项制度中得到切实的保障,他们的劳动又与自身的物质利益紧密联系的时候,劳动者的积极性、智慧和创造力就能充分地发挥出来。我国农村改革的经验生动有力地证明了这一点。"②这段文字深刻地揭示了企业与劳动者的相互关系及其利益关系的本源。企业并不是一个抽象的概念或空洞的存在物,而是由全体劳动者组成的利益共同体。企业与劳动者乃是相互依存、利益共通的合作关系。企业只有尊重劳动和劳动者,将每个劳动者的劳动付出、实际贡献与其切身利益紧密挂钩,使劳动者能够共享企业发展的成果,才能真正激发劳动者的积极性和创造力。

从法律角度说,企业作为法律拟制的社会人格组织,它不仅是市场经济运行中最重要的商事主体,是社会生产力和社会财富最主要的创造与生产基地,而且也是大部分普通劳动者发挥技能、安身立命、进行人际交往、实现人生价值的平台和载体。也就是说,企业共同体不仅有物质的商品生产与流通因素,而且有人们生活方式、社会交往、文化和情感交流的因素。企业既是一种生产性与商业性的经济组织,也是一种社会性和交往性的伦理组织。因为所有的企业都是由每个具体的、

① 《中共中央关于经济体制改革的决定》,1984 年 10 月 20 日中国共产党第十二届中央委员会第三次全体会议通过。

② 《中共中央关于经济体制改革的决定》,1984 年 10 月 20 日中国共产党第十二届中央委员会第三次全体会议通过。

活生生的劳动者所组成的,这些普通的劳动者大部分都是些"兢兢业业工作、安安稳稳过日子的本分人士,既非圣人也非恶棍"①,企业中的劳动者就是"有血有肉的人及其相互关系。他们为着各自的利益共通合作,大部分都尽力做着正确的事"②。

劳动者和企业乃是荣辱与共、合作共赢的伦理关系,双方既有共同的经济利益目标,也有其身份伦理关系。劳动者入职不仅意味着获得了可以发挥自身技能与特长的安身立命的岗位,而且意味着获得了企业员工身份、与其他劳动者朝夕相处的合作和同事关系,获得了企业组织体的照顾与关怀。尽管企业与劳动者确实各有其不同的利益诉求,每个劳动者都各有其私人利益、愿望和目的,但企业乃是每个劳动者赖以实现其利益的社会平台。企业实质上乃是每个员工实现自身利益和人生价值的社会组织体与共同体,没有企业的生存与发展,劳动者也就无从实现自身的利益。

同理,企业作为商品生产与流通的经济体,必须要与劳动者一起共同面对激烈的市场竞争。企业的成败得失与劳动者有着紧密的联系,企业与劳动者乃是密切相关、命运相联的,有着以共同利益为基础的伦理关系。正如美国学者所罗门所指出的那样,"如果我们不是把企业当作法律上的虚拟实体、自负盈亏的经济主体、不露声色的官僚机构,也不把它们当作由价格收入比构成的分析矩阵或净资产负债表,而是把它们看作社会公民或者利益共同体,这样会更容易理解商业伦理,并赋予它更多人性"③。也就是说,企业并不仅仅是一个营利性的经济主

---

① 〔美〕罗伯特·C. 所罗门:《商道别裁——从成员正直到组织成功》,周笑译,中国劳动社会保障出版社2004年版,第11页。

② 〔美〕罗伯特·C. 所罗门:《商道别裁——从成员正直到组织成功》,周笑译,中国劳动社会保障出版社2004年版,第11页。

③ 〔美〕罗伯特·C. 所罗门:《商道别裁——从成员正直到组织成功》,周笑译,中国劳动社会保障出版社2004年版,第65页。

体,它同时还是一个社会组织与伦理主体,企业运行要求劳资双方恪守各自的伦理准则和行为规范。因为"如果没有一个广为接受的道德,稳定的社会将不复存在,企业经营活动以及其他积极的、生产性的活动也无法在相对和平与安全的环境里开展"①。

现代市场经济条件下的劳动关系,绝非劳资双方的对立关系,也非纯粹的金钱关系,而是有着一系列经济和伦理内涵的法权关系与利益关系。劳资双方在企业共同体中有着事关双方切身利益实现的共同利益,也有着特定身份伦理关系及价值要求。即企业"'利益共同体'的概念中还包括决定着企业能否有效运转的因素。这些因素绝不是什么精良的机械装置,而是内在贯通的人际关系,是融为一体的竞争与合作,是团队精神和人们优秀的道德品质"②。可以说,从劳动法权关系来看,劳资双方既有经济利益关系,也有内在伦理关系要求。这种劳资关系要求劳资双方应遵守各自的伦理规范,即资方应以对劳动者给予照顾、关怀、保护等为伦理准则,劳方应以忠实、勤勉、敬业等为伦理准则。

也就是说,从劳动关系的法权内容来看,劳资双方除了存在现实经济利益关系外,还有着客观伦理规范要求。此外,劳动者作为企业的构成主体,还应享有参与企业经营管理及"发言权"等权利。美国学者巴德曾经指出,劳动雇佣的目的在于"效率、公平与发言权"。其中,"效率"是雇主追求的"经济行为","公平"是雇工追求的"待遇",而"发言权"则是雇工参与企业运行的权利。这就表明了企业既有双方利益追求的经济性,也有劳资双方共同经营企业的伦理性。

---

① 〔美〕理查德·T. 德·乔治:《企业伦理学》,王漫天、唐爱军译,机械工业出版社2012年版,第12页。

② 〔美〕罗伯特·C. 所罗门:《商道别裁——从成员正直到组织成功》,周笑译,中国劳动社会保障出版社2004年版,第65页。

巴德对此分析道,"效率是众所周知的经济行为标准",这种"经济行为——有效利用有限资源提供消费和投资手段——的工具性标准,是雇主的首要目的"。① 而"公平与发言权则是劳方的目的",因为所谓"公平是在物质和人身待遇方面合理的雇佣标准",所谓"发言权则是参与决策的能力"。② 如果说"公平是待遇——合理的工资、基本社会保险或个人保险。休假时间以及无差别待遇——的工具性标准,是提供获取食物、住所、保健和休闲等更重要目的的手段"③的话,那么,"发言权是参与的内在性标准——对于民主社会中的理性自然人而言,参与决策本身就是目的"④。就是说,对于劳动者而言,"不管是否有利于经济行为的改善,不管是否改变经济报酬的分配,内在的发言权都是非常重要的"⑤。

由此可见,我们在理解劳资双方的利益和法权关系问题上,不应仅仅局限于狭隘的纯粹经济或金钱关系的角度来看待劳资关系,更不应人为地故意扩大劳资双方在经济利益分配过程中的矛盾,无限度地将其上升到根本利益对立与矛盾不可调和的高度。如果那样去认识劳资关系,除了违背了双方相互依存与合作共赢的本质外,还会人为制造和挑起双方的矛盾与斗争,而不利于和谐劳资关系的建构。劳动立法者应深刻地认识到,劳资双方除了资方对于"效率"的经济行为诉求外,

---

① 〔美〕约翰·W.巴德:《人性化的雇佣关系——效率、公平与发言权之间的平衡》,解格先、马振英译,北京大学出版社2007年版,第18页。
② 〔美〕约翰·W.巴德:《人性化的雇佣关系——效率、公平与发言权之间的平衡》,解格先、马振英译,北京大学出版社2007年版,第18页。
③ 〔美〕约翰·W.巴德:《人性化的雇佣关系——效率、公平与发言权之间的平衡》,解格先、马振英译,北京大学出版社2007年版,第18页。
④ 〔美〕约翰·W.巴德:《人性化的雇佣关系——效率、公平与发言权之间的平衡》,解格先、马振英译,北京大学出版社2007年版,第18页。
⑤ 〔美〕约翰·W.巴德:《人性化的雇佣关系——效率、公平与发言权之间的平衡》,解格先、马振英译,北京大学出版社2007年版,第18页。

也有劳方对于资方的"公平"待遇诉求,更重要的是,还有劳资双方共同参与企业运行的"发言权"诉求。

　　劳资双方在市场上彼此双向选择并以契约方式形成劳动雇佣关系,从一开始就注定了双方乃是合作互利共赢、互为"手段与目的"、谋求实现各自利益的自利主体。而企业作为具有法律拟制人格的"资合"与"人合"相统一的市场主体,作为以劳资合作为运行机制、以营利为目的的经济体与社会组织体,乃是双方实现各自利益与目的的共同体。面对激烈的市场竞争,劳资双方只有精诚合作、和衷共济,才能在市场上获得生存与发展。因此,就劳动关系的法权与利益关系来看,"效率"关乎双方共同利益,"公平"关乎每个劳动者的切身利益,而"发言权"则关乎劳动者是否具有主体地位和参与企业经营管理的权利。

　　对于权利、法权等与经济关系之间的内在联系,马克思主义经典作家曾经指出,经济关系并不能由法权概念来调节,相反,是"经济关系产生出法权关系"[1],因为"权利永远不能超出社会的经济结构以及由经济结构所制约的社会的文化发展"[2]。从我国劳动法治运行的历史背景来看,长期的计划经济模式及政企不分导致企业完全按照行政指令和行政运行模式进行。这种完全排斥市场机制的做法,不仅使企业丧失了应有的生机与活力,而且使劳动用工制度变得僵化,劳动者同样丧失了积极性,国民经济成为"一潭死水"。我国的劳动法在很大程度就是要在劳动关系领域引入市场竞争机制,破除僵化的劳动用工制度。这就决定了我国的劳动立法尽管毫无疑问应以保护劳动者正当合法权益为圭臬,但同时也应简政放权,确认用人单位劳动用工自主权,还权

---

　　① 〔德〕卡·马克思:《哥达纲领批判》,载《马克思恩格斯全集》第19卷,人民出版社2006年版,第18—19页。

　　② 〔德〕卡·马克思:《哥达纲领批判》,载《马克思恩格斯全集》第19卷,人民出版社2006年版,第22页。

于企业与市场。

　　在社会转型和深化经济体制改革的时代背景下,中国特色劳动法治建设承载着诸多体制改革的社会功能。我国经济体制改革的目标是建构符合现代法治和市场经济内在要求的制度体系,即党的十八届三中全会所提出的"要紧紧围绕使市场在资源配置中起决定性作用深化经济体制改革","建设统一开放、竞争有序的市场体系,是使市场在资源配置中起决定性作用的基础"。[①] 劳动关系是市场经济中最重要的法律关系之一,我国的劳动法治在维护与调整劳动关系的过程中,应当注意到劳动关系运行实质上隐含着两类既相区别又相联系的法权关系。一类是企业面对市场竞争所产生的法权关系,其核心内容应该是企业的生产经营和劳动用工自主权。劳动立法应思考如何尊重市场规律,创设有利于企业应对市场激烈竞争的生存环境,切实还权于企业,尊重和维护企业生产经营过程中的各项自主权利。只有企业获得生存与发展,劳动关系才有可能存续与维持。一类是劳动者在择业从业过程中所产生的法权关系,其核心内容应该是劳动者的择业自主及其在劳动过程中所享的各项权利。劳动立法应思考如何按照党的十八届五中全会提出的"坚持共享发展"要求,切实维护劳动者的正当合法权益,防范与遏制用人单位侵犯劳动者合法权益的行为。

　　从劳动关系双方当事人的契约趋利性角度看,劳动者与用人单位作为以实现各自私利为目的的"市民社会主体",双方通过契约方式实现了彼此的联合与分工,在实现各自私人利益的同时实现了双方共同利益。与其他市场主体的利益实现机制一样,劳动关系中"表现为整个交换行为的内容的共同利益,虽然作为事实存在于双方的意志中,但

[①]　《中国共产党第十八届中央委员会第三次全体会议公报》,2013 年 11 月 12 日中国共产党第十八届中央委员会第三次全体会议通过。

是这种共同利益本身不是动因,它可以说只存在于自身反映的个别利益的背后"①。对于双方而言,企业如同双方利益实现的命运之舟,承载着双方共同的梦想与期盼,企业的盛衰兴亡决定着双方各自利益的得失成败。因此,企业本身就是双方利益共同体的经济组织形式。从应然状态说,企业与劳动者不可分离,彼此合作,团结协作,共同组织生产与经营,共享营利收益,共担市场风险。企业应当要善待和尊重劳动者,关心、照顾企业财富的创造者——劳动者,维护劳动者的切身利益和合法权益。劳动者应当要忠实于企业,以勤勉敬业的态度对待工作,恪守职业道德,自觉维护企业的声誉与利益。

对于企业与劳动者之间的内在关系,《中共中央关于经济体制改革的决定》早就指出:"城市经济体制改革中,必须正确解决职工和企业的关系,真正做到职工当家做主,做到每一个劳动者在各自的岗位上,以主人翁的姿态进行工作,人人关注企业的经营,人人重视企业的效益,人人的工作成果同他的社会荣誉和物质利益密切相联。……因为我们的现代企业是社会主义的,在实行这种集中领导和严格纪律的时候,又必须坚决保证广大职工和他们选出的代表参加企业民主管理的权利。在社会主义条件下,企业领导者的权威同劳动者的主人翁地位是统一的,同劳动者的主动性创造性是统一的。这种统一,是劳动者的积极性能够正确地有效地发挥的必要前提。"②

现代企业中劳资双方的利益与法权关系,并非是单一的、世俗的经济或金钱关系,而是多元的、丰富的,既有物质的,也有精神的,还有文化的、社会的、伦理的等诸多要求与内在关系。劳动立法既要注意维护

---

① 〔德〕卡·马克思:《经济学手稿(1857—1858 年)》,载《马克思恩格斯全集》第 46 卷(下),人民出版社 2003 年版,第 473 页。

② 《中国共产党第十八届中央委员会第三次全体会议公报》,2013 年 11 月 12 日中国共产党第十八届中央委员会第三次全体会议通过。

劳资双方的正当合法权益,也要注意维护劳资关系的平衡与和谐,促进企业发展与劳资两利,推动社会生产力发展和文明进步。从这个意义上说,1994年《劳动法》对劳动立法目的的定位总体而言还是相当准确的。如该法第1条就明确指出,《劳动法》的立法目的是"保护劳动者的合法权益,调整劳动关系,建立和维护适应社会主义市场经济的劳动制度,促进经济发展和社会进步"。客观地说,尽管《劳动法》同样存在着需要根据当下社会经济文化发展形势进行修改完善的方面,但由于这部法律较为切合我国当时改革发展的实际情况和需要,因而该法的颁行实施乃是我国"立法先行"式中国劳动关系改革较为成功的范例。

三、劳动关系运行的规则与伦理

在任何一个国家,为调整社会关系、利益和行为等所进行的立法都是极为复杂而严肃的事情。因为这需要立法者"有一种能够洞察人类全部情感而又不受任何感情支配的最高的智慧;它与我们人性没有任何关系,但又能认识人性的深处"①。正因为此,卢梭曾经感慨道:"立法者在一切方面都是国家中的一个非凡的人物。"②从理论上说,当我们在讨论劳动立法问题时,应回归劳动关系本身,根据我国劳动关系本质及其发展的现实需要进行相应的立法活动。而问题恰恰在于,对于我国这样一个以"立法先导"模式进行经济改革和社会转型的国家而言,法律工具主义色彩较为浓厚,这使得"立法"往往具有特殊的功能和作用。立法者总是期望通过立法及立法修改,来实现其理想中的"法治"状态。而事实上,对于具有身份属性的法律关系,单纯通过立

---

① 〔法〕卢梭:《社会契约论》,何兆武译,商务印书馆1980年版,第53页。
② 〔法〕卢梭:《社会契约论》,何兆武译,商务印书馆1980年版,第55页。

法有时候恰恰并不能解决相关问题,这使得法律在现实生活中确实处于极为矛盾而尴尬的境地。

对于诸如婚姻关系、劳动关系等身份性法律关系,恩格斯认为,法律只是对这种表面权利平等的确认,但现实中的实际状况并不是法律能够干预与调整的。他以讽刺的语气对劳动契约描述道:"劳动契约据说是由双方自愿缔结的。而只要法律在字面上规定双方平等,这个契约就算是自愿缔结。至于不同的阶级地位给予一方的权力,以及这一权力加于另一方的压迫,即双方实际的经济地位——这是与法律毫不相干的。在劳动契约有效期间,只要此方或彼方没有明白表示放弃,双方仍然被认为是权利平等的。至于经济地位迫使工人甚至把最后一点表面上的平等权利也放弃掉,这又是与法律无关的。"①

劳动关系与婚姻关系类似,有着极为鲜明的身份与伦理特质。这种法律关系既有劳资彼此合作互利的经济内容,也有双方亲自履行、朝夕相处的身份隶属内容。劳动关系乃是契约与身份的统一,是以契约为基础的身份关系。如果说契约是在法律上明确了双方的权利义务关系,那么身份则是劳资双方彼此认同,相互信守,形成以企业共同体为对外组织标志或单位识别的社会符号。对于双方而言,这种身份具有极为复杂而重要的社会伦理意义。对于资方而言,其出资设立的企业自成立之始,即是以企业伦理为核心的社会责任组织体,它既承担着为社会提供优良的商品与服务、依法纳税、保护环境等社会责任,也承担着关爱、照顾员工等企业内部责任。

企业作为法律拟制的"人格"主体,并不单纯是一种经济性、营利性社会组织,它不仅同样享有名誉、荣誉等社会评价,而且同样受各种

---

① 〔德〕弗·恩格斯:《家庭、私有制和国家的起源》,载《马克思恩格斯选集》第4卷,人民出版社2012年版,第84页。

社会伦理要求所约束。正因为此，美国学者乔治（Richard T. De George）指出："社会对企业设定的界限和提出的要求往往都是道德方面的，企业可以忽略某些人的道德要求，但是很难忽略整个社会对它的道德要求，因为即便它是服务于社会的，它也是社会的一部分并依赖于社会。"①

对于劳动者而言，"单位"这种组织体不仅标明了劳动者的职业或行业分工，而且标明了劳动者与各自不同的"单位"所能享有的社会地位、待遇、荣誉等社会评价和身份识别。从劳资双方契约形成的过程来看，劳动者与单位乃是在彼此考察、了解后通过"双向选择"才确立起劳动关系的。对于劳动者而言，在不同行业、不同单位就业，不仅意味着经济收入、报酬与待遇的差异，而且意味着个人技能发挥、发展平台与前景的不同。从某种角度说，选择不同的工作岗位，实质上就是选择不同的工作方式、生活方式、人际交往方式，选择不同的人生道路与前途。劳动者与单位组织体从本质上说乃是荣辱与共、休戚相关的关系，因为"员工的利益和股东的利益更紧密地结合在一起，在经济好时双方都获利，经济不好时都有损失，至少是同输赢、共命运"②。

从学理与立法实践来看，"人身隶属性"或"从属性"乃是确认是否构成劳动关系的法律判别要素。"根据主流观点，'从属关系'在确定典型'劳动'关系和劳动合同方面是关键要素，并在区分自雇就业和其他类型的雇佣就业（例如，基于合伙的就业）方面也起着决定性的作用。"③劳动关系的这一法律特征，使得劳动雇佣与民事雇佣得以区别

---

①　〔美〕理查德·T. 德·乔治：《企业伦理学》，王漫天、唐爱军译，机械工业出版社2012年版，第6页。

②　〔美〕理查德·T. 德·乔治：《企业伦理学》，王漫天、唐爱军译，机械工业出版社2012年版，第3页。

③　〔意〕T. 特雷乌：《意大利劳动法与劳资关系》，刘艺工、刘吉明译，商务印书馆2012年版，第31页。

开来。劳动雇佣的这一身份特征,使得劳动者成为企业的内部员工,其劳动作为企业整体分工的一部分而只具有相对独立性。企业依据契约、内部规章和纪律获得了对劳动者指挥与控制的权利,劳动者则依据契约和规章获得了企业照顾与享有报酬福利的权利。

　　劳动雇佣的"从属性"或"人身隶属属性",表明了劳资双方首先应按照这种具有"人格身份"属性的契约确立双方法律上的权利义务关系。正如有学者在研究劳动雇佣与"独立合同人"之间的区别时所指出的那样,"独立合同当事人与企业之间不存在雇佣关系。独立合同当事人是独立于企业的主体,二者之间是平等的民事合同关系,其不受企业的管理和约束,因此企业对其仅负有合同所约束的义务,而无须对其负有劳动法及税法上的义务"①。而劳动雇佣与民事雇佣显然不同的是,企业要对劳动者承担远多于民事平等主体或合同主体的"劳动法及税法上的义务"。比如,企业除按照约定和法律规定正常支付劳动者薪资报酬外,还要为劳动者提供带薪休假、病假等"工作福利",承担各种社会保险、医疗保险、工伤保险等依法强制缴纳部分;除要为劳动者提供工作场所与设备外,还要承担劳动者工作期间的安全卫生责任与工伤责任,承担劳动者离开本企业时的补偿金等。②

　　毫无疑问,劳动法的诞生乃是以法律规则确立了对劳动者权利给予保护的基本态度,即"劳动法具有重要属性(公共秩序方面的),其主要目的在于保护劳资关系中处于弱势地位的工人权利"③。正因为此,企业在劳动法上要承担比劳动者更多更广泛的义务,而其对劳动者所

---

　　① 林晓云等编著:《美国劳动雇佣法》,法律出版社 2007 年版,第 26 页。
　　② 有学者概括总结了企业应为劳动者承担的九大责任。参见林晓云等编著:《美国劳动雇佣法》,法律出版社 2007 年版,第 26—29 页。
　　③ 〔意〕T. 特雷乌:《意大利劳动法与劳资关系》,刘艺工、刘吉明译,商务印书馆2012 年版,第 12 页。

享有的权利只是根据劳动者的身份从属性,"可以获得雇员完全的忠诚,并且可以更好地控制雇员的工作时间和完成工作的方法"①。

劳动关系作为具有人身隶属性的社会关系,劳动法乃是按照劳资伦理的内在要求,在立法上设定了劳资双方的权利义务关系。按照劳资伦理属性的要求,劳资双方均应承担各自的伦理义务。企业应对劳动者承担照顾、关怀、保护、保障等组织体内部伦理责任,而劳动者则相应承担忠实、勤勉、敬业等组织成员伦理责任。劳动立法实质上是将劳资双方按照组织共同体所应承担的伦理责任转化为法律上的强制规则,转化为指引双方行为的法律规范。正因为劳动关系乃是具有社会伦理属性的社会关系,因而在现实生活中调整双方行为和关系的最重要规则,其实并不是"冷冰冰"的法律,而是企业内部规范(劳动纪律)与劳动契约。而真正能够实现劳资双方人际关系和谐协调的规范,乃是充满人情味的伦理规则、充满人文气息的做事处世准则和企业道德文化。

由于资本与劳动天然存在着社会力量对比上的不均衡性,因此"资强劳弱"成为不可否认的现实。劳动立法乃是从法律"纠偏"的角度,通过加大资方义务来保护劳动者的正当合法权益,进而实现劳资双方的相对平衡。但是,在现实生活中,我们绝对不能仅仅依靠立法的某种善良愿望和强制约束,相反,应该更多地注重社会伦理规则调整的力量。正如美国学者乔治所指出的那样:"以法律为企业行为的唯一标准是一种逃避的做法,它在某种程度上反映了一个事实,即大部分经理并不知道如何处理企业中的许多道德问题……以法律为挡箭牌、无视其他的道德要求,这些往往并不能说明这些企业是出于恶意或者有不

---

① 　林晓云等编著:《美国劳动雇佣法》,法律出版社2007年版,第29页。

道德之心。相反,这常常是反映了公司内部机制的欠缺,以至于未能像考虑和权衡财务因素那样对待道德因素,也反映出对公司内部人员参与有关公共事务和道德伦理论证的能力缺乏信心。"①

劳动关系乃是伦理性很强的社会关系,劳动关系的稳定和谐与否在相当程度上取决于劳资双方的相处与调适,取决于双方对协作、互信、忠实、关怀等伦理价值的认知和践行。实践证明,那种试图仅仅以加强法律约束的方式来对劳动关系进行规制的观念和做法,并不能取得立法者所预期的社会秩序。相反,僵硬刻板的法条规定,只会将原本同舟共济、朝夕相伴的"同事"关系变成赤裸裸的、锱铢必较的利益关系。事实上,正如婚姻关系主要依靠婚姻双方在长期相处过程中所形成的感情依赖、习惯适应、生活调适等,而并不能单纯依靠法律来调整当事人情感和生活一样,劳动关系同样主要依赖双方当事人在彼此相互信赖与协作的基础上所形成的合作模式、行为要求和自然规则等进行调整。对于这种具有伦理属性的社会关系,伦理规则调整起着主要的决定性作用,而法律只是隐性的,只有在双方关系破裂或一方当事人严重损害另一方当事人利益时才能起到显性的作用。

准确认知劳动关系的伦理特质,对于和谐劳动关系的法治建构,有着极为重要的意义。它一方面需要立法者以社会主义核心价值观为立法指引,以建构劳资伦理法律关系为立法目标,引导用人单位建设民主文明、平等公正、敬业诚信、友善和谐的企业文化,对外塑造有德行、负责任的企业形象,对内形成团结协作的良好劳动关系与人际关系环境;另一方面也要求劳动司法执法等法律实务部门,应以尊重劳动关系双

---

① 〔美〕理查德·T.德·乔治:《企业伦理学》,王漫天、唐爱军译,机械工业出版社2012年版,第8页。

方当事人的自主、自治与自律为基础,引导劳动关系当事人建立起和谐稳定的内部关系。在重视法律施行和建构劳资伦理关系的同时,应注重以协调、调解、第三方仲裁等"柔性"执法方式,缓和与化解劳动争议和冲突。我们要以法律和劳资伦理建构要求,规范劳资双方当事人的行为,既注意惩罚与遏制用人单位恶意侵害劳动者合法权益的违法丧德行为,也支持用人单位依据合法合规的内部规章和纪律,对损害本单位合法权益的劳动者给予制裁的合法行为,从而为和谐的劳资伦理关系提供有效的法治保障。

四、劳动关系维护中的管制与自治

随着经济体制改革的逐步深化,尤其是随着市场经济发展对社会分配结果的影响,劳动关系领域开始出现诸多不和谐的状况,劳动者的获得感有所下降。而部分用人单位损害劳动者合法权益的情况,如工资拖欠、劳动合同短期化、"末位淘汰制"的推行等,则加剧了劳动关系的紧张程度。经济结构调整客观上也使得部分劳动密集型、资金密集型企业生存较为困难,劳动者权益难以得到有效保障,劳动关系呈现出新的矛盾和问题。正如中共中央、国务院发布的《关于构建和谐劳动关系的意见》(以下简称《意见》)所指出的:"我国正处于经济社会转型时期,劳动关系的主体及其利益诉求越来越多元化,劳动关系矛盾已进入凸显期和多发期,劳动争议案件居高不下,有的地方拖欠农民工工资等损害职工利益的现象仍较突出,集体停工和群体性事件时有发生,构建和谐劳动关系的任务艰巨繁重。"[1]

---

[1] 《中共中央国务院关于构建和谐劳动关系的意见(2015 年 3 月 21 日)》,《人民日报》2015 年 4 月 9 日第 1 版。

由于"劳动关系是否和谐,事关广大职工和企业的切身利益,事关经济发展与社会和谐"①,因此,在建构与维护和谐劳动关系已成为社会各界基本共识的情况下,如何实现和谐劳动关系,就成为学界与实践部门需要认真思考的重要课题。而在诸多的思考与主张中,有一种观点曾经极为流行,并且至今仍然有着一定的影响力,即劳动者相对于用人单位而言,处于"劣势"与"弱势"地位,其权益极易受到用人单位的侵害。劳动法的"目的是以国家强制力来保障劳动者权利,以协调实现劳资自治,或者说,是通过公权力的实施来保障劳动者的私权利,以达到劳资关系的平衡"②。主张劳动立法应授权国家机关对劳动关系进行干预,明确国家机关在劳动关系中的双重主体定位:对用人单位来说,它是权利(权力)主体,以公权力制约用人单位,以"国家干预"方式对劳动关系行使行政管理权,以行政权介入排除用人单位对劳动者的侵害;对劳动者来说,它是义务主体,政府对劳动者权利承担保护职能与义务。③

对于上述观点,有学者曾经给予了极为深入而透彻的分析和批评,指出类似观点在学理与实践上存在的问题在于:国家机关成为劳动关系的主体,改变了劳动关系本身的民事属性特征,极易造成国家公权力对劳动关系领域的侵入,从学理上来说,有违行政行为合法性原则,从实践上看,则意味着劳动关系向计划经济时代"行政关系"复归很显然

　　① 《中共中央国务院关于构建和谐劳动关系的意见(2015 年 3 月 21 日)》,《人民日报》2015 年 4 月 9 日第 1 版。
　　② 常凯:《论政府在劳动法律关系中的主体地位和作用》,《中国劳动》2004 年第 12 期。
　　③ 常凯:《论政府在劳动法律关系中的主体地位和作用》,《中国劳动》2004 年第 12 期。

是与劳动市场经济法治的要求相违背的。① 确实,长期以来,在对待劳动关系问题上,基于"劳弱资强"的理论假设,这样一种思维和逻辑推论几乎已经成为相当一部分社会法学研究者"不假思索"的"思维定式"和"广谱药方",②即主张立法授权行政权强力介入劳动关系,以行政权维护劳方、制约资方,从而改变劳资双方的力量对比,以此达到保护劳动者权利的目的。事实证明,这种观点在理论与实践中均难以立足。

以"劳弱资强"作为公权力可以介入的理由在法理上欠缺依据。因为如果我们只从社会关系的实质,而不是从法律关系本身的基本性质来看,几乎所有的民商事关系都存在着力量对比上实质性"强弱"的问题,比如婚姻关系中的女方、医疗关系中的患者、消费关系中的消费者等,甚至合同关系中也有当事人在资金、信息、能力等方面的强弱对比。但这并不意味着一旦法律关系中出现当事人实质性力量的强弱对比,国家公权力就可以介入。如果那样的话,岂不是所有的法律关系公权力都可以介入与干预? 因此,当我们在思考包括劳动关系在内的市场经济法律关系时,应当深入研究与分析各种不同法律关系的本质内涵,而不应将公权力介入看作是解决民事关系与社会事务的"包医百病"的"万金油"。

虽然从国家代表公共利益的理想主义角度说,立法授权政府机关监管劳动关系,保护劳动者合法权益有着一定的合理性。但是,在公权

---

① 参见董保华:《劳动法的国家观——劳动合同立法争鸣的深层思考》,《当代法学》2006 年第 6 期。

② 这种思维方式在经济法学界曾经"司空见惯",而随着诸多优秀中青年经济法学者的不断思考与努力,那种"市民社会"与市场经济"失灵"、国家干预"药方"的"套路式"观点,已逐渐淡化乃至式微,符合现代民商法与现代行政法理念的尊重市场规律、政府职能依法归位的思想逐渐占据主导地位。

力实际运行过程中,我们并没有足够的理由相信公权力一定会按照"道义"准则而不是按照利益选择原则站在"弱势"的劳动者一方去有效地制约"强势方"用人单位,也没有足够的理由确保公权力及其操作者能够自觉自律地坚定维护弱势方利益,而不是为了自身私利或寻租,以及不被强势方所俘获、收购而与之勾结。相反,在对待公权力介入民事法律关系的问题时,我们应按照行政权行使的法治要求,以法律与法律正当程序制约公权力行使,确保其按照行政法所要求的"法无授权即非法"原则,将公权力行使纳入法制轨道,而不是按照理想主义的理论假设想当然地将公权力引入劳动关系领域。

从劳动关系的法律本质来看,劳动关系乃是属于平权主体之间形成的特定契约与合作关系,属于市场经济中的"私人利益"关系,具有极为明显的民商事法律属性。从劳动法角度看,劳动法上的所谓劳动者,乃是达到或符合法律规定的就业年龄,具有完全民事行为或限制行为能力,具备一定的智识或技能,有就业欲望并能够按照自己真实的意思表示与用工者依法订立用工契约,通过独立向用工者有偿出让自己的劳动力使用权,接受用工者的纪律和管理,参与到用工者指令要求或按照约定要求的内部生产协作过程中,从事相关活动,以此与用工者形成人身隶属和管理关系,并由此按照约定获取相应工资报酬的自然人。[①] 由于不同劳动者的自然禀赋、求职技能与谋生能力等均不相同,因此劳动者本身有着不同类型与层次的区分。而用人单位同样存在着规模、资金、技术、竞争力等各方面的差别。因此,当我们对劳动者与用人单位进行类型化、分层化区别,而不是概念化、抽象化、观念化的笼统概括时,不难看出,劳动者与用人单位之间其实并不存在固定不变的

---

① 秦国荣:《劳动法上的劳动者:理论分析与法律界定》,《法治研究》2012 年第 8 期。

"谁强谁弱"之分。只是相比较而言，劳动技能与求职能力较低的劳动者处于劳动力市场和职场竞争中的相对"弱势"地位，而小微企业之类的用人单位则处于市场竞争中的相对弱势地位。究竟如何判断劳动者与用人单位"谁强谁弱"，确实原本就是难以把握和界定的"伪命题"。

从劳动法上劳动者的实际情况看，劳动者究竟是不是处于社会"弱者"地位，观察视角不同，结论就会截然不同。比如从就业角度看，选择相同就业岗位的劳动者在市场上相互竞争，在一职难求的情况下，已经获得劳动就业岗位的劳动者相对于没有获得就业岗位的其他人而言，乃是就业市场竞争的成功者与胜出者。而从劳动者与用人单位的法律关系来看，双方不仅是经过平等协商和"双向选择"而订立劳动合同、确立劳动关系的平权主体，更是工作上的协作关系、事业上的合作关系、利益上的连带关系主体。双方相互信任，彼此依存，共享企业平台发展的利益，在某种程度上也与企业共担市场经营和竞争风险。这种基于企业利益共同体发展而形成的协作与同事关系，与婚姻关系类似，乃是相互信守、彼此忠实、同舟共济的"伙伴"关系，而非"强者""弱者"关系。

劳动者"弱者"立论实质上是在贬损与矮化劳动者，其实并不符合当下我国劳动就业与劳动关系的本质内涵。此论极为陈旧，带有浓厚的早期工业化大工厂时期的思维色彩，与我国当下劳动就业多元化、劳动关系合作化等情况并不吻合，[1]与网络科技时代的劳动关系新变化

---

① 随着我国《公司法》逐步放松管制，一人公司、有限合伙、小微企业等不断兴起，股权合作、职工持股等新型劳动雇佣关系出现等，开始对传统劳动法产生冲击，紧密型从属性劳动雇佣开始松动，松散型、契约型、合作型、多重兼职型劳动雇佣关系逐步成为常态。有学者在研究英国放松劳动关系管制背景下出现的雇员股东制度时也指出，这种制度的实质是以职工持股来交换雇佣保护，但雇员与股东身份的转化理论否定了劳动法理论中最核心的概念。参见李海明、陈亚楠：《吊诡的英国雇员股东制度》，《中国工人》（*Chinese Workers*）2015 年第 10 期。

更是相去甚远。① 诚然，劳动关系双方当事人确实处于在法律上形式平等或名义平等，但在实践中实质不平等的状态，但这并不是政府可以介入其中的理由。从立法角度说，法律作为社会成员必须普遍遵守的行为规则，只能以形式平等的宣示与适当对弱势方给予倾斜保护的政策设计来彰显其内蕴正义，而不能授权行政机关以行政权直接介入来"纠正"或"摆平"实际生活中的诸多实质不平等的社会关系。否则，我们就只能一切依赖行政力量来解决社会问题，从而只能生活在"行政国家"或"警察国家"了，或者说，只能回到行政权掌控与决定一切的计划经济时代了。

在现代法治社会，为了确保公权力不对私权利构成侵害，立法的基本任务就是要确定公权与私权之间的边界，在明确私权主体权利的基础上，以法律限定公共权力行使的范围，并以严格的程序设计规范公共权力行使的方式，以确保私权主体能够在法定权利范围内享有充分的意思自治和行为自由，同时确保公共权力能够依照法律授权及法定正当程序行使。这就表明任何政府都不能在没有法律授权的情况下，随意侵入私权主体的权利领域，不能以公共权力介入到民事平权主体之间去"拉偏架"，明确站在某一方当事人一边，去制约与抗衡另一方当事人。否则，不仅政府失去了公共利益代表的中立性与行政行为的合法性，成为私权主体中的某一方当事人的"利益偏私者"，而且这种公权力介入私人利益博弈的做法，极易造成公权力对私权利的随意入侵和损害，从而破坏市民社会自身的利益平衡和意思自治，必然会导致行政权主导和掌控一切，造成公权力随心所欲地控制与干预私权的"行政国"体制，从而使得私权主体难以真正享有法律赋予的行为自由和

---

① 网络科技时代兴起了诸多新型就业与劳动雇佣方式，如微店店员、网约车司机、科技项目组团队、业务外包等，给劳动法基本理论与实践研究引入全新的课题。

意思自治,其合法权益最终也将难以得到法律的有效保护。

　　对于私域范围内的劳动关系,按照民事法律关系的自治原则,公权力尤其是行政权作为外在力量,原本并没有其立足与插手的空间。马克思曾经指出:"国家是建筑在社会生活和私人生活之间的矛盾上,建筑在公共利益和私人利益之间的矛盾上的。因此,行政机关不得不限于形式上的和消极的活动,因为哪里有了市民生活和市民活动,行政机关的权力就要在哪里告终。"①那种主张政府以劳动者保护者身份介入到劳动关系中的观点,不仅是一种比较简单的,过于理想化、概念化和夸大行政权功能的非法治观念,而且这种赋予公权力介入平权民事主体之间关系,只站在其中一方当事人一边,以"打手"与"拉偏架"角色出现,既不符合公权力代表公益与公正的法律属性,也容易使得公权力过于偏私而损害其公信力,更容易使得原本属于当事人之间的民事矛盾转化为与公权力之间的行政矛盾,从而不利于问题解决,甚至有可能激化矛盾。

　　尽管一如婚姻关系当事人在长期共同生活过程中,会因利益、观念、习惯、秉性等,产生这样那样的矛盾与冲突一样,劳动关系双方当事人在长期协作与交往过程中,也会产生诸多矛盾与问题。但是,此种带有强烈社会伦理色彩的社会关系当事人之间所发生的矛盾与冲突,只是当事人之间的内部调适问题,并不是国家公权力介入和干预的法理理由。相反,如果允许行政权随意介入劳资私权关系,不仅不能实现劳资利益的有效协调,反而有可能打破劳资关系的相对平衡,损害劳资关系的正常建构和维护,最终将导致劳资双方的利益都有可能受到损害。

　　行政权作为劳动法律关系之外的第三方力量,或者说,政府作为公

_____

　　① 〔德〕卡·马克思:《评"普鲁士人"的〈普鲁士国王和社会改革〉一文》,载《马克思恩格斯全集》第 1 卷,人民出版社 1995 年版,第 479 页。

共行政机构,作为非劳资利益关系当事人,其对劳动关系的直接干预至少存在以下难以克服的"几个严重的缺点":一是政府包办代替的干预,使得政府本身成为主角,反而容易使"那些直接卷入相互关系中的人被排除在干预范围之外。特定的雇主、雇员以及工会(如果有的话)无法去决定他们的具体关系中最重要的问题是什么。换句话说,这种制度将参与或补充机制有效地消除了。因此,很难达成适合特定需要和限制的一致意见"①。二是就政府干预本身的弊端来看,"作为一个通用的规则,政府干预往往趋向于模糊"②。而政府干预行为究竟是否合法,还需要法庭进行司法审查。同时一旦政府做出具体行政行为,就需要政府"为其后果负责"③。三是政府行为的成本比较巨大,因为政府所做出的行政行为"还存在执行和实施方面的问题"④。

公权力对劳动关系的强力介入与管制,乃是违背现代法治原则的"庸政""懒政"思维,实质上是以简单粗暴的"行政管理"代替公共产品服务。正如有学者所指出的那样,尽管那种主张政府"强介入"劳资关系的思路在"中国这种'官本位'社会、'强政治'环境、具有亚细亚生产方式特征的社会中非常有市场、有吸引力,也非常容易为精英和大众所接受,在某些方面,短期也能取得立竿见影的效果"⑤;但这种行政干预与管制的弊端是显而易见的,因为"如果政府长期强介入干预劳资关

① 〔美〕约翰·W.巴德:《人性化的雇佣关系——效率、公平与发言权之间的平衡》,解格先、马振英译,北京大学出版社2007年版,第125页。
② 〔美〕约翰·W.巴德:《人性化的雇佣关系——效率、公平与发言权之间的平衡》,解格先、马振英译,北京大学出版社2007年版,第125页。
③ 〔美〕约翰·W.巴德:《人性化的雇佣关系——效率、公平与发言权之间的平衡》,解格先、马振英译,北京大学出版社2007年版,第125页。
④ 〔美〕约翰·W.巴德:《人性化的雇佣关系——效率、公平与发言权之间的平衡》,解格先、马振英译,北京大学出版社2007年版,第125页。
⑤ 徐小洪:《劳动法的价值取向:效率、劳动者主体地位》,《天津市工会管理干部学院学报》2009年第1期。

系，全力帮助劳动者，最终的结果是劳动者完全丧失自主性，成为等待政府给予利益，而不是自己争取权利，进而去追求利益的自主独立的群体"[1]。特别重要的是，"政府强介入的结果也并不一定会帮助劳动者"，因为"其一，政府公共决策的过程是各阶层权利博弈的过程，政府要能形成协调、平衡各阶层利益的公共决策，其前提是各阶层的利益诉求能进入政府决策过程，才能在政府决策中得到体现，但中国现实中，劳动者群体没有强大的组织，没有畅通的表达渠道，他的利益诉求很难全面、真实地进入政府决策过程，而且在其利益受到政府侵犯时，也没有规范的有效的渠道进行救济，反而是资方有着这些渠道。其二，'政府'并不是中性的，其自身也是利益群体，他们也要追求政治利益和经济利益，在中国现实中，最可能出现的就是官商勾结"。这样，"政府强介入的结果很可能是政、商、学三者合谋，摆布、愚弄劳动者"。其三，"政府'强介入'的效果并不一定会理想。政府'强介入'是对市场运行的直接干预，而直接干预的效果往往是'适得其反'"。[2]

　　恩格斯曾经指出："资本与劳动的关系，是我们现代全部社会体系所围绕旋转的轴心。"[3]在市场经济中，资本与劳动原本就是相互依存和合作，既有共同利益又有彼此私人利益的伙伴关系。尽管经过几十年的经济体制改革和市场经济建设，我国已初步建立起符合现代市场经济发展要求的制度框架，但是距离符合现代法治要求的市场经济运行体制机制目标，尚有不小的差距。尤其是在深化经济体制改革的今天，进一步简政放权，培育成熟理性的劳动关系，构建符合现代市场经

---

　　① 　徐小洪：《劳动法的价值取向：效率、劳动者主体地位》，《天津市工会管理干部学院学报》2009 年第 1 期。

　　② 　徐小洪：《劳动法的价值取向：效率、劳动者主体地位》，《天津市工会管理干部学院学报》2009 年第 1 期。

　　③ 　〔德〕弗·恩格斯：《卡·马克思〈资本论〉第一卷书评——为〈民主周报〉作》，载《马克思恩格斯文集》第 3 卷，人民出版社 2009 年版，第 79 页。

济法治和法治要求的劳动法律关系,需要处理好劳动关系法律管制与劳资自治的关系。其中,最重要的乃是准确进行政府角色定位,界清公权力和劳资之间的法律边界与权利义务关系。

在思考劳动关系法律规制的过程中,我们要摆脱政府路径依赖的传统思维与情结,明确公共权力只能代表社会公共利益和公平第三方的法律性质,严格限制和规范政府干预劳资关系的行政权力。立法应明确政府及其公权力行使不能直接干预劳动关系,更不能简单地以行政管理手段"管制"劳动关系。在市场化及其充满私利纠葛的劳动关系运行过程中,政府只能扮演以下几种角色:其一,第三方管理者,即运用公共行政权力依法对劳资双方进行必要的社会管理和提供公共服务产品。其二,规则制定者,即政府通过立法规定工资、工时、劳动安全卫生和社会保障等法律制度,以法律规则约束劳资双方当事人的行为,保护劳动者的基本权益。其三,公共政策制定者,即政府应当为劳资双方当事人提供调节收入、缓和矛盾等社会公共政策。其四,中立的仲裁者与调停人,即当劳资双方当事人出现争议与纠纷时,为劳资双方当事人提供公平公正的仲裁、调解和调停服务。其五,模范示范者,即政府作为雇主,应当为社会提供良好雇主形象和模式示范。① 或者说,政府在劳资关系问题上应当在以下"八个方面进行构建,即立法促进者,文化倡导者,主体建设推动者,规则订立者,指导服务者,损害控制者,执行监督者和争议处理者"②。

对于劳动关系问题上政府"管制"与劳资"自治"的内在关系,正如有学者所指出的那样,"明确并处理好政府与劳动者、资方之间的关

---

① R. Bean, *Comparative Industrial Relations: An Introduction to Cross-National Perspectives*, New York: ST Martin's Press, pp. 56 – 72.

② 王霞:《论政府在集体协商制度建设中的作用》,《中国劳动关系学院学报》2010 年第 4 期。

系,是创建劳资关系共赢的关键环节"①。就政府在劳资关系中的角色定位而言,其应当采取既无为又有为的态度。所谓无为,即不以行政手段或当事人身份直接介入劳资关系,充分尊重劳资双方的意思自治和行为自由,对于劳资之间按照法律法规和契约约定的合作方式、内容、权益处理等,采取超脱、中立和不干预的"无为"姿态。所谓有为,是指政府应当要为劳资双方提供包括立法、规则、劳动基准等公共政策产品,同时为其提供指导、仲裁、争议解决的调解等公共服务产品。即"在劳资关系领域中,政府所应该做的是通过完善法律法规体系,提供制度和规则,将劳资双方的行为限定在法律和制度的框架内"②。类似观点应当说是比较理性的,符合公权与私权的界分以及公权力运行的基本要求。

概言之,在我国现有国情下,政府作为行政机关的主要职责在于严格执行劳动立法,为劳资双方提供行为规则和公共服务产品,并严格按照法律和法定程序处理劳资纠纷和矛盾,为劳资双方提供多元纠纷解决机制,同时应作为劳方的模范雇主,身体力行地倡导劳资和谐的社会氛围与文化,从而推动劳动法治的完善与中国特色劳资合作共赢伦理价值观念的建立。

① 权衡、杨鹏飞等:《劳动与资本的共赢逻辑》,上海人民出版社2008年版,第135页。
② 权衡、杨鹏飞等:《劳动与资本的共赢逻辑》,上海人民出版社2008年版,第135页。

第二章
当代中国的劳资伦理：
内涵分析与法律特征

  劳动关系是与社会生产力及现代市场经济发展变迁联系最为紧密的社会关系，是与社会发展、民众生活和切身利益紧密相联的法律关系。从劳动关系应然发展的角度来说，劳动关系并不取决于立法者与普通民众的意志，而是取决于社会生产力发展的内在需要。或者说，劳动关系作为社会生产力与市场经济发展的派生产物，它本身并没有自己的独立性，而是完全取决于市场经济与社会生产力的发展状况及要求，即有什么样的生产力与市场经济，就有什么样的劳动关系。在科技决定生产力发展水平与现状的今天，我们同样可以说，有什么样的科技发展水平，就有什么样的劳动关系。从第一次工业革命到当下的网络经济，劳动用工方式发生了巨大的历史变迁，而每一次的变迁无不体现着社会生产力发展和科技进步对劳动关系的推动。

  根据马克思主义关于生产力与生产关系相互关系的基本原理——生产力决定生产关系，生产关系对生产力发展具有反作用，尽管劳动关系作为社会生产关系的法律表现形式在根本上取决于社会生产力与科技发展状况，但劳动关系本身的变革及其发展同样对生产力有着反作用。当劳动关系适应生产力发展状况时，对社会生产力和科技进步将有着极大的推动作用；反之，将对社会生产力和科技发展有着阻碍作用。历史实践也早已证明了这一社会真理。比如在计划经济时代,僵化的劳动用工关系就严重窒息了劳动者和企业的创新创造活力,而改革开放以来,市场经济体制的建构深化以及劳动用工关系的市场化进程的推进,极大地激发了企业与劳动者的积极性和创造力。

基于社会生产力与劳动关系之间的内在关系,我们需要深入思考劳动关系变迁发展的内在规律与应然要求,将劳动关系置于社会发展与社会关系的整体利益结构中加以研究,探索劳动关系背后的伦理要素,揭示劳资伦理关系的本质及其基本内涵,为劳动关系的法治发展提供科学的理论支持。

第一节　当代中国劳资伦理：关系变迁、责任内涵及其法治化

劳资关系乃是市场经济运行的基本社会关系。随着市场经济、社会文明发展以及科技不断进步,资本与劳动的关系成为"现代全部社会体系所围绕旋转的轴心"(恩格斯语)。而随着知识经济、信息化时代的来临,资本与劳动相互融合的态势日趋增强,这就需要我们认真思考和把握劳资关系的伦理本质和要求,揭示劳资伦理关系的基本内涵和逻辑,从而为劳资关系的法律调整,以及和谐劳动关系的建立,寻求科学合理的理论依据与发展之道。

一、劳资伦理:内在关系的历史变迁

劳资关系作为兼具隶属性、经济性与组织性的社会关系,有其特有的伦理内涵与制度调整逻辑。这种伦理关系并不是一种善恶道德判断或价值观念宣示,[①]而是因其具有特定身份、人格等属性而内在地要求劳资双方应遵循的彼此相处的基本准则、道理与规范责任。[②]

在中国传统文化观念中,"'伦理'一词的本义是指人伦关系及其内蕴的条理、道理和规则"[③]。或者说,"人类的伦理关系,一开始就有客观的、物质性的关系方面,而不是纯粹精神性的、自然的关系"[④]。即这种伦理关系与人际秩序"不是杂乱无章的,而是像玉有条纹一样,也是有条理可循的。伦与理之间有内在的联系,同类事物或人群不同辈分之间的次第和顺序,总是因道理而成的;循人伦道理来治理人际关系,才能使不同辈分、同类事物之间有和顺的秩序,各自相安而不相害。这种条理是人际关系中本有的,或者说是自然形成的"[⑤]。所谓伦理,

---

①　正如有学者所指出的,有些习以为常的说法如"伦理就是道德","伦理就是调节人的行为的道德观念","伦理就是道德规范"等并不确切。参见宋希仁:《论伦理关系》,《中国人民大学学报》2000 年第 3 期。

②　道德虽然与伦理有着紧密的联系,却并不是同一个概念。伦理的英文概念为 ethics,ethics 一词源自拉丁文的 ethica,而拉丁文的 ethica 又源出于希腊文的 ethos。在希腊文中,ethos 一词表示的是驻地、驻所,即一群人共居的地方,也有风俗习惯的意思。正如有学者考察词源后所指出的那样,英文的 moral 和 morality,源于拉丁文 moralis,该词的复数mores,指风俗习惯,单数 mos 指个人性格、品性。就是说,morality 虽然有时可以和伦理一样表示传统、习惯以及人们接受的人际行为标准,但是,更多是与主体的行为和品质相联系的。即"'ethos'这个词是一个客观性较强的词,表示人共居之所及其共同的生活风俗、惯例、规则。换句话说,它原本表达的是一群人长期的共居之所以及在此共居之所中是如何共居的,这后者即是共居之所内所存在的包括生活风俗、惯例、礼仪、规则在内的习以为常的生活模式"。参见焦国成:《论伦理——伦理概念与伦理学》,《江西师范大学学报》2011 年第 1 期。

③　焦国成:《论伦理——伦理概念与伦理学》,《江西师范大学学报》2011 年第 1 期。

④　宋希仁:《论伦理关系》,《中国人民大学学报》2000 年第 3 期。

⑤　焦国成:《论伦理——伦理概念与伦理学》,《江西师范大学学报》2011 年第 1 期。

乃是合乎人际之道、人情之理的关系准则。所谓伦理关系,"并非只是思想,而是有客观内容的实际存在的社会关系"①。

伦理作为现实社会关系的内在应然之理,对于社会关系有着独特的调整功能。这种调整"依照他律性和自律性程度的差别,我们可以把社会的规则体系分成三种:一种是他律性的社会规则,即社会政治和法律的规则;一种是自律性的规则,即道德的规则;一种是介于他律性规则和自律性规则之间的规则,即亚他律性和亚自律性的规则,这就是伦理的规则"②。从本原角度看,伦理构成了法律与道德的社会关系及其规范观念形成的基础。不同社会伦理关系以及在此基础上形成的价值判断与规范要求,构成了法律规则与道德判断的原生内容。伦理是社会关系的内生性规范,法律与道德则是反映社会伦理关系要求的外发性规则。因为"无论是法的东西和道德的东西都不能自为地实存,而必须以伦理的东西为其承担者和基础"③。而"从具体的实体性来看,伦理关系就是生活的全部,它就是现实的家庭、社会和国家等复杂的组织系统,体现为超出个人主观意见和偏好的规章制度与礼俗伦常,表现为维系和治理社会秩序和个人行为的现实力量"④。

劳动关系有着与婚姻家庭关系极为类似的人身性社会关系属性,这种人身性社会关系具有较为强烈的社会伦理特质。与父母子女等血缘性"天然伦理"关系略显不同的是,婚姻关系与劳动关系都属于为法律所确认的非天然"拟制"伦理关系,两者都具有契约性、经济性、人身隶属性等伦理性特征,都是人们为谋求生存和发展、实现个体价值等人生目标而形成的特定社会关系。如果说婚姻伦理具有相对的个性化、

---

① 宋希仁:《论伦理关系》,《中国人民大学学报》2000年第3期。
② 焦国成:《试论社会伦理关系的特质》,《哲学研究》2009年第7期。
③ 〔德〕黑格尔:《法哲学原理》,范扬、张企泰译,商务印书馆1961年版,第162页。
④ 宋希仁:《论伦理秩序》,《伦理学研究》2007年第5期。

封闭性、紧密性等特点,劳资伦理则具有社会性、开放性、松散性等表征。而与婚姻伦理的不同之处在于,劳资伦理还有组织性、协作性等突出特点,这与劳动关系产生于工业化协作大生产有着密切的联系。

任何一种社会伦理都是人类现实生活的衍生品与必然产物,总是伴随着人类政治、经济、文化等生活的变迁而不断演变,有一个从低级到高级、从蒙昧到开智、从野蛮到文明的"进化"过程。婚姻家庭伦理关系是如此,①劳动关系伦理也是如此。从历史看,西方劳动关系经历了从资本对劳动的压迫、剥削、长期冲突、斗争、反抗,到调适、谈判、协商、妥协、磨合,再到合作、协作、形成伙伴等紧密型关系的演变过程。脱胎于欧洲封建社会的西方老牌发达国家,在其资本主义制度发展前期,曾经历过重资本轻劳动的伦理丧失时期。资方在立法与政权体制的护佑下,②将劳工视为剥削对象进行疯狂压榨,资本主义国家政权与制度安排则对资本残酷剥削劳动给予恣意纵容与明确支持。马克思曾经指出:"资本在它的萌芽时期,由于刚刚出世,不能单纯依靠经济关系的力量,还要依靠国家政权的帮助才能确保吮吸足够数量的剩余劳动的权利。"③这使得资本主义前期的"工业部门"成为"在剥削上不受

---

① 恩格斯在《家庭、私有制和国家的起源》中,对婚姻家庭关系的伦理变迁做了大量精细的研究,比如在人类早期原始社会,人类家庭关系曾经经过了"血缘家庭""普那路亚家庭""对偶制家庭""专偶制家庭"等几个阶段的家庭形式,人类的婚姻家庭伦理关系也逐步走向文明。参见〔德〕弗·恩格斯:《家庭、私有制和国家的起源》,人民出版社2012年版,第29页以下。

② 如亨利八世、爱德华六世、英国伊丽莎白一世、詹姆士一世、乔治二世等统治时期,以及法国、荷兰等国,立法规定了劳动力必须要接受雇佣,超过一定期限没有被雇佣或无人雇佣的,将受到诸如割耳、烙印、鞭刑甚至处死的严厉惩罚。当时立法还规定有法定最高工资制度,超过法定最高工资支付报酬的,要受到监禁处罚,而领取此报酬的,要受到更为严厉的处罚;规定工人结社属于严重的犯罪;规定雇主可以通过体罚处罚工人;对违约的雇主只许提起民事诉讼,而对违约的工人则可提起刑事诉讼;等等。参见〔德〕卡·马克思:《资本论》,载《马克思恩格斯文集》第5卷,人民出版社2009年版,第843页以下。

③ 〔德〕卡·马克思:《资本论》第一卷,载《马克思恩格斯文集》第5卷,人民出版社2009年版,第312页。

法律限制的"地方。①

　　对于资本主义前期丧失基本社会伦理、残酷剥削劳工的恶行，马克思曾经愤怒地指出，"资本由于无限度地盲目追逐剩余劳动，像狼一般地贪求剩余劳动，不仅突破了工作日的道德极限，而且突破了工作日的纯粹身体的极限"②，"如果但丁还在，他会发现，他所想象的最残酷的地狱也赶不上这种制造业的情景"③。因此，"资本来到世间，从头到脚，每个毛孔都滴着血和肮脏的东西"④。面对这种冷酷无情的资本剥削，工人阶级通过不断的反抗与斗争，尤其是通过联合起来的抗争，迫使资产阶级及其政府不得不做出让步和政策调整。而随着资本主义社会人本主义、人文主义思潮的兴起，以及马克思主义思想的广泛传播、世界范围内风起云涌的工人运动、以巴黎公社为代表的社会主义实践等，资方对劳方不得不采取温和、妥协、让步的政策，劳动立法也开始加强对劳动者的保护。之后，随着西方福利国家政策的推行，劳资关系更呈现出缓和态势。

　　劳资关系新伦理的形成，乃是伴随着社会主义从理论到制度实践的确立，工人阶级及其政党在世界范围内走上政治舞台后，逐步发生实质性演化与变迁的。社会主义国家对工人阶级领导地位的确认，以及与资本主义国家之间的意识形态对峙，也迫使后者不得不重新思考和调整劳资关系政策。而随着冷战结束，尤其是随着区域经

---

　　①　〔德〕卡·马克思：《资本论》，载《马克思恩格斯文集》第 5 卷，人民出版社 2009 年版，第 282 页。

　　②　〔德〕卡·马克思：《资本论》，载《马克思恩格斯文集》第 5 卷，人民出版社 2009 年版，第 306 页。

　　③　〔德〕卡·马克思：《资本论》，载《马克思恩格斯文集》第 5 卷，人民出版社 2009 年版，第 286 页。

　　④　〔德〕卡·马克思：《资本论》，载《马克思恩格斯文集》第 5 卷，人民出版社 2009 年版，第 871 页。

贸合作和经济全球化进程的加快,资本在全球范围内的流动以及日趋激烈的国际竞争,推动着世界各国不断调整其对内对外政策,由此也带来了各国对本国劳动法律制度运行的现实反思与改革冲动,对劳资伦理关系的理解逐步呈现出"趋同化"现象。这种"趋同"不仅表现为合作型和谐共赢劳资伦理观念或理念的确立,而且各国劳动立法在不断地相互借鉴与吸收过程中,价值取向与制度设计也逐步趋于接近。

从我国劳资伦理的当代变迁历程来看,自中国共产党诞生以来,它是伴随着时代的不同需要而不断发生变化的。而不同时期我党对劳资伦理认识的不同,以及所采取的不同劳资关系政策,对社会发展产生的影响也迥乎不同,大致可以概括为以下几个阶段。

第一个阶段是中国共产党成立至第一次国内革命战争时期。为了争取工农大众和开展革命斗争,我党在苏区采取了相对较左的扶助、依赖与保护劳工,打压资本的政策,劳资双方成为斗争与对立的两极,导致资本关门、歇业和外逃,劳工失业,最终严重损害了苏区经济和劳工根本利益。

第二个阶段是抗战时期。我党开始吸取历史教训,对资本采取相对宽容和保护的态度,维护劳资双方利益和劳资关系稳定,资方成为抗战联合对象,从而对于爱国统一战线以及边区经济发展起到了明显的推动作用。

第三个阶段是解放战争至新中国成立后第一个五年计划顺利完成时期。我党制定了"发展生产、繁荣经济、公私兼顾、劳资两利的工运政策和工业政策",这些政策非常符合新民主主义革命时期的中国国情,极大地激发和调动了民族资本的积极性,为新中国经济发展和医治战争创伤提供了良好条件。①

第四个阶段是自第二个五年计划开始直到改革开放前。这个时期我党不断加强"一大二公"，消灭非公经济，逐步形成了中央高度集权的计划经济模式，企业成为政府的附属机构，劳动关系成为行政人事管理关系，导致了窒息企业和职工活力与积极性的"两个大锅饭"，阻滞了国民经济的健康发展。

第五个阶段是自改革开放开始直至劳动关系市场化不断扩展深化的今天。当代中国劳动关系与西方有着截然不同的历史发展起点和任务，它是在破除计划经济坚冰、引入商品与市场竞争机制、将企业和劳动者推向市场的过程中逐步建立起来的。我国经济体制改革乃是社会主义制度的自我完善与发展，其中心环节在于国有企业改革，而劳动关系的市场化、契约化等则成为改革极为重要的内容。这同时也就决定了我国的劳动关系伦理在社会转型与变迁时期，有着自己独特的内涵与法治要求。

二、当代中国劳资伦理：价值判断与责任内涵

在计划经济时代，基于企业投资与财产公有的前提，作为投资人与所有者的政府自然就成为企业的管理者、领导者和经营者。企业成为政府专门从事生产与销售的附属机构，不仅按照政府的指令性计划进行生产经营，而且按照规定的行政级别纳入政府管理序列，对职工也以行政化方式进行管理。因此，计划经济时代并没有契约化的劳动关系，只有行政化的劳动行政与人事管理关系，企业及其内部管理关系实质

---

① 参见秦国荣：《建国前我党劳动立法政策的演变及其启示》，《江海学刊》2008 年第 4 期。

上是按照行政伦理关系运行的。

　　我国的劳动关系法治建设,是伴随着经济体制改革而逐步展开的。经济体制改革的中心环节乃是国有企业的市场化改革,以"所有权与经营权"相分离为理论基础,改变国家直接经营企业的经济运行体制,赋予企业生产经营自主权,将企业和劳动者同时推向市场,形成企业之间按照市场需求进行生产经营的外部竞争,劳动者之间按照能力与贡献进行岗位聘用的内部竞争,彻底改变计划经济时代国有(国营)企业外无市场竞争压力、内无奋进竞争动力的僵化局面,改变"企业吃国家大锅饭,职工吃企业大锅饭"的不公平分配方式。而在打破国有企业无所不包、无所不在的高度行政化经营垄断的同时,国家逐步放开和降低市场准入条件,允许个体、私营、民营、集体等各种所有制形式的企业进入市场,形成多种所有制经济并存的市场竞争格局和态势。

　　我国劳动立法是以推进企业市场化竞争、改革企业内部人力资源管理方式和分配模式为抓手,以激发企业尤其是国有企业的市场竞争活力、激发劳动者的创造性和积极性为目的的。市场化改革乃是劳动立法的基本方向,这就决定了我国劳动立法与西方劳动立法的发展,有着截然不同的历史背景与法律逻辑。尽管我国劳动立法同样要保护劳动者的正当合法权益,但这与西方发达国家在其发展过程中,尤其是在资本主义前期因残酷剥削、压迫劳动者而导致劳动者基本权益受到严重损害,导致劳动者反抗和严重社会危机,不得不以劳动立法保护劳动者的生命健康、安全、工资保障等基本权益,限制资本的剥削程度,以缓和劳资矛盾与社会危机,是完全不同的。我国劳动立法在保护劳动者基本权益的同时,是以立法先导、法制变革方式推进国有企业尤其是大中型企业改革,以立法推进劳动关系契约化、市场化,力图切断政企不分的行政化"脐带",切断"两个大锅饭"的不公平利益分配链。

自 1978 年党的十一届三中全会后迈入改革开放时代以来，我国不断推进商品经济与市场经济建设。1993 年党的十四届三中全会通过了《中共中央关于建立社会主义市场经济体制若干问题的决定》，明确提出了建设社会主义市场经济的改革目标。2013 年党的十八届三中全会则明确提出要紧紧围绕使市场在资源配置中起决定性作用深化经济体制改革，经济体制改革是全面深化改革的重点，核心问题是处理好政府和市场的关系，使市场在资源配置中起决定性作用和更好发挥政府作用。市场经济体制建设的深度和广度应该说是前所未有的。

经过近 30 年的经济体制改革，我国已形成了以公有制为主体、多种所有制形式并存的基本格局。在所有制多元、企业多样的现实形势下，不同用人单位与劳动者之间事实上已形成多样分层的客观局面。而随着对行政垄断企业、事业单位及国家机关改革力度的逐步加大，劳动立法调整范围将逐步扩大，对社会关系及利益分配的影响也将逐步深化。

但同样不可否认的是，无论是在观念、理念上，还是在体制机制建构及其实际运行上，中国特色市场经济体系尚未最终形成，推进资本和劳动力等市场要素与资源配置市场化仍然是我国劳动关系建设的重要任务。而在这种确认市场在对包括劳动力在内的资源配置中"起决定性作用"的过程中，劳动立法就不可避免地承担着既要保护劳动关系双方当事人合法权益，又要助推劳动法制变革的历史重任，这使得我国的劳动关系伦理有着特定的价值判断与责任内涵。

现代劳动关系乃是有着特定伦理内涵的社会生产关系，我国劳动法治建设应以劳资伦理的内在要求为立法判断，以法律运行引导作为平权主体的用人单位与劳动者建立起市场化、契约化、法治化的劳动关系。劳资伦理建构及其立法除了确认和保障劳动关系双方当事人的权利以外,更重要的应是设定劳资双方彼此应承担的相应伦理责任。因为如果劳资双方只注重各自权利实现而"忽略"责任承担,则这种平权主体之间必然会产生"权利对权利的对抗",使得劳资双方作为私利主体只考虑各自的"私人利益",从而陷入"私利"或"私益"相互对抗与冲突的"自然状态"。实际上,劳资双方之所以能够形成特定契约关系,原因在于双方以企业为载体和平台,通过相互为对方承担责任的方式进行协作与合作,在实现企业共同体利益的基础上实现彼此私人利益。

企业作为承载劳动关系双方利益实现的社会经济组织,其能够顺利运行的前提,在于劳资双方需要各自适当让渡一定的权利,以权利相互交换的方式为对方承担相应的义务,从而形成特定的企业内部伦理关系。比如劳动者需要让渡一定的行为自由权,与用人单位形成人身隶属关系,接受用人单位纪律约束和工作安排与考核。用人单位需要让渡一定的财产权,为劳动者提供生产工具和安全卫生的生产条件,支付劳动者工资报酬及其他各项福利。因此,劳资伦理实质上是劳资双方按照契约约定,在朝夕相处的工作过程中,依据人身隶属特点为对方所应承担的伦理责任,即资方承担资方伦理责任,劳方承担劳方伦理责任,彼此形成相互对应的伦理责任方式。

所谓企业,乃是由资本与劳动力相结合,由劳资双方共同组合而成的"资合"与"人合"的社会组织体和经济体,劳资双方在企业内部形成分工明晰、协作有序的组织体系架构和科层结构。尽管劳资双方在劳动合同缔约阶段为相互平等的民事主体,但劳动者一旦进入履约阶段,进入资方生产领域,即获得了资方"组织体成员"的"内部人"身份,双方建立起了特定的契约、组织、身份、协作、分配等伦理关系。劳动者应遵守劳动纪律,和资方形成管理与被管理、指挥与被指挥的人身隶属关系,按照契约约定和资方管理指令从事相应的协作劳动。资方则应对劳动者承担关怀、照顾及雇主替代等责任。劳资双方均应按照这种伦理关系要求恪守各自的伦理准则,承担伦理责任。

具体而言,资方为劳动者承担的伦理责任或义务至少包括以下几个不可或缺的方面。

其一,支付薪酬义务。资方必须要按照劳动契约约定和法律法规规定,及时足额支付劳动者工资报酬等。

其二,课税义务。资方"必须承担雇员的社会保险和医疗保险税的强制缴纳部分",还必须负责代为扣除国家和地方的"所得税及社会保险和医疗保险税中雇员的所占份额",同时"对此作详细记录"及将相关记录向政府报告,并如实告知雇员收入及所得税代扣代缴情况。①同时,"必须要为雇员支付工伤保险费(在美国称作劳工赔偿)和失业保险"。此外,还必须承担雇员所在地方的失业保险基金中的强制缴纳部分,支付失业税。②

其三,照顾义务。资方"通常要向雇员提供工作福利,比如带薪假期、病假及休假、健康保险和退休金计划等"③。此外,资方应保证"雇员可以享受稳定的定期薪水、带薪休假、医疗保健和其他雇主负担的工作福利,并且不用担忧存在自己经营企业时所被要求的文书工作和保持资料的责任。此外,雇员通常不需要购买工具和设备,如果雇员支付了业务费用,其通常将会从雇主处得到偿还"④。

其四,保护义务。资方"必须遵守大量的以保护雇员为目的的政府规章。比如涉及工资和工作时间的法规、雇员利益的法规、家庭和医

---

① 参见林晓云等编著:《美国劳动雇佣法》,法律出版社2007年版,第26页。
② 参见林晓云等编著:《美国劳动雇佣法》,法律出版社2007年版,第26—27页。
③ 林晓云等编著:《美国劳动雇佣法》,法律出版社2007年版,第27页。
④ 林晓云等编著:《美国劳动雇佣法》,法律出版社2007年版,第29页。

疗休假的法规、工作场所健康和安全法规和违法歧视的法规"①等。同时,资方"通常要为雇员的疏忽承担责任"②,即所谓的雇主替代赔偿责任。这意味着"雇员在工作时受伤,雇主有责任支付医疗费用,并给付一定数额的补偿金以弥补其损失的薪水。这通常通过工伤赔偿程序来处理。无论雇主是否对该雇员的受伤存在过错,这些支付均是强制性的"③。

其五,工作条件保障义务。资方"须为雇员提供工作场所和设备,这就意味着雇主需要支付租金、养护费、财产保险和日常文具用品,并根据本企业的性质类型提供劳动工具、设备及交通工具"④。

劳动者对资方应承担的伦理责任或义务至少包括以下几个方面。

其一,劳动给付义务。劳动者应当要按照劳动契约约定的工作岗位和工作内容完成本职工作,这是劳动者履行契约约定的基本义务。

其二,服从义务。劳动者与资方订立劳动契约后,在"取得工资,享受工资权利的情况下,应当要承担按照约定接受资方管理,以及按照契约和资方的要求履行劳动的义务"⑤。劳动合同作为具有人身隶属属性的身份合同,要求劳动者应按照亲自、全面、协作履行的方式进行,劳动者在履行劳动合同过程中,应当要遵守劳动纪律,服从资方管理和工作安排,接受并完成资方指令或指派的劳动任务。

其三,忠实义务。劳动者与资方缔结和履行劳动合同之后,即获得了资方企业员工身份,成为资方企业一员。劳动者不仅与资方形成了

①　林晓云等编著:《美国劳动雇佣法》,法律出版社2007年版,第28页。
②　林晓云等编著:《美国劳动雇佣法》,法律出版社2007年版,第28页。
③　林晓云等编著:《美国劳动雇佣法》,法律出版社2007年版,第28页。
④　林晓云等编著:《美国劳动雇佣法》,法律出版社2007年版,第27页。
⑤　秦国荣:《法律上的劳动概念:法理逻辑与内涵界定》,《江苏社会科学》2008年第3期。

身份伦理关系,而且实际上与资方形成了合作共赢的利益共同体关系,这就要求劳动者应恪守员工职业道德,对雇主企业履行忠实忠诚义务。比如保守企业商业秘密,维护企业形象和利益,爱护企业公物与生产工具,爱岗敬业,为本单位尽职勤勉工作,自觉履行竞业限制义务等。忠实义务构成了企业员工必须切实遵守的核心伦理责任。[①]

其四,协作义务。企业乃是由内部精细化分工和相互协作所形成的严密的生产经营单位,为了确保企业生产的正常有序,需要企业各部门、各个不同劳动者之间相互配合与协作。对于每个劳动者而言,尽管其完成分内工作是独立的、亲自履行的,但每个劳动者所完成的工作都是企业整体劳动的一部分,是保证企业得以正常运行的组成部分。这就需要劳动者应具备良好的团队协作合作精神,与其他同事保持良好的工作衔接和沟通。正如美国学者罗伯特·C.所罗门所指出的,企业实质上就是"社会公民或者利益共同体",这种"'利益共同体'的概念中还包括决定着企业是否有效运转的因素。这些因素绝不是什么精良的机械装置,而是内在贯通的人际关系,是融为一体的竞争与合作,是团队精神和人们优秀的道德品质。正是这一切构成了我们的企业"[②]。

三、劳动立法:劳资伦理要求及其法治化

毫无疑问,劳动法的诞生,乃是以法律规则确立了对劳动者权利给

---

① 有学者指出,所谓劳动者忠实义务,就是指为了维护和实现用人单位的利益,基于诚实信用原则以及劳动关系、劳动合同的人身性和继续性特征,劳动者应对用人单位履行的以服从、注意、保密、增进利益等为主要内容的各项不作为义务和作为义务的总称。参见许建宇:《劳动者忠实义务论》,《清华法学》2014年第6期。

② 〔美〕罗伯特·C.所罗门:《商道别裁——从成员正直到组织成功》,周笑译,中国劳动社会保障出版社2004年版,第65页。

予保护的基本态度,即"劳动法具有重要属性(公共秩序方面的),其主要目的在于保护劳资关系中处于弱势地位的工人权利"①。正因为此,用人单位要承担比劳动者更多、更广泛的义务,而其对劳动者所享有的权利,其实只是根据劳动者的身份从属性"获得雇员完全的忠诚,并且可以更好地控制雇员的工作时间和完成工作的方法"②。

问题恰恰在于,劳动关系作为具有人身隶属属性的社会关系,劳动法乃是按照劳资伦理责任的内在要求,在立法上设定了劳资双方的权利义务关系。即按照劳资伦理属性的要求,劳资双方均应承担各自的伦理义务。企业应对劳动者承担照顾、关怀、保障等组织体内部伦理责任,而劳动者则相应地承担忠实、勤勉、敬业等组织成员伦理责任。劳动立法实质上是将劳资双方按照组织共同体所应承担的伦理责任转化为法律上的强制规则,转化为指引双方行为的法律规范。但我们要清醒地认识到的是,正因为劳动关系乃是具有社会伦理属性的社会关系,所以在现实生活中调整双方行为和关系的最重要规则,其实并不是"冷冰冰"的法律,而是企业内部规范(劳动纪律)与劳动契约。而真正能够实现劳资双方人际关系和谐协调的,乃是充满人情的伦理规则、具有道德情怀的做人做事准则和充满人文关怀的企业伦理文化。

就每个具体的个别劳动关系而言,与其他任何市场主体的交易一样,大致可分为"缔约"和"履约"两个不同的阶段。缔约阶段发生于市场流通领域,劳资双方按照平等、自由、自主、诚实信用等民事交易准则订立劳动契约,既约定劳动给付与劳动力使用权的对价,也约定劳动合同履行期间的权利义务内容。尽管从劳资双方实际力量对比来看,似

---

① 〔意〕T. 特雷乌:《意大利劳动法与劳资关系》,刘艺工、刘吉明译,商务印书馆2012年版,第12页。

② 参见林晓云等编著:《美国劳动雇佣法》,法律出版社2007年版,第29页。

乎存在着以下两个不可否认的事实:一是资方相对于劳方而言,在资源占有、社会力量对比等方面均处于相对"强势"地位;二是资方作为劳动力需求方,与劳方作为劳动力供给方,在劳动力市场供过于求的客观情况下,处于可以对劳方进行择优遴选的"优势地位"。但这并不意味着劳动立法因此而必须对资方进行限制,或因此而对劳方给予特殊保护。因为缔约阶段发生于劳动力市场交易领域,法律对于劳资双方基于自主自愿进行"双向选择"的市场行为不应也不能干预。同时因为法律正义乃在于,基于公道中立立场对市场交易双方合法权益给予一视同仁的平等保护,约束和遏制损害他方当事人合法权益的行为。

对于劳资双方客观存在的力量不均衡情势,劳动立法既不可能,也不应该进行介入与调整。因为劳资双方的这种对比差异原本就是客观的社会存在,这既是劳动力市场得以形成的原因,也恰恰是劳方愿意选择资方的理由。试想,在实际生活中,哪一个劳动者愿意选择"弱势"资方?又有哪一个劳动者在求职时不愿意选择"强势"资方,或不愿意被"强势"资方所录用?劳动者选择并能够如愿地为"强势"资方所录用,不仅表明了自己的能力、品行、技能等为理想的"强势"单位(资方)所认可和接受,而且意味着可以获得更好的薪酬待遇、发展空间和人生前景。

与劳动者本身存在着求职能力、学识技能、经验水平等方面的分层差别一样,资方同样存在着资本规模、经营管理水平、市场生存与竞争能力等方面的差异。如果说从社会性力量对比角度看,"资强劳弱"确实是一种客观存在的社会现象的话,那么,在劳动力市场交易领域,尤其是个别劳动者与特定资方的缔约交易阶段,所谓劳资双方"强弱对比"完全是一种观念上的假设或理论上的抽象,是在实践中根本难以成立的"伪命题"。因为在劳动力市场上,岗位竞争乃是在劳动者之间,而不是在劳资之间进行的,这就决定了只有"强势"劳动者才能为"强势"资方所录用。对于不能或没有获得"强势"资方工作岗位的劳动者而言,再"强势"的资方对其而言也没有什么实际意义。也就是说,对于大多数劳动者而言,岗位竞争的关键并不在于资方强势不强势,而在于自身能否"强势",能否达到"强资方"的设职设岗要求。

从劳资双方缔结劳动合同的过程来看,双方实质上是按照"双向选择"规则进行的。资方通过对外公开发布招工招聘信息,明确岗位需求、薪资待遇和招录条件,希望在劳动力市场挑选到符合自己事业发展和工作岗位需要的劳动者。劳动者则根据资方提供的招录条件,通过应聘竞争,进入自己心仪和理想的工作单位。在劳动力市场竞争过程中,对于那些难以达到资方招人用工条件的劳动者,尤其是选择"强势"资方用人单位的劳动者,并不会也不可能感受到资方的所谓"强势",而是会切实感受到那些选择"强势"资方进行同岗位竞争的其他劳动者的对比"强势",感受到劳动者求职大军的"高手如云",以及岗位竞争的激烈残酷。反之,对于那些能够达到资方招录条件的高素质、高技能和高水平劳动者而言,资方"强势"与否恰恰是其是否考虑选择该用人单位的大一标准,此真所谓"良禽择木而栖"也。

因此,在当下的劳动力市场交易领域,或者说在劳动力招工用工问题上,其实根本就不存在那种观念上想象与主体概念意义上抽象的"资强劳弱"问题,关键在于双方能否达成一致,彼此是否愿意和能否缔结劳动契约。那种认为劳方在劳动力市场竞争中因资方提供的岗位有限而致劳动者之间竞争激烈,"一职难求",从而很难取得与资方真正平等的缔约地位或博弈权利的观点,完全是一种违背市场竞争法则的主观臆断,既不符合劳动力市场公平竞争与劳资双方平等自由进行市场"双向选择"的现实,也不符合市场供求关系规律的内在要求。这种观点的片面之处在于只看到了劳动力市场中劳动力供过于求的部分行业与产业的特点,没有看到劳动力供不应求行业与产业的特点;只看到了劳动力供给丰沛时期劳动者求职的困难,没有看到劳动力紧缺时期用人单位招人招工的困难;只看到了低层次求职者求职高层次用人单位的艰难,没有看到低层次企业招聘高层次劳动者的艰难。一句话,这种观点与现代劳动力市场的运行特点和要求是完全不相吻合的。

正如马克思所指出的那样:"劳动力占有者和货币占有者在市场上相遇,彼此作为身份平等的商品占有者发生关系,所不同的只是一个是买者,一个是卖者,因此双方是在法律上平等的人。"①应该说,劳资双方在市场交易领域,总会根据自己的实际情况和需要,挑选到适合自己的对方当事人。劳资双方在劳动力市场上经过"双向选择",不同层次的劳动者可以通过市场公平竞争配置到不同层次的资方(用人单位),实现劳动与资本相结合的"动态平衡"。在现代市场经济中,尤其是在劳动者就业从业多元化的时代背景下,资本与劳动的市场交换或劳资双方的"双向选择"其实是符合彼此真实的意思表示和市场等价交换原则的。在劳动力市场交易的民事领域,劳动法相对于民法、合同法而言,在保护交易双方当事人利益问题上,并无什么特殊之处。

真正能够反映劳资伦理关系本质与本来面目的,不是在市场交易流通领域,而是在生产领域。因为劳资双方在流通领域与其他市场主体一样,作为各自所有权的平等主体,双方只是按照市场交易规则与契约伦理进行"双向选择"。而这种市场选择与契约订立对于双方而言,只是建立劳动关系的主观意向形式。对于劳资双方而言,最为关键、最具实质性意义、最能反映双方真实意图与目的的,乃是工作与生产领域

---

① 〔德〕卡·马克思:《资本论》,载《马克思恩格斯文集》第5卷,人民出版社2009年版,第195页。

（职场）的内容。只有在这一领域，资方才能真正检验劳动者能否融入其内部分工协作团队，真正检验劳动者的技能、水平、智识和品行。也只有在这一领域，劳动者才能真正感知实际工作、人际环境与团队协作情况，感受自己在单位是否能够享有公平对待、受尊重与被重视、真正施展才能、实现人生价值等。

与市场交易领域的偶然性、或然性不同的是，劳资双方在工作和生产领域存在着固定的、紧密的内部管理与协作分工关系，要求劳动者应按照全面、协作、亲自等原则履行劳动契约，从而使得劳动契约与一般民事契约履行有着截然不同的特点和要求。换言之，从本质上说，如果说劳动契约订立乃是劳资双方初步了解、相互考察与洽谈的过程，那么劳动契约履行则是双方朝夕相处、彼此共同协作的合作过程。借用婚姻关系的类似比喻，如果说劳资双方在市场交易缔结劳动契约阶段属于"谈恋爱"性质的话，那么劳动契约履行则表明双方已正式进入婚姻关系的"过日子"阶段。与婚姻关系履行一样，由于劳动关系同样需要劳动者之间、劳资之间形成特定的人际协作与同事关系，即以工作岗位和协作分工为纽带形成人与人之间相处的关系。维系这种人际关系的最关键要素，除了物质利益分配等因素之外，还有公平、尊重、和谐共处、内部协调等"软环境"因素。而这些"软环境"因素的构建，正是劳资伦理关系的核心内容。

值得注意的是，在理解劳资关系问题时，有一种近乎"定势化"的传统思维，即主张通过扩大劳动者权利范围，严格限制资方权利，甚至主张政府介入劳动关系之中，通过单方面保护劳动者、挤压资方的方法，来达到对劳动者的有效保护。其实，我党在新中国成立前处理劳动关系的历史经验，以及近年来劳动立法及其实施的社会实践已反复证明，这种观点和做法是违背劳动关系本质与发展要求的，除了加剧劳资关系的紧张与冲突外，对社会稳定和生产力的破坏作用，也是显而易见的。

上述违背法学基本"常识"以及劳资关系基本逻辑的观点之所以能够在现实生活中大行其道，除了受劳资冲突与对立的"左倾"思想影响外，相当一部分人是以"资强劳弱""资恶劳善"等为理论前提假设，以"保护弱势方"劳动者为立论的"道德高地"，自觉不自觉地将"抑资扶劳"看作是解决劳资矛盾、实现劳动者权益保障的不二法门。其实，这种观点不仅不符合当今劳资关系的基本特点和要求，也不符合平权主体立法的基本逻辑。因为随着信息化时代的到来，尤其是随着劳动力素质的普遍提升，劳资关系已从工业化大生产时期的工厂管理模式，逐步转型为"资合"与"人合"相统一的协作合作模式，企业则成为劳资双方实现各自私人利益与共同利益的载体。从劳动立法角度说，如果站在理性中立的客观角度，而不是基于错误理解甚至人为曲解劳动关系本质的角度，不难发现，劳资双方作为"互为手段与目的"的市场自利主体，有着平权性的权利义务关系与利益分配模式。从权利设定角度说，劳资双方作为平等民事主体，天然要求立法应按照权利与义务相对等、对应或平衡的原则，来对劳资关系调整进行制度设计；从利益分配角度说，劳资双方作为各自所有权主体，有着同样的自私利益追求与私人利益实现愿望，双方作为有着同样趋利本性的市场主体，只有权利平衡与利益分配相对公平才能真正维系双方关系的和谐稳定。

从劳资双方权利本源及其结构设计的角度说，那种主张扩大劳动者权利而严格限制资方权利的观点是完全无法成立的。因为劳资双方作为通过市场平等交易而达成协作契约的民事主体，遵守契约约定、恪守契约精神乃是双方履约的前提。这种契约约定乃是确定双方权利关系及其具体内容的法律依据，也是双方契约权利产生的来源。也就是说,双方在劳动契约约定过程中,根本就不可能按照扩大一方权利、限制另一方权利的不平等、不公平方式进行。而如果双方在契约订立时按照权利义务相对平衡或对等的原则进行,在履约过程中也不可能出现扩大一方权利而限制另一方权利的情形。换言之,对于平权性民事关系,立法只能承认和保护双方缔约与履约权利的对等公平性,而不能也不应该置劳动契约于不顾,以"拉偏架"方式授予一方当事人超越契约约定、"挤占""掠夺""侵占"另一方的权利,或者迫使一方当事人以不平等地放弃自己权利的方式让另一方当事人享有"超额"权利。如果那样的话,这种关系就不再是平等主体而是不平等主体之间的关系,这种契约就不再是权利义务相对平衡和公平的契约,而是一种不公平、不平等的契约。

这里最关键的问题还在于:从权利的法律属性看,尽管权利设定有利于当事人明确自己享有的利益,但权利本身乃是具有对抗性的。即权利享有者不仅可以向特定或不特定当事人主张,而且可以按照自己认为合适的时机与方式行使权利,这使得权利主体之间本身就存在着利益诉求的相互冲突与对抗。因此,尽管民事权利确定对于当事人利益维护有着极为重要的意义,但对于具有身份伦理特质的社会关系如婚姻关系、劳动关系等,淡化而不是强化权利意识,对于维系当事人之间的和谐稳定却有着更为特殊的功能。劳动关系作为具有社会伦理属性的社会关系,其最显著的特点乃在于双方当事人在日常工作中朝夕相处与合作共事,而不是简单纯粹的权利确定与分配。也就是说,身份伦理性社会关系的确立及其维系,原本就属于那种"相爱总是简单,相处太难"的人际关系,需要的恰恰不是彼此权利主张,而是相互包容、责任、义务以及和衷共济。一如维系稳定和谐的婚姻关系并不是靠强调一方或双方当事人权利,而恰恰应该强化双方应承担对对方的责任一样,劳资关系同样不应将当事人权利置于敏感而突出的地位,而恰恰应该淡化这种权利意识,注重感情培育与身份伦理责任的承担。

劳资关系作为一种特定的身份伦理关系,尽管劳资双方有着各自不同的私人利益追求和权利主张,但之所以能够走到一起,正在于双方存在着相互依存、互为手段与目的的内在关系。双方以双务性劳动合同为依据,建立起了以劳动给付为标的的契约关系,形成了以资本与劳动交易为表象的合作关系,并以此为基础形成了双方各自不同的权利主张与利益诉求。从表面上看,劳方主张工资、休息休假等权利,与资方要求劳动给付的权利主张之间似乎存在相互冲突的一面;劳方要求工资福利和收入最大化与资方追求利润最大化之间似乎也存在着利益的冲突。但如果我们认真思考与分析这种权利和利益的本质及本源,不难发现,双方之间的所谓权利冲突不过是契约伦理责任的划分与承担问题,而所谓的利益冲突则不过是双方履约过程中的公平确定与具体利益分配问题。

所谓劳资双方的权利冲突,究其实质,乃是双方通过劳动契约方式进行权利让渡与交换后产生的契约义务及伦理责任的承担问题,双方通过契约将资本与劳动的市场交易及融合,转化为法律上的权利义务设定及彼此义务承担的相对平衡。从劳动契约角度说,“资方通过给付劳动者工资的方式获得了劳动者的劳动力使用权,同时将劳动设定为劳动者订立与履行劳动契约的前提和义务”[①]。换言之,劳资双方的这种权利让渡与义务对应的关系内容就是,“资方与劳动者事先通过劳动契约,在履行支付劳动者工资义务的前提下,获得了劳动者劳动力的使用权和支配权,获得了对劳动者进行管理和指挥,要求劳动者按照

---

① 秦国荣:《法律上的劳动概念:法理逻辑与内涵界定》,《江苏社会科学》2008年第3期。

约定履行劳动义务的权利。而劳动者在取得工资、享受工资权利的情况下,则应当要承担按照约定接受资方管理,以及按照契约和资方的要求履行劳动的义务"①。可见,基于劳动契约的劳资双方权利主张,是以一方履行相应的义务为前提的,因而其实并不存在法理上的权利冲突问题。

当然,这里特别需要指出的是,资方与劳动者的权利让渡和交换只能基于私益性要求而进行,对于劳动安全卫生、生命健康、人格尊重等关涉劳动者基本权利、关涉社会公共利益的权利事项,劳资双方均不能以此为标的进行让渡与交换。而资方在该领域只承担强制性法定义务与伦理责任,不享有任何权利,因而在该领域也就同样不应存在法理上的权利冲突问题。

从劳资双方利益本质的私益性、外向性与扩张性来看,确实存在着利益追求的"对立性"问题,即资方追求利润最大化,而劳方追求收入最大化。从经济学角度看,企业利润最大化就必须要压缩或降低包括工资在内的成本支出;从资本对利益追求的趋利扩张性来看,劳动契约也确实并不能绝对有效地防范资方纯粹追求利润的道德风险。但这里的问题恰恰在于,由于现代企业乃是由资方与劳方共同组成的组织和经济共同体,劳资双方不仅在企业生产经营中形成了密不可分的内部分工协作关系,而且在面对激烈的市场竞争中形成了同舟共济的利益相联关系。

在公司章程及财务、税收、人力资源管理等各种企业制度的约束与规范下,现代企业已逐步成为按照法律和契约规则运行的经济组织体,企业内部的利益分配与切割,需要受到各种公开、透明、稳定的规则制

---

① 秦国荣:《法律上的劳动概念:法理逻辑与内涵界定》,《江苏社会科学》2008 年第 3 期。

约。每个企业内部其实都有薪酬及晋级、绩效考核、福利、股权分配、分红等运行机制,按契约和按章办事成为企业人力资源、财务管理等机制运行的基本方式。那种认为劳资双方利益追求相互冲突的观点,其实不过是对双方主观意愿和利益动机追求的理论或理念的主观判断。在企业运行的现实生活中,对于劳资双方的利益分配,劳资任何一方其实均无法根据自己的主观需要和愿望随性为之,而要受到各种主客观因素的制约与影响。具体而言:

其一,从劳资双方利益收入来源看,企业所获收益乃是劳资双方共同协作的成果,没有劳资双方共同应对和赢得市场竞争,也就不可能获得市场回报与收益。而如果双方将全部收益分配完毕,没有利润盈余,则企业也就只能进行简单再生产而不能扩大再生产,这将导致企业市场竞争力弱化,无法有效应对以后的市场竞争,最终也会使企业生存难以为继。因而,企业能否保持适当利润其实事关企业能否生存与发展,最终关乎劳资双方根本利益。在企业生存与发展这个问题上,劳资双方的利益其实是一致的。而企业利润与员工工资收入的关系问题,实质上乃是企业如何处理内部的效率与公平关系问题。效率涉及企业发展即如何做大蛋糕的问题,而公平则涉及盈余分配即如何切分蛋糕的问题。

其二,从劳资双方利益获得的本质来看,无论是资方的资本分红,还是劳动者的工资福利收入等,均是基于企业可支配收入情况所进行的内部分配。这种分配作为国民收入的初次分配,会受到各种内外部因素的影响与制约,即外部要受到政府税收、工资等政策影响,内部则要受到企业绩效考核及分配等制度影响。如果企业内部分配制度过于有违公平原则,则不仅不利于企业内部管理,不利于激发员工积极性,而且会动摇企业内部合作与信任的根基,最终损害企业利益及其发展。

因此,从企业内部利益分配机制设计来看,尽管企业拥有高度自治与自主的决定权,但很显然这种自治自主并不意味着企业可以随意随性而为,相反应按照公平、公开、民主等原则进行。否则,资方不仅难以真正建立起有效的内部管理制度,而且难以凝聚人心,形成向心力,难以保证企业的正常运营。

其三,从劳动者收入获得的契约约定来看,无论是按照工资支付和工资债权的法律属性,还是按照约定必须遵守的基本原则,劳资双方一旦约定了劳动者收入报酬,资方便不能随意违规违约予以扣减,而只能按照约定与法律强制性规定按时足额支付。因此,只要资方严格按照契约约定和法律规定给付劳动者工资报酬及其他福利待遇,实质上就是按照诚实信用与公平原则对待劳动者,双方便不会因此产生利益诉求的冲突与矛盾。

事实上,劳资双方产生权利与利益冲突的根源,并不是劳资之间天然存在着对立或矛盾,而是一方或双方当事人违背了契约约定或劳资伦理精神,以违反规则、伦理、契约与法律的行为,破坏了劳资间的信任与合作关系。在市场经济条件下,劳资双方以契约形式形成了特定的权利义务相对平衡关系。在遵守约定与法律规定的基础上,通过企业这种经济组织体形成了特定的协作与合作关系。劳资双方实质上是以企业为双方各自权利与利益实现的共同体,在求得企业生存与发展的同时,实现了各自的私人利益。在这种合作共事过程中,双方实际上建立起了彼此信赖、相互协作、同舟共济的伙伴关系。

简言之,从劳资关系的缔结、形成及履行来看,尽管劳资双方各有不同的私利目的与人生追求,但面对残酷激烈的市场竞争,劳资双方只有相互协作、共同应对,才能确保企业能够在市场竞争中获得生存。对于双方而言,企业既是维系双方关系的社会组织体,也是双方利益得以实现的经济共同体。这就表明劳资双方作为彼此利益相互攸关的紧密协作主体，要能够应对外在市场竞争压力，需要在建立起内部良好利益分配机制的同时，营造团结和谐、共谋企业生存与发展的内部人际环境，而这一切的取得均有赖于企业伦理责任的确立。劳资双方除了明确各自享有的权利外，更应清晰相互间应承担的伦理责任。

　　淡化权利观念，强化伦理责任意识，乃是身份伦理关系所共同具有的基本特点，这是此类特殊社会关系得以维系的内在要求。试想，如果婚姻关系当事人双方只有权利意识，均从自我出发，只知道一味地向对方主张权利，那么这种婚姻关系如何能够维持？劳资关系也是如此，劳资双方只有树立起企业共同体观念，彼此照顾和考虑对方利益，各尽本分，承担自己的伦理责任，才能在取得企业共同事业成功的同时最终实现各自私人利益。对此，《中共中央关于经济体制改革的决定》在对企业与劳动者之间的内在关系进行阐述时，曾经非常朴实而深刻地指出，"城市经济体制改革中，必须正确解决职工和企业的关系，真正做到职工当家做主，做到每一个劳动者在各自的岗位上，以主人翁的姿态进行工作，人人关注企业的经营，人人重视企业的效益，人人的工作成果同他的社会荣誉和物质利益密切相联"①。"因为我们的现代企业是社会主义的，在实行这种集中领导和严格纪律的时候，又必须坚决保证广大职工和他们选出的代表参加企业民主管理的权利。在社会主义条件下，企业领导者的权威同劳动者的主人翁地位是统一的，同劳动者的主动性创造性是统一的。这种统一，是劳动者的积极性能够正确地有效地发挥的必要前提。"②

---

　　①　《中共中央关于经济体制改革的决定》，1984 年 10 月 20 日中国共产党第十二届中央委员会第三次全体会议通过。

　　②　《中共中央关于经济体制改革的决定》，1984 年 10 月 20 日中国共产党第十二届中央委员会第三次全体会议通过。

中国特色的劳动立法毫无疑问应以劳资伦理责任确立作为出发点,将劳动关系内蕴的劳资伦理要求,转化为劳资双方权利义务关系的立法内容。毋庸置疑,尽管劳动立法应以保护劳动者基本权益为价值取向,但这种保护并不是无视用人单位的正当合法权益,更不是无原则地对劳动者给予偏袒和保护。相反,"要使事物合乎正义(公平),须有毫无偏私的权衡,法律恰恰正是这样一个中道的权衡"①。劳动法作为调整劳动关系当事人利益的法律规则,与其他法律一样,应基于"公道""中立""理性"等原则维护双方当事人的正当合法权益。劳动法对劳动者的保护,并不是也不可能通过限制或剥夺用人单位权利,或者用损害用人单位利益的方式来加以实现。如果那样做的话,除了挑起与激化劳资矛盾外,并不能真正起到保护劳动者利益的目的。

正如婚姻法只有通过保障当事人双方而不是单方的权利与利益,才能真正实现维护婚姻关系健康稳定发展的立法目的一样,劳动立法只有对劳资双方当事人合法权益给予一视同仁的有效保护,才能真正达到维护劳资和谐格局的立法追求。尽管从劳动立法的历史发展来看,对劳动者利益的保护乃是劳动立法的基本价值追求与立法目的所在。但是,随着劳动关系的发展,尤其是随着科技发展与信息化时代的到来,以及新业态、企业形态与各种新型就业、劳动用工方式等的不断兴起和发展,劳动法已开始逐步回归到"劳资关系调整法"的轨道上来,不仅注重对劳资双方合法权益给予同等保护,而且注重确立责任型劳资伦理关系。

当代中国的劳动立法应以社会主义核心价值观为指引,认识和把

---

① 〔古希腊〕亚里士多德:《政治学》,吴寿彭译,商务印书馆1965年版,第199页。

握劳资伦理责任内涵,以法律形式界分劳资双方的权利义务关系,以立法先导、法治先行的方式,培育与推动劳资双方建立起互为对方承担法律责任和伦理责任的基本观念。对于资方而言,既要严格按照劳动立法要求,对劳动者承担相应的法律义务与责任,同时也要按照劳资伦理要求,对劳动者承担起关怀、保护、照顾、倾听、服务、公平、民主等伦理责任。同样,劳动者既要按照劳动立法与劳动契约约定,对资方承担相应法律义务,也要按照劳资伦理要求,以勤勉、忠实、敬业、遵纪、守法、诚信、协作等为行为指引,对资方承担伦理责任。①

　　我们要深刻地认识到,强化劳资伦理责任意识与保障劳资双方权利之间不仅毫不矛盾,而且恰恰是保证劳资和谐的前提。从法律角度说,权利与义务作为法律上相互对应的关系,责任方只有恪守与履行义务,才能真正确保权利方的权利实现;从劳资契约角度说,任何一方只有履行契约义务,才能主张自己的契约权利;从伦理角度说,双方只有遵循劳资伦理责任要求,才能真正建立起相互信赖、协作、共存的"内部人"社会伦理关系,才能在彼此认同的价值判断与利益共同体的基础之上实现劳资和谐。概而言之,我们只有以社会主义核心价值观为指引,建立以法律和伦理准则为内容的劳资伦理责任意识与规则体系,淡化双方的权利意识,强化彼此应对对方承担法律、伦理责任的意识,以法律规则与伦理准则约束双方行为,才能使劳资关系运行获得强大而坚实的伦理信念支持与法治保障。

---

　　① 参见秦国荣:《劳资伦理:劳动法治运行的价值判断与秩序维护》,《社会科学战线》2015 年第 7 期。

第二节　全面建成小康社会中
新型劳动伦理关系的法治保障

　　全面建成小康社会作为中国特色社会主义发展到特定历史阶段的专有术语,乃是涵盖该阶段社会经济、法治、政治、文化、文明等在内的全面进步发展的理想目标。由是观之,小康社会对劳动关系进步和谐和我国劳动法治的变革发展,提出了诸多全新课题和要求。随着时代发展与社会进步,我们需要认真思考我国劳动法治的理念、理论、价值目标、运行机制及其革新发展,探寻符合小康社会发展之道的劳动法治保障与运行模式。

　　全面建成小康社会乃是内涵极其丰富、表征社会全面进步发展的综合目标,和谐劳动关系建构是其题中应有之义。在我国全面建成小康社会以及网络用工兴起的时代,塑造新型劳资伦理关系及其依法治理成为新时代劳动法治的价值目标。以符合中国国情和现实劳动关系应然伦理需要的法律治理之道,建构起适应网络与智能化时代要求的劳动关系法律调整机制。同时,应注重劳动关系调整的法治与德治并举,回应新时代社会主义劳动关系新伦理和核心价值观要求,以劳动关系和谐稳定与促进合作共赢为劳动争议解决目标,建构非对抗性的劳动纠纷多元解决机制,着力化解劳资矛盾与争议,使劳资双方能够共享全面建成小康社会的发展红利。

一、型塑新型劳资伦理关系:全面建成小康社会中 我国劳动法治的价值目标定位

以我国全面建成小康社会为时代背景考察劳动关系法治,必须要将劳动关系和谐与依法治理作为新时代劳动法治的目标要求。这就需要我们着力思考与研究既符合时代和科技发展要求,又符合中国国情和现实需要的劳动关系应然伦理要求及其法律治理之道。

劳动关系作为工业化大生产时代工厂集体劳动与协作分工的产物,其产生、发展及演变与市场经济、科技发展和企业公司制度变迁等有着极为密切的关联。劳动关系作为社会生产关系的法律表现形式,既可以被看作与社会生产力发展及需要相适应的社会生产关系结构,也可以被看作与市场经济组织体内部治理结构及其运行紧密相联的劳资关系模式,还可以被看作市场经济条件下资本与劳动的相互关系及其利益分配方式。劳动关系伴随着资本制度、市场经济、科技发展、政治架构等的变迁而变迁,它与法的关系一样,"没有自己的历史"①。随着时代变迁与社会发展,劳动关系或快或慢地发生变化,在不同的历史时期呈现出其特有的伦理特质、法权内涵与制度逻辑。

相对于西方国家劳动关系及其立法变迁有其自然历史演进的历程而言,我国的劳动关系及其法制发展,在中国共产党成立后,以及在新中国成立后,均有着与西方社会泾渭分明的演变路径。中国共产党作为代表中国最广大人民利益的无产阶级政党,自其成立时起就高度重视工人运动与劳动立法。而我党在新中国成立前与成立后探索中国特

---

① 〔德〕卡·马克思、弗·恩格斯:《德意志意识形态》,载《马克思恩格斯文集》第1卷,人民出版社2009年版,第585页。

色劳动法治,也经历了极为艰难、曲折、复杂的历程。① 由于与西方国家在政治制度、文化背景、社会发展等方面存在诸多迥乎相异的区别,劳动关系的形成和发展在我国有着与西方国家截然不同的伦理禀赋。

无论是在新中国成立前还是成立后,中国共产党领导下的劳动关系立法均承载着既调整劳动关系、促进经济与社会发展,又保障劳动者主人翁地位、贯彻党的劳动政策与政治任务的双重功能。1949 年 9 月新中国成立前夕,我党即以宪法性文件对"公私兼顾,劳资两利"原则给予了法律肯定,如《中国人民政治协商会议共同纲领》第 26 条明确规定:"中华人民共和国经济建设的根本方针,是以公私兼顾、劳资两利、城乡互助、内外交流的政策,达到发展生产、繁荣经济之目的。"新中国成立后初期,我党一直秉持这一基本方针,劳动政策与立法做到了既保障劳动者基本权益,也保护经营者正当利益,从而激发了劳资双方的积极性,促进了国民经济的迅速恢复与发展。

我国作为工人阶级领导的、以工农联盟为基础的人民民主专政的社会主义国家,尊重与保护劳动者乃是社会主义制度的应然伦理要求和法治价值目标,但这种对劳动者基本权益的保护与对用人单位或用工单位合法权益的保护乃是并行不悖的。这就需要我们无论是在思想上,还是在实践中,均应对劳动关系当事双方给予一视同仁的关注与保护,维护劳动关系的和谐稳定与相互调适,绝不可故意偏袒一方,打压另一方,损害劳动关系的正常发展。②

政治化、情感化地进行劳动政策与法律设计的做法,在土地革命战争时期我党在苏区的劳动立法实践中曾经有过极为深刻的教训。我党

---

① 参见秦国荣:《建国前中国共产党劳动立法的演变及其启示》,《江海学刊》2008 年第 4 期。

② 参见秦国荣:《劳动权保障与〈劳动法〉的修改》,人民出版社 2012 年版,第 12 页。

在建党初期和第一次、第二次国内革命战争时期，其劳动立法及劳工政策鲜明地站在工人阶级的立场上，限制资方权利，单方面保护工人利益。这种过度保护雇工，过分限制、打击雇主与资方的立法和政策，不仅严重损害了苏区经济生产和商业流通，而且最终也损害了雇工和劳动者的根本利益。随着我党对中国国情、中国革命和建设道路的认识逐步走向成熟，对中国劳动关系的特殊性及立法目标也日渐清晰，并逐步摆脱和摒弃了极左思想的影响，提出了符合中国国情的劳动关系发展及其法律与政策调整的规范路径。如抗日战争时期，我党提出了对劳资双方利益给予平等保护，注重劳资合作，建立劳资统一战线的主张；解放战争时期直至新中国成立，确立了以"发展生产、繁荣经济"为目的，以"公私兼顾、劳资两利"为劳动立法与政策出发点的方针。[1] 这一政策方针对于促进解放区经济生产，以及激发和调动劳资双方积极性，都起到了巨大的推动作用。

事实上，对于现代社会生产而言，资本与劳动之间有其特殊的伦理逻辑。恩格斯曾经说过，"资本和劳动的关系，是我们现代全部社会体系所围绕旋转的轴心"[2]。现代企业的生产经营乃是货币资本或产业资本和劳动力资本的相互结合与协作，通过"活劳动"实现"物化劳动"的价值再生产和再创造过程。[3] 以市场规则为运行条件的企业或公司，作为市场经济主体，均既是"资合"经济体，也是"人合"社会组织体，市场经济条件下的企业活动，原本就是资本和劳动之间相互结合、分工与合作的过程。资本与劳动结合，对外进行市场逐利竞争，对内则

---

① 参见秦国荣：《建国前中国共产党劳动立法的演变及其启示》，《江海学刊》2008 年第 4 期。

② 〔德〕弗·恩格斯：《卡·马克思〈资本论〉第一卷书评——为〈民主周报〉作》，载《马克思恩格斯文集》第 3 卷，人民出版社 2009 年版，第 79 页。

③ 参见秦国荣：《劳动关系治理的法治逻辑》，《贵州省党校学报》2017 年第 6 期。

按照"内部人"理念和规则形成相互分工与协作的组织体系和管理结构，由此逐步形成了工业化、工厂制时代的劳资利益关系。[①] 实体企业与公司作为承载劳资双方利益的社会经济组织，劳资双方乃是以企业为共同利益载体和平台，通过资本对劳动的吸纳与支配，以及劳动对资本的依附与隶属，劳资双方相互协作与合作，实现了彼此私人利益。而企业或公司要得以顺利运行，需要劳资双方相互适当让渡一定的权利，承担各自的义务，形成内部伦理关系。[②] 毫无疑问，这种劳资伦理既有市场契约伦理内涵，也有企业伦理要求和社会伦理观念，它以劳资双方彼此相互承担义务为其精神内容和价值取向，即企业应对劳动者承担照顾、关怀、协调等资方伦理责任，劳动者应对企业承担忠实、勤勉、敬业等劳方伦理责任。[③]

经过 40 多年改革开放的伟大实践，尤其是经过 20 多年的劳动法治建设，我国已经建构起了较为系统的对劳动关系及其伦理秩序进行有效调整的法律制度体系。尊重市场规则，保障劳动者基本权益，已成为我国社会的基本共识。改革开放和劳动法治建设的实践则反复证明，我国作为中国共产党领导的、以公有制为主体的社会主义国家，劳动关系当事方虽然没有根本利益的冲突，但如果法律与政策设计对劳资关系的定位和调整准确清晰，则可以极大地激发劳资双方的积极性，进而有利于社会生产力发展。而如果劳动立法与政策对劳资伦理关系定位不清，劳动立法对劳资双方权利义务设计不合理、不平衡，则同样有可能会激化劳资矛盾，影响社会稳定和谐。

---

　　① 参见秦国荣:《劳资伦理:劳动法治运行的价值判断与秩序维护》，《社会科学战线》2015 年第 7 期。

　　② 参见秦国荣:《劳动关系法律调整的伦理要求与法治内涵》，《东南大学学报（哲学社会科学版）》2018 年第 4 期。

　　③ 参见秦国荣:《无固定期限劳动合同:劳资伦理定位与制度安排》，《中国法学》2016 年第 2 期。

在建设中国特色社会主义市场经济的过程中，劳动法治建设在我国有着极为重要的双重功能，它既承载着维护劳动关系法律运行秩序、维护和谐劳动关系的社会治理功能，又承载着以劳动法治深化和推进市场经济体制改革，进而实现劳动关系法治化的社会变革功能。故而，如何思考和设计符合中国国情、文化心理、社会伦理价值等的劳动立法与政策，就显得特别重要。

党的十九大对劳动关系市场经济主体双方均提出了明确的要求，即既要"激发和保护企业家精神，鼓励更多社会主体投身创新创业"，同时也要"建设知识型、技能型、创新型劳动者大军，弘扬劳模精神和工匠精神，营造劳动光荣的社会风尚和精益求精的敬业风气"[1]。在依法治国、建设社会主义法治国家进程中，尤其是在全面实现小康社会的新时代，我们要以社会主义核心价值观为劳资伦理准则，指导与贯彻劳动立法过程的始终，将社会主义核心价值观融入劳动立法与政策之中，并以劳动法治运行塑造社会主义劳资新伦理，既激发用工主体的"企业家精神"，也弘扬劳动者的"工匠精神"，使劳资双方真正确立民主自由、文明和谐、平等公正、爱国敬业、诚信友善的新型法律关系与社会伦理关系。

二、建构适应网络与智能化时代要求的劳动关系调整格局：全面建成小康社会中我国劳动法治的改革发展

智能化、网络化时代的到来，给我国充分利用后发优势全面建成小

---

① 习近平：《决胜全面建成小康社会　夺取新时代中国特色社会主义伟大胜利——在中国共产党第十九次全国代表大会上的报告》，http://www.xinhuanet.com//politics/19cpcnc/2017-10/27/c_1121867529.htm，2019年7月21日访问。

康社会,进而向现代化强国迈进,带来了前所未有的历史大机遇。而对于我国的劳动法治建设而言,则既面临着时代的革命性挑战,又同样获得了难得的变革发展机遇。从世界各国劳动法治发展规律来看,劳动雇佣关系作为社会化大生产的产物,它既取决于生产资料所有制形态与政治制度架构,也取决于市场经济、工业革命、科技进步、国际分工等社会经济发展的客观因素。而劳动立法与其他私法一样,是"从自然形成的共同体形式的解体过程中同时发展起来的"[①]。在西方社会,劳动法与资本主义制度变迁和工业革命之间有着相对"自然契合"的过程。其劳资伦理则经历了从资本无节制剥削劳动,劳动从属于资本,到劳资逐步契约平权,再到劳资双方"公平、效率与话语权"相对平衡的过程。而西方国家劳动立法及其变革的主要动因,在于工业革命与科技进步改变了原有的生产方式,由此推动着生产关系—劳动关系的变革与发展。[②]

马克思主义唯物史观认为,"以一定的方式进行生产活动的一定个人,发生一定的社会关系与政治关系"[③]。如果我们对西方国家劳动关系的发展演变做粗线条的简要梳理,大致可以将其伦理变迁及立法

---

① 〔德〕卡·马克思、弗·恩格斯:《德意志意识形态》,载《马克思恩格斯文集》第1卷,人民出版社2009年版,第584页。

② 西欧封建制以地方权力自治和土地私有为其主要表征,关于"小块田"私有对欧洲政治、经济、文化及社会心理的影响,马克思曾经对此做过较为翔实的考察研究。而东方社会则没有经历过西欧式的封建社会。马克思和恩格斯对此社会现象都有着极为浓厚的兴趣。1853年6月2日,马克思在给恩格斯的信中认为:"贝尔尼埃完全正确地看到,东方社会(他指的是土耳其、波斯、印度斯坦)一切现象的基础是不存在土地私有制。这甚至是了解东方天国的一把真正的钥匙。"参见《马克思致恩格斯的信(1853年6月2日)》,载《马克思恩格斯选集》第2卷,人民出版社1995年版,第256页。恩格斯对马克思的这一观点表示赞同,他在给马克思的回信中进一步指出:"不存在土地私有制,的确是了解整个东方的一把钥匙。这也是东方全部政治和宗教史的基础。"参见《恩格斯致马克思的信(1853年6月6日)》,载《马克思恩格斯选集》第2卷,人民出版社1995年版,第260页。

③ 〔德〕卡·马克思、弗·恩格斯:《德意志意识形态》,载《马克思恩格斯文集》第1卷,人民出版社2009年版,第523—524页。

演进分为以下几个较为明晰的历史阶段。

　　第一个阶段:第一次工业革命开始至第二次工业革命前夕。以蒸汽机的发明与使用为标志的第一次工业革命,使得机器生产被普遍采用,机器化大生产彻底颠覆了工场手工业和传统民事雇佣的管理模式,它需要工厂制下机械化生产的统一管理、集体劳动与协作分工,需要工人们严格按照各种管理规章和劳动纪律进行协作劳动,而西欧长期的封建制及"小块田"小农私有制成为工厂制劳动雇佣制度建构的主要障碍。新兴资产阶级为了巩固自己的政权与资本主义制度,同时为了彻底摧毁封建小农经济,通过"圈地运动"迫使"小块田"农民和"小土地私有者"转化为工人阶级,并通过立法将劳动规定为公民法定义务。如亨利八世和伊丽莎白一世时期的立法均规定,每个公民均须参加劳动,任何试图逃避劳动的人都要受到法律的制裁。① 对于资本主义劳动关系产生的血腥历史,马克思指出,"现在的工人阶级的祖先,当初曾因被迫转化为流浪者和需要救济的贫民而受到惩罚"②,"这样,被暴力剥夺了土地、被驱逐出来而变成了流浪者的农村居民,由于这些古怪的、恐怖的法律,通过鞭打、烙印、酷刑,被迫习惯于雇佣劳动制度所必需的纪律"③。这个阶段的资本主义立法,是以资本主义政权巩固和大工业机器生产的工厂制需要为背景,以维护资本统治、资本对劳动的剥削和劳动对资本的依附为伦理追求,以对外征战掠夺,对内强迫劳动、压榨剥削工人阶级为基本表征,表现出"资本来到世间,从头到脚,每

---

　　① 参见〔德〕卡·马克思:《资本论》,载《马克思恩格斯文集》第5卷,人民出版社2009年版,第841—842页。

　　② 〔德〕卡·马克思:《资本论》,载《马克思恩格斯文集》第5卷,人民出版社2009年版,第843页。

　　③ 〔德〕卡·马克思:《资本论》,载《马克思恩格斯文集》第5卷,人民出版社2009年版,第846页。

个毛孔都滴着血和肮脏的东西"①的残酷本质。在机器控制人、劳动依附于资本的现实情况下,"劳动异化"成为劳资双方难以挣脱的宿命。

第二个阶段:从第二次工业革命到第三次工业革命时期。以电气化为标志的第二次工业革命时代的到来,交通、通讯及技术的迅速发展,流水生产线与大规模标准化生产,使得商品生产效率、物资流通、贸易结算和市场交易等均发生了巨大变化。主要资本主义国家实现了工业化,生产的社会化程度加深,企业制、股份制、公司制等开始普遍发展,其不仅统一了国内市场,而且不断开拓与扩展着世界市场,推动了资本主义世界市场的逐步形成,市场全球化与世界历史开始真正到来。与之相适应,劳动关系的契约化、平权化和隶属性特征逐步明晰,劳动立法也开始从工厂时期对工人安全健康等进行保护的零散性立法向劳动关系保护的综合性立法转变。第二次工业革命促进了马克思主义和社会主义思想在全球的传播,工人运动和社会主义实践不断深入,尊重与保护劳动者成为劳动立法的主题。雇佣劳动者和工人阶级不仅在立法上与资方和用工者享有同等保护的权利,而且随着工人运动兴起、工会力量壮大及其"政党化"发展,工人阶级及其工会在政治上成为"长入"西方议会制选举的重要甚至是决定性力量。

第三个阶段:从第三次工业革命至今。以电子信息技术为核心,以原子能、太空技术、生物技术、海洋工程等产业集群发展为标志的第三次工业革命,乃是人类迄今为止在科技种类、范围、内容等方面最全面丰富、覆盖面最广、发展最迅速、对人类社会生活各个方面影响最深的技术革命。它不仅使制造业拥有了自动化控制技术,而且引起了世界范围内劳动方式和生活方式的深刻变革。第三次产业革命极大地促进

① 〔德〕卡·马克思:《资本论》,载《马克思恩格斯文集》第5卷,人民出版社2009年版,第871页。

了国际贸易和世界经济一体化的发展，推动了商品生产社会分工的国际化和生产要素的国际流动，推动了国际金融资本跨国投资、跨国公司发展和劳动用工的国际化，使得劳动力使用、人力资源世界性配置、自然人跨国流动等成为国际贸易中难以回避的法律问题。而西方尤其是西欧福利国家的福利社会政策的推行、社会主义制度在世界范围内的实践，更使得西方国家不断调整劳动立法与劳资政策，不得不追求"人性化的雇佣关系"。

第四个阶段：即将到来的以网络化与智能制造为主导的第四次产业革命。以信息互联网为平台，将线上交易与线下实体有机整合在一起，以网络与现代科技打造智能工厂，彻底颠覆了传统制造业，实现了普通工厂向智能工厂的转变。由于网络事实上已成为虚拟世界与现实世界的有机统一，灵活多样的平台用工使得劳动者就业呈现出身份隶属关系淡化、契约合作目标明确、利益分配简单明晰等特征，工厂制时代紧密型劳动雇佣关系逐步式微，劳资双方契约平权与商事合作的特点逐步显现，从而使得传统劳动法理论与制度逻辑体系面临着前所未有的挑战。

从西方劳动关系与产业革命的互动关系中不难发现，劳动关系不仅与社会政治制度有着密切关联，更与经济关系、技术革命及其所需要的资本和劳动的利益关系结构之间有着最为密切的联动。相对而言，西方国家劳动关系有其自身的自然历史演进过程，这个过程乃是基于产业革命对生产力发展的推动。科技进步带来物质财富的不断增加，使得劳动者权利从被压制到不断扩大，劳动者择业自由、市场交易权利不断被尊重和扩大。[1] 如果说第一次工业革命时期西方劳动关系建构

---

[1] 参见朱海龙、唐辰明：《互联网环境下的劳动关系法律问题研究》，《社会科学》2017年第8期。

的内在经济动因在于以工厂制所需要的劳动雇佣制取代工场手工业和传统民事雇佣制，政治动因在于巩固资本主义制度的话，那么，第二次、第三次工业革命则强化了劳动雇佣关系的法治调整与完善进程，使得劳动法从民法体系中逐步脱离出来，成为相对独立的法律部门。

对我国而言，具有市场经济意义的劳动关系法治建设起步于改革开放。或者说，我国劳动法治发展的历史起点在于以提升和激发国有企业活力为中心任务的计划经济体制改革，以政企分离、劳动关系变革为纵横两线，平权化、市场化、契约化的劳动关系逐步取代劳动行政管制关系，打破"企业吃国家、职工吃企业"的"两个大锅饭"体制，推进国有企业和传统计划经济体制改革。前已述及，我国的劳动法治建设承载着以劳动法治构造市场化劳动关系以及以劳动法治变革推动国有企业与计划经济体制改革的双重任务。而这一改革的基本逻辑前提在于：承认计划经济与"大锅饭"劳动行政管制体制的低效率甚至无效率、负效率，确认市场竞争与"优胜劣汰"的市场机制优于行政管制体制；确认市场化平权型劳动契约关系优于管制型劳动行政管理关系；确认劳动关系双方当事人的自由双向选择与竞争有利于企业和劳动者双方的利益最大化。

我国经济体制与劳动法治变革的历史节点，乃是在世界第三次产业或科技革命逐步完成并渐次向第四次科技革命演进的关键时期。经过第一次到第三次产业革命的历史发展，劳动关系及其法律调整的理论与实践，不仅在发达国家已相对完备成熟，而且在世界范围内也基本形成了一定的劳动法治共识与趋同性法律调整模式。由于改革开放前我国的劳动关系属于计划经济体制下的行政管理关系，它没有经历伴随市场经济和科技革命发展的"自然演进"历程。在自上而下的经济体制改革和社会转型发展过程中，我国劳动法治建设在于以"法制变革型"模式,推进国有企业改革和市场型、契约型、竞争型劳动关系的建构,这就使得我国的劳动法治建设确乎有着自身的特殊时代背景与历史任务。而就劳动立法的基本理念与制度架构而言,我们可以充分利用"后发优势",吸收世界上第一次到第三次产业革命期间所形成的集体协作劳动关系理论,充分汲取和借鉴劳动法治相对成熟的国家的立法经验和基本原理,避免出现西方国家在劳动法治建设和市场经济转轨中的弯路和错误。

我国的经济体制改革和劳动关系法治建设乃是中国特色社会主义制度的自我完善与发展,这就决定了我国的劳动法治建设不是维护资本对劳动的统治与剥削,不是将劳资双方置于相互对立与斗争的状态,而是要以劳动法治架构起公平合理的劳资权利义务关系,形成劳资双方协作共处的运行规则、行为准则与利益分配方式,最终实现劳资关系的共赢和谐与规范有序。肇始于 20 世纪 90 年代的我国劳动关系市场化法律制度建设,既吸取了国际社会的成熟经验和做法,又考虑到了中国经济体制转型的特定国情。我国现有劳动立法的理念、思路与制度设计,以社会经济组织体作为劳资关系成立与运行的判别前提,以隶属性作为劳动关系的身份识别与权利义务设计的伦理依据,形成了我国现有的劳动立法制度架构。客观地说,这一制度体系无论是在彼时,还是在当下,都确有其历史合理性和现实可行性。

但现实的问题恰恰在于,建构并逐步完善于第三次产业革命时期的我国现有劳动立法,与其他国家一样,遭遇到了第四次产业革命或科技进步所带来的挑战。而以网络化和智能化为标志的第四次产业革命,给我国乃至全世界带来了生产与生活方式的重大变革和挑战,给我国现有的劳动法理论与实践带来了全新的课题。

从时代发展的历史坐标来看,我国全面建成小康社会之际,恰逢以智能制造为主导的第四次产业革命即将到来之时。这被世界称为"工业4.0"的第四次产业革命,使得无论是传统劳动法治理论及制度设计,还是已经相对固化的劳资关系定位及伦理内涵等,均面临着前所未有的冲击。对于网络条件与工厂制条件下劳动用工关系的差异,有学者对两种不同用工条件下的劳资关系模式、利益运行结构与交易分配逻辑,进行了深入的对比研究,认为传统工厂制条件下劳动用工关系的利益分配逻辑在于:"① 劳方出卖自身所有的劳动力,与生产资料相结合,并开展劳动活动。② 劳动力与生产资料结合的劳动活动在市场上通过供产销链条和成本效益差产生利益。③ 利益转移到资方,从企业角度为收入。④ 收入的一部分(当然只是一小部分)作为生活资料如工资、津贴,转移到劳动者。"①而网络平台条件下劳动用工的利益分配逻辑在于:"① 劳动者与企业签订一定形式的合作协议。② 劳动者将自己的劳动力与自有生产资料及生产条件结合,产生利益。③ 劳动者将劳动活动带来的利益收入一部分转为己有。④ 利益的一部分转到企业,作为协议价格。"②这就表明,基于传统劳动关系理论所形成的"很多传统的法律框架和规则体系都难以起到原有的作用,难以达到预期的规制和保护效果。一切保护和规制的目的和路径,都应当迈开改革的步伐。而改革的开展,都应当由思维的转换为始,将治理思维转换到新型的劳动关系逻辑中来"③。

随着蓬勃兴起的新行业、新业态、新产业以及在网络时代用工与灵活就业方式等普遍被大众所接受,以工业化大生产为基础所形成的传

---

① 参见朱海龙、唐辰明:《互联网环境下的劳动关系法律问题研究》,《社会科学》2017年第8期。

② 参见朱海龙、唐辰明:《互联网环境下的劳动关系法律问题研究》,《社会科学》2017年第8期。

③ 参见朱海龙、唐辰明:《互联网环境下的劳动关系法律问题研究》,《社会科学》2017年第8期。

统劳动法理论及其制度,面对网络化、智能化时代的劳动关系和劳动用工模式,已经显得力不从心,难以解释和应对新情况、新问题。[①] 比如,对于网络时代的普通劳动者,习近平总书记在 2019 年新年贺词中曾深情地说道:"这个时候,快递小哥、环卫工人、出租车司机以及千千万万的劳动者,还在辛勤工作,我们要感谢这些美好生活的创造者、守护者。"[②]可惜的是,在现实生活中,走街串巷、辛劳奔忙的"快递小哥""网约车司机"等,尽管在客观上、情理上无人能够否认他们是"雇佣劳动者",但按照现有的劳动立法理论及其制度设计,他们却确实难以受到现有劳动法与社会保障法的有效保护。由此可见,在全面建成小康社会以及网络化时代,我国现有的劳动立法已经到了必须要进行理论反思与制度重构的时候,劳动法本身的改革势在必行。[③]

三、以劳动纠纷多元解决机制保障和谐劳动关系: 全面建成小康社会中我国劳动法治的实施路径

实现小康目标、全面建成小康社会,是改革开放 40 多年来我们党所领导的中国特色社会主义现代化建设最引人注目的历史成就。在现代市场经济运行过程中,劳动关系作为特定社会生产方式的产物,作为

[①] 近年来,劳动法学界对劳动法自身的理论反思及制度改革,一直进行着卓有成效的研究与探索,提出了不少较有见解的观点。相关文献请参阅王天玉:《基于互联网平台提供劳务的劳动关系认定——以"e 代驾"在京、沪、穗三地法院的判决为切入点》,《法学》2016 年第 6 期;秦国荣:《网络用工与劳动法的理论革新及实践应对》,《南通大学学报》2018 年第 4 期;谢增毅:《互联网平台用工劳动关系认定》,《中外法学》2018 年第 6 期;等等。

[②] 《"我们都是追梦人"——聆听习近平主席 2019 年新年贺词》,http://www.xinhuanet.com/2018-12/31/c_1123932052.htm,2019 年 8 月 8 日访问。

[③] 王霞:《论政府在集体协商制度建设中的作用》,《中国劳动关系学院学报》2010 年第 4 期。

社会生产关系的法律表现形式,有其特定的权利义务结构、伦理内涵与利益分配形态,劳动关系和谐与否,无论是对于用人单位与劳动者当事人双方,还是对于社会安定与国家政权的稳定,都具有极为重要的意义。劳动关系是市场经济的衍生物,在市场变动不居、技术不断发展的客观情况下,我们对于劳动关系和谐与否的理解,绝不能停留于静态层面,或局限于某个阶段、某个行业或领域甚至某个企业的角度来进行分析、认知或判断,而应该从劳动关系本质及其全局性、整体性发展的角度进行思考。

劳动关系作为特定社会生产方式下的市场化社会关系,体现的是资本与劳动的内在组合方式。从现有劳动法律角度看,劳动关系乃是劳资双方以劳动雇佣契约约定为意思表示,以薪酬支付与劳动给付为契约"交易"内容,所形成的内部管理隶属、协作服从与利益分配关系。劳动关系究竟是否以及能否和谐,并不在于表面上能否"平静"与"按部就班"运行,而在于劳资双方能否建立起企业或公司共同体信念以及以企业或公司为平台实现彼此利益与价值追求的公平机制;在于双方能否按照共同信守的伦理准则与规章制度来约束和判断彼此行为及利益分配;在于国家与社会能否形成良好的法律法规和司法体系,为劳资双方提供定分止争与合乎正义的社会制度保障;等等。一句话,劳动关系是否和谐,既取决于企业运行中涉及的诸多内外部复杂关系,也取决于劳动关系法律调整的良法善治以及劳动纠纷多元解决的法律机制建构。

从劳动关系建构与运行的特点来看,尽管劳资双方以劳动契约为纽带形成了相对"稳定"的内部关系,但是从市场变化、利益权衡、情势变迁、自主选择等情况来看,这种契约关系有时候其实是极为脆弱与松散的。比如从纯粹劳动契约的角度来看,"因为雇主很容易就能另雇别人,这位雇员也可以另谋高就,而双方在生产价值上都不会有什么损失"①,故而如果仅仅将劳资关系或劳动关系看作是一种单纯的契约关系、交易关系或合同关系,很显然不仅不符合劳资双方建立起长期稳定协作关系的愿望,不符合企业生产经营的稳定性要求,而且也不符合社会稳定与"安居乐业"的民众和国家愿望。

事实上,现代市场经济条件下的劳资关系,具有极为丰富的社会伦理与文化内涵。从这个角度说,劳资双方只有先建立起彼此信任的"内部人"关系,才有可能真正实现劳动关系和谐及长期稳定。在全面实现小康社会的当代,我们不仅要将社会主义核心价值观融入劳动关系法治建设过程的始终,而且要按照"共享共治"理念建构起现代劳动关系的利益分配关系与治理格局。

毋庸置疑,和谐劳动关系建设乃是全面建成小康社会、推进社会文明进步的重要内容和环节。而和谐劳动关系的实现乃是一项社会系统工程,需要政府、社会组织,尤其是劳资双方能够建立起有效维护劳资和谐共处的运行机制。劳动纠纷多元解决机制的建构,则是实现劳动关系和谐的重要法治保障。要确保劳动关系社会生态的良性运行,就需要至少在以下几个方面把握与处理好劳动纠纷解决机制中的相关法律关系。

其一,尊重劳资自治与自主调适,保持政府、市场与劳资双方的适当距离。

不可否认,尽管劳动关系双方以雇佣契约形式建立起了相对稳定的劳动协作关系,但由于劳动关系运行乃是劳雇双方彼此相互调适与长期共事相处的过程,且这种协作与共事有着现实的、直接的利益关

---

①　〔美〕奥利弗·E. 威廉姆森:《资本主义经济制度》,商务印书馆2003年版,第357页。

联,这难免会使得劳动关系双方受到各种主客观因素的影响与制约,难免会产生"相爱总是简单,相处太难"的人际困扰。劳资关系的这一特质,要求我们在思考劳动纠纷多元解决机制时,应首先做到充分尊重劳资自治与自我调适,只要双方行为没有违反强制性法律法规,政府与其他机构应当秉持不干预、不介入的态度。①

劳资关系作为劳资双方基于市场运行和各自利益需要所形成的特定的契约化、隶属性社会关系,其契约背后的本质乃是双方从自身利益需要出发所进行的综合考量与权衡。在劳动力市场中,尽管众多不同的劳动者与众多不同的企业之间必然会形成具体的特定劳动雇佣型社会关系,但特定的劳动者与特定的用人单位之所以能够形成特定的、相对的劳动契约,是因为该特定劳资双方独有的私利考量及彼此利益与需要"契合"的"双向自主选择",故而就单个或个别劳动契约而言,其形成乃属于特定劳资双方的私权自主与私益选择的"自由意志"结果。对于双方按照劳动契约约定及法律不禁止范围内的行为,政府或其他社会组织(包括工会)无权也没有必要去干预与介入。否则,除了会人为引起劳资矛盾,以及会让政府或其他社会组织无端卷入矛盾之中外,不会有什么好的结果。

需要指出的是,政府或其他社会组织对于劳资意思自治范围内的个别劳动关系采取相对无为和不干预的姿态,并不代表政府或其他社会组织对于该领域劳动关系完全放任或无所作为。相反,政府或其他社会组织除了自身做好劳动雇佣的表率外,应在行政指导、立法规范、模范表彰、第三方调解、集体协商协助等方面,帮助、指导、协调劳资双方形成良性规范的自治与恳商机制,为劳资双方和谐相处与纠纷预警、

---

① 王霞:《论政府在集体协商制度建设中的作用》,《中国劳动关系学院学报》2010 年第 4 期。

内部矛盾化解、纠纷消弭等提供良好的外在环境。正如有学者所说，就我国政府在劳资关系中的定位而言，应当在以下"八个方面进行构建，即：立法促进者，文化倡导者，主体建设推动者，规则订立者，指导服务者，损害控制者，执行监督者和争议处理者"[1]。

对于政府与劳资之间的关系问题，诚如有学者所指出的那样，"明确并处理好政府与劳动者、资方之间的关系，是创建劳资关系共赢的关键环节"[2]。政府与其他社会组织在对待劳资关系问题上应采取保持适当距离的理性态度，做到既有为又无为。所谓有为，是指政府或其他社会组织应为劳资双方提供包括立法、规则、行为标准等公共政策产品，同时为其提供仲裁、争议解决、调解等公共服务产品，即"在劳资关系领域中，政府所应该做的是通过完善法律法规体系，提供制度和规则，将劳资双方的行为限定在法律和制度的框架内"[3]。所谓无为，是指政府与其他社会组织不应介入劳资日常关系及其正常运行之中，充分尊重劳资双方的意思自治和行为自由，对于劳资双方依法依约进行的活动安排与利益分配方式、内容、权益处理等，采取超脱、中立和不干预的无为姿态。[4]

其二，以人民调解、ADR等非对抗纠纷解决机制化解劳资矛盾。

我国作为中国共产党领导的、以公有制为主体的社会主义国家，社会主义政治、经济制度决定了我国的劳动关系双方不存在根本利益的冲突与对抗。而从劳动关系的互利共赢、平等协作、内部人共事等私益

① 王霞：《论政府在集体协商制度建设中的作用》，《中国劳动关系学院学报》2010年第4期。
② 权衡、杨鹏飞等：《劳动与资本的共赢逻辑》，上海人民出版社2008年版，第135页。
③ 权衡、杨鹏飞等：《劳动与资本的共赢逻辑》，上海人民出版社2008年版，第135页。
④ 参见秦国荣：《劳动权保障与〈劳动法〉的修改》，人民出版社2012年版，第244页。

平权属性来看,在全面建成小康社会、实现"共同富裕"与"共享开放"的新时代,劳资双方也不存在阶级性矛盾与对立。因此,尽管我们要高度重视劳动关系领域的法治建设,但这种法治乃是良法善治的规则之治、伦理之治,而绝非强制性、对抗性的刚性管制之治。

随着社会转型加快,网络化时代到来,全面实现小康社会时期的劳动关系也在不断变化。对于这一时期的劳动关系矛盾多发、复杂的特点,我们特别要保持清醒的头脑,既高度重视劳动纠纷增加给社会和谐带来的不稳定因素,也要看到这一时期的劳动纠纷所具有的社会转型以及产业升级的不可逆转背景,尽量运用各种非对抗性手段化解劳动纠纷,预防大规模和群体性劳动纠纷的产生,将劳动纠纷及其影响始终置于可控范围内。而要预防及化解劳动纠纷,人民调解制度及 ADR 机制可以起到极为重要的作用。①

我国的人民调解制度被称为以非讼自治方式排解民间矛盾纠纷的现代"东方经验",该制度"体现着中国独特的民族文化、心理、世界观和价值观念,是我们党创造性地将传统法律文化实现向现代性转变的成功范例"②。它不仅可以运用于包括劳动关系在内的各种平权主体之间发生的民事纠纷,有助于化解矛盾,解决纠纷,而且有助于建设与完善社会主义制度,有助于建立良好的新型人际关系。

---

① 对于调解的重要性,来自劳动行政实践部门的同志对此也有着清晰的认识,认为强化非诉讼处理机制有利于提高劳动争议的处理效率。他们提出的具体对策是:一是建立多种形式的基层劳动争议调解组织,将劳动争议处理的重心下移,强化以调解为主的劳动争议处理机制。具体做法可以包括提高企业内劳动争议调解委员会的覆盖率,使大多数的劳动争议能够在企业内部及时解决;建立行业劳动争议调解委员会;街道设立基层劳动争议调解委员会;充分发挥劳动信访机构的行政调解作用,建立行政调解制度。二是发挥政府促进基层劳动争议调解组织建设的作用,包括政府对促进基层劳动争议调解委员会建设应有的作用,政府作为第三方参与的劳动争议基层三方协调机制。参见黎德良、章宁:《对我国劳动争议处理机制的探讨》,《中国劳动保障》2006 年第 4 期。

② 秦国荣:《人民调解制度:法律性质、文化成因及现代意义分析》,《兰州大学学报》2004 年第 3 期。

随着《中华人民共和国人民调解法》的出台,人民调解制度已经被纳入我国民事纠纷解决的法律体系之中,构成了我国处理民事纠纷的法定方式。人民调解具有快捷、便利、非对抗性等特点,特别适合于劳动纠纷的迅速处理解决。我国目前的劳动纠纷大多属于具体的利益争议,而这些利益争议如果以对抗性司法途径解决,不仅会使双方陷入冗长繁琐的司法程序之中,不利于劳动者诉求的迅速解决与实现,而且这种对抗性会损害劳资双方原有的关系与情感,不利于双方平和地解决争议,同时也会给双方带来舆论与声誉上的负面影响,进而造成"两败俱伤"的"双输"后果。因此,在处理劳动争议时,应当要特别重视以非讼、非对抗性途径解决劳动纠纷,将人民调解制度引入劳动争议调解与处理之中,尽量以非对抗性的调解手段解决争议。①

应当说,非讼纠纷解决机制(Alternative Dispute Resolution, ADR)在我国有着比较悠久的历史和深厚的文化基础,因而特别易于为当事人所接受。就劳动争议的解决而言,运用非讼手段解决双方当事人之间的纠纷更有着特殊而重要的意义。由于非讼调解是在无利害关系的第三方参与和介入的情况下,在相互尊重争议方权利的前提下,按照争议双方意思自治进行平等协商,可以使争议双方在感怀于第三方热心相助的氛围内进行,这既保全双方颜面,不失和气,又因无固定程序限制、处理灵活以及过程与结果的非对抗性等,而有着司法解决所无可比拟的优势。更为重要的是,运用非讼手段解决劳动争议,有利于将劳动纠纷与矛盾化解在当事人之间或企业内部,有利于迅捷地解决双方争议和维护劳动者合法权益,避免当事人之间的争议转化为对抗性矛盾,

①　参见秦国荣：《劳资均衡与劳权保障：劳动监察制度的内在功能及其实现》,《河南省政法管理干部学院学报》2010 年第 6 期。

也可防止个别劳动纠纷案件激化而演变为群体性事件和社会矛盾。①

　　其三,运用劳动监察及行政指导、教育、协调等多种手段化解劳资矛盾,维护劳资关系的相对平稳。

　　劳动法的基本立场在于以法律手段维护劳动者的基本权益,而为了确保劳动法的有效实施,需要立法授权劳动行政机关执行劳动法,以行政权力维护劳工权益。劳动监察制度即是表明了国家对劳动者权利进行保护的基本态度,劳动立法是将劳动者群体所享有的基本权益看作必须由法律加以保护的公民基本人权,将劳动者享有的生存、健康、尊严等权利看作公民所应享有的社会基本权利。劳动监察通过对劳动法的强力执行,形成了劳动纠纷解决中对劳动者私益保护与市民社会权利维护的机制对接,形成了以国家公权力预防、查处与遏制用人单位违法侵害劳动者正当合法权益行为的法律机制,进而以功能性替代手段达致劳资双方的力量对比再平衡,并以此防范、阻却劳资纠纷激化与矛盾加剧,由此带来局部性劳资关系紧张和失控的危险。②

　　历史实践证明,在劳动合同关系双方当事人力量对比极不均衡的情况下,尽管劳动法赋予劳动者诸多权利,但是"如果没有一个能够强制人们遵守权利准则的机构,权利也就等于零"③。劳动监察设立目的在于执行劳动法律法规,它以用人单位为监察对象,按照劳动立法规定的内容和程序对用人单位进行教育、指导、检查、监督,并依法查处用人单位违法用工和侵犯劳动者合法权益的行为,确保劳动法治的有效实施。

---

　　① 参见秦国荣:《劳动权保障与〈劳动法〉的修改》,人民出版社2012年版,第246页。

　　② 参见秦国荣:《劳资均衡与劳权保障:劳动监察制度的内在功能及其实现》,《河南省政法管理干部学院学报》2010年第6期。

　　③ 〔苏联〕列宁:《国家与革命》,载《列宁选集》第3卷,人民出版社1995年版,第200页。

劳动关系作为继续性、身份性法律关系，其最大的特点在于劳资双方朝夕相处，彼此共事。而双方在相互合作与共事过程中，难免会受到诸如管理、利益分配、晋升、岗位安排与调整等客观因素影响，也可能会受到诸如人际关系、个人好恶、志趣爱好、习惯、心理感受等主观因素的影响，从而导致双方一旦产生矛盾与纠纷，往往会掺杂各种复杂的情感、人际与利益关系，使得双方带着"爱之深而恨之切"的情感成分。从劳资矛盾产生的现实案例来看，相当一部分劳资矛盾是由于用人单位违法违规损害劳动者权益，也有相当一部分是因劳动者违反职业道德与法律义务。因此，劳资纠纷的处理有其复杂性和困难性。这就需要劳动行政监察机关应注重对用人单位进行提醒、指导、教育与监察，敦促和帮助用人单位自觉形成尊重劳动者合法权益、遵守劳动法律的企业文化和观念。而对于恶意侵犯劳动者合法权益的违法行为，应迅速介入、依法查处，有效解决劳资纠纷，遏制劳资矛盾进一步扩大。故而相对于程序繁琐冗长、对抗性强、难以调和的仲裁、诉讼等司法途径而言，劳动行政监察具有预防性强、介入处理快捷、解决纠纷及时等优势。而这种解决方式相对于劳动者私力救济、工会自治以及其他社会力量解决而言，其发生群体冲突、局部性社会风险和危机的概率较小。

我国的劳动监察制度已运行多年，各级地方政府在党中央统一部署领导下，开展了卓有成效的创新性工作。各地劳动监察机构不仅做到了依法行政，监督、监察、查处了用人单位违法侵害劳动者合法权益的行为，维护了广大劳动者的合法权益，而且在劳动监察工作实践中充分发挥了替代工会与社会组织的功能，比如普法教育，深入开展企业用工培训指导；以行政手段建构治欠保支长效机制，对矛盾多发企业进行劳动关系诊断指导；督促用人单位知法守法，维护劳动者合法权益；与劳动仲裁部门等多部门协作联动执法，畅通信息沟通渠道，对劳资纠纷主动介入,形成多方合力,及时化解矛盾,切实维护劳动者权益等。①这些服务型、法治型政府的做法及行政执法与职能的有效转变,对于劳动纠纷的及时有效化解,可以起到重要的法治保障作用。

其四,理顺劳动纠纷解决的司法体制,裁审分离,"或裁或诉",建构平行独立的劳动裁审体制。

我国现有的处理劳动争议的体制设计确有其不尽合理之处,比如尽管从机构归属来看,劳动仲裁机构与法院乃分属于完全不同的部门,但从对劳动纠纷案件的受理与处理来看,在实践中执行和运行的乃是"劳动仲裁前置"程序,这实质上是将劳动仲裁机构当作法院审理劳动争议案件的"辅助机构",使得劳动争议案件处理实际上实行"一裁二审"的"三审终审"程序。从实践部门的反映和现实效果看,"一裁二审"机制尽管确实减轻了法院的劳动诉讼负担和压力。② 但是,这种程序及运行机制设置,不仅一直受到学术界、理论界的质疑,而且这种矮化劳动仲裁,毫无道理地增加劳动纠纷解决程序的做法,除了人为增加劳动纠纷的诉讼成本和讼累外,没有任何实际意义。诚如有学者所说,

---

① 根据对江苏省常州市天宁区的调研,该区在健全机制、维护劳动者权益与和谐劳动关系问题上,形成了较有实效的经验做法。该区劳动监察大队在劳动者合法权益保障方面,始终坚持"发现在早,预防在先,处置在小,结处在快"的原则,做到"五个到位":一是动态监管及时到位;二是预警机制落实到位;三是部门协作联动到位;四是职工权益保障到位;五是宣传引导措施到位。

② 司法实务中,人民法院受理劳动争议案件以是否经劳动争议仲裁委员会裁决过为前提,即通行的所谓"劳动争议仲裁前置程序"。该通行惯例性做法的主要法律依据有两条。1.《劳动法》第 79 条规定:劳动争议发生后,当事人可以向本单位劳动争议调解委员会申请调解;调解不成,当事人一方要求仲裁的,可以向劳动争议仲裁委员会申请仲裁。当事人一方也可以直接向劳动争议仲裁委员会申请仲裁;对仲裁不服,可以向人民法院提起诉讼。2. 最高人民法院《关于审理劳动争议案件适用法律若干问题的解释》(法释〔2001〕14 号)第 1 条规定:劳动者与用人单位之间发生的下列纠纷,属于《劳动法》第 2 条规定的劳动争议,当事人不服劳动争议仲裁委员会作出的裁决,依法向人民法院起诉的,人民法院应当受理。从司法实践来看,法院均普遍反映,劳动仲裁机构确实为人民法院分流解决了大量劳动争议案件,极大地减轻了法院诉讼压力。

"我国对劳动争议案件实行'自愿调解、一裁两审'制度,这一体制运行到今天,已越来越不能适应劳动争议发展变化的需要"①。实际生活中运行的劳动纠纷"一裁二审"程序是对劳动仲裁机构的轻视和否定,使得劳动仲裁机构公而难断、断而无威,沦为没有权威、难负责任的"附属机构"。这种"一裁二审"程序设计既违背仲裁中立本质,也违背司法独立要求。因此,"我国现行劳动争议处理体制与不断深化的改革以及市场经济环境中劳动关系发展的需要已不相适应,建立一个适合我国国情的、符合市场经济运行规则的劳动争议处理体制已迫在眉睫"②。

我国的劳动争议仲裁机构按现有体制安排,尽管由劳动行政主管部门领导和管理,属于劳动行政部门的下辖机构,但其处理劳动争议纠纷案件并非代表劳动行政部门做出行政行为,而是以第三方政府独立中立身份对劳动争议案件进行居间裁处。由于劳动争议从本质上说乃是具有私权特质的民事纠纷,而劳动者相对用人单位而言处于力量对比的弱势地位,因而需要国家设立专门机构,不偏不倚地处理劳资双方的争议与纠纷。劳动争议仲裁即是政府站在公正中立、居中裁处的立场对劳动纠纷进行孰是孰非的裁判,是对劳动争议进行中立裁决的准司法行为。③

如果我们确认劳动仲裁机构具有独立处理劳动争议的权力与地位,那么我们完全可以在立法与体制安排上按照民商事仲裁的体制安排思路,确认劳动仲裁居中裁处的"准司法"机构属性,使之独立于司

---

① 程延园:《我国劳动争议的发展变化与劳动关系的调整》,《经济理论与经济管理》2003 年第 1 期。

② 刘小鹏:《浅谈确立裁审分离的劳动争议处理体制》,《新视点》2002 年第 11 期。

③ 对此,学术界的基本观点还是比较一致的。参见孙德强:《论劳动仲裁制度的法律基础》,《中国劳动》2004 年第 8 期。另可参见李亦中、瞿栋:《论劳动争议仲裁与民事诉讼的协调》,《中南财经政法大学研究生学报》2006 年第 6 期。

法体制。同时,尊重劳动纠纷当事人的诉权自由,允许当事人选择"或裁或诉"的司法救济途径,切实发挥劳动仲裁机构与法院各自独立处理劳动争议案件的功能,真正做到案件分流,分担压力。在立法肯定劳动仲裁同样是解决劳动争议的合法机构的前提下,必须保证其具有独立性和权威性。即是说,在"或裁或审,自主选择"模式下,劳动仲裁应与诉讼程序各自独立,[1]设计劳动仲裁机构与法院"裁审分离,各自终局"的劳动纠纷司法解决机制。也就意味着,如果当事人双方选择仲裁方式解决劳动争议,则应确认劳动仲裁的权威性,采取"一裁终局"的仲裁模式;如果双方选择诉讼方式,则应按照"二审终审"的民事诉讼模式,以减少当事人的讼累,提高仲裁与诉讼解决争议的效率,避免劳动纠纷案件的久拖不决。[2]

按照罗斯科·庞德(Roscoe Pound)的理解,法律乃是近代世界进行社会控制的主要手段。而司法乃是现代法治社会最权威的争议解决与权利救济途径。[3] 劳动争议与一般民事纠纷不同,它既关乎劳动者享有的人格尊严、健康安全、休息休假、报酬、生存、社会保障等基本权利,也关乎用人单位的内部管理、市场竞争、经济发展等权利,同时更关乎社会生产力发展与劳资利益平衡、社会整体利益与公平正义的实现,以及劳资关系稳定与社会和谐等。在全面建成小康社会的新时代,劳

---

[1] 参见徐元彪、周茜:《略论我国劳动争议处理体制的改革与完善》,《湖北经济学院学报(人文社会科学版)》2007年第11期。

[2] 在劳动仲裁的一裁终局问题上,《劳动争议调解仲裁法》比以往的相关法律、法规、规章、规定有了显著的进步。该法第47条规定,下列劳动争议,除本法另有规定的外,仲裁裁决为终局裁决,裁决书自作出之日起发生法律效力:(一)追索劳动报酬、工伤医疗费、经济补偿或者赔偿金,不超过当地月最低工资标准十二个月金额的争议;(二)因执行国家的劳动标准在工作时间、休息休假、社会保险等方面发生的争议。但从该法对"一裁终局"范围的限定来看,很显然,立法者还是有所保留,没有完全肯定劳动仲裁与其他民商事一样,具有"一裁终局"的法律效力。

[3] 参见〔美〕罗斯科·庞德:《通过法律的社会控制》,沈宗灵译,楼邦彦校,商务印书馆2010年版,第10页。

动争议宜以非对抗性方式加以妥善处理，而劳动仲裁相对于诉讼而言，其相对专业的"准司法"属性和相对较弱的对抗性，使当事人更易于在心理上接受以这种弱对抗的方式平等交流，心平气和地解决争议，做到"案结事了"。同时，这种专业化、专门化的劳动仲裁，利于分辨是非，利于使双方当事人正确认识劳动纠纷的利益本质，利于双方加深理解劳动关系的合作协作特质与内部人关系。

概言之，劳动仲裁这种弱对抗性的争议解决手段，可以通过说理、疏导和裁决定分止争，划清责任，使劳动争议双方确立起正确的行为导向，从而有利于劳动关系双方建立起协商解决劳动纠纷及尽量维系劳动关系的基本理念。而无论是仲裁还是诉讼，劳动争议处理机构均应当特别注重调解、调处和引导双方和解，尽量以温和疏导与劝和方式解决双方争议，做到既切实维护劳动关系双方当事人的合法权益，又尽力避免矛盾激化，更要防止因劳动纠纷带来群体性事件，从而真正维护劳动关系稳定与实现社会公平正义。

第三章
当代中国劳资伦理主体：
用人单位及其义务范围

在现代市场经济中，劳动关系中的用人单位有着极为特殊的多重社会属性。从经济学角度看，企业乃是社会生产力的基本单元和经济细胞，承担着组织商品生产、销售与国民收入初次分配等诸多功能。从劳动经济学角度看，它不仅为社会提供商品与服务，而且承载着提供就业岗位的作用。从法律角度看，用人单位也是极为复杂而多元的。比如从民法角度看，用人单位作为社会经济组织体，它有着特定的拟制法律人格，以自身的资产和行为对外承担着民事权利义务与法律责任。从公司法角度看，用人单位作为"资合"与"人合"相统一的法律组织体，体现着特定的股权资本结构与人力资本组织架构，由此形成其特定的内部治理结构、运行规则与责任体系。

而在劳动法视野中，劳动关系乃是用人单位与劳动者之间以平等协商的契约方式所形成的内部法律关系。用人单位对于劳动者而言，既是劳动合同的他方当事人，更是其提供劳动给付、获取工资收入与人生进阶的平台。劳动者能够进入用人单位工作，实际上是以自己的才能、学识、技能、品行等，获得用人单位的认可与接纳，成为用人单位员工集体的一员，成为用人单位的"自己人"与"内部人"。对于劳动者而言，用人单位对于其生活资料的获得、技能发挥、人生价值实现等，均有着极为特殊而重要的意义。而在理论上对劳动法上的用人单位进行研究与思考,对于理解与认知劳资伦理内涵①及其本质,毫无疑问有着重要的学术与实践价值。

第一节　劳动法上用人单位的法学判别:
理论与实践的考察

从法律适用和对客观事物的定性分析角度说,无论是域外劳动立法对"雇主"的模糊界定与司法确认,还是我国国内立法对"用人单位"的列举式明确立法,都反映了立法者与司法者所秉持的特定判断标准,但立法与司法的这种实践活动需要学界给予理论上的支持。由于国内学界对"用人单位"概念关注不多,而这一法学术语无论是对于劳动立法与司法,还是对于劳动法学基本概念体系建构,都有着至关重要的理论与实践价值,且这一概念与中国当下的体制改革及人事制度变革也有着极为紧密的联系,②因而对这一概念进行研究,既有建构中国劳动法学基本概念与理论逻辑的学术价值,也有预判与前瞻性地思考中国劳动法制变革前景和方向的现实价值。

---

①　正如有学者所指出的,有些习以为常的说法如"伦理就是道德""伦理就是调节人的行为的道德观念""伦理就是道德规范"等并不确切。参见宋希仁:《论伦理关系》,《中国人民大学学报》2000年第3期。

②　用人单位概念范围的变迁反映了中国劳动法制逐步变革的过程,在改革开放的起始阶段,随着商品经济与市场经济的逐步深入,尤其是随着国有企业的市场化变革,用人单位作为市场化劳动关系的当事人术语,限定在企业以及以市场规则确立劳动关系的领域。而可以预见的是,随着事业单位以及国家机关的不断改革,用人单位的范围将会逐步扩大。

一、劳动法上用人单位判别标准的理论分析

在劳动法学界,有部分学者主张"用人单位"属于"商事立法"而不属于劳动立法中的概念,劳动法学对此进行研究没有多少必要,这种观点毫无疑问是不正确、不可取的。因为劳动者与用人单位是劳动关系当事人的两极,这两个概念均是劳动立法和劳动法学的基础性概念,也是认定劳动关系或劳资关系能否成立的前提条件。从劳动立法及劳动法学研究的角度说,劳动法上的用人单位与民商法的"商事主体"根本就属于不同的领域。用人单位是从劳动法上劳动关系能否有效成立的角度去加以认定的,商事主体则是从民商法上"市场准入"及市场主体能否成立的角度加以判别的,尽管两者确有交叉和值得共同研究的特点,但两者属于完全不同的两种法律关系中的法律主体。在劳动法与劳动司法实践中,如果不能确定用人单位的主体资格和身份,劳动者的身份也就无从确定,劳动雇佣与民事雇佣关系就难以界分。因此,在法学上与立法上研究"用人单位"的概念内涵,无论是对于劳动法学研究,还是对于立法与司法实践,均有极为重要的意义。

关于用人单位概念的界定,劳动法学界鲜有学者专门进行系统而深入的研究,相关观点散见于部分教材和论文之中。概括一下收集到的文献资料,大致有以下几种大同小异的观点:

其一,用人单位是依法成立的,具有用人权利能力和行为能力,对劳动者承担有关义务的社会组织。包括企业、事业组织、国家机关、社会团体、个体经济组织等用人单位。[①]

其二,用人单位又称用工单位,常常也被称为企业主、资方、雇主、

---

① 参见李景森、王昌硕主编:《劳动法学》,中国人民大学出版社1996年版,第45页。

雇佣人等,是指依法招用和管理劳动者,对劳动者承担有关义务者,我国在法律上统称为用人单位。[①]

其三,用人单位又称用工单位,在许多国家被称为雇主或雇佣人,是指具有用人权利能力和用人行为能力,使用一名以上职工并向职工支付工资的单位。[②]

上述对人单位概念的界定都比较强调用人单位的用人权利能力和行为能力问题,带有鲜明的民法和商法色彩。而对于用人单位资格认定式的研究方法和观点,董保华提出了异议,他指出,"我国'用人单位'这一概念的内涵空白,给了学者想象的空间,学者在'用工主体'引入权利能力和行为能力的初衷是要完成与民法相同的'赋权任务',向企业赋予用人自主权"[③]。他认为劳动法学研究以"赋权"思想界定用人单位的思路,尽管有"极其善意"的"考量",这种"善意"在于,"劳动法学者希望以抬高门槛的方式制约用人单位,只有在承担保护劳动者的义务,才能赋予用人自主权,否则无权用工,不能进入市场"[④]。但关键在于,"劳动法学者将这一概念作为'特别权利能力'与'特别行为能力'引入,强调的是符合用人权利能力、用人行为能力的才给予用人的权利,这实际上是一个市场准入的标准"。而从法律分工和功能定位角度来说,这种思路和观点很显然是不符合劳动法性质的。因为"用人主体的资格,并不由劳动法来规范","劳动法要研究的是一个给劳动者利益与要用人单位负担的

---

①　参见黎建飞:《劳动法的理论与实践》,中国人民公安大学出版社 2003 年版,第 74 页。

②　参见王全兴:《劳动法学》,高等教育出版社 2004 年版,第 112 页。

③　董保华、邱婕:《论劳动法主体的界定》,载董保华主编:《劳动合同研究》,中国劳动社会保障出版社 2005 年版,第 61 页。

④　董保华、邱婕:《论劳动法主体的界定》,载董保华主编:《劳动合同研究》,中国劳动社会保障出版社 2005 年版,第 61 页。

'负担标准',这不是一个市场准入的标准而是一个劳动法的适用标准"。①

董保华在这里给我们提出了一个非常严肃的学术问题:劳动法对用人单位的判定,究竟是以什么样的思维和逻辑进行的? 在其早期的文章与著作中,他也是以民商法的思维对此进行思考与论述的,认为"劳动法对劳动关系的调整,赋予用人单位以劳动力使用者的资格"②,"用人单位只有具备法律所规定的条件,才能取得劳动力使用者的资格。法律所规定的条件,是用人单位承担保护劳动者义务的保证措施,也是用人单位享受用人权利的前提。因此,作为一种劳动力使用者的法律资格,劳动法是将权利主体、义务主体和责任主体联系起来加以规定的"③。由此,他认为判定用人单位法律资格的条件主要有三点,即"财产条件、技术条件和组织条件"④。这种观点实际上承袭了民商法关于市场主体"权利能力"与"行为能力"的相关理论判断,以此在劳动法及劳动关系当事人中进行具体展开而已。

近年来,董保华认识到了劳动关系当事人与民商事主体当事人判定标准之间存在着根本性差别,他开始修正自己的上述观点和认识,认为"这种观点很大程度上临摹了当时国家有关劳动政策对用人单位的要求。现在看来,这一观点的缺陷是没有回答如果不符合这三项要求,

---

① 以上均参见董保华、邱婕:《论劳动法主体的界定》,载董保华主编:《劳动合同研究》,中国劳动社会保障出版社 2005 年版,第 61 页。

② 董保华、邱婕:《论劳动法主体的界定》,载董保华主编:《劳动合同研究》,中国劳动社会保障出版社 2005 年版,第 61 页。

③ 董保华:《劳动关系调整的法律机制》,上海交通大学出版社 2000 年版,第 234 页。

④ 董保华:《劳动关系调整的法律机制》,上海交通大学出版社 2000 年版,第 234 页。

员工如何处理,这一观点也极易被引向以这三条标准来认定劳动法的适用范围"[1]。就是说,以权利能力和行为能力标准来确认市场主体乃是企业法、公司法或商法上的"市场准入"标准,而劳动关系当事人主体——用人单位,很显然不能简单地以这种经济性标准加以判别与衡量。

劳动法律关系中的当事人一方主体——用人单位,与民商法上的市场主体很显然是有着本质区别的。用人单位与劳动法律关系另一方主体——劳动者之间,存在着内部人身隶属与管理关系。这种法律关系的对内属性比较明显,尽管两者之间同样存在着劳动给付与工资给付的对价关系,同样存在着契约合同关系,但是这种关系乃属于"内向型"组织体内部关系,且在这种法律关系架构中,劳动者相对于用人单位而言,属于弱势一方,劳动者作为以给付劳动获取工资收入和生活资料来源的一方当事人,法律确认这种关系的存在与否直接关乎弱势方劳动者的切身利益,因而劳动法本着有利于或倾斜保护劳动者的原则,以只要双方产生实际的用工与劳动雇佣行为,即确认双方劳动法律关系的存在,亦即确认劳动关系对方当事人——用人单位的事实成立。即使该用工主体欠缺民商法上从事市场活动与市场行为的法定前提和条件,也并不因此影响其对劳动者应承担的劳动法上的法律责任。换言之,民商法关于市场主体的"权利能力"与"行为能力"的法律制度设计,在劳动法上并没有任何意义。劳动法不像民商事立法那样以是否符合法定设立条件来确认劳动法律关系能否成立以及是否有效,而是以是否产生实际劳动用工行为为判别标准。无论该劳动用工主体在民

---

[1] 董保华:《劳工神圣的卫士——劳动法》,上海人民出版社1997年版,第88页。在其另一本著作中,他对这一观点进行了极为详细的展开,参见董保华:《劳动关系调整的法律机制》,上海交通大学出版社2000年版,第234—236页。这个观点至今都是诸多法学教材引用的内容,也是对"用人单位"名词进行界定的较为"权威"的观点。

商法上是否具备"权利能力"与"行为能力",只要其实际雇用了劳动者或者与劳动者发生了劳动用工行为,该主体即与劳动者产生了劳动用工关系,即应承担劳动法上的法律责任。

在研究劳动法上用人单位的问题上,我们只有先对劳动关系当事人及其法律关系属性进行准确的理论把握,方能正确理解劳动法上的用人单位与民商事市场主体之间的法律属性区别。此外,由于我国处于社会转型与深化改革的特定历史时期,在市场、人事、行政等多元用工体制并存,且不断进行改革调整的时代背景下,我们还需要结合我国劳动用工制度、人事制度、公务员制度等不断变迁与变革的特点,以历史与发展的眼光对我国劳动立法中的"用人单位"进行思考和研究,才能真正把握我国劳动法上用人单位的内涵、范围及其发展走向。我国劳动法上用人单位的范围乃是伴随着社会变迁与经济体制改革而不断深入、逐步扩大的,在计划经济和国家对劳动人事关系加以严密控制的情况下,"当着各类用人单位尤其是企业都只是国家用工关系的一个层次时,就不可能有真正意义上的用人单位"①。董保华认为,劳动法学对于劳动法上"用人单位"的研究,首先就应该将"国家行为"和"企业行为"加以区别,才能真正了解劳动法上"用人单位"的真正内涵和本质。从这个意义上说,即"从'公法司法化'角度看,如果说对于'劳动者'这一主体,区别社会学与法学的不同意义至关重要,那么对于'用人单位'这一主体来说,将'企业用工'与'国家用工'区别开来则是至关重要的"②。

虽然说董保华对于劳动关系所用的"国家行为"与"企业行为"

---

① 董保华、邱婕:《论劳动法主体的界定》,载董保华主编:《劳动合同研究》,中国劳动社会保障出版社 2005 年版,第 60 页。应该说,董保华教授这种自我学术反思和批判的科学精神,确实值得称道。

② 董保华:《劳动关系调整的法律机制》,上海交通大学出版社 2000 年版,第 233 页。

以及"国家用工"与"企业用工"等用语的分析，从法学或法律角度来看，过于笼统、宽泛和模糊，显得不够准确和规范。但是，他无疑敏锐地认识到了，无论是传统计划经济体制下的劳动用工方式，还是当下政府财政体制下的用人模式，均带有比较强烈的"公法"属性，属于不平等主体之间的人身隶属关系，而不属于平权主体间劳动合同或劳动雇佣关系。劳动法的进步正在于开创了市场化的劳动用工方式，以市场交易、意思自治、择业自主、双向选择、离职自由等搭建起了雇佣双方当事人的平权主体架构，打破了原有计划经济体制中行政权力掌控一切社会资源的局面，以及条块分割的纵向劳动用工体系，形成了"公权力"组织体系用人与"私权力"市场化用工的二元格局，实现了政治国家"公权力组织"运行体系和市场配置劳动力资源的"市民社会"体系的相对独立与互动。

　　我国劳动法不仅保障了劳动关系双方当事人的正当合法权益均享有法律的平等保护，实现了"资本"和"劳动"的市场化配置与结合，更使得这种当事人意思自治和以市场交易原则确立的劳动关系，不再仰仗、依附和受控于行政权力，从而确保了市场经济和社会生产力的健康发展与运行。因此，在研究劳动法上的用人单位时，我们要用时代进步与社会文明发展的眼光来看待。劳动法上用人单位的出现及其范围的不断扩大，集中体现了"公权力"与国家财政体制管制下的用人关系逐步松动、断裂，而不断走向市场化、契约化劳动法律关系的过程。这是一种激动人心的时代进步，不仅标志着传统计划经济体制逐步消融与瓦解，"体制内"与"体制外"不公平多元分配结构和身份关系逐步被打破，而且标志着平等、公平、自由竞争秩序逐步确立，市场竞争主体与人本身逐步解放。

二、"用人单位"判别的法律要件及实践标准

　　劳动雇佣关系乃是现代工业发展的产物,这种社会关系是在社会化大生产条件下,以民事雇佣关系为基础而不断产生发展的。与民事雇佣关系乃是平权主体——自然人之间的雇佣关系不同,劳动雇佣关系乃是法人与自然人之间的雇佣关系。有学者通过对西方劳动法中有关劳动关系主体立法演变历史的梳理,归纳出了域外劳动法对主体的三次界定,认为域外劳动法在法人制度下的劳动雇佣关系,即劳动法产生起始阶段对主体的第一次界定是确认"雇主与雇员的关系已不再是两个自然人之间的关系,而是强势主体与弱势主体的关系"[①],这次界定是从立法上对劳动者的弱势地位给予了确认和保护。第二次界定则是"分两个步骤来完成的,第一个步骤是从属性的认定,第二个步骤是去强势化的认定"[②],这次界定将部分强势劳动者从劳动法上排除。第三次界定是开始重新认识劳动法,将劳动法定位为"雇工受益法",相应地则强调劳动法"对于雇主是负担法",以此来确定"雇主的基本特征"。[③] 由于"在社会化大生产的作用下,雇主的形态在不断演变,外延也在逐步放大,雇主的界定也开始变得困难起来"[④]。

　　董保华认为,社会化大生产条件下的雇主概念呈现出外延扩张的态势,比如它随着"委任关系""公司治理结构""共同雇主""企业社会

---

　　① 董保华:《劳动关系调整的法律机制》,上海交通大学出版社2000年版,第233页。
　　② 董保华、邱婕:《论劳动法主体的界定》,载董保华主编:《劳动合同研究》,中国劳动社会保障出版社2005年版,第64页。
　　③ 参见董保华、邱婕:《论劳动法主体的界定》,载董保华主编:《劳动合同研究》,中国劳动社会保障出版社2005年版,第65页。
　　④ 董保华、邱婕:《论劳动法主体的界定》,载董保华主编:《劳动合同研究》,中国劳动社会保障出版社2005年版,第71页。

责任"等不断扩大,①使得"与雇员对应的雇主开始变得模糊不清,于是各国的劳动法在界定雇主时,也尽可能用更具涵盖性的方式来定义雇主"②。其标准主要有两种,一是"雇主身份认定",二是"雇佣行为认定"。这两种标准的共同特点是"内涵清晰""外延开放"。而各国尽管也"有些立法虽有直接对主体身份进行认定,但更多的是从实施雇佣行为的角度来界定雇主"③。他主张我国劳动立法也应借鉴这种立法技巧和认定标准,"在内涵上,对'用人单位'做出清晰的定义;在外延上,建立一种弹性的机制,可以扩大雇佣主体的范围"④。也就是说,要"以雇主指令权的行使主体为列举对象并结合雇佣行为的认定,同时使用'身份认定'和'行为认定'两个标准,并以后者为主"⑤。

在对劳动法上"雇主"或"用人单位"的认定问题上,境外学者的研究相对比较精细,观点虽然略有区别,但大部分均将是否与劳动者形成了"从属性"看作是判定"用人单位"成立与否的标准。我国台湾地区学者郭玲惠认为,"在私法劳动契约中,雇用劳工之人即可将之纳入雇主的行列,但是否成立劳动契约,仍应从经济上从属性、人格上从属性、组织上从属性等方面加以认定,若缺乏从属性,劳动契约可能会变成民法中的委任或是承揽关系,雇用劳工之人也会失去所谓雇主身份,而成

---

① 参见董保华、邱婕:《论劳动法主体的界定》,载董保华主编:《劳动合同研究》,中国劳动社会保障出版社 2005 年版,第 71 页。

② 董保华、邱婕:《论劳动法主体的界定》,载董保华主编:《劳动合同研究》,中国劳动社会保障出版社 2005 年版,第 71—72 页。

③ 董保华、邱婕:《论劳动法主体的界定》,载董保华主编:《劳动合同研究》,中国劳动社会保障出版社 2005 年版,第 72—74 页。

④ 董保华、邱婕:《论劳动法主体的界定》,载董保华主编:《劳动合同研究》,中国劳动社会保障出版社 2005 年版,第 74 页。

⑤ 董保华、邱婕:《论劳动法主体的界定》,载董保华主编:《劳动合同研究》,中国劳动社会保障出版社 2005 年版,第 77 页。

为委任人或承揽人"①。郭玲惠将是否具有"从属性"看作是"劳动契约"与"劳务契约"之间本质区别的观点,应该说乃是境内外学者已经形成共识的。

对于民事雇佣与劳动雇佣之间的本质区别,德国学者有着比较明晰的认识。他们一般认为,人身自由乃是民事雇佣的特征,而劳动雇佣则"隐含着与人身自由相反的含义——人身从属性"②。劳动雇佣的两大基本特征在于:其"核心要素是人身从属性",而"另一个重要的要素为私人契约"③。荷兰学者认为,判定及"用以确认一项合同是否构成雇佣合同的最重要标准是,雇主是否有权针对雇员劳动发出指令"④。意大利学者也认为,与民事雇佣相比,劳动雇佣"强调的是雇员的从属关系",也就是说,"作为雇主组织一部分的雇员全部个人的行动受到控制"⑤。

市场经济、科技、网络等迅速发展导致劳动方式和雇佣方式不断变化,使得劳动关系和劳动用工方式呈现出越来越复杂的态势。面对丰富多彩和变化多样的劳动关系,"滞后性的法律"往往难以做到"一网打尽"。域外劳动关系的法律调整往往采取立法与司法"联动"的方式,在具体法律适用过程中,无论是采取概括式立法还是列举式立法,立法者往往都倚重于将"雇主"的认定交给司法,由司法部门依据判案

---

　　① 郭玲惠:《劳动契约法论》,台北三民书局 2011 年版,第 101—102 页。
　　② 〔德〕曼弗雷德·魏斯、马琳·施米特:《德国劳动法与劳资关系》,倪斐译,商务印书馆 2012 年版,第 41 页。
　　③ 〔德〕曼弗雷德·魏斯、马琳·施米特:《德国劳动法与劳资关系》,倪斐译,商务印书馆 2012 年版,第 41 页。
　　④ 〔荷〕费迪南德·B. J. 格拉佩豪斯、莱昂哈德·G. 费尔堡:《荷兰雇佣法与企业委员会制度》,蔡人俊译,商务印书馆 2011 年版,第 16 页。
　　⑤ 〔意〕T. 特雷乌:《意大利劳动法与劳资关系》,刘艺工、刘吉明译,商务印书馆 2012 年版,第 32 页。

经验并结合具体案件情况加以判定。

按照美国《公平劳动标准法案》的规定，对劳动法上"雇主"资格或身份的确定，"关键在于所谓的雇主对于其工人是否有控制的权力"[1]。而法院在司法实践中，则是"通过'经济现实'分析来确定其是否以雇佣关系为基础"[2]。其考量的因素主要有"（1）该主体是否享有雇佣和解雇雇员的权力；（2）该主体是否可对雇员进行工作安排或对雇佣状况进行监督和控制；（3）该主体是否享有确定工资支付比率及方式的权力；（4）该主体是否保存雇佣记录"[3]。在对具体案情进行判断的过程中，法院不是根据其中一项，而是"综合考虑各因素来确定一项关系的经济现实"[4]。这种立法授权法院根据具体情况和当事人之间的"经济现实"，而不是根据僵化的法条来判定劳动关系是否存在以及当事人是否具备"雇主"身份的做法，来自于英美法系尊重法院和司法判例的传统，可以有效地、灵活地应对复杂多变的现实生活。

德国作为成文立法的国家，其劳动立法主张通过确定雇员的概念来界定雇主，"雇员的劳动合同另一方当事人是雇主。雇主可能是自然人、法人，也可能是商事主体"[5]。尽管在理论上或立法上，对于劳动雇佣关系中的"人身隶属性"存在着诸多争议，但德国"联邦劳动法院已经将人身隶属转化成一个非常复杂的概念，包括大量必须结合起来

---

①　林晓云等编著：《美国劳动雇佣法》，法律出版社 2007 年版，第 14—15 页。
②　林晓云等编著：《美国劳动雇佣法》，法律出版社 2007 年版，第 15 页。
③　林晓云等编著：《美国劳动雇佣法》，法律出版社 2007 年版，第 15 页。
④　林晓云等编著：《美国劳动雇佣法》，法律出版社 2007 年版，第 15 页。
⑤　〔德〕曼弗雷德·魏斯、马琳·施米特：《德国劳动法与劳资关系》，倪斐译，商务印书馆 2012 年版，第 21 页。

考量的要素"①。这些要素既是对"雇员",也是对"雇主"进行考察的
条件。在这些要素中,"最重要的要素包括:(1)企业希望个人随时待
命,准备接受新任务。(2)个人不能拒绝企业安排的工作任务。
(3)某种程度上,个人已经融入企业的组织结构中。(4)个人要求为
企业执行任务的时间相当长"②。这种根据当事人的具体情况,而不是
固定的法条进行司法判定的做法,与英美法系国家大致趋同。在司法
实践中,尽管"雇主们以灵活性为名反对劳动法院的这种策略",但"法
院倾向于尽可能地扩大劳动法的调整范围"。③

　　由此可见,尽管民事雇佣与劳动雇佣在学理上、立法上均已基本厘
清,双方的界限似乎已经比较分明,但由于劳动法相比于民法而言,其
对劳动者的保护力度更大,因而域外相关司法部门在处理劳动法律关
系的认定问题上,往往不是机械地套用法学或法律原理进行,而是根据
案情和当事人之间的内在关系"要素"进行合理裁量。

　　我们简要归纳一下,在理解劳动法中"用人单位"的问题上,可以
通过以下几个标准加以确定:

　　第一,组织标准,即是否是以组织体名义招收、录用劳动者作为员
工参与其内部的劳动分工,是否与劳动者建立起严密的内部组织分工
和科层管理结构,是否明确了劳动者在组织体中协作劳动的角色定位。

　　第二,分工标准,即是否明确了劳动者的具体劳动分工内容,是否
以劳动纪律和内部规章确立了对劳动者的层级指挥和内部协作关系。

---

　　① 〔德〕曼弗雷德·魏斯、马琳·施米特:《德国劳动法与劳资关系》,倪斐译,商务印
书馆 2012 年版,第 43 页。
　　② 〔德〕曼弗雷德·魏斯、马琳·施米特:《德国劳动法与劳资关系》,倪斐译,商务印
书馆 2012 年版,第 43 页。
　　③ 参见〔德〕曼弗雷德·魏斯、马琳·施米特:《德国劳动法与劳资关系》,倪斐译,商
务印书馆 2012 年版,第 43 页。

第三，分配标准，即是否是以平权主体身份通过契约方式确立了劳动者的劳动利益归属与工资、福利的分配方式。

第四，身份标准，即是否与劳动者明确了"内部人"身份关系，是否由此形成了管理与被管理的人身隶属或从属关系。

三、劳动法上用人单位劳动雇佣与民事雇佣的法律界分

由于劳动法相对于民法或合同法而言，对于契约双方，尤其是处于相对弱势地位的劳动者一方，具有更全面和明确的保护功能，因而劳动司法实践在确认当事人是否存在劳动法律关系的问题上，对于劳动者而言，就有着极为特殊的法律意义。尤其是在我国当下社会保障法律体系尚不健全，尚不能实现全民保障与全面保障的现实条件下，劳动雇佣关系或劳动法律关系不仅承载着保护劳动者正当合法权益的功能，而且承载着社会保障的附加功能，因而司法实践中遇到的相当一部分劳动争议就是集中于确认双方是否存在或构成劳动雇佣关系，确认劳动关系存在成为司法机关处理纷繁复杂的劳动争议案件时颇为头疼的问题。

从理论上说，劳动用工关系与民事雇佣关系之间的区别是极为明显的。民事雇佣关系乃是自然人之间的民事契约约定，双方以劳动力供给与需求为纽带形成了特定的劳务买卖关系，劳动力需求方购买劳动力提供方提供的劳务或劳务产品，根据市场供求状况和约定价格支付劳务报酬，获得劳务报酬的劳动力提供方按照约定提供劳务或劳务产品。民事雇佣关系双方当事人之间只存在合同法上的劳务买卖关系或债务关系，不存在相互之间的人身隶属关系。

在劳动雇佣关系中，劳动者（雇员）虽然也是按照劳动合同约定向

用工者提供生产活动或劳动,但其个别劳动构成了用工者整体劳动的一部分,是劳动者在用工者劳动分工条件下进行的协作劳动。为了保证用人单位集体劳动的顺利进行,劳动者必须要服从用工者的统一指令,遵守劳动纪律,与用工者形成了特定的身份关系与人身隶属关系。在这里,如果说民事雇佣乃是纯粹的货币与劳务的简单市场交换,当事人双方是在满足彼此需要的条件下形成的特定合同关系或债权债务关系的话,那么劳动雇佣关系并不是一种简单的市场交换关系,而是在"货币共同体"条件下形成的特定社会关系,即货币资本与人力资本相互结合的社会关系。① 雇佣劳动条件下的用工者货币和劳动者劳动力,构成了现代企业生产和市场运行的要素,两者不是彼此分离的买卖关系,而是相互结合的劳动关系。因为"货币作为发达的生产要素,只能存在于雇佣劳动存在的地方"②。

如果我们简要概括一下民事雇佣与劳动雇佣市场交易的法律本质区别,大致有以下几点。

其一,交易标的不同。民事雇佣的交易标的乃是劳务与劳务产品,是平权民事主体之间商品与货币的市场交换;劳动雇佣的交易标的是劳动力使用权,劳方在让渡劳动力使用权的同时获得了工资与福利的劳动力对价。从更深层次看,劳动力使用权的让渡乃是货币资本与人力资本的相互融合,对于资方而言,生产资料与劳动力都构成了其资本

---

① "货币共同体"乃是马克思提出的分析资本主义社会的概念,他认为"货币本身就是共同体",以货币为目的的市场生产和交换,不仅使得原始共同体发生瓦解,更是社会财富不断增长的源泉。这是因为"作为目的的货币在这里成了普遍勤劳的手段。生产一般财富,就是为了占有一般财富的代表。这样,真正的财富源泉就打开了"。参见〔德〕卡·马克思:《政治经济学批判(1857—1858 年草稿)》,载《马克思恩格斯全集》第 46 卷(上),人民出版社 1979 年版,第 172—174 页。

② 〔德〕卡·马克思:《政治经济学批判(1857—1858 年草稿)》,载《马克思恩格斯全集》第 46 卷(上),人民出版社 1979 年版,第 173 页。

的组成部分和企业成本支出。

其二,交易内容不同。民事雇佣乃是货币与劳务的市场等价交换,受雇方与雇佣方订立的是具有承揽性质的民事合同,双方以最终劳务结果为交易内容;劳动雇佣不仅具有劳动力使用权与劳动力工资和福利对价支付的经济内容,而且从本质上看具有双方在协作分工劳动下对劳资共同创造财富进行内部分配的利益相关性内容,更具有双方以企业为平台和共同体相互合作从而实现共赢与发展目的的伦理特质。这种"交易"已非局限在狭隘的经济领域内,而具有双方在更为广阔的社会领域实现彼此利益目的的意义。

其三,交易本质不同。民事雇佣交易是一种不涉及雇佣方内部关系的"外部人"交易,是一种简单的、偶然的、临时性的市场交换,尽管民事雇佣的受雇方在提供劳务过程中,也需要接受雇佣方的"指令",但这种"指令"只是对受雇方提供劳务与劳务产品质量及其验收、交货期限等纯粹商品交易性要求,而不是对受雇方进行具有人事或人力资源管理式的"指令",劳务受雇者的劳动乃是自主独立的劳动,双方以劳务或劳务产品提供及质量要求作为交付与支付的唯一判别标准和条件。劳动雇佣是货币资本与人力资本的相互结合,是雇佣方吸收受雇方作为"内部人"参与自己的生产劳动和协作,即"许多人在同一生产过程中,或在不同的但相互联系的生产过程中,有计划地一起协同劳动"[1]。或者说,"较多的工人在同一时间、同一空间(或者说同一劳动场所),为了生产同种商品,在同一资本家的指挥下工作"[2]。劳动雇佣尽管从个别劳动者角度看,其同样是独立

---

[1] 〔德〕卡·马克思:《资本论》,载《马克思恩格斯全集》第23卷,人民出版社1975年版,第362页。

[2] 〔德〕卡·马克思:《资本论》,载《马克思恩格斯全集》第23卷,人民出版社1975年版,第358页。

自主地从事其分内的劳动活动,但这种劳动乃是一种整体劳动下的分工活动,是各个不同的劳动者在资方或雇佣者的统一指挥协调下彼此协作的集体劳动。

其四,交易条件不同。民事雇佣是以劳务或劳务产品的市场供给与需求为交换前提的,是受雇方对货币的需求与雇佣方对劳务或劳务产品需求之间的等价交换。劳务与劳务产品的"物的有用性"和以市场交易为手段的货币实现,构成了彼此能够交换的基本条件;劳动雇佣是以"货币共同体"和"价值增殖"为条件的交换,是货币资本与人力资本相互结合,创造新产品和新价值的过程。劳资双方共同面对市场,在创造新商品、新产品、新价值的基础上,实现资本与财富的不断增殖,并在此基础上共同进行利益分配。

其五,交易目的不同。民事雇佣的目的在于满足交易双方彼此不同的需要,而劳动雇佣则是在利益共同体前提下,满足和实现双方共同的需要和目标。

虽然从现象上看,民事雇佣与劳动雇佣似乎都是货币和劳动力使用的交换,但从本质上看,两者之间有着截然不同的根本区别:民事雇佣中的货币支付乃是受雇者劳务付出(劳动力使用)的市场对价,货币在这里就如同一切商品的买卖一样,充当一般等价物;而劳动雇佣中的货币支付,在表象上表现为受雇者的工资,其实质乃是人力资本的成本付出,货币在这里并不是充当一般等价物,而是与人力资本、生产资料等一起构成了企业、经营组织赖以运行的资本。劳资双方在资本和"货币共同体"中形成了特定的社会关系结构和相互依存关系,即具有人身隶属属性的利益共同体关系。对于劳动雇佣的法律本质,马克思有着极为精彩的(虽然带有讽刺的)描述:劳资双方"因为双方只顾自己。使他们连在一起并发生关系的唯一力量,是他们的利己心,是他们的特殊利益,是他们的私人利益"①。

在资本运行逻辑和社会分工体系下,受雇者和雇佣者之间不是一般的劳动力使用与让渡关系,而是形成了具有人身隶属关系和特定身份关系的法律关系,受雇者所从事的乃是具有内部分工协作性质的活动,其报酬也是全体劳动者在用工者统一指挥与协调下所创造财富的内部分配。正如马克思所指出的那样,劳资关系"表现在法权上对等的公式中'我给,为了你给;我给,为了你做;我做,为了你给;我做,为了你做'"②。就是说,资本或劳动关系下的雇佣关系,乃是货币资本与人力资本相结合的过程,双方紧密形成了特定的组织与利益关系,劳动者成为该雇佣者集体的内部成员(员工),与其他劳动者形成相互分工和协作的劳动关系,各个不同劳动者的劳动构成了由雇佣者统一指挥和协调的集体劳动或整体劳动。

我国的劳动立法正是按照这样的思路来判别民事雇佣与劳动雇佣之间的区别的。对于劳动雇佣方主体,劳动法是按照"单位组织体"思路来设计和规定劳动法上"用人单位"的,基本上排除了自然人成为劳动法上的用工主体的可能。而随着我国经济社会的发展,尤其是随着劳动用工关系的多样化和范围不断扩大,自然人能否成为劳动法上的用人单位,在学界有着不同的声音。比如有学者提出,"现行立法中,将雇主限定为用人单位,这就排除了个人雇主,也就是说,没有将个人雇主所雇佣的劳动者纳入劳动法的保护范围,这可能与现有的保护能力不足有关;如果保护能力增强了,就可以将用人主体扩展到个人,从

---

① 〔德〕卡·马克思:《资本论》,载《马克思恩格斯全集》第 23 卷,人民出版社 1975 年版,第 199 页。

② 〔德〕卡·马克思:《资本论》,载《马克思恩格斯全集》第 23 卷,人民出版社 1975 年版,第 590 页。

而将个人雇主所雇佣的劳动者纳入劳动法的保护范围"①。也有学者认为应改变劳动立法的"单位"思维,以"雇主"概念取代"用人单位"一词,认为"目前我国劳动法中所称的用人单位一词并不能够准确涵盖应然的劳动关系中'雇主'的全部内容,缩小了劳动法应然的调整范围,是不准确的,应当改用'雇主'一词更能准确反映劳动法调整的劳动关系的范围"②。

按照我国劳动立法的基本逻辑,个人之间只能形成民法上纯粹市场交易性质的劳务关系,不能形成具有人身隶属关系性质的劳动关系。劳动关系只能在劳动者与社会组织之间形成,或者说,用工者只能是社会组织。我国立法将民法上个人之间订立的劳务雇佣合同关系与劳动法上的劳动合同加以严格区分,不仅具有法理与法律实践上的意义,而且也符合我国市场经济条件下新型社会关系建构的基本要求。因为劳动关系具有人身隶属性、组织性与经济性相统一的特点,双方当事人一旦订立劳动合同,劳动者和用工者之间即形成了管理与被管理、劳动力使用权的支配与被支配的法律关系,用工者可以依据内部劳动纪律对劳动者进行约束与管理。如果承认个人之间可以订立劳动合同,则不仅使得劳动关系与民法上的雇佣关系难以区分,而且更重要的是在法律上变相地承认了个人之间的人身隶属与依附关系,这与现代市场经济和民主政治要求,很显然是截然相悖的。因此,从劳资关系的伦理性要求来看,劳动关系具有的人身隶属性特征,其内涵应该是个人对组织的隶属,而不是个人对个人的人

---

　　① 王全兴观点,见湖南大学法学院主办的 2004 年全国劳动法与社会保障法学年会会议简报。

　　② 李坤刚观点,见湖南大学法学院主办的 2004 年全国劳动法与社会保障法学年会会议简报。

身依附与从属。

从劳动者保护的角度说，如果承认劳动用工者可以为个人，则其难以承担起劳动法所要求的劳动安全生产、劳动者社会保障等相关义务。也就是说，劳动法上的用工者不仅是劳动力使用权的平等消费与支配者，而且要对劳动者承担相应的劳动法律义务。这些义务至少包括：遵守劳动基准法的义务，劳动者人身安全和人格尊严的保护义务，劳动者的社会保险与劳动社会保障义务。用工者要承担这些法律义务，就必须具备劳动法规定的劳动条件和劳动保护设施，在内部形成协作分工和共同劳动的生产条件，同时还要使得劳动者享有参加工会等相关权利。这些强制性法律要求的遵守与履行，一般只有具备法定条件的社会组织才能做到。①

对于我国劳动立法将"个体经济组织"规定为劳动用工主体的做法，有学者给予了较为客观而冷峻的批评。他认为，从立法理论来看，尽管我国《民法通则》首创性地规定了具有中国特色民事主体的"个体工商户"概念，但这一概念本身就存在着民事主体制度设计上的缺陷，而"随着独资企业、一人公司制度的设立，'个体工商户'这种中国特色的民事主体是否有存在的必要值得考量"②。从立法实践来看，虽然我国《劳动法》首先将"个体经济组织"一词作为劳动法律关系主体，但立法"对这样的名词没有任何解释，或者说解释更易发生歧义"③。事实

---

①　劳动部、国家工商行政管理局和中国个体劳动者协会于1996年5月4日发布《关于私营企业和个体工商户全面实行劳动合同制度的通知》（劳部发〔1996〕162号）指出：私营企业和请帮手带学徒的个体工商户，均应通过签订劳动合同与劳动者建立劳动关系。这样的规定将"请帮手带学徒的个体工商户"也视为"用人单位"，很显然是不合适的。尽管立法者最初可能是出于保护"劳动者"的善意，但这种将个人作为"用人单位"的规定，不仅有违劳动关系的法律本质，而且从实施实践来看，除了人为增加矛盾和纠纷外，根本不具有实际可操作性。

②　郑尚元：《劳动合同法的制度与理念》，中国政法大学出版社2008年版，第66页。

③　郑尚元：《劳动合同法的制度与理念》，中国政法大学出版社2008年版，第66页。

上,这个名词本身并不是法学用语,而是"经济学界和政府政策中常常出现的表述",除《劳动法》外,其他任何部门立法均未使用这一名词。从法律实施来看,"个体经济组织对于劳动法之遵守可谓最差一族,不论工作时间之遵守,还是最低工资保障之履行、安全卫生职责之承担,乃至社会保险费用之缴纳,个体经济组织作为雇主都是最差的"①。之所以出现这样的情况,根本原因在于"'个体经济组织'这种主体制度的设计上。首先,《民法通则》所设定之个体工商户实际上就是自然人谋生之经济体,都由自然人最后承担责任。其次,《劳动法》将个体经济组织作为'用人单位',其实它根本不具备'单位'属性。而我国《劳动法》所设计的'雇主'是以'单位'为本位设计的,用人单位不符合'单位'的要求时自然会生出规避法律的嫩芽,嫩芽甚至还会茁壮成长"②。这样的认识应该说是很有道理的。

综上分析,虽然我国劳动立法没有明确给出"用人单位"概念,但其基本含义应该是:所谓"用人单位",应当是依法设立,具有合法的劳动用工资格,能够与劳动者缔结劳动契约,对劳动者享有劳动管理权利和承担劳动法律责任的社会组织。

第二节　用人单位义务:责任范围与立法逻辑

对于劳动关系当事人的义务与责任问题,似乎有一个毋庸争辩、不证自明的论断,那就是:用人单位必须要对劳动者承担义务与责

---

① 郑尚元:《劳动合同法的制度与理念》,中国政法大学出版社2008年版,第66页。
② 郑尚元:《劳动合同法的制度与理念》,中国政法大学出版社2008年版,第66页。

任,劳动法的主要任务就是保障劳动者权利,确保用人单位对劳动者承担义务与责任。这种观点和论断在相当大程度上似乎已经成为一种"社会通识"或"共识",以至于每当人们谈论劳动纠纷或争议问题时,大多站在劳动者一边,不假思索地谴责企业缺乏社会责任与"社会良知","无良企业"几乎成为当下社会妖魔化企业的"标配"名词。究其根源,一方面,社会上确实有部分企业无视法律与道德,存在违法丧德、损害劳动者权益的现象,另一方面,用人单位与劳动者之间的权利义务边界,尤其是用人单位对劳动者应当承担的义务与责任范围,在立法与理论上始终没有界清,使得用人单位似乎在理论上、道义上要对劳动者承担"无限责任"。因此,当我们在探讨或思考劳动关系当事人义务与责任担当的时候,确实需要基于理性而非感性、理智而非情绪、中立而非偏颇的立场与态度,思考与研究劳动关系调适,尤其是用人单位义务与责任的范围及立论逻辑,如此方能为劳动立法提供劳动关系当事人和谐共处的规则应然、行为合法、义务确定的判断之道。

一、追寻法律公平与维护劳动力市场的有效调节:对劳动法学传统立论的理论批判

我国的劳动关系究竟是怎样的一种法律关系?国内相当部分劳动法学者,基本上是以"资强劳弱"为立论前提,静态化、观念化、抽象地在理论上假设了"资方"的"强大有力",而劳动者相对于资方处于"弱小无助"的"实力"对比状态;主张劳动立法应基于此而当"抑制与限制资方权利","扩大与保护劳方权利",甚至提出"劳动法就是劳动者保护法"。劳动法学理论如此,劳动立法实践也是循着这条"民间共识"

与"大众思维"逐步走向了极为激进的立法路径,以 2008 年《劳动合同法》为标志,立法以自己特有的自负与蛮横对用人单位权利进行了极大的限制,加大了用人单位的义务承担力度。[①] 而司法实践更是采取了"拉偏架"的做法,基于所谓"同情"劳动者的立场,要求用人单位给予让步,或不问案情是非曲直,进行无原则的调解,使得用人单位在与劳动者的仲裁或诉讼中胜诉率极低。[②] 而与之形成鲜明对比的是,劳动者胜诉率极高。[③]

即使案件事实清晰、是非分明,经过司法机关"案结事了"的"调

---

① 有年轻学者指出,劳动法在法律道路的选择上并没有清晰的认识,其在不强调劳动者和厂商的内部差异性的前提下,为双方预先设定"强与弱"的面具,在"人权保护"等宏大语境下,对弱势一方施加倾斜性保护,进而"使人力资源管理的空间受到了相当程度的压缩,使劳动关系出现了凝固化、书面化、标准化和行政化的特点,用人单位的人力资源管理面临严峻考验"。进言之,我国劳动法将复杂的劳动关系以简单化的方式进行法律的处理,"强制"代替"治理",于是,在劳动法强势的规制性和无助的适用性上,其自负的面孔展示无遗。他指出,劳动立法的法律父爱主义(legal paternalism),也称法律家长制,"是以法律主体弱而愚的假定为基础设计的保护性法律体制",劳动法不加区别地秉承过度的"法律父爱主义",采取"倾斜性保护",只会导致劳动法进入自负与贫困的维谷。参见孔卓然:《劳动法的自负与反思——公司合约(Corporate contract)视角下劳动关系的分析》,http://article. chinalawinfo. com/ArticleHtml/Article_73436. shtml,2018 年 2 月 2 日访问。

② 这一点,无论是从网络报道还是实际生活中的调研报告都能得到证明。比如山东省聊城市 2016 年劳动争议报告就指出,从 2016 年受理劳动人事争议案件情况来看,劳动者胜诉比例较高。2016 年度全市审理劳动仲裁案件中劳动者胜诉率为 52.69%,双方部分胜诉率为 21.75%,用人单位胜诉率为 19.51%。该报告态度鲜明地指出,只要劳动者理性维权并提供充足有力的证据,基本上都能得到仲裁庭的支持。值得注意的是,该报告也承认,尽管劳动者胜诉比例较高,但给劳动人事争议仲裁机构最大的感受是,案件处理难度加大。主要是因为,当事人争议请求事项增加,甚至有的劳动者把仲裁当成了发泄对用人单位不满的一种途径,"漫天要价"和诉求金额较小的情况并存,以市直立案受理的案件为例,其中仲裁请求多于三项的案件占七成以上,劳动者诉求中不合理的成分增多,期望值增大,导致基层调解组织调解难度加大,调解成功率有所下降,增加了调解仲裁机构的工作量,仲裁案件处理日趋复杂化。参见《聊城劳动争议报告:私企易发生争议案件,劳动者胜诉率高》,http://www. dzwww. com/shandong/sdnews/201701/t20170110_15408270. htm,2017 年 12 月 30 日访问。

③ 根据《法制日报》2011 年 5 月 2 日对重庆市第五中级人民法院的劳动争议案件审判的报道,该法院一年来审结的劳动纠纷案件,劳动者胜诉率达 95%。参见 http://www. 360doc. com/content/11/0517/11/1993767_117371068. shtml,2017 年 12 月 30 (转下页)

解",最终也总是劳动者获得实体性的"胜诉"。这使得用人单位无法判断自己的义务责任范围,相当一部分企业感到在劳动关系中事实上承担着对劳动者的无限责任;用人单位对于劳动用工更加谨慎,开始想办法绕开劳动法的规制,寻求在劳动法体制外进行用工的途径与办法,劳务派遣与劳务外包开始兴起;一些用人单位则干脆采取解散企业、关门歇业的办法,不再从事工商业经营。以《劳动合同法》为代表的"激进"与"左倾"的思维和做法,给实体经济和用人单位利益带来的损害和不良影响乃是显而易见的。

应该说,在对待劳动关系上,那些主张限制用人单位权利、扩大用人单位义务与责任范围的观点,大多带有道德情绪以及偏离法学思维的特点,大多站在所谓"同情劳动者"的"道义立场",而不是站在中立客观的角度去思考和研究;同时将社会现实中的劳动关系当事人"社会性力量不均衡",看作是法律上当事人之间的"力量不均衡"。如此等等,不一而足。综观部分劳动法学相关研究成果,在思考和研究劳动法律关系问题时,存在着较为严重的偷换概念、转移论述话语背景以及故意偏离法学与法律的公平正义等问题。

这种立论的基点在于所谓的"资强劳弱"判断,即用人单位相对于劳方而言处于强势地位,资方会利用自身的这一强势地位,使得劳方无法与资方取得"平等"地位,因而劳资双方处于形式平等但实质不平等状态。此外,资方作为劳动力的需求方,与劳方作为劳动力的供给方,

<hr />

(接上页)日访问。浙江省嘉兴市人社局承认,从 2014 年上半年劳动争议仲裁结案情况看,劳动者胜诉或部分胜诉率达 86.3%,企业完全胜诉率仅为 13.7%。参见 http://www.cnjxol.com/xwzx/jxxw/jxshxw/content/2014-08/13/content_3135340.htm,2017 年 12 月 30 日访问。作为发达地区的上海市也是如此,上海市劳动争议仲裁委员会 2004 年的统计数据显示,上海市劳动争议案件中劳动者胜诉比例高于用人单位,劳动者全部请求和部分请求得到支持的比例高达 86%。参见 http://zqb.cyol.com/content/2004-10/30/content_977452.htm,2017 年 12 月 30 日访问。

在劳动力市场普遍存在着劳动力供过于求的情况下，劳方难以取得与资方博弈、抗衡的条件，使得资方可以利用自己的这种"优势地位"，损害劳动者的合法权益。我们说，这种观点如果从经济学、社会学乃至心理学等角度看，或许尚有理论假设与心理推测意义，但从法学与法律判断的基本逻辑角度看，则根本无以立足。

如果从社会普遍性事实角度说，劳资之间存在的这种"社会性力量"对比的不均衡、不对称乃是一种客观事实的话，那么我们恰恰要反过来说，正是劳资之间的不平衡与不对称，方才成就了劳动关系得以形成的现实可能。因为如果劳资双方处于力量完全对等与对称状态，则双方只可能建立起商业性、契约型平权劳务合同关系，而难以建立起隶属性劳动关系。劳动者之所以愿意选择资方，恰恰是因为资方具备强大的资源、平台、资金、品牌、团队、影响力、人脉等条件，可以为自己的技能与才智发挥、能力展示、价值实现等提供良好的外在条件和平台。对于择业劳动者而言，越是强大和"强势"的用人单位，越是自己心仪和愿意入职的对象。试想，哪一个求职劳动者不希望进入最强大、最强势的用人单位，不将去强大的用人单位就业看作自己的入职梦想？又有哪一个劳动者会将处境不好、条件较差、处于"弱势"的资方作为自己理想的用人单位？因此，从双方意思自治的角度说，正是因为有"强势"资方存在，劳动者才有可能放弃自己创业与自谋生路的想法，寻求能够实现自己事业发展与生活理想的用人单位。也就是说，"资强劳弱"并不是劳资双方不平等的根源，恰恰是双方能够建立劳动关系的前提条件。这种"资强劳弱"的社会性力量不均衡作为劳动关系中的现实性存在，只是诱致劳动者能够与之缔结劳动契约的可能性条件，而不是构成劳动立法必须要单方保护或"倾斜保护"劳动者的理由，更不是用人单位必须要承担大于或超过劳动者义务与责任的根据。

从劳动力市场供求关系来看,虽然从经济性假设或理论预设角度来看,劳动力供大于求似乎乃是一种较为常见、发生概率较高的社会现象。但是,这种假设与预设本身,有着与劳动力市场特点完全不相吻合的先天缺陷。比如,其一,这种假设乃是一种静态性而非动态性的假设,即只看到了经济不景气时劳动力供过于求的状况,而没有看到经济扩张时劳动力供不应求的情况;只看到了追逐同一岗位的同质劳动者供过于求,而没有看到复合型、技术型、高素质劳动者的供不应求;等等。其二,这种理论预设只看到了低端劳动力市场的一面,而没有看到劳动力市场的多元性与多样性,即只看到了求职能力相对低下的低层次劳动者供过于求的状况,而没有看到高层次劳动者供不应求的情况;只看到"强势"资方高薪高福利岗位的竞争激烈,而没有看到中小企业的招工困难。其三,只看到了传统行业、标准用工劳动力市场的特点,而没有看到新型业态、新型就业以及灵活就业、灵活用工等劳动力供求的特点。因此,这种假设或预设其实并不符合劳动力市场本身多样性、多变性的特点。

尤为重要的是,即使假定资方能够提供的就业岗位远远不能满足求职大军的需要,即使劳动力供给远远大于需求,但这只是表示劳动力市场供求关系的状况,并不代表资方必然会以此"欺凌"劳动者,损害劳动者权益。劳动力市场供求状况与资方是否以自己的有利条件损害劳动者利益,可以说是"风马牛不相及"的、完全不同的两种情形,我们根本无法从劳动力市场供过于求的状况推断出资方必然以此损害劳动者利益的结论,更无法以此推断出立法必须要限制资方和倾斜保护劳动者的理由。

从纯粹市场选择角度说,劳动力供大于求确实会使资方处于可以在更大范围内遴选理想劳动者的有利地位,由此有可能会使得资方不得不提高招录劳动者的条件,导致劳动者入职门槛提升。但这种情况并不是资方对劳动者利益的损害,而是"水涨船高"的市场供求关系带来的必然结果。换言之,劳动力供过于求的状况,将使得劳动者之间的岗位竞争激烈程度加剧,而这种情况将使那些有可能面临竞岗失利的劳动者切身感受到市场竞争的残酷,但这同样并不意味着资方会对劳动者权利造成侵害。

在网络数据时代,在市场信息相当透明公开、劳动法治已经深入人心的今天,在劳动力市场流动已经成为常态的情况下,尤其是在劳动者已经具备很强的维权意识,并且具备独立创业能力的现实条件下,即使资方想要利用劳动力供过于求的状况来侵害劳动者合法权益,无论在理论上还是实践中均难以实现。因为这种市场领域内的劳资关系,必须要通过市场交易和法律契约等方式才能形成。也就是说,不仅需要双方协商一致,而且需要双方缔结劳动契约,才能真正形成。在我国劳动基准、劳动合同等相关制度已经有明确规定的情况下,资方在市场交易领域,无论占据怎样的优势与有利地位,要想损害劳动者合法权益,已经很难行得通了。

特别重要的是,企业毕竟是从事营利性市场竞争行为的商业主体,相对于劳动者竞岗的单一市场压力而言,企业要面临各种各样的市场风险因素。企业的生存与发展,不仅取决于自身的资金、技术、经营、管理等内部因素,而且取决于国家产业、税收、货币、外贸等政策以及生产经营地的市场环境等外部因素。而市场本身的波动性、周期性与不确定性等,以及无处不在的市场竞争,都有可能使得企业处于极为困难甚至"死亡"的边缘。也就是说,尽管企业与劳动者之间的关系,属于理论上的"铁打的营盘流水的兵",但相对而言,劳动者作为可以"自由"流动的群体,其是否离开企业可以取决于自己的意志。而企业究竟能否成为"铁打的营盘",则不一定取决于企业自身的意志。换言之,尽管劳动者与企业都同样要面对激烈的市场竞争,但企业的生存与竞争压力在某种程度上要远大于劳动者。在无情的市场竞争面前,劳动者与企业究竟谁是弱者,有时候真的难以判断。

特别重要的是,劳动者与企业一样,在现实的市场面前,都有着各自的生存压力与利益考量。劳动者作为劳动力市场的竞争主体,与企业作为商品市场的竞争主体,就私人利益实现的自利本性而言,并没有什么本质区别。法律对于在竞争性市场中寻求生计的劳动关系市场主体,只能采取平等保护与尊重的态度,而不能丧失公平公正的立场,故意保护一方,打压另一方。

这里最关键的问题在于,撇开劳动者进入劳动力市场之初一般均以"强势用人单位"作为自己就业与择业意向,因而"强势用人单位"乃是劳动者自己心仪和自愿的选择不说,同时也撇开用人单位与劳动者相比所具有的社会性、资源性、条件性"强势"乃是劳动者不可改变的客观事实不说,单就这种市场交易中的"强弱对比"本身而言,并不足以构成劳动立法应加大用人单位义务承担或"倾斜保护"劳动者的充分理由。因为在市场交易中,对于交易双方实际存在的所谓"强弱对比",法律作为调整人们行为的社会规则,并不能介入或干预、影响或改变这种客观状态。市场交易原本就是表面平等而实质不平等的当事人之间的相互博弈、互利、妥协和利用,即使按照民商法交易双方"经济人""理性人"的平权主体假设,在实际交易过程中,交易双方也同样存在着信息、知识、见识、能力等方面的"强弱对比"。至于说其他社会关系领域如医患、教育、婚姻等,更非完全"平等一致"。但很显然,对于当事人这种实质性、社会性、自然性的不平等、不对等状态,法律既无可能也无必要进行调整。

应当说,在劳动力市场领域,市场供求关系的波动性决定了在用人单位与劳动者之间,并不存在恒定不变的强弱对比,而是存在着局部性、阶段性、时节性等因供求关系"失衡"带来的相对强弱关系,[①]但这种强弱关系并不足以构成双方法律上责任义务分配失衡或对某一方给予倾斜保护的依据。相反,市场交易的平权特点和"双向选择"的意思自治,恰恰要求法律对双方权利义务分配设计的相对对等与公平。离开了这个前提,双方就失去了缔结劳动契约的可能和基础。因此,在劳动力市场交易领域,那种主张加大对用人单位义务承担和对劳动者给予倾斜保护的传统劳动法理论,只是一种脱离法律平等保护的基本要求,脱离劳动关系双方当事人平权协商与意思自治的基本特点,脱离劳动力市场交易的公平公正基本前提的伪命题,是一种泛道德化、情绪化的理论假设,不能成为劳动立法的理论依据。

二、权利义务平衡:用人单位承担责任的伦理逻辑与立法依据

在如何对待劳动关系,尤其是用人单位对劳动者究竟应承担哪些

① 自 2009 年金融危机开始初步复苏以后,每年特别是在春节前后,劳动力短缺的现象逐渐严重。2013 年全国各地遭遇"用工荒"。有数据显示,2013 年北京市在大多数岗位薪资提高 30%的情况下,仍有近 10 万个岗位在等待回城民工。2016 年广东省人社厅预计,珠三角地区节后短期缺工人数将近 100 万。参见 http://gd.qq.com/original/fqreader/fq20160226.html,2017 年 12 月 31 日访问。2017 年春节假期结束后,全国多地再现"用工荒",各地使出浑身解数吸引人才,"抢人大战"愈演愈烈。根据记者的观察,这种情况是企业焦急,但是应聘者却相对淡定,现在大多都是求职者挑选企业,求职者的观望情绪浓重,签约成功的数量并不多。参见 http://money.163.com/17/0205/18/CCHHOF7V002581PP.html,2017 年 12 月 31 日访问。

义务,以及为何应承担这些义务等问题上,学界需要进行冷峻而理性的思考分析,而不是简单地从"资强劳弱"的人为预设或抽象观念出发,或先入为主地从"保护劳动者"的"同情心"与"圣母情结"出发,无原则地要求劳动立法应加大用人单位义务,故意减轻或"豁免"劳动者义务。实践早已反复证明,由于这种观点和做法无视劳动关系双方的平权与平等关系,无视用人单位与劳动者的劳动契约关系,无视用人单位应有的自主管理权与正当合法权益,因此必然导致劳动者与用人单位之间权利义务分配失衡,导致劳动关系双方的紧张冲突与信任丧失,导致用人单位难以对内进行合法有效的自治管理,以及劳动者与用人单位之间的劳动争议和纠纷增加。其结果必然是在损害用人单位基本权益的同时,损害了劳动关系双方的利益,破坏了劳动关系双方最基本的信任,破坏了劳动关系的和谐和稳定。

前已述及,在现代市场经济条件下,资本与劳动力相互紧密结合乃是企业得以正常运行的前提。而在现代企业制度架构体系中,资本所有者与劳动力所有者已经不是对立的两极,而是按照一定的人力资源管理模式,形成了以企业为利益共同体的科层结构与内部分工关系。组织性、协作性、从属性构成了劳动用工关系的基本特征。[①] 传统劳动法学理论关于劳资不平等、力量不均衡的最大的认识误区和逻辑错误在于,它将用人单位与劳动者割裂开来,将用人单位与劳动者看作是利益相互对立的主体,人为地划定资方与劳方的利益对立关系,撕裂企业组织体内部关系结构,从而在观念与行为导向上人为造成劳资关系的紧张和冲突。这种思想与理论完全不符合劳资关系本质特征和伦理要求,与我国的社会主义国家性质和企业特点严重不相吻合,与我国的和

[①]　对于劳动关系的法律本质,学界的基本共识在于,从属性构成了劳动雇佣关系与民事雇佣关系相区别的最本质特征。

谐社会及法治国家建设目标严重背离,与文明、和谐、平等、公正、敬业、诚信、友善等社会主义核心价值观完全对立,与我国的劳动法治建设任务和要求更是背道而驰。

从我国劳动法治发展历史和建设任务的目标要求来看,劳资对立理论不符合我国劳动法治的历史与现实,不能为我国劳动法治建设提供理论支撑。从我国劳动法治的起步与发展来看,我国现代劳动法治发展的历史起点并不是基于劳资关系对立的基本理论判断,也不是基于劳资关系矛盾激化或紧张冲突的现实压力,而是在我国已经建成的以社会主义公有制为主体的经济体制条件下,在社会主义建设实践已反复证明高度集权计划经济体制窒息企业尤其是国有大中型企业活力,成为社会主义事业发展障碍与羁绊的客观形势下,为了激发企业与劳动者双方的活力,引进市场竞争机制,彻底改变计划经济时代国家对企业和劳动者大包大揽的方式,将企业与劳动者推向市场,以市场优胜劣汰的竞争机制彻底改变"企业吃国家的大锅饭,职工吃企业的大锅饭"的计划经济模式。也就是说,我国劳动立法的历史起点不在于劳资力量不均衡或劳资矛盾激化,相反,恰恰在于政企不分以及国家对企业和劳动者"大包大揽"的行政管理方式窒息了企业活力,在于我国基于对计划经济弊端的深刻反思和市场化改革的社会实践。其理论逻辑在于改革传统计划经济体制对劳动关系的行政化管理以及完全忽视效率与公平的"职工吃企业的大锅饭"的做法,引进市场经济机制,将企业与劳动者推向市场,建构市场化的劳动用工关系与利益分配关系。应该说,市场导向是贯穿我国劳动立法基本走向的一条主线。

我国的经济体制改革既不是走西方完全自由市场经济和私有制占主导地位的"邪路",也不是走集权计划经济体制的"老路",而是社会主义制度的自我完善与发展。劳动法制变革同样既不是在用人单位与劳动者之间制造利益对立关系,在资本与劳动之间制造剥削和冲突关系,更不是回到以政府行政手段管制劳动关系的"两个大锅饭"时代。我国的劳动法治建设乃是以"立法先导"、法治架构的方式,建构起用人单位与劳动者之间的权利义务关系,推进企业内部治理模式、利益分配方式和新型关系结构的确立。这种变革乃是一种"从身份到契约"(梅因语)的社会变迁过程,它以承认企业市场独立地位和自负盈亏经营主体为前提,以确认劳动关系双方当事人合意缔约、设定彼此之间权利义务关系为核心,既承认企业享有对劳动者进行招工用工、管理、考核、分配等自主权利,也承认劳动者享有自主就业择业、薪资福利、休息休假与辞职等权利,从而以法律规则与劳动契约约定确立起平等自愿的劳动用工关系。

我国的劳动法治建设担负着维护劳动关系双方当事人合法权益与推进经济体制改革的双重使命。从劳动管理体制改革角度说,它以法律方式切断了政府对企业劳动用工的行政管制,赋予企业以充分的劳动用工自主权,从而打破政府对劳动用工关系按照身份标准进行的统一行政管理模式,使得企业可以以个性化、平权化的劳动契约和内部管理规章对劳动者进行自主管理。劳动法治建设乃是一个以企业自主管理取代政府行政管制,以市场体制取代计划体制,以契约取代身份,以绩效考核取代"大锅饭"的劳动关系变迁过程。这是新中国成立以来我国劳动关系领域发生的最为深刻的社会变革。

我们说,只有深刻理解和把握我国劳动法治建设的历史起点和改革目标,弄清用人单位承担义务的社会伦理要求和基本逻辑,才能真正科学地归纳和总结用人单位承担义务的基本内容。"资强劳弱"乃是市场经济的一种现实存在,属于社会存在范畴的一种社会经济关系事实。劳动立法不仅不能试图去改变这种社会现实,相反应该在尊重这种社会现实的基础上,根据劳动关系的内在本质要求,制定与形成相应的法律规则,以维护劳动关系得以确立的社会经济关系。

在劳动立法问题上,我们需要抛弃法律工具主义与法律万能论的思维,确立最基本的唯物史观。社会存在决定社会意识,经济基础决定上层建筑,这是最基本的唯物史观,即"以一定的方式进行生产活动的一定的个人,发生一定的社会关系和政治关系"①。劳动关系作为工业化大生产的产物,它是伴随着社会生产力的发展而不断变迁的。劳动立法只能适应社会生产力的变化与需求,顺应社会生产方式的内在要求,而不能试图以立法改变劳资力量对比,改变劳动关系社会现实。对于立法与社会关系之间的相互关系,马克思曾经非常深刻地指出:"其实,只有毫无历史知识的人才不知道:君主们在任何时候都不得不服从经济条件,并且从来不能向经济条件发号施令。无论是政治的立法或市民的立法,都只是表明和记载经济关系的要求而已。"②

我国的劳动立法应回归法律的公平立场,对企业和劳动者实行同等保护。要深刻地认识到,企业乃是社会生产力发展和社会财富创造的重要社会经济组织,是投资者与劳动者实现各自私人利益的重要载体。企业兴旺,则劳资两利;企业败亡,则双方利益无存。劳动立法应维护劳企双方的正当合法权益,维护劳企关系和谐。要做到这一点,就必须坚持立法和法律实施的公平公正,以权利义务相平衡的基本要求确立用人单位与劳动者的法定义务和责任。由于劳动者乃是以个人与个体名义,通过劳动契约方式加入用人单位团队,并以让渡劳动力使用权和一定程度的劳动自主权为与资方缔结契约及形成劳动关系的前提

---

① 〔德〕卡·马克思、弗·恩格斯:《德意志意识形态》,载《马克思恩格斯全集》第3卷,人民出版社2009年版,第28—29页。

② 〔德〕卡·马克思:《哲学的贫困》,载《马克思恩格斯全集》第4卷,人民出版社2012年版,第121—122页。

条件,这使得用人单位可以依据契约和劳动纪律享有对劳动者的工作岗位安排、劳动指挥及日常管理的权利。而由于用人单位享有远大于劳动者的权利,根据权利义务相对应与平衡的原则,用人单位理应对劳动者承担更大的责任与义务。

立法作为调整社会关系与利益关系的规则,它主要通过规则指引、权利明确、义务落实、后果明示等来对人们的意志和行为进行调整。劳动关系作为社会现实的生产关系,劳动立法并不能也不可能改变用人单位与劳动者之间客观存在的现实差别和力量对比。它只能基于劳企关系的本质及其伦理要求,设定双方的权利义务关系,要求用人单位承担起契约伦理、组织伦理和社会伦理责任。

在现代市场经济中,企业乃是一种“契约化”或“合约化”的社会经济组织。投资人采用“股权合约”方式发起设立企业,企业采用“交易合约”方式与其他市场营利主体发生商事关系,采用“劳动合约”方式与劳动者建立劳动关系,由此形成具有不同形式与内涵的法权关系。立法当然应该对市场主体当事人基于市场准则而缔结的“合约”及其法权关系给予保护与肯定,而不是进行不恰当的干预。对于市场主体以契约形成的法权关系,马克思曾经指出:“这种具有契约形式的(不管这种契约是不是用法律固定下来的)法权关系,是一种反映着经济关系的意志关系。这种法权关系或意志关系的内容是由这种经济关系本身决定的。”①

“资强劳弱”作为市场经济中企业与劳动者力量对比的现实存在,劳动立法并不应也不可能改变这种客观的社会关系现实,相反,应在尊重这种社会现实的基础上,设计符合劳动雇佣关系要求的法律制度,维

---

① 〔德〕卡·马克思:《资本论》,载《马克思恩格斯文集》第5卷,人民出版社2009年版,第102页。

护劳企双方的正当合法权益。从劳动就业的动因与客观态势来看,企业与劳动者之间的"合约"在于双方通过市场进行意思表示一致的"双向选择"。"资强",是企业吸引劳动者的前提;"劳强",是劳动者吸引用人单位的前提。在市场经济中,只有那些扛得住市场竞争压力和风险,能够存活并具有发展前景的企业,才能吸引劳动者求职就业。而只有那些才智能力适合于用人单位需要的劳动者,才能找到自己心仪合意的理想工作岗位。

在市场经济中,尤其是在劳动力市场交易中,"资强劳弱"是市场运行的正常状态,是符合经济发展要求的社会客观现实。劳资之间这种根本没有比较意义的所谓劳资力量对比,不能构成劳动立法加大用人单位义务、倾斜保护劳动者的理由。因为"那些决不依个人'意志'为转移的个人的物质生活,即他们的相互制约的生产方式和交往形式,是国家的现实基础,而且在一切还必需有分工和私有制的阶段上,都是完全不依个人的意志为转移的"①。劳动立法对劳企双方权利义务关系的设定,应基于权利义务相平衡与相适应的公平原则,权利大则义务重,权利小则义务轻。由于用人单位在劳动者入职后,享有对劳动者进行岗位安排、工作指挥、组织管理、纪律约束、利益分配等权利,劳动者在报酬收入、晋级加薪、福利待遇等方面均受制于用人单位,因而用人单位在享有远超于劳动者权利的同时,应承担组织体应有的伦理责任与法律义务。

用人单位作为以"人合"与"资合"相统一的社会经济组织,劳动者入职意味着以个体形式加入到了企业组织体中,成为该组织体的内部成员,用人单位即应按照社会组织体的伦理要求,承担起对劳动者的关

① 〔德〕卡・马克思、弗・恩格斯:《德意志意识形态》,载《马克思恩格斯全集》第3卷,人民出版社2009年版,第377页。

怀、照顾与平等对待等组织伦理责任。劳动立法应该基于劳动关系的这一特征,基于用人单位享有远大于劳动者权利从而应承担更大的伦理与法律责任的基本要求,在尊重双方当事人契约"合意"与劳资伦理要求的基础上,准确科学地设计劳资权利义务体系架构。唯其如此,才能做到立法的公平正义与公正合理,才能真正符合劳动关系的内在要求。正如马克思所说的那样,"如果立法不能明文规定什么是合乎伦理的行为,那么它就更不能宣布不合乎伦理的行为为法"①。

用人单位与劳动者之间的关系发生本质变化乃是在劳动者入职之后,劳动者一旦进入用人单位,与用人单位有了实际用工关系,成为用人单位集体协作和分工劳动的团队成员后,双方就不再是民事法律上的平权主体关系,而是劳动法上的身份隶属关系。用人单位获得了对劳动者的劳动力使用权、管理权和指挥权,劳动者应当要按照劳动契约约定和用人单位及其代理人的指令从事相关工作,这使得用人单位在履约阶段与劳动者形成了不平等的劳动法律关系。这种不平等性主要体现为用人单位对劳动者具有多方面的"控制性",从而使劳动者不得不受制于用人单位。

用人单位对劳动者的"控制性"主要体现在以下几个方面:

第一,劳动控制性。即劳动者的工作时间、岗位和工作内容均决定于用人单位。劳动者要按照用人单位的指令和安排从事相应的工作,劳动指挥与协调构成了用人单位的权利,劳动给付构成了劳动者的义务,劳动者服从用人单位的统一指挥和安排从事,成为劳动关系的最显著特征。

第二,经济控制性。即劳动者的工资报酬、福利待遇等均决定和受

---

① 〔德〕卡·马克思:《论离婚法草案》,载《马克思恩格斯全集》第1卷,人民出版社2009年版,第182—185页。

制于用人单位。尽管按照契约约定给付劳动者工资报酬乃是用人单位的义务,但由于劳动者获得的工资、福利等乃是用人单位经营所得的内部分配(初次分配),因而劳动者的报酬待遇往往要取决于用人单位的经营状况和内部分配政策。用人单位有权利根据劳动者的实际工作情况和业绩考核决定劳动者的报酬待遇与收益分配,享有对劳动者经济收入的决定权。

第三,纪律控制性。即用人单位享有依据劳动纪律对劳动者进行管理、考核、奖惩和约束的权利。劳动者接受和遵守用人单位劳动纪律,用人单位依据劳动纪律对劳动者行使管理权,这是双方能够履行劳动合同的前提条件,也是劳动合同与其他民商事合同履行的最大区别。

应该说,劳资双方一旦完成市场交易与订立劳动契约,进入劳动合同的履约阶段,劳动者与用人单位的角色和地位就发生了根本性的变化,由缔约阶段的民事契约主体转化为履约阶段管理与被管理的雇佣关系主体,用人单位依据劳动契约和劳动纪律享有对劳动者的管理权,劳动者则必须要接受和服从用人单位的管理、约束与指挥,按照用人单位的要求和指令从事分工协作劳动。更重要的是,虽然劳资双方均是通过企业平台实现各自的私人利益,但由于用人单位处于主导者与控制者的地位,劳动者处于服从和被管理的状态,且用人单位掌控着劳动者的工作与劳动安排、劳动报酬与福利的考核和核算、劳动者本人的晋升及其他待遇的享有等职场核心利益,从而使得用人单位享有了远比劳动者更大的主导权利与主动性。根据权利义务相对等和相适应的基本原则,用人单位对于已与自己形成劳动关系的劳动者,即在劳动合同履约阶段的劳动者,应承担更大的伦理责任。

前已述及,劳资双方客观存在的社会力量和资源占有对比等形成的所谓"资强劳弱",既是一种不可改变的社会现实,也恰恰是劳资双方能够形成劳动关系的前提条件,这种社会客观存在的"资强劳弱"现实并不是用人单位应该比劳动者承担更多伦理责任的根据,更不是法律应因此而对用人单位给予限制,而给劳动者予以倾斜保护的理由。即是说,我们不能也不可能试图通过立法来改变"资强劳弱"的社会现实,不可能通过人为限制用人单位权利或"倾斜"保护劳动者的方式来改变这种现实。法律作为调整特定当事人或特定社会关系的规则,只有依据和针对特定社会关系的基本特征和内在要求进行立法,才能真正起到规范和调整作用。即对于劳资双方而言,其伦理责任或法律义务承担的依据在于双方之间契约履行或内部关系的特定要求。

由于用人单位享有对劳动的管理权与控制权,劳动者在劳动契约履行过程中的各种活动和利益实现均取决于用人单位,因而用人单位在享有远大于劳动者的权利的情况下,应承担起比劳动者更大的义务与责任,这种义务与责任不是来自于双方客观社会力量的对比,而是来自于双方权利义务关系的相对平衡,这是劳动立法的伦理基础与逻辑前提。

三、诚信义务与契约责任:缔约阶段用人单位
契约伦理责任的承担

不可否认,随着我国市场经济的不断发展,尤其是经济规模不断扩大,经济转型不断推进,信息化时代用工方式日趋灵活,劳动关系呈现出越来越多元与复杂的态势,劳动纠纷与冲突也不断增加。对此,中央文件也确认,"我国正处于经济社会转型时期,劳动关系的主体及其利益诉求越来越多元化,劳动关系矛盾已进入凸显期和多发期,劳动争议案件居高不下,有的地方拖欠农民工工资等损害职工利益的现象仍较突出,集体停工和群体

性事件时有发生,构建和谐劳动关系的任务艰巨繁重"①。

尽管从社会现实看,我国当下的劳动关系矛盾确有其极为复杂的社会因素,而且不同劳动关系的矛盾及其产生原因也不尽相同。但是,无论是在理论界,还是在立法实践部门,对劳动关系本质的认识误区太多,定性错误,思考不清,尤其是至今都没有能够精准界分劳动关系双方当事人之间的权利义务边界及其范围,这也是导致实践中双方矛盾"剪不断、理还乱"的重要因素。

法律思维最大的特点在于注重当事人权利义务的平衡。用人单位与劳动者是劳动法律关系中的当事人双方,特定用人单位与特定劳动者之间并不存在"天然"的劳动关系,双方是通过劳动力市场的"双向选择",相互认可、意思自治地通过缔结劳动契约的方式确立彼此间的权利义务内容,以此形成特定的劳动法律关系。从法律角度说,劳资双方形成劳动关系的过程分为两个彼此不可分离同时性质又截然不同的阶段:在市场领域,双方通过平等协商缔结劳动契约阶段;在生产领域,双方通过人身隶属形成劳动关系阶段。用人单位在这两个不同的阶段,承担着不同的法律义务与责任。

我们知道,法律公平在于通过确认主体人格、资格平等,通过尊重当事人意思自治、自由选择和诚实信用等方式实现交易各方的"形式正义"。也就是说,只要当事人在交易过程中做到了相互尊重与协商,没有欺诈、胁迫、乘人之危等情形,通过意思自治缔结了交易契约,这种契约本身就被法律承认为实现了双方的"公平正义",法律就承认这种契约的约束力和法律效力。而对于缔约当事人之间客观存在的实质性、社会性不平等问题,这原本就是客观存在的社会关系与社会现实,

---

① 《中共中央国务院关于构建和谐劳动关系的意见(2015 年 3 月 21 日)》,《人民日报》2015 年 4 月 9 日第 1 版。

法律只能在尊重这种社会客观存在与现实的前提下,设定当事人交易与交往的基本准则和规则,而不能试图去改变这种社会关系现实。

就市场交易而言,劳动者作为劳动力的提供者,其交易对象为某一行业或领域的企业用工需求者。而企业作为商品生产与销售的经营者,其交易对象则为该市场领域的上下游经营者以及社会消费者。两者之间最大的区别在于:劳动者与企业双方以市场交易和劳动契约为手段或途径,最终形成"紧密型"隶属关系。双方完成市场交易,形成劳动关系后,劳动者即成为"内部人",成为企业员工或组织体成员。而企业与其他市场经营者,则属于普通的外部市场交易,除非双方有特殊约定(如合并、兼并、联营等),一般不会形成内部法律关系。

在劳动合同缔结的市场交易领域,用人单位与劳动者乃是平权市场主体,劳动雇佣契约与民事雇佣契约其实在法律上并没有多少本质的区别,正如马克思批判性地认识到的那样,"劳动力所有者与货币所有者在市场上相遇,彼此作为身份平等的商品所有者发生关系,所不同的只是一个是买者,一个是卖者,因此双方是在法律上平等的人"[1]。用人单位与劳动者均应按照合同缔约的法律要求,遵循诚实信用、公平合理、意思自治等基本准则,双方在这一阶段承担的乃是合同义务与契约伦理责任。

因此,劳动者与用人单位在劳动力交易阶段,即在双方缔结劳动契约的谈判阶段,用人单位对劳动者承担的乃是契约伦理义务,即按照市场交易准则,按照法律要求的规则,遵守诚实信用、意思自治、平等协商、等价交换等契约伦理。而劳动者作为与用人单位同等的民事平权主体,当然要与用人单位承担同样的市场契约伦理责任。换言之,单就

---

① 〔德〕卡·马克思:《资本论》,载《马克思恩格斯文集》第5卷,人民出版社2009年版,第190页。

用人单位与劳动者而言,在市场交易阶段,从劳企双方的法律平权属性与市场公平交易要求来看,用人单位应承担与劳动者大致同等的伦理责任,并不需要承担比劳动者更多的法律义务。

正因为劳动关系双方在市场交易领域存在着平等协商的缔约关系,因而对于双方而言,均应承担契约上的法律义务,用人单位应承担提供真实的招工与岗位用工信息,如实告知劳动者工作内容、工作地点、工作条件、薪资报酬、福利待遇等与劳动者切身利益紧密相关的具体情况的义务,不得以欺诈、胁迫等手段与劳动者缔结劳动契约。同时,应按照诚信原则履行约定,安排劳动者入职上岗,给予劳动者约定的就业岗位,并按照约定足额及时地支付劳动者薪资,与劳动者形成劳动关系。

可见,在劳动力市场交易领域,用人单位与劳动者乃是处于民事平权主体状态,双方在市场缔约阶段形成的乃是民事法律关系,双方缔结的劳动合同尽管与一般交易性质的民事合同有着诸多重大区别,但只有劳动者实际入职,与用人单位有了实际用工关系,才能表明劳动关系的正式确立。因而,劳动合同缔结只是表明了双方愿意形成劳动雇佣关系的意向与约定,并不代表双方已经形成了劳动关系,用人单位在缔约阶段只对劳动者承担合同法上或民法上的义务,遵循的是一种契约伦理责任,而不是承担劳动法上的义务。

四、保护责任与照顾义务:履约阶段用人单位
对内伦理责任的承担

用人单位在劳动者入职并与之形成劳动雇佣和用工关系后,即拥有了对劳动者的管理权和控制权,劳动者相对于用人单位而言处于被管理与隶属状态。从双方利益关系角度说,劳动者的利益实现必须受

制于用人单位,因为尽管每个劳动者需要独立完成自己分内的工作,独立履行岗位职责,但劳动者的这种劳动不是以自己的名义和为自己的利益去完成的,而是要听从用人单位指挥完成用人单位的协作劳动。每个劳动者的个别劳动构成了用人单位整体劳动的一部分,劳动者的工作成果也归属于用人单位,这使得劳动者与用人单位存在着不可分离的人格和身份隶属关系。对于劳动者而言,在不同用人单位入职,绝不仅仅意味着劳动者可以获得不同的工资收入报酬与福利待遇;劳动者选择不同行业的用人单位,就是选择了不同的职业、人生道路与发展未来。在现代社会,尤其是在中国现有体制下,用人单位对于劳动者而言有着极为特殊的意义,从某种角度说,用人单位表征着劳动者在社会中的身份、阶层、地位与声誉,劳动者在不同用人单位入职即意味着其拥有了不同的人生进阶,拥有了人生价值与技能发挥的不同舞台,拥有了因职业和行业划分而形成的不同社会地位与社会分层、不同人际关系交往与社会生活。

劳动合同履约阶段或者说劳动关系正式确立后的双方当事人,已经形成了特定的社会伦理关系。这种伦理关系有以下一些区别于其他社会关系的特点。

其一,劳动者对于用人单位的身份依附性。劳动者入职用人单位后即成为用人单位的员工或组织体成员,成为特定用人单位的“内部人”,由此就必然打上了用人单位的特定身份烙印,劳动者履行劳动合同规定的工作职责行为就不再是个人行为,而是代表用人单位的职务行为。对于劳动者而言,用人单位不仅成为劳动者的行业与职业身份识别符号,而且成为劳动者对外交往与同业认同、同事认同以及特定社会阶层、社会评价和社会地位的身份判别符号。即是说,劳动者入职后,实质上就由个体人、自然人转化为“单位人”“职业人”,就以单位名义从事职场工作与对外交往,劳动者的履职行为就成为单位行为,因而用人单位应对劳动者的履职行为承担后果与责任。

其二,用人单位对劳动者的组织控制性。用人单位作为特定的经济组织与社会组织,劳动者入职不同的用人单位,即是以劳动契约方式加入特定的行业组织、工作团队与人际关系范围。而任何组织要想维持自身的正常运行,就必须要以合法、合规、合理的组织体规则——组织纪律,规范组织体成员的工作、分配、奖惩与内部交往,将组织体成员的行为约束与控制在内部规则范围内。现代工业化、信息化、专业化大生产和精细的岗位分工,尤其需要用人单位形成科学严谨的工作规程、绩效考核与奖惩办法,以激励员工,奖勤罚懒,维护生产与工作秩序,确保组织团队能够正常运行。因此,只要劳动者入职用人单位,就要接受用人单位管理和考核,用人单位可以依据劳动契约与本单位组织体内部规则(劳动纪律与单位规章制度)对劳动者行使管理权、分配权和奖惩权,以此形成对劳动者的组织控制。

其三,劳动者与用人单位的"利益连带性"。用人单位是"资合"与"人合"相统一的营利性社会经济组织,不可否认,用人单位录用劳动者与劳动者入职用人单位是一种"双向选择",经济互利性构成了双方"双向选择"的重要动因。尽管从双方利益趋向的"自利性"角度说,用人单位的利润最大化与劳动者的报酬收入最大化之间确实存在着财务和利益核算上的"对立性"与"矛盾性"。但是这种"矛盾"乃是用人单位集体劳动成果的内部分配问题,本质上乃是企业与员工之间对于效率和公平的权衡与取舍问题,而不是用人单位与劳动者之间的根本利益冲突。即用人单位如果留取的利润较大,则有利于企业扩大再生产、提升技术与改进生产条件,从而提升企业生产规模与效率。做大蛋糕,有利于员工今后更好的分配,但会在短期内减损员工收入与福利,伤及员工现实利益。而用人单位如果减少利润留成,增加劳动者收入,则可激发员工积极性,增强其获得感与归属感,但利润减少则会影响企业的可持续发展,这就决定了企业利润留成与劳动者收入之间存在着企业可分配收入的具体"切割"问题。

无论用人单位与劳动者之间如何就企业可支配收入进行分配切割,有一个不可否认的事实就是:企业乃是用人单位经营管理者与劳动者共同拥有的经济组织体形式和利益共同体平台,企业可分配收入来自于用人单位经营管理者与劳动者的共同创造,用人单位利润与劳动者收入均来自双方的共同创收,属于共同创收成果的内部分配。对于劳企双方而言,企业是承载劳企双方利益实现的经济组织平台,劳企之间实质上存在着"相互依存、荣损与共、互利共赢"的利益攸关关系。而劳动者作为用人单位员工,其劳动与工作成果、收益、后果等均由用人单位享有或承担,劳动者与用人单位之间始终存在着密不可分的"利益连带关系"。

用人单位由此必须要对劳动者承担起社会组织体应有的伦理责任,即对劳动者的照顾与关怀责任。这种照顾与关怀责任至少包含以下几个相互联系的部分。

其一,人身权保障。即用人单位应尊重和保护劳动者的人格尊严、人身健康与安全,为劳动者提供符合安全卫生要求的工作环境和条件,保护劳动者隐私不受侵犯,[①]确保劳动者能够在符合健康安全标准的

---

① 对劳动者的人身权、隐私权等权利保障,究竟是雇主的主义务还是附随义务,不同国家的立法对此似乎有着不同的理解与规定。如德国立法将此规定为法定附随义务,要求雇主有义务根据在工作中会影响到雇员健康和安全的环境,采取必要的措施保护雇员的安全与健康。参见〔德〕曼弗雷德·魏斯、马琳·施米特:《德国劳动法与劳资关系》,倪斐译,商务印书馆2012年版,第98页。而意大利立法则将此规定为雇主的主义务。参见〔意〕T. 特雷乌:《意大利劳动法与劳资关系》,刘艺工、刘吉明译,商务印书馆2012年版,第70—71页。

条件下工作,做到安全生产、"体面"劳动。因此,维护劳动者人格尊严和健康安全,这是用人单位必须要承担的首要责任。

其二,报酬权保障。毫无疑问,就业是劳动者谋生的途径,通过就业获取工资报酬乃是劳动者最为关注的切身利益,构成了就业劳动者的首要"人权"。尽管用人单位可以依据劳动契约与内部规章对劳动者进行工作业绩和实际贡献的考核,并以此确定劳动者可以最终获取的报酬待遇,但劳动者的报酬待遇一旦确定,用人单位就必须要按时按约足额予以兑现。由于工资报酬乃是劳动者维系本人及家庭生存的主要经济来源,因此用人单位一旦与缔约劳动者约定了工资报酬,这种约定就构成了用人单位特殊工资债务,用人单位必须要按照约定足额按时支付。劳动者享有的这种工资债权取决于双方约定,而不取决于用人单位的盈利状况。即使用人单位资不抵债,经营难以为继导致破产等,劳动者工资报酬也应享有优位受偿权。

其三,平等权保障。入职劳动者作为用人单位员工,应该享有各项平等权利,包括晋级、加薪、升职、培训、进修、福利、知情、发言等正当权利。尽管从法律角度说,由于用人单位享有对劳动者的管理与指挥权,劳动者对用人单位存在着隶属与依附关系,因此劳动者在用人单位究竟是否享有以及如何享有平等权的问题,成为理论上难以界清、实践中难以操作的问题。① 但从劳动者与用人单位组织体的内在关系来看,用人单位应给予每个组织体成员——劳动者以享有公平的、无差别的非歧视待遇,给予每个劳动者按照本单位成文规定、不成文惯例与通行

---

① 对雇主要求给予雇员平等权,应当说是近年来各国劳动立法的基本共性趋向,而对于劳动者平等权问题,主要区别不在于对平等权内涵的理解不同,而在于适用范围的不同。德国立法主张同一雇主应给予不同雇佣与合同形式的劳动者以一视同仁的平等权。参见〔德〕曼弗雷德·魏斯、马琳·施米特:《德国劳动法与劳资关系》,倪斐译,商务印书馆2012年版,第54、58页。

做法应享有的各项待遇与公平机会,照顾到每个劳动者的实际利益。

其四,附随义务。用人单位对劳动者承担的附随义务至少包括:

1. 雇主替代赔偿义务。尽管每个劳动者必须要独立完成岗位职责工作,但这种工作的成果归属于用人单位,行为后果也由用人单位承受。即从劳动者劳动的法律性质角度说,劳动者不是以自己的名义从事工作劳动,而是以用人单位的名义从事岗位分工劳动。基于劳动者与用人单位的劳动关系以及劳动者劳动的法律性质,用人单位应对劳动者因履职行为对第三方当事人造成的侵权行为承担雇主替代赔偿责任。

2. 及时通知义务。由于劳动者履约具有亲自履行、协作履行等特点,且这种履约又受制于用人单位,因而用人单位应及时告知劳动者工作的性质、时间、地点、内容和要求等,而且应将加班要求、调岗调薪、休息休假、单位规章、薪酬待遇、考核要求等及时告知。如果与劳动者解除劳动合同,应将解除事实、理由、救济程序等告知劳动者。

3. 建档义务。由于用人单位对劳动者实行集体劳动的组织化管理,这种劳动用工管理乃是对劳动者在本单位工作过程或历程的管理。劳动者在用人单位的工作情况构成了劳动者的工作资历,因而用人单位应当要为劳动者建立并保管用工档案,记录劳动者在这段时期的工作表现、绩效考核、晋级加薪以及提职奖惩等情况。这种劳动关系档案不仅构成了劳动者工作的证明材料,而且也是劳动者以后求职或享受相关政策待遇的证明材料。这些材料对于劳动者而言,其重要性不言而喻。① 因此,用人单位在劳动者工作期间,应承担起对劳动者工作档

---

① 意大利立法对雇主应承担的与劳动者工卡(工作证)相关的责任进行了较为详细的规定,这种较为精细的规定比较符合劳动雇佣的特点和要求。参见〔意〕T. 特雷乌:《意大利劳动法与劳资关系》,刘艺工、刘吉明译,商务印书馆2012年版,第72页。

案进行收集、整理和保管的责任。

4. 协助义务。用人单位在劳动者在职期间,应当协助劳动者办理各种社会保险手续及缴费、需要由单位出具的证明材料(如买房按揭贷款需要的收入证明手续等)。劳动者如果离开用人单位,用人单位应为劳动者出具包括解除或者终止劳动合同的证明、办理档案和社会保险关系转移手续所需证明等相关材料。

五、结　语

用人单位的义务承担问题乃是劳动法理论与实践必须要面对的重要问题,对这一问题的思考既不应基于对劳动者"弱势"的简单理论预设与道德同情的朴实情感,更不应以扭曲劳动关系运行的立法思维和方式来试图改变"资强劳弱"的客观现实。如果那样的话,除了人为挑起和激化劳企矛盾外,会"经常发现法律在世界'硬绷绷的东西'上碰得头破血流"[①]。从社会力量对比角度说,"资强劳弱"确实是一种社会现实存在,但这种现实乃是劳企双方得以形成劳动关系的重要社会条件,并不意味着劳动者权益因此而必然受到侵犯,劳动立法不能因此客观现实存在而通过加大用人单位义务承担、倾斜保护劳动者的方式来改变劳企间力量对比,实现双方的"力量均衡"。

由于劳动关系乃是劳企双方通过契约"合意"形成的劳动雇佣关系,立法对劳动者的保护主要应通过设定劳动基准制度,保障劳动者的工资、休息和安全卫生等基本人权。对于劳企双方在履行劳动合同过程中的劳动关系,立法要做到既保护劳动者的正当合法权益,要求用人

---

① 〔德〕卡·马克思、弗·恩格斯:《德意志意识形态》,载《马克思恩格斯全集》第3卷,人民出版社2002年版,第379页。

单位承担起严格履约和照顾义务,也尊重用人单位的劳动用工自主权,按照劳动关系伦理的基本要求,设定双方的权利义务关系,确保劳企双方在伦理与法律规则内运行。由于用人单位在劳动关系确立、劳动合同履行过程中享有对劳动者的管理权、决定权与控制权,因而劳动立法应根据权利义务相统一与平衡的原则,要求用人单位承担起更大的法律责任与义务,对劳动者给予照顾与关怀。但立法同样不能对劳动关系运行介入太深,干预过多,不能以法律手段压缩劳企自治与企业用工管理自主权的行使空间,不能以法律运行代替市场机制。法律作为公道中立的社会关系调整手段,只能基于保护劳企双方合法权益的立场,设计符合劳动关系和谐与自主运行的行为和利益调整规则,做到既遏制用人单位违法丧德、侵犯劳动者合法权益的行为,也惩戒劳动者违约违法、损害用人单位利益的行为,从而将劳企双方行为均控制在良法之治的法治轨道内,确保劳动关系和谐有序运行。

第四章
当代中国劳资伦理主体：
劳动者及其义务范围[*]

与劳动法上的用人单位具有多重社会关系属性和法律属性一样，劳动法上的劳动者也有着多重社会身份、角色与法律属性。劳动者作为自然人与社会人的统一，在不同的社会关系与社会交往中要按照其身份、角色，承担不同的社会伦理责任。

法律作为对社会主体的行为、利益、社会关系等进行调整与规范的基本准则，其基本内容乃是对需要上升到公意和统治阶级意志的社会伦理、道德准则、公序良俗、价值观念等加以明确化、普遍化与规范化。法律不能脱离社会的基本价值观与伦理准则，劳动法作为调整劳资双方行为与利益关系的法律，同样需要劳资双方恪守社会伦理基本要求。对于劳动者而言，其作为用人单位组织体团队成员，作为参与用人单位内部劳动分工与协作的员工，既要承担契约约定的以劳动给付为履行义务的合同责任，也要在享有以此获取用人单位薪资给付的同时，按照忠实、勤勉、敬业等伦理要求，承担起劳动法上的基本义务。

---

　　* 本章三节初稿均由课题组成员南京审计大学法学院讲师李亘提供，收录进本书时由秦国荣对部分文字进行了修改。第一节前的文字由秦国荣撰写。

第一节　劳动者忠实义务的制度发展与历史变迁

近年来，随着我国劳动关系日趋成熟化和劳动法学科不断发展，劳动者忠实义务的存在及其价值已经得到我国劳动法学界的普遍认可。目前，不仅在学界已有诸多学者对劳动者忠实义务展开研究，并取得了一定的成果，[1]而且在实践中，司法机关也开始在审理劳动案件时将劳动者忠实义务作为一项重要的裁判理由和依据加以运用。[2]然而随着劳动者忠实义务研究和运用的不断深化，我国劳动法学科理论研究相对贫乏的弱点逐渐暴露出来。[3]由于我国此前长期缺乏对劳动者忠实义务基础理论的研究，即便有学者论及，也只是零散论述而无系统性深入研究，这就造成之后的学者在研究劳动者忠实义务时，既要面对诸多理论挑战，又无司法判例或立法例可借鉴，以至于当前我国有关劳动者忠实义务的研究成果大多是对前人为数不多的相关研究成果进行梳

---

[1]　近年来劳动法学界关于劳动者忠实义务的科研成果中较具代表性的成果主要有潘峰：《劳动合同附随义务研究》，中国法制出版社 2010 年版；许建宇：《劳动者忠实义务论》，《清华法学》2014 年第 6 期；等等。

[2]　从对近年来劳动纠纷案例的梳理中可以看出，越来越多的法院判决书中开始出现对劳动者忠实义务进行考量判别的话语，劳动者忠实义务逐渐成为法院判决劳动案件的一个重要裁判依据和理由。其中较具代表性的有入选"2013 年上海法院百例精品案"的"上海红京印实业有限公司诉吴常根案"等。

[3]　对我国劳动法学科理论研究的现状，曾有学者给出过精辟的描述："自我国于 20世纪 90 年代初步入社会主义市场经济的新阶段以后，劳动法学科开始逐步抛弃计划经济时代的一些传统理论和观点。但令人遗憾的是，我国劳动法学界并没有形成属于自己独有的理论范畴和创新的理论体系，除了反复提及的'弱者理论'和'倾斜保护'思想外，几乎拿不出其他像样的成熟理论和学说。"参见许建宇：《劳动者忠实义务论》，《清华法学》2014年第 6 期。

理、归纳和总结，并在此基础上做一些延展性的探讨而已。

劳动者忠实义务源于人们对劳动关系人身属性特征的发现，伴随着雇主的照顾义务而产生。劳动者忠实义务并非静态的、抽象的、单个的义务概念，而是一个灵活多变的义务群。随着人身属性在劳动关系判定中所占比重的不断变化，劳动者忠实义务要求的数量和种类也在改变。德国在魏玛政府时期对劳动者忠实义务的要求达到巅峰，但后来由于纳粹政府对此滥用招致广泛的批评与反思而走下"神坛"，之后又被立法重新纳入劳动合同框架，并在日后的发展中逐渐衍生出以竞业禁止义务、内部劝解义务和保密义务等为代表的众多具体义务。此外，并非任何劳动者有损雇主利益的行为都将导致对忠实义务的违反，在诉讼程序、社会活动以及公共利益保护中劳动者将得到忠实义务的豁免。

关于劳动者忠实义务的准确定位、法律边界、义务背后的公私利益协调、法律救济等诸多问题，我国学界的相关研究仅仅是提供了一些粗线条的设想或思路，而没能提供更为具体的解决方案和完善对策。与此同时，理论研究的欠缺也导致司法机关在实践中援引劳动者忠实义务时只是从民法的角度对其进行阐释，未能体现出劳动者忠实义务背后的劳动法价值理念。因此，在国内研究成果匮乏、基础理论存在大量空白的情况下，参照域外的相关经验并对其进行选择性的借鉴和吸收，无疑是我国在劳动者忠实义务理论研究和制度构建中一个行之有效的应对方法。为此，鉴于德国劳动者忠实义务的理论与实践有着悠久的发展历史，对德国劳动者忠实义务理论基础、发展脉络以及衍生义务等情况进行梳理和研究，可以为我国劳动者忠实义务的学术研究与应用提供有益的参考。

一、劳动者忠实义务内涵及其在德国的历史演变

作为欧洲成文立法国家,德国劳动法发展得相对较为成熟,但劳动者忠实义务其实并没有确切的成文法基础,如果非要为其寻求一个成文法基础的话,德国一些学者认为,《民法典》第 242 条中对合同一般性原则的规定"合同的内容不仅应包含合同双方的主给付义务,还应包含确保合同双方能够以忠实、诚信的方式履行合同的附随义务",可以勉强被认为是劳动者忠实义务的成文法基础。[1] 虽然如今随着学者研究的不断深入以及法院在裁判过程中的运用和探索,劳动者忠实义务的内涵早已远远超出了这种一般的契约模式,但《民法典》的此条规定仍对此后认为劳动者忠实义务乃是"蕴含于劳动关系之中,确保劳动关系双方忠实履行劳动合同的一种附随义务"的观点产生了重要的影响。

劳动者忠实义务真正意义上的出现始于人们对"劳动关系不同于其他合同关系,具有强烈人身属性"的设想。自从 1944 年第 26 届国际劳工大会在美国费城通过的《关于国际劳工组织的目标和宗旨的宣言》宣称"劳动者不是商品"之后,人们逐渐开始意识到劳动关系不同于一般的契约买卖关系。虽然劳动者向雇主出卖的并非劳动者本身,但由于劳动力与劳动者无法分离的特性,劳动者在向雇主履行劳动义务的同时,其人身不可避免地也成为劳动关系的一部分,这就赋予了劳动关系不同于其他契约关系的强烈的人身属性。而这种人身属性也直接导致了立法规定雇主对劳动者有着特殊的照顾义务,这一规定日后逐渐发展成为一项重要的法律原则。

根据这一原则的要求,雇主在劳动关系存续期间必须保证劳动者

---

[1]　Manfred Weiss, *Labour Law and Industrial Relations in German*, 2nd ed., London: Kluwer Law International, 1995, p. 68.

免于遭受因工作而带来的伤害。据此,雇主有义务为劳动者提供一个安全的工作场所,为劳动者提供避免出现工作事故的信息和方法的指导,确保公司内部公平的工作环境以及在做出重大决策时必须将劳动者的意见考虑其中,等等。而面对雇主承担的诸多照顾义务,根据权利义务相对应的原则,立法者也开始要求劳动者必须承担等同于雇主照顾义务的忠实义务,具体而言即"劳动者应以相当于雇主对劳动者的保护程度,在劳动过程中对雇主的利益进行忠实的保护,禁止做出损害雇主利益的事宜"①。

与雇主的照顾义务相同,劳动者忠实义务并非单独的义务个体,而是由多个义务类型组成的义务群。但这个义务群并非静态的,相反,它具有极强的多样性和灵活性。随着历史的不断发展,劳动者忠实义务的类型有着显著的变化。而影响劳动者忠实义务类型变化的关键性因素则在于立法者对劳动关系人身属性的重视程度,立法者越重视劳动关系的人身属性,则越多的义务类型将被纳入雇主的照顾义务和劳动者的忠实义务之中。这一趋势在德国魏玛政府时期发展到了顶峰,以至于人身属性在当时一度被认为是劳动关系最主要的特征。② 但这种现象却在之后的纳粹政府时期被错误地滥用了。当时纳粹政府宣称契约精神乃是个人主义的产物,其存在将不利于德国人民专注于整体的团结。③ 但是对于劳动者忠实义务,纳粹政府却发现了其与自己宣称的对元首个人崇拜、忠诚元首等政治主张相契合的可能性,因而对其大肆宣扬并将其作为塑造新型劳动关系的基础。在这种背景下,契约要

---

① Manfred Weiss, *Labour Law and Industrial Relations in German*, 2nd ed., London: Kluwer Law International, 1995, p. 71.

② Walter Kaskel/Hermann Dersch, *Arbeisrecht*, 4th ed., Berlin: Springer-Verlag, 1932, S. 137.

③ Wolfgang Siebert, *Das Arbeitsverhaltnis in der Ordnung der National*, Berlin: Springer-Verlag, 1935, S. 82.

素对于劳动关系的作用变得微乎其微。而当时的法院在审理劳动案件时，也利用对劳动者忠实义务与雇主的照顾义务的夸大和曲解，做出各种契合纳粹政府意志的判决。[1]

正是纳粹政府对劳动者忠实义务的这种滥用，引发了"二战"之后德国劳动法学界激烈的大讨论。讨论的最初起因在于，纳粹政府被推翻之后，德国的劳动法学界发起了一场将契约要素重新恢复为劳动关系基础要素以及强调个人自治的复兴运动。而这场"契约复兴运动"带来的直接影响就是对于劳动关系的人身属性以及劳动者忠实义务的冲击。人身属性是否仍应是劳动关系的核心要素，其与契约要素究竟谁是劳动关系的首要因素，迅速成了劳动法学界争论的焦点。[2] 对此，一些劳动法学者仍然将劳动关系比作婚姻关系，认为人身属性以及劳动关系双方的照顾和忠实义务仍应是劳动关系的核心和基石。然而，受到纳粹时期阴影的影响，主流观点却并不赞成这种看法。德国劳动法学界的主流观点认为，虽然不可否认劳动关系仍然具有强烈的人身属性，但是人身属性已不再是劳动关系的核心要素，同样也不再是所有劳动者义务产生的本源。[3] 与此同时，劳动者忠实义务在实践中还受到德国《宪法》所规定的基本权利的制约。根据德国法学界通说，《宪法》规定的基本权利乃是整个社会法律关系的基本价值准则，自然也是劳动关系必须遵循的价值准则。因此，在理解和运用劳动法各项具体制度和权利义务时，除非《宪法》有特别的规定，否则不得违背《宪法》规定的基本权利。

总之，在如今的德国劳动法学界，劳动者忠实义务已经走下了此前

---

① Bernd Rüthers, „ Zum Wandel der Privatrechtsordnung im Nationalsozialismus", *Motive Texte Materialien*, 1968－63－3, S. 491－493.

② Thomas Ramm, „Das Arbeitsverhaltnis Als Austachs-und Gemeinschaftsverhaltnis", *Juristenzeitung*, 1968－14, S. 479－480.

③ Nils Schwerdtner, *Forsorgetheorie und Entgelttheorie im Recht der Arbeitsbeziehun*, Wiesbaden: Gabler Verlag, 1970, S. 31,66,79.

"无所不能"的神坛,不再是所有劳动者义务的本源,而在很大程度上被重新融入一般的合同框架,成为劳动合同中众多附随义务中的一部分,并在实践中逐渐衍生为三项具体义务:竞业禁止义务、内部劝解义务和保密义务。

二、劳动者忠实义务下的竞业禁止义务

(一) 法定竞业禁止义务

　　劳动者忠实义务在劳动关系中最初运用的领域乃是劳资双方的竞争领域。鉴于实践中销售员往往代表雇主在外独立从事销售工作,拥有极大的自由空间,其对于雇主的忠实程度将直接决定雇主的利益能否得到有效的保护。因此,立法对于销售员的忠实义务要求也普遍高于其他类型的劳动者。为此,德国《商法典》(以下简称《商法典》)专门在第 60 条规定:"除非得到雇主的允许,否则销售员在劳动关系存续期间禁止参与任何与雇主形成竞争的活动。"

　　不过劳动者忠实义务的契约属性决定了《商法典》的这一规定并非法律的强制性规定,雇主有权允许其销售员豁免此项义务。原则上,雇主的授权必须以明示的方式做出。不过也存在例外,如果雇主在雇佣该销售员时便明知其正在从事与自己有竞争性的活动,并且在劳动合同中未明确要求该销售员放弃这一竞争性行为,那么此时法律将推定雇主已经以默认的方式授权了销售员竞业禁止义务的免除(《商法典》第 60 条第 2 款)。同样的情形也适用于,雇主明知已雇佣的销售员在实施竞争性行为,但却并未提出异议的情况。

　　当然,雇主对销售员从事竞争性行为的禁止并非毫无限制。为了

防止销售员的合法利益受到雇主的侵害，立法同样规定销售员的竞业禁止义务仅适用于与雇主同一行业的范围。当销售员在不影响本职工作的前提下，从事雇主所经营行业之外的活动或在雇主所经营的行业中从事与雇主无竞争性的工作（例如在竞争对手公司担当门卫）时，立法均对其不加限制。

一旦销售员违反了《商法典》第 60 条的竞业禁止义务，《商法典》第 61 条则为雇主提供了两种惩罚措施：第一，雇主有权要求违反竞业禁止的销售员赔偿自己受到的损失；第二，雇主有权要求代替销售员在其与第三方所达成的销售合同中的位置，与第三方继续履行合同。但如果此时销售员与第三方达成的合同已经履行完毕，那么雇主则有权要求销售员归还在此合同中获得的利润。至于销售员的竞业行为是否进而导致自己会被雇主解雇，立法则无明确的规定，需要雇主自己视具体情况而定。

除此以外，对于销售员的预备性竞争行为是否违反竞业禁止义务的问题，通说认为，由于预备行为通常无法明确表示出行为人的主观意图，因此一般情况下，销售员的预备性竞争行为并不会被法律所禁止，但已经影响到雇主利益的预备行为除外。而对于究竟什么样的预备行为会影响到雇主利益，立法对此并没有准确的界定，实践中需要根据具体的不同情况而定。不过在以往的判例中，销售员租赁场所、招聘员工、登记公司以及订立特许经营合同等预备行为都不会被法院认定为竞争性行为。但是如果销售员被发现有尝试招揽雇主客户的行为，那么他将被认为已经影响到了雇主的实质利益，从而极有可能会被认定为违反了竞业禁止的规定。不过，实践中认定一个行为是否属于招揽客户并非像看起来的那么简单。其原因在于，根据法院以往的判决，销售员有权在销售过程中向雇主的潜在客户宣传自己未来的销售计划和规划。那么问题在于,实践中对于销售员向客户宣传未来的销售计划或规划时,究竟是在为雇主发展客户,还是为自己招揽客户,两者之间往往极难进行区分,司法机关对此也无法给出确切的答案。但可以肯定的一点是,无论在何种情况下,销售员在劳动关系存续期间招揽雇主已有的客户或者聘用雇主现有的员工都为法律所禁止。[①]

虽然为了保证劳动关系存续期间劳动者对雇主忠实义务的切实履行,《商法典》对在职期间的竞业禁止做出了详细的规定,但根据《商法典》的规定,其竞业禁止仅适用于职业为销售员的劳动者,对于市场中其他类型的劳动者,则没有任何类似于竞业禁止的规定。不过,随着劳动法学的发展,开始有学者要求改变这一现状。对此,学者们普遍认为,既然《商法典》第 60 和 61 条的规定乃是立法者以劳动者忠实义务为基础,在实践领域引申的结果,那么,参照《商法典》的立法模式,以劳动者忠实义务为基础为其他类型的劳动者设立类似的竞业禁止义务也并无不可。很快,这一提议在实践中得到了实行,大量其他行业的劳动者也开始被要求履行在职的竞业禁止义务。由此可以看出,在德国劳动者义务的发展过程中,尽管伴随着执政者与立法者理念的不断变化,劳动者忠实义务的法律定位与要求也随之发生了较大的变化,但不可否认的是,无论立法者理念如何变化,劳动者忠实义务要求本身都会对劳动者具体义务类型的设立始终具有重要的影响。

(二) 约定竞业禁止义务

1. 在职约定竞业禁止义务

虽然随着时间的推移,劳动者法定竞业禁止义务在实践中有着显

[①]　Wilhelm Maus, *Handbuch des Arbeitsrechts*, 8th ed., Frankfurter: Frankfurter Fachverlag für Recht und Wirschaft Gmbh, 1954, S. 43.

著的发展,但囿于维持劳资双方利益的平衡,劳动者法定竞业禁止义务一直被立法施以诸多限制。因此逐渐有学者开始提出,是否有可能允许雇主通过与劳动者订立协议的方式,来扩大劳动者在职期间法定竞业禁止义务的范围。

对此,劳动法学界认为,虽然从原则上来说,根据契约当事人的意思自治原则,雇主的确有权通过与劳动者订立竞业禁止协议来扩大劳动者法定竞业禁止义务的遵守范围,但在对待这一问题上,并不能仅仅简单遵循契约自由的原则。原因在于:首先,在大多数情况下,特别是当劳动力市场供过于求时,劳动者往往为了得到某个工作机会或者维持自己的职位不得不同意雇主提出的各种要求,如果完全遵循契约自由的原则,可能会导致劳动者的利益受到雇主的侵害;其次雇主在劳动关系中的各种行为需受到《宪法》基本权利规定的限制。对此,德国《宪法》第2条规定:"任何人都有在不侵犯他人权利、不违反宪法其他规定以及道德准则的情况下自由发展的权利。"而《宪法》第12条也明确规定:"所有的德国人民都有自由选择行业、职业、工作场所以及职业培训的权利。"尽管《宪法》实际上允许雇主在一些特殊的情况下,对劳动者的行业、职业做出一定的限制,但这种特殊情况一般被设定为雇主的利益处于急需保护的情况。

综上可知,在雇主能否通过与劳动者订立协议来扩大劳动者法定竞业禁止义务的问题上,劳动法学界给出的答案是,通过考量劳资双方的力量对比以及《宪法》的相关规定,一般情况下雇主不得通过订立协议扩大劳动者的竞业禁止义务;只有当雇主的利益处于《宪法》规定的"迫切需要保护"的境地时,雇主扩大劳动者竞业禁止义务的行为才会被认可。

这也意味着,当雇主主张自己利益迫切需要得到保护而扩大劳动者竞业禁止义务时,法院将有权依据《宪法》的规定对其具体情况是否符合迫切需要得到保护的条件进行审查。而《宪法》在此问题上模糊的表达方式,无疑给了法院巨大的自由裁量权。这也造成了劳动法学界对于究竟在何种情况下雇主可以与劳动者订立额外协议来扩大劳动者的竞业禁止义务的问题,一直无法给出准确的答案。

2. 离职约定竞业禁止义务

一直以来,劳动者忠实义务在劳动关系结束之后是否对劳动者仍然具有约束力这一问题,在德国劳动法学界备受争议。[①] 而之所以学界对此争论不休,原因在于这一问题的结果将对实践中两个重要的问题产生直接性的影响。其中一个是,离职劳动者对雇主的商业秘密保护问题(下文将会详细讨论);另一个则是,劳动者离职后的竞业禁止义务。

对于劳动者在离职之后是否负有不得与原雇主竞争的义务,劳动法学界曾有学者提出将劳动者在职期间的法定竞业禁止义务扩展至离职后,以彻底保障劳动者忠实义务的履行。但考虑到《宪法》对基本权利的规定,以及劳动者忠实义务不得超越宪法基本权利的原则,劳动法学界的主流观点否定了这一提议,并表示在劳动者离职后,只有当其以违反道德准则或者法律禁止的行为损害原雇主的利益时,立法才会依据劳动者忠实义务对其竞争性行为进行限制。在此基础上,学界进一步提出,虽然劳动者忠实义务在劳动关系结束之后对劳动者仍然具有一定的约束力,但这种约束力极为有限。因此,在劳动关系结束之后,是否应当禁止,以及在多大程度上禁止劳动者与原雇主竞争的问题,主要取决于原劳动关系双方合同的约定。

---

　　① 　Ulrich Preis/Roland Reinfeld, „ Schweigepflicht und Anzeigerecht im Arbeitsverhäl -tnis", *ArbeitundRecht*, 1989 – 37 – 12, S. 361 – 374, here S. 361.

据此,我们可以认为雇主与劳动者签订的离职竞业禁止条款(协议)应当属于合法有效的契约。但是考虑到这样的契约将直接导致在劳动关系结束之后,劳动者无法充分利用自己的技能来寻找工作或谋生,立法者认为,根据《宪法》的规定,应当对劳动者此项权益进行一定的保护。于是,立法者在《商法典》第74—75条专门对此问题做出了详细规定:第一,雇主与劳动者的离职竞业禁止条款(协议)必须以书面方式订立;第二,限制离职劳动者竞业禁止的期限不得超过劳动关系结束后两年;第三,雇主在竞业禁止期间必须每年付给离职劳动者不低于原工资一半的补偿。此外,离职竞业禁止条款或协议有效的前提条件是"雇主必须有正当的商业利益需要通过此方式被保护,而且这一条款(协议)不得对劳动者造成不合理的伤害"。而这一前提必须经有关部门结合具体案件情况检查后,才能被认定为真实存在。

虽然《商法典》对于劳动者的离职竞业禁止义务做出了详细的规定,但由于《商法典》自身的限制,实践中这些条款仅能适用于销售员群体,对于其他类型的劳动者则无法适用。这就造成了在缺乏立法对离职竞业禁止义务规定的情况下,联邦劳动法院根据宪法平等原则的规定,将《商法典》的规定由适用于销售员群体扩展至所有的劳动者群体,无论他们是蓝领还是白领,无论他们是否拥有特殊的技能。[1] 而从日后的实践来看,这种对劳动者不分职业、行业而统一适用离职竞业禁止义务的做法是不妥的。因此可以说,在某种程度上,立法对劳动者离职竞业禁止义务规定的空白也给劳动法院审理案件造成了一定的困难或偏差。

---

[1]　Johannesburg Labour Court Judgment of 16 February 2011 (Case No. JS178/09), from International Labour Organization.

三、劳动者忠实义务下的内部劝解义务

(一) 劳动者内部劝解义务产生的背景

劳动者内部劝解义务的产生与劳动者是否享有言论自由有着密切关系,对于劳动者言论自由权的问题,有德国学者曾在《宪法》第5条第1款规定"所有人均有通过语言、文字以及图片自由表达自己观点的权利"的基础上,利用"宪法基本权利平行适用"原则推导出,在劳动关系中劳动者具有自由表达自己观点的权利,雇主无权对劳动者的言论进行干涉。然而这一观点一经提出便遭到了德国劳动法学界的普遍反对。究其原因在于,德国《宪法》在第5条第1款设定言论自由权的同时,随即在第2款中表示:"在特殊情况下,这一权利将受到普通法特殊条款的限制。"对于此处的"普通法特殊条款"究竟为何,学界通说认为,所谓"特殊条款"是指普通法中那些毫无争议的基本原则,而劳动者忠实义务则属于这些基本原则之一。① 因此对于劳动者的言论自由权,劳动法学界的主流观点认为:在劳动关系中,虽然劳动者享有宪法赋予的言论自由权,但这并不意味劳动者可以毫无顾忌地发表自己的言论,其仍应受到劳动者忠实义务的限制。

根据劳动者忠实义务中"劳动者应忠实保护雇主利益,不得做出有损雇主利益行为"的内涵,劳动者在行使言论自由权时应受到以下两点限制:第一,劳动者不得捏造和散布有损于雇主利益的虚假言论;第二,当劳动者发现雇主确实存在过错和不当行为时,劳动者不得直接将此消息披露于劳动关系以外的第三方,而应当首先通过内部渠道尝

---

① Peter Hanau/Thomas Hoeren, *Private Internetnutzung durch Arbeitnehmer : die arbe-its-und betriebsverfassungsrechtlichen Probleme*, München: C. H. Beck, 2003, S. 137.

试解决此问题。只有当内部渠道的尝试失败后,劳动者才可对外揭露雇主的行为。在上述两点限制中,第一点禁止劳动者捏造和散布虚假言论的限制,乃劳动者忠实义务当然之义,并且德国《刑法典》对此有专门的规定,在德国劳动法学界并无争议,在此不再赘述。而对于第二点,当劳动者发现雇主不当行为时,不得直接向公众揭露,而必须受到内部劝解的前置程序的限制,即劳动者内部劝解义务,这在劳动法学界则备受争议,并在德国劳动法发展的历史长河中,一度被学者当作劳动者忠实义务与宪法言论自由权博弈的标志而受到普遍关注。

其实早在 1972 年,德国就有学者基于劳动关系的人身属性以及劳动者忠实义务提出"鼓励劳动者在劳动关系内部解决劳资冲突"的观点,并得到了立法者的支持。当时的《劳资联合委员会组成法》第 84 节第 3 条规定:"劳动者不应因为任何对雇主的抱怨行为,而受到雇主的不公平对待。"与此同时,为了防止劳动者在向雇主提出意见的过程中被孤立,《劳资联合委员会组成法》第 84 节第 1 条还规定了劳动者在向雇主的劝解过程中可以向劳资联合委员会求助。从这些立法规定可以看出,立法者对于劳动者通过向雇主建议和抱怨等单位内部渠道来解决劳资冲突的方式持积极肯定和鼓励的态度。尽管《劳资联合委员会组成法》并未覆盖到德国所有的企业,并且立法规定 5 人以下的企业无需建立劳资联合委员会,但是这并不妨碍这项规定在实践中被广泛运用,并在日后逐渐发展成为德国《劳动法》的一项基本原则。

不过令人遗憾的是,虽然《劳资联合委员会组成法》的规定在一定程度上支持和鼓励劳动者与雇主协商解决问题,但却并未对劳动者行为设置任何明确的限制。在当时整个社会劳资关系紧张的氛围下,实践中大量的劳动者在发现雇主有不当行为或者与雇主产生冲突后,仍然放弃选择通过单位内部渠道解决,而是直接将信息公之于众或寻求第三方解决,从而对雇主利益造成一定的损害,并产生大量的劳动纠纷。因此,在劳动者言论自由与劳动者忠实义务冲突的问题上,如何寻求雇主与劳动者之间的利益平衡点,在此后很长一段时间里困扰着德国劳动法学界的学者和法官们。

(二) 劳动者内部劝解义务的设立

从德国相关制度的演进来看,直到 1996 年德国《健康与安全保护法案》的出台,才首次为劳动者劝解义务提供了一个明确的法律依据。《健康与安全保护法案》第 17 节第 2 条规定:"如果劳动者通过特殊的迹象可以确信雇主的某些行为或者采用的某些设备无法有效地保证劳动者在工作期间的健康和安全,并且在劳动者向雇主提出意见之后,雇主仍不予理睬,劳动者有权将此情况告发到健康与安全部门。"通过此条规定可以看出,虽然这一规定似乎仅局限于劳动者健康安全保护领域,但其核心要素已经表露无遗,即要求劳动者在发现雇主的行为和设备确切存在问题时,首先采取的行动应当是尝试通过单位内部的解决渠道对雇主进行劝解,而非直接将之告诉劳动关系以外的第三方。只有在内部劝解的尝试失败后,劳动者才被允许将这个消息公布于劳动关系之外的第三方。

由此可以看出,在劳动者忠实义务与劳动者言论自由冲突的问题上,德国劳动立法的天平最终还是倒向劳动者忠实义务一边。具体而言,基于劳动者忠实义务中劳动者应忠实保护雇主利益的内涵,立法者要求劳动者在面对雇主的不当行为时,应尽量考虑避免将问题暴露于公众的视野之中,从而给雇主利益造成无法挽回的损失。劳动者首先应对雇主进行内部劝解,以保护雇主的利益。而这也恰恰再一次向世人证明了,虽然一直以来劳动者忠实义务只能作为工具被用于证明立法规定具有法理正当性,而无法直接用于具体案件的裁判,但在劳动法具体制度的创立和发展过程中,劳动者忠实义务理论及其理念始终发挥着举足轻重的作用。

当然,并非在所有情况下劳动者都必须履行内部劝解义务。如果劳动者有足够的证据证明,向雇主寻求内部解决必然会以失败告终,或者在特殊的事件中,对于劳动劝解行为不存在任何期待时(例如,雇主对劳动者性骚扰),劳动者可以跳过内部劝解的前置程序而直接对外披露雇主的行为。但问题在于,由于这种例外情况缺乏明确的法律标准,只能依赖法院对具体案件情况的分析来判断例外情况是否成立,因此实践中大量的劳动者无法对自己是否应履行内部劝解义务做出明确的判断,从而导致出于对违反内部劝解义务的担忧,很少有劳动者选择跳过内部劝解义务而向公众揭露雇主的不当行为。而这在某种程度上,反而为一些不良雇主侵犯劳动者的合法权益乃至社会公共利益的不当行为提供了保护,这无疑是立法者未曾预料到的。

正因为如此,随着劳动法学的不断发展,劳动者内部劝解义务逐渐出现松动的迹象。先是劳动法学界的部分学者开始公然对此义务进行批评和质疑,他们认为立法的这种规定是错误地为劳动者设置了言论自由的障碍,侵犯了《宪法》赋予劳动者的基本权利。此外他们还特别提出,如果劳动者准备揭露的事项关乎社会公共安全,那么这一义务将直接导致社会整体利益处于十分危险的境地。[1] 紧接着,几乎在同一时期,国际上突然掀起一股呼吁加强劳动者权益保护的浪潮。受国际舆论的影响,德国的立法者开始加强对劳动者基本权利的保护,劳动者

---

① Heinz W. Giese, *Die Fragmentierung von Handlungsautonomie im Zeichen von Sprachlosigkeit, kultureller Deprivierung und neuen Kommunikationstechniken*, Stuttgart: J. B. Metzler Verlag, 1989, S. 81 – 92.

言论自由权在德国劳动法学界被提及的频率不断增加。这一趋势很快便蔓延到了司法实践领域，法院在审理涉及劳动者言论自由的案件时也开始偏向对劳动者言论自由的保护，特别是在涉及公共利益的案件中更是表现得尤为明显。

在以上众多因素的作用下，德国的劳动法学界围绕这个问题展开了旷日持久的讨论：究竟在何种情况下，劳动者的言论自由权将超越忠实义务，使得劳动者可以跳过内部劝解的前置程序而直接揭发雇主的不当行为？

对此，有学者提出引入"比例原则"作为判断的工具。所谓"比例原则"是指"司法机关采取的手段所造成的对人民基本权利的侵害和所欲达成之目的间应该有相当的平衡（两者不能显失均衡）。或者说，合法的手段和合法的目的之间存在的损害比例必须相当"①。应用于此处则是指，劳动者是否有权跳过内部劝解程序而直接将雇主的不当行为公布于众，取决于劳动者履行内部劝解义务给劳动者的言论自由权和公共利益保护所带来的损害与给劳资关系的和谐稳定所带来的益处之间的比例是否相当。然而令人遗憾的是，虽然比例原则看似给出了一个具有操作性的方案，但由于比例原则所依赖的指标过于抽象，实践中不但没有出现预想的结果，反而使得这一问题变得更加模糊不清。因此时至今日，对于这一原则，德国劳动法学界依然无法给出准确的界定，只能靠法院根据案件的具体情况而定。这也解释了为何在涉及劳动者言论自由的案件中，经常出现裁判不一的现象。

但可以预见的是，在未来德国劳动法学的发展中，随着立法对劳动

---

① Mona-Maria Pivniceru/Karoly Benke, "The Principle of Proportionality Reflected in the Case-Law of the Constitutional Court of Romania. German Constitutional Influences", in *Revista de Drept Constituional*, Portal：Universul Juridic, 2015, pp. 71–92.

者基本权利重视程度的不断增加以及社会法视角的引入,无论是立法还是司法,对劳动者内部劝解义务的限制必将越来越少,尤其当劳动者的披露行为不仅关系到劳资双方利益,而且关乎社会公共利益时。①

四、劳动者忠实义务下的保密义务

(一) 劳动者保密义务的设立

在德国,劳动者保密义务的法律基础主要在于两点:一个是《反不正当竞争法》第 17 节第 1 条的规定,"如果劳动者在劳动关系存续期间,未经雇主授权,以与雇主竞争、谋取非法利益或者报复雇主为目的,故意泄露雇主的经营信息或商业秘密,将受到法律的制裁并承担相应的刑事责任";另一个则是劳动者忠实义务。其实在德国绝大部分劳动法学者看来,正是基于劳动者忠实义务中所蕴涵的"劳动者应忠实保护雇主利益,不得损害其利益"的精神,才衍生出劳动者不得为了牟取私利、报复雇主或与雇主竞争等目的,泄露或盗用雇主的商业秘密,损害雇主利益而须承担保密义务,进而才有了《反不正当竞争法》的规定。因此,在某种程度上,劳动者忠实义务才是保密义务真正意义上的法理基础。此外,在司法实践中,正是得益于劳动者忠实义务的存在,司法机关才得以将《反不正当竞争法》中商业秘密保护的规定适用于全体劳动者。

但需要注意的,劳动者忠实义务与《反不正当竞争法》在商业秘密

---

① Ulrike Wendeling-Schröder, *Autonomie im Arbeitsrecht: Möglichkeiten und Grenzeneigenverantwortlichen Handelns in der abhängigen Arbeit*, Frankfurt am Main: V. Klostermann, 1994, S. 69.

保护的实践运用方面并非全然相同,两者依然存在一定区别。具体而言,主要在于以下两点。其一,在对"商业秘密"内涵的界定上。《反不正当竞争法》中所提及的"商业秘密"并非一般意义上的概念,而是具有特殊的法律内涵。基于德国法院多年以来的审判经验,只有包含以下特征的信息才属于严格法律意义上的"商业秘密":第一,该信息必须与雇主的业务相关联;第二,该信息必须只为有限的人所知;第三,该信息必须不为公众所知;第四,雇主必须对其做出保密措施;第五,该信息对于雇主而言有正当的利益价值。只有当劳动者泄露或使用了具备以上特征的商业秘密时,才会构成对《反不正当竞争法》的违反。但对于劳动者忠实义务而言,只要劳动者泄露或使用了雇主的机密信息并造成对雇主利益的损害,即便这些机密信息并未达到《反不正当竞争法》对商业秘密的要求,也依然能够构成对劳动者忠实义务的违反。其二,在惩罚措施上。《反不正当竞争法》明确规定,当劳动者违反其商业秘密保护的规定时,需承担相应的刑事责任。但与《反不正当竞争法》不同,劳动者忠实义务属于私法领域的范畴,因此当劳动者违反忠实义务下的保密义务时,并不会像违反《反不正当竞争法》一样受到刑事处罚,而是只需承担损害赔偿或者解雇等民事责任。

虽然就适用范围而言,《反不正当竞争法》中设定的保密义务已经涵盖了德国的全体劳动者,但是立法者仍然为劳资联合委员会成员制定了专门保密义务。究其原因在于,立法者对劳资联合委员会成员的忠实义务提出了更高的要求。当时为了保障劳资联合委员会能够充分发挥调节劳资关系的功能,立法规定劳资联合委员会成员因工作需要可以查阅雇主的任何信息。然而由于这一规定使得劳资联合委员会成员极易接触到雇主的机密信息,从而使雇主的商业秘密处于极为危险的境地,因此在实践中常常受到雇主的抵制。

为了鼓励雇主在劳资联合委员会行使职权的过程中主动为其提供需要的信息,立法者只有通过对劳资联合委员会的成员专门设置极为严格的保密义务,才能从根本上使雇主消除商业秘密泄露的顾虑。鉴于此,立法者在《劳资联合委员会组成法》第 79 节第 1 条规定:"劳资联合委员会的成员禁止泄露或利用在工作过程中知悉的雇主已经明确表示为机密信息的经营信息或商业秘密。"通过此条规定可以看出,虽然这里的"经营信息或商业秘密"同样是严格意义上的法律概念,但较之于《反不正当竞争法》对劳动者设定的保密义务,《劳资联合委员会组成法》的规定要严格得多。

具体而言,后者在劳动者违反保密义务的构成要件中取消了主观要件的要求。换言之,只要劳资联合委会的成员客观上做出了泄露或使用雇主经营信息或商业秘密的行为,那么无论行为人是以竞争、牟利还是报复为目的,甚至即便行为人在动机上具有道德优势,该行为都将构成对此条规定的违反,须承担相应的刑事处罚。由此可以看出,立法者对劳资联合委员会成员的忠实义务提出了极高的要求。

(二) 保密协议的订立

在此之后,随着生产力与技术的不断发展,商业秘密的价值不断凸显,实践中企业对于商业秘密保护的呼声也开始不断高涨。鉴于这种情形,劳动法学界开始有学者从劳动关系契约性的角度提出,基于契约双方的意思自治原则,劳资双方完全有权利通过订立协议来确立"商业秘密"的范围,而无需局限于立法对商业秘密范围的设定。这一提议迅速发展成一种学说:雇主可以通过与劳动者订立保密协议的方式,在保密协议中约定商业秘密的内容,从而达到扩张劳动者保密义务范围,加强商业秘密保护力度的目的。并且只要保密协议中约定的事项不违反现有的立法规定以及公序良俗,那么保密协议的效力就将得到法律的认可。[1] 由于这一学说很大程度上契合了当时科学技术迅速发展和企业对商业秘密保护需求日益增强的时代背景,很快它便成为劳动法学界的主流观点,进而司法机关也开始在实践中对其进行广泛运用。

然而,随着保密协议的运用范围不断扩大,人们渐渐开始发现,由于对保密协议的范围约定与运用过于宽泛,加之劳资双方力量对比悬殊等因素,实践中大量雇主为了追求对自己商业秘密的极致保护,利用自己的优势地位在与劳动者约定的保密协议中将大量的普通信息设定为商业秘密,甚至一些雇主借此手段限制劳动者的言论自由,严重侵犯了劳动者的合法权益。因此,很快这一制度便开始受到了大量学者的强烈批评和质疑。[2] 这也直接促使日后法院在审理涉及保密协议的劳动纠纷时,不得不对保密协议的条款进行审查,以确定其条款内容的合理性。

时至今日,德国劳动法学界虽然对于劳资双方通过订立的保密协议来扩大劳动者保密义务范围的方式仍然持认同的态度,但对于保密协议所约定的内容则予以了更为严格的限制。除了以往不得违反法律强制规定以及公序良俗的要求外,往往还要求雇主对于保密协议所约定的保密事项必须具有正当、合理的利益,并且保密协议不得对劳动者的合法权益造成不合理的侵害。

---

①　Ulrich Preis/Roland Reinfeld, „Schweigepflicht und Anzeigerecht im Arbeitsverhältnis", *Arbeit und Recht*, 1989 - 37 - 12, S. 361 - 374, here S. 364.

②　Wolfgang Däubler, *Das Arbeitsrecht: Leitfaden für Arbeitnehmer*, Reinbek bei Hamburg: Rowohlt-Taschenbuch-Verl, 1998, S. 375.

(三) 离职后保密义务的履行

劳动关系结束之后劳动者的保密义务是否仍然存在的问题,在德国劳动法学界一直存在争议。对此,劳动法学界的主流观点认为:原则上,劳动关系结束时,劳动者的保密义务也应当随之消失。但是,在一些雇主利益明显需要保护的特殊情况下,劳动者保密义务将仍然对劳动者产生一定的约束力。① 因此对于劳动关系双方是否有可能通过订立契约的方式将劳动者的保密义务延伸到劳动关系结束后这个问题,德国劳动法学界给出的答案是:在原则上是可行的,但必须与离职的竞业禁止协议进行严格的区分。换言之,如果保密协议的内容不仅涉及劳动者离职后对雇主商业秘密的保护,而且规定劳动者在劳动关系结束后不得与雇主展开相关竞争活动,那么保密协议将优先被认定为竞业禁止协议,从而受到立法对竞业禁止协议设定的相关限制。②

最后需要说明的是,与劳动者内部劝解义务一样,司法机关在实践中处理涉及劳动者保密义务的案件时,也同样面临着如何平衡劳资双方利益,处理劳动者保密义务与社会公共利益以及《宪法》基本权利的冲突等问题。对此,劳动法学界同样未对其边界给予明确的界定,只能依赖司法机关在司法实践中运用比例原则等分析工具,根据具体案件的情况具体分析,从而保证劳动者在遵守保密义务的同时,其合法权益同样受到应有的保护。

---

① Konard Grillberger, „Nachwirkende Fürsorgepflicht − Schadenersatz", *Wirtschaftsrechtliche Blätter*, 2012 − 09 − 26, S. 517 − 520, here S. 519.

② Ulrich Preis/Roland Reinfeld, „Schweigepflicht und Anzeigerecht im Arbeitsverhältnis", *Arbeit und Recht*, 1989 − 37 − 12, S. 361 − 374, here S. 366.

五、劳动者忠实义务的豁免

虽然劳动者忠实义务要求劳动者应忠实地保护雇主的利益，不得做出损害雇主利益的行为，但并非劳动者任何有损其雇主利益的行为都将构成对忠实义务的违反，在一些特殊情况下，即便劳动者做出有损雇主利益的行为，也不会构成对忠实义务的违反，我们将此称为忠实义务的豁免。德国立法中明确规定劳动者忠实义务的豁免情形主要有三种。

第一，诉讼程序中的忠实义务豁免。根据德国《诉讼法》的规定，案件的目击证人原则上不得拒绝透露其所知道的事实，并且在法庭上需保证其证词的真实性，否则将承担相应的刑事责任。因此，当劳动者是其雇主为当事人的案件的目击证人时，不得拒绝出庭作证，且必须保证其证词的真实性。即便劳动者的证词将对雇主的利益造成损害，也不会构成对忠实义务的违反。因为在此种情况下，劳动者往往只有两种选择，一是出庭作证，但可能会损害雇主的利益；二是遵守忠实义务，拒绝出庭作证或作有利于雇主的伪证，但自己却需承担刑事责任。此时，立法自然不会要求劳动者以违反法律规定且损害自身利益的方式来保护雇主的利益，因而在诉讼程序中，劳动者将获得忠实义务的豁免。但需要注意的是，如果劳动者并非处于诉讼程序之中，而是处于其他公众场合，那么劳动者的言论则将仍然受到前文所论及的忠实义务的限制。

第二，社会活动中的忠实义务豁免。根据德国《宪法》的规定，劳动者具有自由参加各种社会组织以及政党的权利，任何人不得予以干涉。因此，即便劳动者在社会生活中参加的社会组织或政党的主张（如环境保护等）可能与其雇主的利益相违背，也并不会构成对忠实义务的违反。但是在 20 世纪 70 年代,德国劳动法学界曾就劳动者是否有权参加对其雇主直接进行攻击的相关活动这个问题展开过激烈的讨论。① 事情的起因是当时德国的一名银行员工参加了共产主义政党,为了响应党内的号召,而在街头公然散发强烈抨击其所工作银行的传单。银行在知道这件事后便以其违反劳动者忠实义务为由,将其解雇。这一事件在当时的德国劳动法学界引起了巨大的争论,部分学者认为由于该雇员的行为对其雇主的利益造成了直接的侵害,已经严重违反劳动者忠实义务,因而银行的解雇行为是正当的。而其他一部分学者则认为在这一事件中,该名劳动者的行为只是在行使《宪法》赋予的基本权利,虽然该行为对雇主的利益造成了一定的损害,但属于忠实义务豁免的范围,因而银行的解雇行为是不当的。虽然这一争论在当时持续了很长一段时间,但时至今日,随着德国劳动法学的不断发展,基于《宪法》所赋予劳动者的言论自由权,这一行为仍属于忠实义务豁免范围的观点,已经得到了德国劳动法学界的普遍认可。

第三,公共利益保护中的忠实义务豁免。从上文对劳动者内部劝解义务和保密义务的分析中可以得知,出于对雇主利益的保护,劳动者不得擅自将雇主的内部信息向公众揭露,否则将构成对忠实义务的违反。但基于社会公共利益大于私人利益的考量,如果雇主做出的行为将对公共利益造成潜在或实际的威胁,那么此时出于对公共利益进行保护的目的,即便劳动者对雇主该行为的揭露将对雇主利益造成巨大的损害,也并不会构成对忠实义务的违反。近年来,正是基于这种公共利益保护中的忠实义务豁免情形的运用,"吹哨人"制度在德国劳动法

---

① Gille Richard, *The French Labor Courts*: *Judgment by Peers*, *by William H. McPherson and Frederic Meyers*, Urbana: Institute of Labor and Industrial Relations, University of Illinois, 1966, p. 104.

学界获得了普遍认同、显著发展。

六、结　语

一直以来，劳动者忠实义务在德国都是一个极其微妙的话题。在历史发展长河中，劳动者忠实义务经历了由起初被发现到成为劳动者众义务之本源，再到重新被纳入劳动合同框架而成为众多附随义务中一员的曲折历程。不可否认，时至今日劳动者忠实义务仍是劳动关系中不可或缺的重要理论基础，对于各项具体制度仍具有重大的影响。受德国劳动法学界立法、司法和学者三分格局的影响，劳动者忠实义务在德国立法规定中一直所见甚少，而主要依赖司法机关以及学者们的努力。但这却丝毫没有影响劳动者忠实义务的发展，相反，它逐渐成为德国劳动法独有的一个标志性特征。

这种发展模式的优势在于，司法机关以及学者们敏锐的感知度能够充分保障劳动者忠实义务的内涵及其衍生义务类型与时代发展保持极高的契合性。但与此同时，这一模式使得劳动者忠实义务的边界一直难以获得明确的立法标准，给实践操作带来巨大的困难。对于我国而言，由于无论是在劳动法的发展历史还是机构设置方面都与德国有着较大的差异，因此在劳动者忠实义务的问题上一味模仿德国并不见得能够取得良好的效果。通过对德国劳动者忠实义务历史发展脉络的梳理，厘清劳动者忠实义务的法理基础、制度定位、法律边界、义务拓展以及背后的公私利益协调等核心问题，在结合我国劳动关系特征的基础上，建立真正符合我国劳动关系的劳动者忠实义务制度，方才为劳动法学同仁共同努力之方向。

第二节　劳动者义务：理论基础与法律逻辑

马克思的生产关系理论认为，只要是人的活动就必然产生人与人的关系，即便是人类的生产也是如此。并且这种关系"立即表现为双重关系：一方面是自然关系，另一方面是社会关系"[1]。马克思同时还强调，人只有在一定的关系中才能从事一定的活动，"即使是那种很少同别人进行直接交往的活动，我也是社会的"[2]。由此可以看出，劳动关系的社会性特征决定了其必然包含着强烈的社会伦理性。因为在漫长的劳动过程中，人们从事何种劳动，与哪些人一起进行劳动，产生什么样的劳动关系，都体现了社会劳动分工及利益分配方式，而这种分工与分配方式的背后往往体现了强烈的时代特征和伦理内涵。因此，劳动以及劳动关系形成的社会性说明一切劳动关系均可以被称为劳动伦理关系。[3]

近年来，随着劳动法学科的不断发展，劳资双方之间存在着特定的伦理关系这一观点已经得到了学界的普遍认可。然而对于劳资伦理的研究，除了目前为数不多的学者发表有研究成果之外[4]，学界在这方面的成果总体而言尚不丰富。而与劳资伦理理论研究在学界尚未引起重

---

[1]　参见《马克思恩格斯选集》第1卷，人民出版社1991年版，第80页。

[2]　参见《马克思恩格斯全集》第3卷，人民出版社1995年版，第301页。

[3]　参见贺汉魂、王泽应：《马克思劳动伦理关系思想及其现实启示研究》，《理论探讨》2013年第4期。

[4]　参见秦国荣：《劳资伦理：劳动法治运行的价值判断与秩序维护》，《社会科学战线》2015年第7期；秦国荣：《无固定期限劳动合同：劳资伦理定位与制度安排》，《中国法学》2010年第2期；贺汉魂、王泽应：《马克思劳动伦理关系思想及其现实启示研究》，《理论探讨》2013年第4期。

视形成鲜明对照的是,无论是近年来中央构建和谐劳动关系目标的提出,还是实践中劳资纠纷案件的频发,都充分表明实务界对于劳资伦理的需求和重视正在与日俱增。鉴于此,为了充分发挥学界对于实务的理论借鉴和指引作用,加强对劳资伦理的理论研究就显得尤为重要。权利和义务是法律关系的两大基础性要素,劳资双方的权利和义务无疑也是劳资伦理的重要组成部分。因此,对于劳动者伦理义务的研究和梳理,无论是对于劳资伦理自身理论研究的进一步深入,还是对于促进实践中劳动关系的健康发展,都具有极为重要的意义。

一、劳动者伦理义务的内涵

虽然目前学界已有学者对于劳资伦理展开了相关的研究,但是对于劳动者伦理义务的研究却极为匮乏,对于劳动者伦理义务内涵的界定更是无从考据。我们说界定劳动者伦理义务的内涵,需要紧紧围绕劳动者伦理义务的核心要素展开。只有厘清相关核心要素,才能在此基础上对劳动者伦理义务的内涵做出精准、科学的提示。具体而言,这些核心要素包括以下内容。

(一) 劳动者伦理义务的主体

一般而言,劳动者伦理义务的承受主体自然是劳动者本人。但需要注意的是,此处的劳动者并非广义上的劳动者概念,而是具有特定的内涵。鉴于法律调整具有相当的精细性,不同法律关系下的劳动者往往承担着不同的权利和义务。因此在对劳动者伦理义务进行研究之前,有必要首先厘清其义务主体劳动者的概念。

如果从法律层面对劳动者进行区分,那么目前我国立法对于劳动者至少具有以下三种不同的内涵界定:第一,宪法层面。我国《宪法》对于劳动者的认定是目前范围最广、内涵最丰富的认定,即只要是拥护社会主义制度和共产党领导的社会民众,都属于宪法上的劳动者。第二,民商法层面。民商法上的劳动者指的是,以自己的劳务和产出的产品作为商品或资本投入到市场中,从而通过商品交易赚取生活资料的当事人。第三,劳动法层面。劳动法中的劳动者指的是,能够依法出让自己的劳动力使用权,通过与资方平等协商订立劳动合同,参与资方内部劳动分工,与资方形成管理和被管理的人身隶属关系,赚取工资的当事人。[1] 由此可以看出,在不同的法律层面中,劳动者的概念是完全不同的。鉴于此,我们必须在以上三种层面中选择最能够体现劳资伦理内涵以及劳动关系本质的劳动者概念,而劳动法层面的劳动者概念无疑是最佳的选择。究其原因主要在于:首先,宪法层面的劳动者概念并非是一个严格意义上的法律概念,而是包含着浓厚的政治色彩。其不仅包括一般的体力劳动者和脑力劳动者,还包括拥护社会主义制度和共产党领导的其他公民。这种宽泛标准的缺点在于无法准确体现劳资伦理的内涵和劳动关系本质,因而无法作为劳动者伦理义务的主体。其次,民商法上的劳动者概念虽然根据公民劳动行为的不同,赋予了劳动行为特定的法律内涵。但是民商法却并没有将做出劳动(劳务)的主体当作特定的"劳动者",而是将劳动者放在与其他民商事主体一样的位置。这就意味着,在劳资关系中,民商法对于劳资双方的保护是完全一致的,因为无论是资方还是劳动者,在民商法上都是平等的民事主体,理应受到同等保护。但劳动立法一贯秉持的理念则是,在兼顾劳资双方利益的基础上,对劳动者予以一定的倾斜保护,这恰恰正是民商法与劳动法的本质区别。因

---

[1]　参见秦国荣:《劳动权保障与〈劳动法〉的修改》,人民出版社 2012 年版,第 20 页。

而,民商法上的劳动者也不宜作为劳动者伦理义务的主体。

至此,我们认为劳动者伦理义务的主体唯有特定劳动法上的劳动者,即能够依法出让自己的劳动力使用权,通过与资方平等协商订立劳动合同,参与资方内部劳动分工,与资方形成管理和被管理的人身隶属关系的自然人。

(二) 劳动者伦理义务的目标

马克思认为劳动伦理关系的性质及其演变归根结底是由一定时代的生产方式决定的,"不是交易方式的社会性质决定生产方式的性质,而是生产方式的性质决定交易的方式的社会性质"①。在不同的生产方式和时代背景下,劳资伦理的性质和内容也各有不同。相应地,劳动者伦理义务的目标也同样会随之改变。

在最初的自然经济时期,由于生产力水平低下,农业基础薄弱,人们之间必须依靠协作劳动,才能满足基本的生存需求。在这样的背景下,由血缘关系连接而成的家庭自然就成为当时最主要的劳动单位。而为了保证劳动过程的顺畅和稳定,就必须要在家庭中确立至上的权威,以指挥其他人协作劳动。如此,具有长期农业劳动实践经验的家长在家庭中就必然具有极高的地位,负责全权处理家庭劳动事务。而伴随着家长在家庭中崇高地位的确定,家庭中的其他劳动成员就相应产生了一种对家庭或家族家长的服从义务。因为只有其他家庭成员服从家长的指挥和领导,家庭作为当时劳动生产和宗法社会的基本单元才能稳定。并且这种家庭单元往往具有严格的静态性和保守性,只有生老病死才能够改变家庭劳动成员的结构。在当时的时代背景下,家庭乃至家族内部倡导的主要理念是团结、和谐,任何个体对外代表的是家

---

① 〔德〕卡·马克思:《资本论》,人民出版社 2004 年版,第 133 页。

庭而非个人,个体几乎完全消融于家族之中。这也正如马克思所指出的,"个人劳动力本来就是作为家庭共同劳动力的器官发生作用的"①。由此可以看出,在自然经济时期,劳动者伦理义务的目标主要在于,保障家庭劳动生产过程的顺畅有序以及内部成员关系的和谐稳定。因而有学者称,在某种程度上"自然经济也即伦理经济"②。

然而随着生产力水平不断提升,机器化大生产代替了手工劳动,市场经济取代了最初的自然经济,相应的劳资伦理与劳动者伦理义务也都发生了变化。正如梅因所言:"所有进步社会的运动,到此处为止,是一个从身份到契约的运动。"③劳动关系也同样经历了一个身份性不断减弱、契约性不断加强的过程。劳动关系建立的基础不再是最初的血缘关系,而是劳资双方以契约方式确立起彼此之间的"陌生人"联系,双方按照市民社会交易法则,形成了特定的交换关系和利益分配关系。但即便如此,由于劳动关系自身独有的特点,在具有社会伦理色彩的法律关系中,相较于其他法律关系而言,劳动法律关系仍具有强烈的人身属性,和婚姻关系一样乃是"契约与身份相统一"的法制状态。而劳动关系的"契约与身份相统一"的状态则主要指:在劳动契约缔结阶段,劳动关系主要表现为契约性。而在劳动契约订立之后,进入劳动契约履行阶段,劳动关系则更多地表现为身份性。因此,对于当前市场经济下劳动者伦理义务目标的研究,同样需要分两个不同的阶段予以考察。

1. 劳动契约缔结阶段。机器化大工业生产的出现,使得劳动者与生产资料开始分离。由于缺乏生产资料,劳动者们为了维持生存,不得

---

① 参见《马克思恩格斯选集》第 1 卷,人民出版社 1991 年版,第 96 页。
② 参见樊浩:《中国伦理精神的现代建构》,江苏人民出版社 1997 年版,第 490 页。
③ 参见〔英〕梅因:《古代法》,沈景一译,商务印书馆 1959 年版,第 97 页。

不通过出卖自身的劳动来获取工资或生活资料。而占有大量生产资料的资方,则由于受到自身劳动力的限制,为了扩大再生产,赚取更多的利润,也不得不花费一定的财产来换取其他劳动者的劳动力使用权。这样劳资双方出于实现各自利益的目的,以平等协商订立契约的方式确立起了彼此的法律与利益联系。最终资方以给付约定工资的方式获取劳动者的劳动力使用权,劳动者则以给付劳动的方式获得货币工资或生活资料。在缔约阶段,资方享有用人自主权,劳方享有择业自由权,双方乃是一种相互选择的过程。任何一方离开对方,都无法达成自己的目的。

但要想真正实现劳动契约顺畅平稳的订立,仅靠劳资双方的自我意愿还远远不够。由于劳动契约的订立乃是劳资双方在市场经济下,以各自所有物进行等价交换的过程。要想保障在劳动契约订立阶段,劳资双方公平自愿、和谐诚信的伦理关系,不仅需要对于劳资双方的财产所有权予以明确的设定和保护,还需要设定合理的义务规范和交易规则来规范劳资双方的交易行为,从而维护诚信、自由、平等、公平的市场交易和契约订立秩序,防止欺诈、胁迫等不当行为的出现。此时,劳动者伦理义务也就应运而生。由此可以看出,在劳动契约订立阶段的劳动者伦理义务,其目标乃是维护劳资双方公平自愿、和谐诚信的伦理关系,保障劳动双方在诚信、自由、平等、公平的秩序下根据意思自治原则订立劳动契约,防止订立过程中欺诈、胁迫等违背当事人意愿行为的出现。

2. 劳动契约履行阶段。如果说劳动关系在劳动契约订立阶段尚处于市场交易领域,那么在劳动契约订立后劳资双方开始履行劳动契约时,劳动关系就开始正式进入了生产劳动领域。与一般的民事契约不同,劳动与人身无法分离的特性决定了劳动契约的履行必须依靠劳动者亲自实施。并且相较于其他民事契约而言,劳动契约的履行时间往往较长,需要劳资双方长期相处,紧密协作。因此劳动关系在劳动契约缔约和履行这两个不同阶段,其法律关系和伦理内涵是截然不同的,相应的劳动者伦理义务的目标也有所不同。

在劳动契约履行阶段,劳动者除了需要按照劳动契约的约定亲自履行、实际履行和全面履行以外,在劳动过程中还需要受到用人单位的管理、指挥以及规章制度的约束。正因为如此,有些学者基于对劳资双方力量的对比,认为在劳动关系中存在着天然的"资强劳弱",进而断定在劳动契约的履行过程中,资方必然会为了增加自身的利润,利用其优势地位,侵害劳动者的合法权益,最终得出劳资双方之间乃是一种相互对抗、不可调和的对立关系的结论。我们认为,这种观点并不符合当下劳资伦理的内涵。在社会主义市场经济条件下,无论是劳动立法还是劳动执法,都应当首先明确劳资伦理观念,即将维护劳资合作和劳资关系和谐作为法治目标。[①]

尽管不可否认,劳动者与资方在各自私人利益实现和自利动机上确实存在着一定的矛盾和冲突。但立法者和执法者应当明确,一旦劳资双方签订了劳动契约,也就意味着资方将为劳动者提供一个工作岗位和发挥自我才能的舞台。而劳动者本身也获得了资方的认可,成为资方内部的一员,双方将共同面对市场经济下激烈而残酷的市场竞争。在劳动契约履行阶段,劳资双方已经由原本的"陌生人"变成了休戚相关的命运共同体。在激烈的市场竞争中,如果资方在同行竞争中获胜,那么不仅资方将获得大量的利润,其内部的劳动者也同样获得巨大的利益。相反,如果资方在市场竞争中失利,那么资方必然面临着亏损甚

---

① 参见秦国荣:《劳资伦理:劳动法治运行的价值判断与秩序维护》,《社会科学战线》2015 年第 7 期。

至破产,其内部劳动者的利益也必然受到损害,甚至导致劳动者失业。

正因为如此,美国古典管理学派的学者 F. W. 泰罗认为,"从本质上说,工人和雇主的最大利益是一致的"①,"除非雇员也一样富裕起来,雇主的富裕是不会长久的,反之亦然"②,"他们将会明白,当他们停止相互对抗,并肩前行时,他们共同努力创造出来的盈利将会大得惊人。他们会懂得,当他们用友谊合作、相互帮助来代替敌对情绪时,完全可以做到既增加工人工资也增加资方的利润"③。所以说在劳动契约缔结之后,劳资双方在企业共同体中不仅是相互合作的关系,而且是利益共赢的关系。企业的兴衰成败对于劳资双方有着荣辱与共、利害攸关的切身影响。因此,在这种劳资伦理内涵下产生的劳动者伦理义务,虽然从表面上看乃是为了维护资方的利益,但是从根本上来说其最终目标乃是促进劳资双方相互合作、互利共赢,最终实现"劳资和谐共赢"的伦理关系的建立。

(三) 劳动者伦理义务的内容

对于任何一种义务而言,其内容都是由其所处的法律关系的特征以及义务本身所欲达到的目标决定的,劳动者伦理义务也不例外。例如,在自然经济时期,劳动者伦理义务的目标在于维持当时家庭作为生产基本单元的内部劳动的顺畅有序。基于此,在自然经济时期因血缘关系而结成的身份性劳动伦理关系中,劳动者伦理义务的内容自然主要分为两个方面:首先,家庭的家长作为家庭劳动的主要成员,一方面

---

① 〔美〕F. W. 泰罗:《科学管理原理》,胡隆昶等译,中国社会科学出版社1984年版,第138页。

② 〔美〕F. W. 泰罗:《科学管理原理》,胡隆昶等译,中国社会科学出版社1984年版,第157页。

③ 〔美〕F. W. 泰罗:《科学管理原理》,胡隆昶等译,中国社会科学出版社1984年版,第157页。

承担着类似于现在雇主的职能，负有指挥、协调家庭其他成员进行劳动的伦理义务，另一方面家长自己也参与劳动，负有勤勉劳动的伦理义务。其次，家庭的其他劳动成员一方面负有勤勉劳动、忠于家族的伦理义务，另一方面则负有对家族家长的指挥领导服从的伦理义务。但无论是家庭中的家长还是其他成员，他们作为劳动者所承担的伦理义务的目标都是一致的，就是保证当时作为劳动生产和宗法社会基本单元的家庭内部的人际关系以及生产劳动的和谐稳定。

在社会主义市场经济条件下，劳动契约的出现使得无论是劳资伦理的内涵，还是劳动者伦理义务的内容，在劳动关系的不同阶段都有所不同。因此，对于当下劳动者伦理义务内容的探析，同样需要从劳动契约缔结和劳动契约履行两个阶段进行。

1. 劳动契约缔结阶段。前已述及，劳动契约的缔结乃是劳资双方各自利益需要驱动的结果。在劳动契约缔结阶段，劳资双方之间乃是自由平等的平权性法律关系。正如马克思所言，"劳动力占有者和货币占有者在市场上相遇，彼此作为身份平等的商品占有者发生关系，所不同的是一个是买者，一个是卖者，因此双方是在法律上平等的人"①。因此，在劳动契约缔约阶段，劳资伦理的内涵主要分为三个方面：第一，基于劳资双方在缔约阶段的平权性法律关系以及劳动契约的民事属性，劳资双方订立劳动契约必须要履行契约自由和意思自治的原则，任何一方不得以欺诈、胁迫等违背当事人意愿的方式订立劳动契约。第二，劳资双方订立劳动契约，其实质在于劳动者的"劳动力资本"与资方"货币资本"的市场交换，因此双方必须按照市场对价、等价交换的原则约定劳动契约内容。资方不得利用强势地位，以低于国家劳动基

① 参见〔德〕卡·马克思：《资本论》，载《马克思恩格斯文集》第5卷，人民出版社2009年版，第195页。

准法规定的最低工资标准约定劳动与工资报酬的对价。第三,劳资双方约定劳动契约的内容不得违反国家法律、法规的强制性规定,不得串通损害第三人的利益。

基于此,为了保障劳动双方在诚信、自由、平等、公平的秩序下根据意思自治原则订立劳动契约,防止出现欺诈、胁迫等违背当事人意愿的行为,我们认为在劳动契约缔结阶段,劳动者应当履行以诚实守信、遵纪守法为主要内容的伦理义务,其中有积极的作为义务,也有消极的不作为义务。具体表现为:第一,不作为义务方面。劳动者在劳动契约缔结阶段不得欺诈、隐瞒自己的真实信息,误导用人单位与自己订立劳动契约;在订立劳动契约阶段,劳动者不得与用人单位相互串通,损害国家或者第三人的利益。第二,作为义务方面。劳动者如果发现在订立劳动契约过程中,用人单位存在利用强势地位违反劳动基准规定,侵犯劳动者利益或者国家社会公共利益的行为,应当积极向有关监察部门检举揭发,维护劳动力市场的有序稳定。

2. 劳动契约履行阶段。劳动者在劳动契约缔结以后,必须按照契约的约定在资方生产经营的场所内,作为资方内部成员的一员参与到劳动分工中,并与其他劳动者一起形成特定的分工协作关系,共同在资方的指挥和管理下,形成特定的生产经营组织体和利益共同体,共同获得企业利润的分配。对于资方而言,其希望雇佣忠实、勤奋、正直的劳动者。对于劳动者而言,则希望能够找到给予自己满意的工资并且适合自己的专业特长、具有长远发展可能的用人单位。

因此,"对于劳资双方而言,劳动契约履行的实质在于,彼此形成忠实信任和相互依赖的利益关系"①,那种将劳资关系看作纯粹的金钱

---

① 参见秦国荣:《劳资伦理:劳动法治运行的价值判断与秩序维护》,《社会科学战线》2015年第7期。

利益关系的看法不仅狭隘而且荒谬。事实上，随着劳动契约的履行，劳资双方在劳动过程中会逐渐形成共同的理念和信念、共同的道德标准以及共同的企业文化。现代市场经济条件下的劳资关系，绝不是像一般民事关系那样只有"赤裸裸""冷冰冰"的利益关系，而是具有丰富的伦理与文化内涵。[①]

在劳动契约履行阶段，劳资伦理的内涵在于劳资双方乃是命运休戚相关的利益共同体，劳资双方在契约履行过程中，应当放弃相互对抗的思想，转为通力合作，相互帮助，谋求在市场竞争中获得共同的利益，最终形成和谐共赢的劳动关系。基于此，在劳动契约履行阶段，为了践行劳资伦理的应有之义，达成构建和谐共赢劳资关系的目标，劳动者应当恪守特定的职业伦理规范，履行以勤勉、敬业、忠实、遵纪、守法、团结、友善等为主要内容的伦理义务，其中既包括积极的作为义务，也包括消极的不作为义务。就义务的具体表现形态而言，主要表现为：

首先，劳动伦理义务的积极作为义务主要表现在：（1）劳动者在履行劳动契约过程中应当积极履行勤勉敬业的伦理义务，在规定的时间内尽可能高质量地完成自己的工作；（2）劳动者在劳动期间，应当履行忠实的伦理义务，妥善照顾和保管资方的利益，不做出有损资方利益的行为；（3）劳动者在劳动期间应当履行遵纪守法的伦理义务，积极遵守企业内部的规章制度和劳动纪律，对企业和自己以及其他劳动者的财产、生命负责，不做出违反法律法规和企业内部规章制度的行为；（4）劳动者应当积极履行团结友爱、互帮互助的伦理义务，在劳动过程中与其他劳动者和睦相处，相互协作。

其次，劳动者伦理义务的消极不作为义务主要表现在：（1）在履行

---

① 参见秦国荣：《劳资伦理：劳动法治运行的价值判断与秩序维护》，《社会科学战线》2015 年第 7 期。

劳动契约期间,劳动者应当严格保守知悉的企业商业秘密,不得做出擅自使用商业秘密或者泄露商业秘密的行为;(2)劳动者在工作时间内外都不得做出或发表有损于企业利益和名声的行为或言论;(3)劳动者在工作期间,不得挑衅闹事,做出影响其他劳动者工作的行为。

综上,我们认为,劳动者义务的伦理内涵是指:为了保障劳资双方团结合作、和谐共赢的劳资伦理关系的建立和稳定,由劳动者对用人单位履行的以勤勉、诚信、忠实、遵纪、守法、团结、友善等为主要内容的各项作为和不作为义务的总称。具体体现为:在劳动契约缔结阶段,履行以诚信、公平为主要内容的伦理义务,保障劳资双方能够在诚信、公平的秩序下自由订立劳动契约;在劳动契约履行阶段,履行以勤勉、敬业、忠实、遵纪、守法、团结、友善等为主要内容的伦理义务,促进劳资双方能够通力合作、互利互惠,最终建立和谐共赢的劳资伦理关系。

二、劳动者伦理义务的法理基础

劳动者的伦理义务从何而来,其法理基础为何,这是研讨劳动者伦理义务时必须厘清的一个前置性问题。虽然学界对于劳动者伦理义务的研究极为匮乏,但通过对学界相关成果的搜集和梳理可以发现,对于相类似的劳动者附随义务的法理基础,台湾学者曾给出过相应的解释,其认为"劳动契约的附随义务之法律依据,主要可分为四种不同学说:(1)身份法因素说;(2)人格法上共同关系说;(3)诚信原则说;(4)冲突对立理论说"①。对此,结合学界同仁的研究成果,我们认为劳动者伦理义务的法理基础主要有以下几点。

---

① 台湾劳动法学会编:《劳动基准法释义》,台北新学林出版股份有限公司 2011 年版,第 126 页。

(一) 传统文化中的礼治道德观念

陈寅恪先生曾指出:"礼、律,古代本为混通之学。"[①]萨孟武先生也说过:"古代之所谓'礼',乃包括在'法'在内。"[②]由此可见,传统文化中的礼治道德思想一直是我国义务立法的重要逻辑前提和理论基础。而劳动者伦理义务的产生,也同样受到我国传统文化礼治道德观念的深刻影响。

在古代思想家看来,礼源于道德规范,具有自律性。礼是区分野蛮和文明的标志,知晓礼义是人之为人的根本。这也就是《礼记·曲礼》所言的"为礼以教人,使人以有礼,知自别于禽兽"。在这样的背景下,古代的礼治思想内容丰富、体系庞杂,涵盖了君臣、婚姻、家庭、孝悌、工商等各个方面。而其中要求个人在日常生活和劳动过程中勤勉、诚信、忠义等礼义观念则在劳动者个体行为的规范上,对和谐互利的劳动伦理关系的形成产生了深刻的影响,也自然成为劳动者在劳动关系中所应承担的伦理义务的重要依据。

而礼义思想除了对个体的行为有着一定的规范约束外,对维护社会秩序的稳定也同样有着重要的作用。《荀子·礼论》云:"绳者直之至,衡者平之至,规矩者方圆之至,礼者人道之极也。"意思就是说如果没有礼,那么社会的安宁就无从谈起。在生产力较为低下的古代社会,一旦物质资源无法满足人们不断增长的物质需求和欲望时,其带来的必然结果就是争斗。而"争则乱,乱则穷。先王恶其乱也,故制礼义以分之,以养人之欲,给人之求,使欲求不穷乎物,物必不屈于欲。两者相

---

① 陈寅恪:《隋唐制度渊源略论稿》,生活·读书·新知三联书店2001年版,第115页。

② 萨孟武:《中国政治思想史》,东方出版社2008年版,第3页。

持而长,是礼之所起也"①。正因为如此,古代的礼治思想一直对于"义利"之辩有着明确的态度,传统礼义观念宣扬的"君子喻于义,小人喻于利"②就是最好的证明。这种宣传"重义轻利"的思想不仅在当时的社会背景下引导人们不要因为利欲熏心而不断地发生争斗,维持了社会的稳定,甚至对当前市场经济下一度严重的拜金主义风气也有着一定的纠正作用。在劳动关系的运行过程中,劳资双方难免会遇到外界利益的诱惑,此时这种"重义轻利"的传统礼义道德观念无疑对于劳资双方杜绝利益诱惑,形成紧密合作的企业共同体与和谐互助的劳资伦理关系有着积极的引导作用。鉴于此,传统礼义中引导人们在社会交往和生产劳动过程中团结、友爱、轻利重义的道德理念无疑也是劳动者伦理义务重要的理论基础。

(二) 劳动关系的人身隶属性要求

劳动与人身不可分离的特性决定了,劳动契约的履行与其他一般民事契约履行不同,劳动者必须亲自履行、实际履行和全面履行,不得转让也不得继承。在劳动契约签订之后,劳动者就必须按照劳动契约的约定,成为资方内部的一员,在资方的指挥管理下,与其他劳动者一起相互协作,共同劳动。此时的劳资双方关系已经不再是劳动契约缔结阶段的平权主体关系,而是管理与被管理的人身隶属关系。

但这种人身隶属关系并不意味着劳动者在劳动关系运行过程中必然会受到资方的管理和压迫,也并不意味着资方必然会利用自己的强势地位侵害劳动者的合法权益。在社会主义市场经济蓬勃发展、国际经济一体化的今天,人们越来越认识到,现代经济条件下的企业作为社

---

① 李慧芬:《荀子管理思想论》,山东人民出版社 2004 年版,第 128 页。
② 《论语·里仁》。

会经济组织体的基本单元,乃是"资合"与"人合"的统一,即企业既是资本的集合体,也是人的集合体。在如今激烈的市场竞争中,竞争早已不再单单是企业之间的博弈,劳动者之间也存在着激烈的竞争。当某个企业放出一个高薪酬、高岗位的职位时,劳动者之间往往会为了一个职位产生激烈的竞争。而对于劳动者而言,企业的选择也并非仅是出于单一的经济思考,而是基于自身情况和各方面因素反复权衡的结果。

在这样的时代大背景下,无论是资方还是劳动者都深刻地意识到,要想实现自己的目的,获得自身的权益,依靠相互之间的"内斗"是不可能达成目标的,反而会损害各自的利益。只有以企业为共同载体,通力合作,帮助企业在激烈的市场竞争中赢得胜利,才是实现自己目标的唯一途径,这样不仅能为企业获得可观的利润,劳动者本身也将获得金钱和人生成就的双项利益。"如果我们将商场比作战场的话,那么我们完全可以将企业比作在市场上征战的军团。在这个企业军团中,作为投资者的资方乃是企业军团的所有者与指挥者,为了能够在竞争激烈残酷的商战中获得生存与发展,他既需要能够为其出谋划策、运筹帷幄,辅佐其协调企业军团进行市场竞争的高级管理人员,也需要形成内部分工、团队合作征战市场的企业策划、内部生产管理、财务管理、市场开拓与营销等专业人员,同时还需要战斗在一线的生产、营销、文秘甚至安保、保洁等普通劳动者。"①实现这一切的核心在于劳动者能够以帮助企业发展为己任,听从资方的管理与指挥,勤勉工作,与同事和谐相处,互帮互助。如果劳动者在工作过程中,仅从自身利益出发,迟到早退,不服从管理,与同事之间纠纷不断,那么必然会对建立和谐共赢的劳资伦理关系产生极为恶劣的影响。此时劳动者伦理义务的设立就

---

① 秦国荣:《无固定期限劳动合同:劳资伦理定位与制度安排》,《中国法学》2010 年第 2 期。

显得尤为重要,或者说劳动者伦理义务的设立就是为了防止个别劳动者破坏和谐共赢劳资伦理关系行为的出现,从而保障其他劳动者和资方的核心利益。只有劳动者切实履行应有的伦理义务,才能在劳动关系运行过程中,实现劳资利益的双赢,构建和谐共赢的劳资伦理体系。

三、劳动者伦理义务的定位

劳动者伦理义务作为基于劳动关系中劳资双方的应然伦理状态而衍生出的对劳动者的一种应当性要求,其目的在于保障和维持劳资双方和谐共赢的伦理关系。但在实践中真正运用劳动者伦理义务对劳资关系进行调整时,为了保障劳动者伦理义务发挥其应有的效果,还应当对劳动者伦理义务本身的内在属性有着准确的定位。具体而言,应有以下两点引起重视。

(一) 劳动者伦理义务的道德属性

所谓劳资伦理,是指"企业出资者、代理人、法人机构、经营监督机构与普通雇员之间,在处理彼此关系时所持有的伦理精神和伦理原则。而劳资伦理精神则是劳方与资方交往的内心道德灵魂"[1]。由此可见,劳动者伦理义务乃是劳动者在劳动关系运行过程中道德灵魂的体现,其内在具有强烈的道德属性。

一直以来,道德和法律之间都有着千丝万缕的联系,自然法学派的学者一直认为义务的本源是人们的道德心。而道德相较于法律而言,其最大的优势在于调整范围的广泛性。与法律对其调整主体和行为范

---

[1]　杜海燕:《论非公企业劳资伦理精神和原则》,《东北师大学报(哲学社会科学版)》2012年第1期。

围的明确限定不同，道德对于人们的大多数行为均可以进行调整。因而劳动者伦理义务的优势也在于其调整范围的广泛性，当在司法实践中遇到劳动立法尚未对其规定的劳动者行为时，法官完全可以适用劳动者伦理义务对其进行约束和规范。

但另一方面，道德调整的弊端也十分明显，即道德本身存在极大的模糊性和不确定性，劳动者伦理义务亦是如此。这就使得在司法实践中适用劳动者伦理义务时，存在着极大的自由裁量权和弹性空间，法官缺乏准确的裁判标准。目前实践中较为典型的代表，就是劳动者忠实义务的适用。劳动者忠实义务源于人们长久以来形成的诚信道德准则，具有强烈的道德属性。在司法实践中，虽然法官可以援引劳动者忠实义务调整大量立法尚未规定的劳动者行为，但在适用过程中，法官如何准确对劳动者忠实义务的具体标准进行把控，亦是实践中的一大难题。正如徐国栋教授所言："诚信原则是对法官自由裁量权的授予，诚信原则意味着承认司法活动的创造性与能动性。"[①]

因此，鉴于劳动者伦理义务内在的道德属性，在劳动者伦理义务的适用过程中，一方面，需要司法机关以目的为导向，认识到劳动者伦理义务设立的目的乃是维护劳资和谐共赢的劳资伦理关系，并以此目的为指引，在实践中准确地适用劳动者伦理义务处理劳动纠纷。另一方面，有赖于立法者将劳动者伦理义务逐步法定化，并通过相关立法将其精细化，增加劳动者伦理义务在实践中的可操作性，进而辅之以发布司法解释或公布指导性案例等手段，帮助司法机关在处理劳动争议案件中准确把握劳动者伦理义务的道德适用尺度，最终实现劳资和谐共赢的劳资伦理关系的建立。

---

① 徐国栋：《民法基本原则解释——成文法局限性之克服》，中国政法大学出版社1992年版，第79页。

（二）劳动者伦理义务的社会法属性

近年来,随着劳动法学科的不断发展,劳动法的社会法属性越来越得到学界的重视,相应地,劳动权利义务所呈现出的社会化趋势亦越来越受到学人和立法者的关注。劳动者伦理义务作为涵盖整个劳动关系运行过程中的义务群体,其不仅局限于劳动合同的订立和履行领域,还涉及侵权法等私法领域。例如,劳动者违反伦理义务,对资方发表不正当的攻击言论,就可能涉及对资方名誉权的侵犯。再如,劳动者违反伦理义务,在工作过程中挑衅其他劳动者,并对其人身或财产造成损害,也会涉及侵权法的相关领域。此外,劳动者违反伦理义务的行为,还有可能触及公法领域。例如,劳动者违反生产安全规章的行为给资方造成巨大的财产和人员损失,或者劳动者非法挪用资方财产等行为,都可能触及刑法或行政法等公法的范畴。因此,唯有从公法、私法相兼容的"第三法域"即社会法的立场出发,发掘出劳动者伦理义务的社会法属性,我们才能对劳动者伦理义务进行准确的定位,获得对其准确、完整的认识。但需要注意的是,国家公权力介入和干预劳动关系的目的主要是在兼顾劳资双方利益的基础上,为劳动关系弱势一方劳动者的合法权益提供"倾斜性的保护",因而劳动者因违反劳动者伦理义务而承担公法责任的范围和程度都将受到严格的限制。①

此外,除了劳动者违反伦理义务本身可能涉及公私法域融合的问题,劳动者在履行伦理义务的过程中也同样可能涉及公私益相冲突的问题。这里的公私益相冲突,指的是劳动关系当事人的利益与社会公共利益之间的冲突问题。其中最为典型的当属"公益告发"行为,我国《消费者权益保护法》第6条第2款规定:"国家鼓励、支持一切组织和

---

① 参见许建宇:《劳动者忠实义务论》,《清华法学》2014年第6期。

个人对损害消费者合法权益的行为进行社会监督。"由此可见,当劳动者发现资方在生产经营过程中存在损害消费者合法权益的行为,并且主动向媒体或者主管部门举报时,就存在着一个公益和私益冲突的问题。一方面,劳动者伦理义务中的忠实义务要求劳动者对于资方应当忠诚,不得做出有损资方利益的行为;另一方面,劳动者伦理义务中的正直、善良等义务也要求劳动者从社会公益角度出发,主动维护广大消费者的权益。两者从表面上看,似乎存在着直接的冲突。但比较起来,资方利益属于"小利",资方行为违反公德,而社会公德属于"大利",维护公德公益属于"大义",两者孰轻孰重,其实并不难判别。鉴于劳动者伦理义务的最终目的在于维护劳资和谐共赢的伦理关系,在公益揭发的问题上,劳动者面对资方短期的不正当私益和广大消费者的社会公益时,应当优先选择保护社会公益。因为即便劳动者暂时维护了资方的私益,但由于资方的这种私益是不正当的,也是短暂的,其最终必然会被司法机关查处,到那时必然会损害劳资双方的利益,不符合劳资共赢的劳资伦理精神。而选择保护社会公益,揭发资方的不当行为,在某种程度上也是给资方一个改过自新的机会,劝其悬崖勒马,避免造成更大的恶果。从侧面看,这反而是符合劳资和谐共赢的伦理内涵的。因此,在具体个案中如何平衡好保护雇主利益与保护社会公共利益之间的关系,尽管是一个极费思量的法理问题,但确实需要立法、执法机构依据"利益衡量"规则予以深酌,做出统一清晰的规定。[1]

---

[1] 参见李飞:《法律如何面对公益告发——法理与制度的框架性分析》,《清华法学》2012年第1期。

四、劳动者违反伦理义务的归责原则与法律后果

近年来,随着市场经济的不断发展,我国逐步进入经济社会转型深水区。相应地,劳动关系的主体及其利益诉求越来越多元化,劳动关系矛盾逐渐进入凸显期和多发期,劳动争议案件数量居高不下。而导致劳动纠纷频发的原因,一方面是部分企业非法用工,违反劳动立法的相关规定,损害劳动者的合法权益;另一方面是部分劳动者违反自身义务,做出如泄露企业商业秘密、违反竞业禁止规定、不遵守企业安全操作章程等损害资方利益的行为。因此,明确劳动者违反伦理义务时的归责原则与法律后果,实乃确立劳动者伦理义务制度的应有之义。

(一) 归责原则

劳动者伦理义务是指,为保障劳资伦理关系的建立,劳动者在劳动关系运行过程中应当履行的伦理义务。因此从法理上看,劳动者违反伦理义务时的归责原则和法律后果与劳动者违反劳动合同中的其他义务时的归责原则和法律后果并无明显区别。故劳动违约责任的归责原则和法律后果,在一定程度上也适用于劳动者违反伦理义务的情形。所谓劳动违约归责原则,是指"劳动关系当事人发生违约行为时,确定违约方承担法律责任时所依据的标准"[①]。根据法律归责原则的一般原理,违反合同约定义务的违约当事人一般适用过错责任原则,违反法定义务的违约当事人则适用严格责任原则。考虑到劳动者伦理义务大部分源于长久以来劳动关系运行过程中的道德准则,并无法律规定,并且鉴于劳动者在劳动关系中的弱势地位以及我国劳动立法一直以来秉

---

① 秦国荣:《劳动违约责任:归责原则、构成要件及立法完善》,《当代法学》2006 年第 2 期。

持对劳动者的"倾斜保护"原则，我们认为，对于劳动者违反伦理义务的情况，适用过错责任原则较为适宜。这就意味着，当劳动者违反伦理义务行为发生时，劳动者要承担相应的法律责任，必须具备以下四个要件。

第一，劳动者具有过错。这里的"过错"是指，劳动者对于自己应当承担的伦理义务，主观上存在故意不履行或者具有重大过失的情形。所谓故意不履行，是指劳动者明知或应当知道其行为违反伦理义务，而主观上追求或放任该结果发生。而所谓重大过失，是指劳动者应当知道或能够预见其行为构成违约，但因疏忽大意或过于自信未能避免结果发生。此外需要特别注意的是，实践中在对劳动者过错进行判定时，考虑到劳动者伦理义务的道德性，对于劳动者行为的道德裁量尺度应当适当高于一般民众。特别是对于特殊职业的劳动者，例如医生、教师等，由于这些职业的工作内容决定了劳动者必须具备一定的职业伦理，因此对于其违反职业伦理义务是否存在过错进行认定时，裁量标准必然要高于一般劳动者或民众。

第二，劳动者具有违反伦理义务的行为。这里指劳动者客观上存在违反伦理义务的行为，但这里的行为既包括积极的作为，例如泄露商业秘密、发表攻击资方的言论等，也包括消极的不作为，例如不按照资方的指示进行工作或消极怠工等。

第三，用人单位存在损害事实。即用人单位的人员、设备、财产或其他合法权益受到一定的损害。

第四，用人单位的损害事实与劳动者违反伦理义务的行为之间存在因果关系。即用人单位的损害是由劳动者违反伦理义务的行为直接造成的，对于因劳动者违反伦理义务而间接造成的损害，劳动者无需承担责任。

（二）法律后果

前已述及,劳动者伦理义务作为基于劳动关系中劳资双方的应然伦理状态而衍生出的对劳动者的一种应当性要求,其具有私法、公法属性相兼容的社会法特征。相应地,劳动者违反伦理义务之后,往往也会同时产生私法和公法上的责任。具体而言,劳动者违反伦理义务的法律责任主要体现为以下几点。

第一,民事责任。虽然劳动关系具有其特殊的人身隶属性,但就本质而言,其乃属于民事关系的一种。因此,当劳动者违反伦理义务时,劳动者首先需要承担相应的民事责任。但需要注意的是,在实践中,劳动者承担的民事责任往往表现为多种民事责任相竞合的状态。例如,当劳动者泄露资方的商业秘密时,一方面,劳动者可能需要承担违反保密协议或劳动合同的违约责任;另一方面,如果泄露的商业秘密给资方造成知识产权或者财产上的损失,劳动者还需承担因不正当竞争行为而产生的侵权责任。

第二,劳动法上的责任。劳动者伦理义务作为劳动法上的劳动者应承担的特有义务,在劳动者违反之后,必然需要承担劳动法上的一些特有的责任,其内容既包括企业规章制度或集体合同规定的责任,也包括法律直接规定的相应责任。例如对于劳动者违反企业安全生产规程的行为,用人单位既可以根据内部规章制度以警告、记过、扣罚奖金等方式对其进行惩戒,情节严重的,也可以根据劳动立法的规定与其解除劳动合同。

第三,刑事责任和行政责任。在一般的民事合同中,当事人违反义务一般仅需承担民事上的违约责任。但在劳动关系中,劳动者如果违反伦理义务,情节严重时还可能需要承担相应的刑事和行政责任。例如，我国《刑法》第219条专门对泄露商业秘密的行为规定了"侵犯商业秘密罪"。

五、结　语

自人类诞生以来，内在的天然欲望都在驱使着每个独立的个体追寻着各自的自由，但在现实的文明社会中，个体的绝对自由带来的只有社会的混乱和公共利益的损害，最终个人的利益也得不到保障。只有在接受合理约束情况下的自由，才是真正符合伦理要求的自由。同样对于劳动关系而言，在劳动关系运行过程中，只有劳资双方妥善履行各自应尽的伦理义务，才能从根本上实现和谐共赢的劳资伦理关系，维持劳动关系长久稳定的健康发展。劳动者伦理义务的提出，正是基于学界同仁对劳资伦理的研究，即意图通过对劳动者设立相应的伦理义务，缓解当前紧张的劳资矛盾，引导劳资双方在劳动关系运行过程中以企业为共同载体，通力合作，形成紧密相联的利益共同体，最终构建和谐共赢的劳资伦理格局。劳动者作为在市场经济中凭借自己的能力、学历、学识、技能、品行等获得工作岗位的群体，相对于相当一部分自谋职业和没有获得工作岗位的群体而言，已经是劳动力市场竞争中的成功者。正因为如此，劳动者在职场生涯中，更应当珍惜自己来之不易的工作机会，时刻提醒自己自强、自律、自信、自爱，忠实维护本单位的声誉和利益，与同事保持良好沟通和协作关系，忠于职守，勤勉工作，以自己的诚实勤劳和忠诚付出获得自己的薪资、晋升和发展空间。[①] 总而言之，我国当下的劳动法治建设应深刻认识和理解社会主义市场经济条

---

① 参见秦国荣：《劳资伦理：劳动法治运行的价值判断与秩序维护》，《社会科学战线》2015年第7期。

件下的劳资伦理关系,以培育团结协作、和谐共赢的劳资伦理关系为己任,既要注意防范与遏制不良企业侵害劳动者基本权益的行为,保障劳动者的合法权益,同时也要注意预防和惩戒劳动者违背伦理义务的行为。只有这样,才能真正维护法律的公平与正义,维护劳资伦理秩序与社会道德信念。

第三节　劳动者主义务与附随义务:
法理依据及其类型化分析

一、劳动者主给付义务的法理渊源和历史基础

劳动关系就其法律性质而言,乃属于民法中债的关系的一种。而现代民法体系中债之关系的核心乃是建立在给付义务之上的,并且这种给付义务的内容往往能够决定这种债的关系的类型。例如在民法的买卖合同关系中,双方互相承担的就是买卖双方交易的物品和金钱的给付义务。而劳动关系相较于其他民事关系而言,具有一定的特殊性。其中最为显著的特点在于劳资双方之间交易的物品并非看得见摸得着的实物,而是劳动者的劳动力使用权和资方支付的工资报酬之间的交换,而这种交换则具有一定的历史必然性。

在封建社会时期,自给自足的自然经济占据主导地位,那时的人们无需向他人出卖自身的劳动力便可以满足自己生活的需要。然而随着社会生产力的不断发展,大量的剩余产品开始出现,直接催生了私有制

的产生。随着人们开始将自身的私有产品相互交换以获得自身需要之物时,商品经济便开始逐渐兴盛起来。商品经济发展到一定程度而带来的就是资本主义的产生。在封建社会向资本主义社会过渡时,资产阶级意识到要想使得资本主义生产方式得以建立,必须同时具备两个基本的经济条件:第一,必须拥有大量的有人身自由但丧失了一切生产资料的劳动者;第二,必须在少数人手中集中大量的、为进行资本主义生产所必需的货币财富。于是,为了达成这两个目标,实现由封建社会向资本主义社会的过渡,新兴的资产阶级开始利用各种手段迫使小生产者与生产资料相分离,把生产资料和财富集中到自己手中并转化为资本。当时发生在英国的著名的"圈地运动"就是典型的资本主义原始积累的方式之一,大量的小生产者和农民不得不放弃他们的土地和生产资料,进入工厂劳作。

此时对于被剥夺土地和大量生产资料的人们而言,一方面他们失去了以往赖以生存的生产资料,为了维持自身和家庭的生存,不得不出卖自身的劳动力以换取工资或生产资料。但另一方面,他们突破了以往封建生产方式中的人身束缚,获得了人身上的自由,不再受过去等级身份的控制,可以自由决定自己如何劳动或为谁劳动。对于通过资本的原始积累而获得大量生产资料的新兴资产阶级而言,虽然他们通过一系列的手段和运动占有了大量的生产资料和财富,但是受到自身劳动力的天然限制,要想通过这些生产资料来实现利润的再产生和资本的扩张,就不得不招募大量的劳动力来帮助其生产。受到各自需求的驱动,劳动力市场上就出现这样的两类人群:一类是怀揣着劳动力资本,希望通过出卖劳动以换取生活资料或货币工资的劳动者;另一类则是拥有大量货币资本,希望通过以支付货币或生产资料的方式,获得优质劳动力的资方。劳资双方都以谋求自身利益为目的,希望通过出卖自身所有的物品来获取对方的物品,而这种交换的实质在于"以自己劳动为基础的所有权,在流通中成为占有他人劳动的基础"①。为了迎合市场的需要,劳动契约应运而生,为劳资双方之间劳动力使用权和工资的交换提供了一个协商的空间和平台。

对于劳资双方在劳动关系中的关系和地位,马克思有过极为深刻的阐述,他认为从法律角度来看"劳动力占有者和货币占有者在市场上相遇,彼此作为身份平等的商品占有者发生关系,所不同的只是一个是买者,一个是卖者,因此双方是在法律上平等的人"②。劳动者"在市场上,作为'劳动力'这种商品的占有者与其他商品的占有者相对立。他把自己的劳动力卖给资本家时所缔结的契约,可以说像白纸黑字一样表明了他可以自由支配自己"③。现代企业的生产经营乃是货币资本与劳动力资本的相互结合,如果说资方从事市场营利活动和竞争行为的资本在于其雄厚的资金和生产资料的话,那么劳动者在当今激烈的人才竞争中的资本就是自己的劳动力和综合素质,劳动者出售自身劳动力的行为同样属于市场交易的自利行为。这里的劳动力资本并非单单指劳动者自己的劳动,劳动者的经验、技能、人脉、品质等各项因素都是劳动者的劳动力资本,这也是劳动者与资方进行资本交换谈判时最主要的筹码。④

---

① 〔德〕卡·马克思:《〈政治经济学批判〉第一册第二章初稿片段和第三章开头部分》,载《马克思恩格斯全集》第46卷(下),人民出版社2009年版,第463页。

② 〔德〕卡·马克思:《资本论》,载《马克思恩格斯文集》第5卷,人民出版社2009年版,第195页。

③ 〔德〕卡·马克思:《资本论》,载《马克思恩格斯文集》第5卷,人民出版社2009年版,第195页。

④ 秦国荣:《劳资伦理:劳动法治运行的价值判断与秩序维护》,《社会科学战线》2015年第7期。

但这里需要明确的一个问题是:劳动者在劳动契约中向资方出卖的劳动力究竟为何物? 是劳动本身还是仅是劳动契约期间的劳动力使用权? 应该说,劳动者向资方出卖的仅仅是自身的劳动力使用权,而非劳动本身。究其原因,主要有以下几点。

第一,从劳动的产生时间来看,劳动不具有可交换性,正如马克思所言,"劳动要作为商品在市场上出卖,无论如何必须在出卖以前就已存在"[①]。然而在劳动契约订立之时,劳动者并没有付出劳动,因而劳动也就并不客观存在,无法当作标的进行交易。

第二,从劳动的实际权属来看,劳动不具有可交换性。虽然很多学者认为劳动者在劳动契约缔结之后应向资方做出劳动,因此劳动者交易的标的应是劳动者的劳动。但他们未曾意识到,"当工人的劳动实际上开始的时候,它就不再属于工人了,因而也就不再能被工人出卖了"[②]。此时,劳动者的劳动已经基于劳动契约而属于资方,劳动者自然不可能将属于资方的劳动再出卖给资方。

第三,从劳动的内在属性来看,劳动无法被当作交换物。在经济学价值论这一理论中,无论是劳动者的具体劳动还是抽象劳动,其功能都是价值的实体和内在尺度,其自身无法用价值来衡量。马克思说:"一切劳动,从一方面看,是人类劳动力在生理学意义上的耗费;作为相同的或抽象的人类劳动,它形成商品价值。一切劳动,从另一方面看,是人类劳动力在特殊的有一定目的形式上的耗费;作为具体的有用劳动,它生产使用价值。"[③]所以从某种意义上说,劳动本身就是价值形成的

---

① 〔德〕卡·马克思:《资本论》,载《马克思恩格斯文集》第5卷,人民出版社2009年版,第614页。

② 〔德〕卡·马克思:《资本论》,载《马克思恩格斯文集》第5卷,人民出版社2009年版,第615页。

③ 〔德〕卡·马克思:《资本论》,载《马克思恩格斯全集》第23卷,人民出版社2009年版,第60页。

来源,本身无法衡量,因此如果强行对劳动本身进行价值衡量的话,那么将面临无法找到价值参照物的难题,从而也将影响其他物品价值的定位。而无法进行价值判定的劳动,自然无法作为交易的标的。

由此可以看出,即便劳动者在劳动契约缔结后需按照契约的约定为资方提供劳动,但劳动者并不是将自己"卖身为奴",而是"在让渡自己的劳动力时不放弃自己对它的所有权"[①]。这样,在劳动契约中,资方以给付约定工资或货币的方式获得劳动者的劳动力使用权,而劳动者则以给付劳动的方式获得相应工资或生活资料。[②]

因此在劳动关系这种特殊的民事关系中,劳动者首先需要履行的、最为主要和基本的给付义务便是在用人单位的监督和管理下,按照用人单位的指挥给付劳动的义务,简称为劳动义务。而与劳动者劳动义务相对应的则是用人单位根据劳动者给付的劳动而提供的报酬给付义务或工资给付义务,就劳动关系而言,劳资双方的主给付义务互为对等关系,任何一方拒绝履行这一主给付义务,都可能会直接导致劳动关系的破裂。

二、劳动者主给付义务的内容

劳动者主给付义务内容主要是劳动者对其雇主的劳动给付义务,由于劳动关系涉及范围巨大,各行各业的劳动给付有着不同的特点,因此实践中劳动者主给付义务的内容,往往依据劳资双方在劳动合同中的具体约定,分为给付地点、给付方式与品质以及给付时间三大类型。

---

　　① 〔德〕卡·马克思:《资本论》,载《马克思恩格斯全集》第23卷,人民出版社2009年版,第195—196页。
　　② 秦国荣:《劳资伦理:劳动法治运行的价值判断与秩序维护》,《社会科学战线》2015年第7期。

第一,给付地点。所谓义务给付地点即工作地点,是指劳动者为雇主提供劳动的地点。对于工作地点,劳资双方一般在劳动合同中会有明确的约定,并且除了劳动合同具有明确的指示外,默认劳动者应聘所在地的雇主营业场所为劳动者的劳动给付地。

但现实中经常出现的问题是,有时在特殊的情况或者行业中,用人单位不得不对劳动者进行工作地点的转移。例如一些跨国企业,为了自身业务,而将劳动者调往别的地区或者国家工作。这种工作地点的调动往往会给劳动者带来极大的不便,因为实践中劳动者工作地点的变动,不仅仅意味着劳动者劳动给付地点的改变,而且意味着劳动者的家庭、生活环境、人际关系等等都将发生巨大的改变,甚至某些劳动者不得不离开自己的家人,因此对于劳动者而言,给付地点变动的影响是巨大的。然而另一方面,用人单位为了业务开展,有时不得不对自己的工作人员进行调动。那么问题在于,如果用人单位对劳动者的工作地点进行调动,劳动者是否应当遵从用人单位的指示,履行给付劳动的义务。我们认为,实践中有的用人单位在招聘时直接将劳动者的工作地点或范围定为全国或者全世界范围,这种行为难免让人产生用人单位利用自身的强势地位侵犯劳动者合法权益的怀疑。因此,出于保护劳资双方的合法权益,且从对劳动者适当倾斜保护的角度出发,劳动法学界对于用人单位调动劳动者工作地点的行为原则上表示否认的态度。

但是为了保障劳动关系的和谐稳定,在一定的特殊条件下,用人单位如果对劳动者的工作地点进行调整,劳动者仍应当履行劳动义务,听从用人单位的调遣。对此,台湾地区的劳动法学界认为,“同一事业单位内部的工作地点调动,用人单位在有确实理由的情况下可以凭借自己的指示权进行随意制定,对此劳动者应当予以遵从。但对于超出同一事业单位范围之外的工作地点调动,劳动者原则上并无转移地点进行劳务提供的义务,但在雇主确有调动的需要,并且符合以下五项原则时,劳动者应当遵从雇主的调动指示:(1) 基于用人单位经营上的需要;(2) 不得违反劳动合同的约定;(3) 对于劳动者的薪资以及其他劳动条件,未作出不利的变更;(4) 劳动者对于调动后的工作内容和要求能够胜任;(5) 如果调动的地点过远,对于劳动者的搬迁、家属安置等问题用人单位应当予以必要的协助"①。据此,在满足以上五项原则的情况下,用人单位可以在业务开展确有需要的情况下对劳动者的工作地点进行调动。如果在此种情况下,劳动者仍然拒绝进行调动,用人单位可以劳动者拒不执行单位指示,拒绝履行劳动给付义务为由,对其进行相应的惩戒。

除此以外,还有部分特殊行业的劳动者并没有固定的工作地点。例如航空公司的驾驶员或空乘、销售公司的业务员、公交车或出租车司机以及旅行社的导游等等。对于这一类型的劳动者,用人单位自然可依据劳动合同的约定,对劳动者的工作地点进行必要的指示和调动,劳动者应当履行相应的劳动义务。

第二,给付方式与品质。对于劳动者主给付义务的给付方式与品质,一直以来学界都未曾给予相对深入的研究。原因在于,实践中劳动者的劳动给付方式与品质往往会随着行业和岗位的不同而呈现出极大的差异性,其往往在劳动合同中会予以明确的约定。并且随着劳动者自身岗位的调动,相应的给付方式与品质也会发生改变。因此,学者们往往很难从整体上对劳动者的劳动给付方式与品质进行概括和研究,相应的研究成果也自然较少。

但是近年来,劳动者给付方式与工作品质的问题,却逐渐成为学界

---

① 台湾劳动法学会编:《劳动基准法释义》,台北新学林出版股份有限公司 2011 年版,第 111 页。

讨论的一个热点。特别是最高院发布的第 18 号指导性案例,一度将劳动者"不能胜任工作"的问题推上了风口浪尖。究其原因在于,我国《劳动合同法》第 40 条将"劳动者不能胜任工作"作为了法定的解雇事由之一。于是,如何认定劳动者"不能胜任工作"就成了实践和学术界都普遍关注的一个问题。

所谓劳动不能胜任工作,其实质就是在于劳动者劳动给付品质的问题,当一个劳动者所给付的劳动品质无法满足自身岗位的需要或雇主的要求时,雇主往往就会认为劳动者不能胜任当前的工作,从而以劳动者无法履行自身的劳动给付义务为由对劳动者进行相应的惩戒。劳动者劳动品质降低的原因,实践中往往分为两类:一是劳动者主观上"能为而不为"或"故意消极懈怠";二是劳动者客观上的学识、品行、能力或身心状况使劳动者不能为。

对于第一种劳动者故意懈怠降低劳动品质的行为,用人单位可以依据相应的规章制度或者劳动立法的规定对其进行惩戒。但对于第二种情形,如果劳动者确实无法完成工作岗位所要求的工作任务和达到相应的品质标准,用人单位也不得对其进行强制性的要求。尤其是近年来,"过劳死"的现象在我国时有所闻,因此对于劳动者客观的工作能力和用人单位对工作品质、强度的要求冲突问题,必须采取较为合理妥善的处理方式。对此,德国的劳动法通说认为:"劳动者的劳动品质和速度必须依据劳动者的劳动给付能力而定。雇主对于劳动者工作的要求必须考量到在相应的工作时间内对劳动者精神和生理上的能力的要求。如果某一劳动者可以超过一般平均水平给付劳动,那么他的劳动给付义务必须以超过一般水平要求之,其相应的工资报酬必然也就会高于其他低水平劳动者。但若某一劳动者只能以低于一般标准的水平给付劳动,那么雇主就只能在低于一般水准的标准上要求劳动者履行劳动给付义务。不过如果劳动者故意降低劳动水准,从而企图误导雇主对其降低工作水准要求,那么法院可以认定其违反了工作义务。但是无论在何种情况下,不得伤害劳动者的身体健康是雇主必须遵守的原则。"①

第三,给付时间。劳动者劳动给付的时间,也就是工作时间。其开始、终止、休息及加班,原则上都依据劳动关系双方的约定。但考虑到工作时间对于劳动者而言影响重大,因此一方面劳动立法对于劳动者的工作时间设置了明确的劳动基准。例如我国《劳动法》第36条明确规定:"国家实行劳动者每日工作时间不得超过8小时、平均每周工作时间不超过44小时的工作制度。"第37条规定:"对于实行计件工作的劳动者,用人单位应当根据本法第36条规定的工时制度合理确定其劳动定额和计件报酬标准。"对于既不能实行标准工时制度,又非计件工作制度的劳动者,劳动立法将其称为综合计算工作时间职工和不定时工作的职工,也为其制定了详细的工作时间规定。

据此,我们认为对于劳动者的主给付义务即劳动义务而言,在双方约定符合法律规定的工作时间内,劳动者具有按时履行自己劳动的义务。但是对于劳资双方之间超出法定的工作时间基准的约定,劳动者则不必履行自己的主给付义务。换言之,劳动者仅在符合法律规定的工作时间内具有主给付义务。

但这也并不意味着在任何情况下,劳动者的工作时间都无法进行调整。我国《劳动法》第41条规定:"用人单位由于生产经营需要,经与工会和劳动者协商后可以延长工作时间,一般每日不得超过1小时;因特殊原因需要延长工作时间的,在保障劳动者身体健康的条件下延

---

① See: BAG 20.3.1969 AP Nr. 27 zu § 123 GewO.

长工作时间每日不得超过 3 小时,但是每月不得超过 36 小时。"第 42 条规定:"有下列情形之一的,延长工作时间不受本法第 41 条的限制:(一)发生自然灾害、事故或者因其他原因,威胁劳动者生命健康和财产安全,需要紧急处理的;(二)生产设备、交通运输线路、公共设施发生故障,影响生产和公众利益,必须及时抢修的;(三)法律、行政法规规定的其他情形。"由此可见,在上述特殊情况下,劳动者仍负有履行劳动的主给付义务。除此以外,在任何情况下,用人单位不得违反劳动立法的规定在额外的工作时间里强迫劳动者履行主给付义务。

当然,对于劳动者在标准工作时间之外履行主给付义务,用人单位也同样需要对其支付相应的工资报酬。对此,《劳动法》第 44 条规定:"有下列情形之一的,用人单位应当按照下列标准支付高于劳动者正常工作时间工资的工资报酬:(一)安排劳动者延长工作时间的,支付不低于工资 150%的工资报酬;(二)休息日安排劳动者工作又不能安排补休的,支付不低于工资的 200%的工资报酬;(三)法定休假日安排劳动者工作的,支付不低于工资的 300%的工资报酬。"除此之外,我国实行带薪年休假制度,劳动立法明确规定,劳动者连续工作 1 年以上的,享受带薪年休假。

三、劳动者的附随义务

虽然劳动者履行劳动给付义务和用人单位履行工资给付义务为劳动关系的主要内容,但是由于劳动关系的特殊性在于其不仅仅是单纯的财产和劳动的交换,由于受到劳动力无法脱离劳动者而单独存在的限制,在劳动者向资方提供劳动的过程中,劳动者也不得不将自己的人身置于资方的管理之下,因此在劳动关系的存续期间,劳资双方开始逐渐形成了强烈的人身隶属关系,从而使得劳动关系具有强烈的人格特质。基于劳动关系的这种人格特质和人身隶属性,在劳动关系存续期间,劳资双方除了给付劳动和工资的主义务外,还衍生出一系列附随义务。

　　虽然世界各国劳动法学界对于劳动者附随义务的名称和具体内容存在诸多差异,如有的称之为忠实义务,有的称之为忠诚义务,还有的认为劳动者忠实义务并不能涵盖所有附随义务,除忠实义务外,还有其他多种多样的附随义务。但是总体上来说,劳动法学界普遍认为劳动者附随义务的实质在于在向雇主提供劳动的过程中尽到妥善的注意义务,并忠实维护雇主的合法权益。例如德国的《劳动契约法》草案曾对劳动者附随义务的含义进行过明确的界定:"劳动者在履行劳动关系的义务、行使劳动关系的权利和维护与劳动关系相关的雇主利益时,应要求该劳动者依据诚实信用原则的方法合理地考虑自己在企业内的地位,除了注重自身利益外也要考量其他劳动者的利益。"①

　　与大陆法系对于劳动者忠实义务直接给出准确的定义不同,虽然英美法系的劳动法学界对于劳动者附随义务并未能够给出准确的定义,但是在判例法的影响下,劳动法学界在长期的实践中也对劳动者的忠实义务有了相当深刻的理解。例如在英国,雇员除了应当履行主要的劳务给付义务外,一般还被认为具有以下附随义务:服从合理命令的义务;尽到合理的注意义务;合理地行使职权的义务;保持忠诚的义务(maintain fidelity);诚实的义务(be honest);竞争禁止义务;不得滥用秘密信息的义务;不得妨碍雇主业务的义务和详细报告的义务。②

---

　　① See: Schwedtner, *Fursorge-und Treuepflichten im gefuge des arbeitsverhaltnisses oder: Vom Sinn und Unism einer Kadifikation des Allgemeinen Arbeitsvertragsrechtm*, ZfA, 1979, S. 15, 16.
　　② 转引自甘勇:《劳动法》,武汉大学出版社 2003 年版,第 24—25 页。

再如,加拿大劳动法学通说认为:"无论雇佣合同是否明文规定,每一个雇员在履行工作主义务外,还需履行附随义务,即对雇主保持忠诚。所谓忠诚义务,是指雇员必须一心一意地、忠诚地、诚实地为雇主工作。忠诚义务的定义非常广泛,任何行为只要是不诚实的、有损于雇主声誉的或使雇员的利益与雇主的利益相冲突的,就均属禁止之列。"①

在我国,由于各种现实和历史的原因,劳动法学界一直未对劳动者的附随义务展开过深入的讨论。在早先的劳动法学研究成果中,也仅能见到学者对于劳动者忠实义务零星的讨论。对劳动者忠实义务最早进行相应论述的要属史尚宽先生在所著的《劳动法原论》一书中的论述。② 自此以后,由于我国长期处于动乱状态,劳动法学界的研究一度停滞。直至新中国成立后,谢怀栻先生和陈明侠先生在其著作《劳动法简论》中又一次对劳动者忠实义务进行了相应的论述,但令人遗憾的是谢怀栻先生和陈明侠先生对劳动者忠实义务的论述,也只是在介绍资本主义国家的劳动合同时,附带地简略介绍了劳动者的劳动义务、忠实义务和附随义务,③并且在论述我国的劳动合同制度时,也并未指出我国劳动者是否负有这一义务。

我国劳动法学界真正对于劳动者附随义务有所重视并展开相对深入研究是从 20 世纪 90 年代开始的,此时受到劳动法发展和国际研究浪潮的影响,学者开始逐渐关注劳动者忠实义务问题。但即便如此,大多数劳动法论著也只是对劳动者忠实义务做一些片言只语的知识性介绍,篇幅均很短小。④ 即使是一些劳动合同法领域的学术著作,其中也

---

① 〔加〕A. E. 奥斯特、L. 夏莱特:《雇佣合同》,王南译,中国对外翻译出版公司 1995 年版,第 77 页。

② 史尚宽:《劳动法原论》,台北正大印书馆 1978 年重刊版,第 23—26 页。

③ 谢怀栻、陈明侠:《劳动法简论》,中国财政经济出版社 1985 年版,第 76 页。

④ 梁慧星编:《民商法论丛》第 4 卷,法律出版社 1996 年版,第 526 页。

鲜有专门对劳动者忠实义务展开论述。较有代表性的事件是,当时在《合同法》起草期间,由学者起草的《中华人民共和国合同法(建议草案)》曾一度试图在"雇佣合同"一章中专门设置"受雇人的诚实义务"的条款,即"受雇人于提供劳务期间,有服从雇佣人指示、保守秘密、重大情况告知和照顾雇佣人利益的义务。受雇人故意或者因重大过失违反前款规定的义务,致雇佣人遭受重大损失时,雇佣人有权终止合同,并请求损害赔偿"。但当《合同法》于 1999 年 3 月 15 日正式通过时,此"建议草案"中的"雇佣合同"整章内容因各种原因已被悉数删除。

由此可以看出,一方面,劳动者附随义务在劳动法学研究的历史上早已被学界所认可,并展开了深入的理论研究和实践探索。但另一方面,我国的劳动法学界对于劳动者附随义务的研究还并未深入,有待进一步的探索。不过随着近年来我国劳动法的不断发展以及"和谐劳动关系"等理念的提出,劳动者附随义务的研究必然将呈现显著的发展。

四、劳动者附随义务的法理基础

对于劳动附随义务的法理基础,台湾劳动法学界一般具有四种学说:身份法因素说;人格共同关系说;诚实信用原则说;冲突对立理论说。[①] 大陆目前有学者在结合现有理论研究成果的基础上提出劳动者忠实义务的理论基础:一是,劳动关系的人身性和劳动关系的继续性特征;二是,诚实信用原则。[②] 对此,我们认为劳动者附随义务的产生既有一定的法理渊源,又有一定的道德渊源。归根到底,劳动者的附随义

---

① 台湾劳动法学会编:《劳动基准法释义》,台北新学林出版股份有限公司 2011 年版,第 126 页。

② 许建宇:《劳动者忠实义务论》,《清华法学》2014 年第 6 期。

务也是劳动关系之外社会群体依据理性和道德的指引对劳动者的一种应当性要求。而社会群体的理性和道德之所以会提出这样的要求,其根本原因在于劳动者对附随义务的履行将直接有利于劳动关系的维系和发展。换言之,如果劳动者不履行这种义务,会导致劳资双方关系的破裂。而能够支撑这一理论成立的法理,就可以认为是劳动者附随义务的法理基础。对此,我们认为劳动者附随义务的法理基础在于以下几个方面。

第一,劳动关系的人身隶属性要求。所谓人身隶属性是指由于劳动力与劳动者人身不得分离的特性,劳动者在向雇主提供劳动的过程中不得不将人身置于雇主的管理和调度之下。基于这种人身之间的长期交往,在劳动关系存续期间,劳资双方久而久之逐渐形成一种命运相关的人身隶属关系。这种人身隶属关系一方面要求劳动者除了履行工作义务外,还需要对雇主的利益尽到合理的照顾义务,不得做出有损于雇主利益的行为。另一方面,相对应地,雇主对劳动者除了应当履行工资给付义务外,还需尽到妥善的保护义务。在我国早期的文献资料中,史尚宽教授就认为正是劳动契约具有身份性契约的性质直接导致了劳动者具有忠实义务以及雇主具有相应保护义务。①

后来的学者研究认为,史尚宽先生之所以持有这样的观点,与其在德国留学的经历有十分重要的关系。史尚宽先生留学德国期间,正值德国魏玛政府时期,当时德国劳动法学界对于劳动合同性质这一问题的通说是认为劳动合同具有浓厚的身份法属性。而正是这种身份上的特殊性衍生出雇主对劳动者的照顾义务以及劳动者对雇主的忠实义务,特别是对于劳动者而言,忠实义务要求其应当服从雇主的指挥以及

---

① 史尚宽:《劳动法原论》,台北正大印书馆 1978 年重刊版,第 23 页。

对雇主保持适当的言行。①

1943年由德国纳粹主导制定、颁布的《国家劳动秩序法》第2条第2款明确规定："劳动的本质乃是'人格法之共同体关系'。"当时的帝国劳动法院甚至认为，劳动关系已经脱离原先的债法上之交换关系，因为雇主与劳动者已经共同形成一种"共同体"②，而劳资双方都是共同体的成员，雇主就是企业的领袖，而劳动者就是企业内的同志。由此可以看出，劳动关系的人身隶属性要求劳动者必须履行对雇主利益进行照顾的附随义务，否则在这种高度人身属性的要求下，任何一方做出对他方利益有损的行为都将直接导致劳动关系的破裂。

第二，劳资双方的人格共同关系。所谓人格共同关系理论，是指将劳动者的附随义务和雇主的照顾义务看作是基于劳资双方人格共同关系而产生的。目前持这一理论的学者主要以陈继盛教授为代表，他认为："劳动者的附随义务乃是基于劳动关系并非单纯债法上的法律关系，而是基于劳动者与雇主之间人格关系的结合。基于债法上面的关系，劳动者向雇主提供劳动，雇主向劳动者给付工资，双方互为对等给付关系。但基于劳动者与雇主的人格共同关系，则劳动者应当向雇主履行忠实义务，而雇主则应当向劳动者履行照顾义务。"③陈教授之所以提出"人格共同关系理论"，其实也与其在德国留学的经历有关。第二次世界大战之后，当时德国劳动法学界只有少数劳动法学者试图将劳动关系回归到纯粹的给付交换关系，但是主要还是采取人格法上的共同体理念，不单实务界继续支持，学说上也少有质疑之声。当时的联邦劳动法院认为："劳动者必须积极地为雇主的利益以及企业的成长

---

① See：Jacobi, *Grundlehre des Arbeitsrechts*, Leipzig, 1927, S. 24.
② See：Hueck, *Der Treuegedanke im modernen Privatrecht*, München, 1947, S. 9.
③ 陈继盛：《劳工法论文集》，陈林法学基金会1994年初版，第219—220页。

而奉献,并且不得做出任何对雇主或者企业有害的行为。"①

　　第三,诚实信用原则。德国的劳动法学界从 20 世纪 70 年代开始受到国内和国际形势的影响,逐渐将劳动关系的性质从传统的"身份法上共同体""忠实义务"和"照顾义务"等名词中解放出来,转而认为劳动关系和其他债的关系一样,都是根据德国《民法》第 242 条的诚信原则衍生而来的,进而产生一系列附随义务。而以往的忠实义务则逐渐转化为附随义务的下位概念。德国劳动法学界目前的通说认为:"在任何契约关系中,一方当事人都应当对对方当事人尽到一定的注意、保护和促进义务,以实现契约的本质,换言之,就是契约双方都要尽此义务才能最终实现契约目的的圆满达成。并且附随义务的多少和程度要求往往会随着契约内容和类型的不同而有着不同的要求。"②

　　根据这一理论,劳动关系的人格隶属性不再是附随义务的唯一理论基础。依据诚实信用原则,同样可推导出劳动者附随义务的产生。在国内学界,黄越钦教授是诚实信用原则衍生出劳动者附随义务这一理论的坚定支持者。黄教授认为:"契约义务可以分为主给付义务和从给付义务,劳动关系并不仅仅是雇主和劳动者的财产交换价值,劳资双方之间的人格信赖关系比其他契约关系要高出很多。因此劳动者的义务除了主给付义务即工作义务外,还有很多从给付义务,人们以往常将其称作忠诚义务。劳动者一方面根据忠实义务为雇主谋取合法利益,另一方面劳动者根据诚实信用原则维护雇主的既有利益,尽力避免或者减少雇主的损害。"③由此可以看出,随着劳动法学的不断发展,劳

---

　　①　See: Linck, in Schaub (Hrsg.), *Arbeitsrechts-Handbuch 12*, Aufl., München, 2007, S. 55.

　　②　See: BAG AP Nr. 10 zu P611 BGB.

　　③　黄越钦:《劳动法新论》,中国政法大学出版社 2006 年版,第 241—242 页。

动关系逐渐呈现出一种由人身关系向债之关系回归的趋势,诚实信用原则也自然成为劳动者附随义务的法理基础之一。

综上,劳动者附随义务的理论基础主要有三种,即劳动关系的人身隶属性、劳资双方的人格共同关系以及诚实信用原则,正是基于劳动关系的这些特征,劳动者在劳动关系存续期间除了应履行工作义务外,还应履行一系列附随义务。

五、劳动者附随义务的分类

对于劳动者附随义务的分类,学界的观点各异,有的学者认为劳动者附随义务可以直接等同于劳动者忠实义务,但也有学者认为劳动者附随义务中除了忠实义务之外还有其他各种各样的附随义务,忠实义务并无法涵盖所有的义务类型,例如不得不当干扰同事正常工作的义务,此时就无法用劳动者忠实义务予以解释。所以一直以来,劳动者的附随义务在学界和实务中都没有统一的称呼。[①]

但是对于劳动者附随义务的具体分类,就其性质而言还是可以分为两大类型:一类是作为义务,即劳动者对于雇主利益的积极作为的保护义务;另一类是不作为义务,即劳动者对雇主利益的消极不作为的维护义务。在实践中,随着劳动法学的不断发展和劳动力市场环境的不断变化,作为义务和不作为义务项下又会分为若干具体的义务类型。其中作为义务项下又可以分为:说明义务、遵守单位规章制度义务和故障危险通知义务等。而不作为义务项下一般分为:保密义务、竞业禁止义务、兼职限制义务、禁止不当言论义务和禁止不当影响同事义务等。

---

① 台湾劳动法学会编:《劳动基准法释义》,台北新学林出版股份有限公司 2011 年版,第 126 页。

(一) 作为义务

1. 说明义务。所谓说明义务,是指在劳动关系订立阶段和劳动关系存续期间,对于与工作或者劳动关系有关的事项,劳动者应当负有如实向雇主报告和说明的义务,这一附随义务的背后主要体现了诚实信用原则在劳动关系领域的运用。对此我国劳动立法也做出了明确的规定,例如,我国《劳动合同法》第 8 条明确规定:"用人单位招用劳动者时⋯⋯有权了解劳动者与劳动合同直接相关的基本情况,劳动者应当如实说明。"

2. 遵守单位规章制度义务。所谓遵守单位规章制度义务,是指在劳动关系中,不仅雇主在经营过程中需要遵守相应的劳动安全规章或法令以保障劳动者在劳动过程中的人身安全,劳动者本人也同样需要遵守单位的相应规章制度。例如,我国《劳动法》第 56 条规定:"劳动者在劳动过程中必须严格遵守安全操作规程。劳动者对用人单位管理人员违章指挥、强令冒险作业,有权拒绝执行;对危害生命安全和身体健康的行为,有权提出批评、检举和控告。"

3. 故障危险通知义务。所谓故障危险通知义务,是指劳动者在劳动过程中如果发现或者预见将会发生一定的工作故障或危险,应当及时告知用人单位的相关负责部门或人员。而至于劳动者对于其他同事做出的可能损害单位利益的行为是否负有通知义务,学界尚无统一定论,实践中主要视劳动者的职位而定。如果做出可能危害雇主利益行为的劳动者属于发现该行为的劳动者的监管范围,那么发现的劳动者则负有相应的通知义务,反之,则并不强迫劳动者必须履行此种类型的告知义务。

（二）不作为义务

1. 保密义务。所谓保密义务,是指在劳动关系存续期间,劳动者对于无论以何种方式取得的雇主的商业秘密,都负有保守秘密,不得擅自使用、泄露或者供他人使用的义务。对此,我国《劳动合同法》第23条明确规定:"用人单位与劳动者可以在劳动合同中约定保守用人单位的商业秘密和与知识产权相关的保密事项。"第90条同样规定:"劳动者违反本法规定解除劳动合同,或者违反劳动合同中约定的保密义务或竞业限制,给用人单位造成损失的,应当承担赔偿责任。"

然而,虽然劳动立法对于劳动者保密义务的内容和后果都进行了明确的规定,但是实践中如何判断劳动者泄露的信息或秘密是否属于商业秘密的范畴,乃是劳动法学界面临的一大难题。对此,德国法院在多年的审判经验中对于商业秘密的判定设置了五大标准:"(1) 该秘密必须与雇主的经营业务相关;(2) 只有特定人能够知悉;(3) 该信息属于非公开事项,具有一定的秘密性;(4) 雇主明确表示或默示推定出并无公开的意思表示;(5) 该信息具有一定的经济价值。"①据此可以看出,实践中但凡具有一定经济价值的、尚未公开的企业计划书、客户名单、设计图纸等都可以被视为雇主的商业秘密,劳动者对此皆负有一定的保密义务。

2. 竞业禁止义务。竞业禁止,也称为竞业限制,是指"对与权利人有特定关系之人的特定竞争行为的禁止,即权利人有权要求与其具有特定民事法律关系的特定人不为针对自己的竞争性行为"②。目前,国内的竞业禁止一般分为"在职法定竞业禁止"和"离职约定竞业禁止"

---

① See：BAG,15.12.1987, AP Nr. 5 zu P611 BGB Betriebsgeheimnis.
② 李永明:《竞业禁止的若干问题》,《法学研究》2002年第5期。

两种类型。① 前者主要是基于劳动法上雇佣关系的相互诚信和彼此忠实的身份与伦理要求,承担的乃是法律上的身份默示义务。后者则主要是在双方劳动关系解除后基于约定而形成的特定权利义务关系。②

　　虽然从某种程度上说劳动者的竞业禁止义务与保密义务存在一定的相似之处,但是两者却有着巨大的差别。特别需要指出的是,劳动者离职后的保密义务并非劳动者的离职竞业限制。虽然竞业限制乃由劳动者保密义务衍生而来,但两者存在本质的差别:(1) 对劳动者的自由择业权干涉程度不同。劳动者保密义务禁止的行为是对用人单位商业秘密的披露、使用行为,负有保密义务的劳动者在离职后,仍然可以到与用人单位有竞争关系的单位就职,或自己生产与原用人单位有竞争关系的同类产品或经营同类业务,但不能泄露、使用或允许他人使用原用人单位的商业秘密。而竞业限制禁止的行为是从事某种行业、工作或者经营某种业务的行为,而不管是否存在泄露、使用或允许他人使用原用人单位的商业秘密的行为。可见,竞业限制禁止的行为范围更广,对劳动者自由择业权的干涉力度更强。(2) 保密方式不同。保密义务是从消极意义上禁止相对人泄露、使用或允许他人使用商业秘密,如果相对人有合法取得商业秘密的途径,权利人就无权要求其承担保密义务;而竞业限制则全面禁止劳动者利用其在职期间获得的一切信息和技能(包括商业秘密和未作为商业秘密但对竞争对手有利的信息)的机会,这是一种积极意义上保护商业秘密的方法。(3) 保护期限不同。由于竞业限制对于劳动者自由择业权和劳动权干涉力度巨大,因此立法对于竞业限制往往存在时间的限制,离职后竞业限制的期限由当事人约定,约定的时间从《劳动合同法》的规定来看,一般不得超过两年。

---

① 郑尚元:《员工竞业禁止研究》,《现代法学》2007 年第 4 期。
② 秦国荣:《约定竞业限制的性质判定与效力分析》,《法商研究》2015 年第 6 期。

而保密义务则不存在时间的限制,理论上只要商业秘密仍然存在,没有公开、披露或被他人破解,义务人都负有保密义务。(4) 经济补偿方式不同。就劳动者离职后的保密义务而言,由于其属于法定义务,因而在法律规定的义务范围内均不存在经济补偿的问题。但竞业限制则不同,用人单位与劳动者约定竞业限制,则必须给予劳动者应有的经济补偿,否则无效。(5) 承担的责任形式不同。劳动者违反竞业限制这种不作为义务,一般要承担停止侵害、赔偿损失、支付违约金等责任。而劳动者违反保密义务,则应当承担侵犯商业秘密的侵权责任。[①] 对此,我国《劳动合同法》第 23 条明确规定:"对负有保密义务的劳动者,用人单位可以在劳动合同或者保密协议中与劳动者约定竞业限制条款,并约定在解除或者终止劳动合同后,在竞业限制期限内按月给予劳动者经济补偿。劳动者违反竞业限制约定的,应当按照约定向用人单位支付违约金。"

3. 兼职限制义务。对于劳动者的兼职限制义务,我国劳动立法原则上规定每个劳动者只能保留唯一的劳动关系,并不允许劳动者同时建立多重劳动关系。然而近年来随着劳动法学和社会的不断发展,劳动关系的多重化逐渐成为一种趋势。无论是在学术界还是司法实践中,对于劳动者的兼职行为也越来越持宽容态度。特别是对于非全日制用工的劳动者,立法明确规定,"从事非全日制用工的劳动者可以与一个或者一个以上用人单位订立劳动合同;但是,后订立的劳动合同不得影响先订立的劳动合同的履行"。即便如此,对于非全日制用工义务外的劳动者,劳动立法对于其兼职行为仍然给予了一定的限制。但不可否认的是,劳动立法对于多重劳动关系限制的逐渐放松,在未来必

----

① 参见李永明:《竞业禁止的若干问题》,《法学研究》2002 年第 5 期。

将成为一种趋势。这一点从劳动立法对用人单位单方面解除劳动合同的规定中就可以看出，《劳动合同法》第 39 条规定："劳动者有下列情形之一的，用人单位可以解除劳动合同：……（四）劳动者同时与其他用人单位建立劳动关系，对完成本单位的工作任务造成严重影响，或者经用人单位提出，拒不改正的。"由此可见，劳动立法对于劳动者建立多重劳动关系还是网开一面，给予了"对完成本单位的工作任务造成严重影响"和"经用人单位提出，拒不改正"两种限制。

4. 禁止不当言论义务。所谓禁止不当言论义务，是指由劳动者应当对雇主履行的忠实义务衍生出的劳动者在劳动关系存续期间不得发表有损雇主利益的言论。但是实践中劳动者这一义务的履行，往往与宪法所赋予人民的言论自由权产生冲突。如何在劳动者的禁止不当言论义务与言论自由权中谋求适当的平衡，一直是劳动法学界面临的难题。但长期的实践表明，劳动关系的特点决定了无法对此做出明确的界定，只能依据个案做出相应的判断。近年来，实践中也陆续出现过劳动者因为在外对用人单位发表不当言论而被企业开除的案例。

5. 禁止不当影响同事义务。对于禁止不当影响同事义务，其内涵是指劳动者在工作期间除了应当对用人单位的利益尽到妥善的照顾义务以外，还不得干涉和影响同事的工作。实践中这一义务大多用于职场性骚扰行为，性骚扰不仅仅来自于雇主或者上司，同事之间也时有发生。我国台湾地区的《性别工作平等法》第 12 条将"性骚扰"定义为"受雇者在执行职务时，任何人以性要求、具有性意味或者性别歧视之言词或行为，对其造成敌意性、胁迫性或冒犯性的工作环境，致侵犯或干扰其人格尊严、人身自由或影响其工作表现的行为"。与此同时，该法第 27 条规定："受雇者或者求职者因第 12 条的事情，受到损害，由雇主即行为人连带负损害赔偿责任。雇主赔偿损害时,对于实施性骚扰行为的人,有求偿权。"

　　对于性骚扰,目前大部分地方的立法都做出了规定,但是除了性骚扰之外,还有其他形式的劳动者对同事进行影响和干涉的行为。近年来,欧洲很多国家的劳动法学界常提及一种叫 mobbing 的行为,mobbing 一词的原意是指骚动、暴动,后来引申为一种骚扰行为的代称,特别是长期的心理骚扰行为。① 这种心理的骚扰在实践中具有多种表现形式,例如同事间拉帮结派,对某一同事进行刻意的排挤,或者在工作场所内由于某些私人恩怨而散布同事的谣言,对同事的心理造成很大的影响和压力,更有甚者在工作场所直接以暴力行为对同事的身体进行伤害。遭受到 mobbing 的劳动者可以通过向雇主或者有关监管部门投诉的方式来获得相应的救济。由于这种骚扰行为,虽然从直观上看仅对其他劳动者的利益造成了损害,但是从长远来看,最终也会影响到用人单位的整体利益,因此依据诚实信用原则和忠实义务,劳动者都应当承担禁止不当影响同事的附随义务。

六、结　语

　　虽然前文中我们对于当前劳动者附随义务的分类进行了一定的列举和梳理,但是有一点需要明确的是,劳动者附随义务并非一个封闭空间,而是一个不断变化发展的义务群。正是由于劳动者附随义务乃是由劳动关系的人身隶属性、劳资双方的人格共同关系以及诚实信用原则衍生而来,这些具体的义务类型往往会随着社会环境和时代背景的

---

　　① See: Leymann, *Mobbing*, 1993, S. 33f.

改变而发生改变。例如在早些年间传统手工业中大量存在的师徒关系，由于师徒大部分同吃同住，进而要求学徒往往需要承担照顾师父或雇主的家庭生活等附随义务，在现在就很少能够看见。但随着互联网技术的不断发展，社交媒体逐渐兴起，大量劳动者在社交媒体上的言论和发帖等行为，对雇主的利益和商业秘密都造成了巨大的挑战。因此，要求劳动者在社交媒体的使用中尽到妥善的注意义务逐渐成为一种新兴的附随义务。基于此，我们认为，随着不同社会背景和生产力发展水平对劳动力市场带来的不同影响，劳动者附随义务也会不断发展，旧的附随义务不断被淘汰，新的附随义务不断产生，是未来不可避免的趋势。

第五章

当代中国劳资关系调整中伦理与法律的互动：
自治与管制的边界

　　劳动关系作为社会生产关系的法律表现形式,其和谐与否,不仅关乎劳资双方的切身利益与劳资关系的正常运行,而且对一个国家的社会稳定与和谐、国民经济发展、市场经济进步等,也有着较为直接的影响。正如中共中央、国务院在2015年3月21日发布的《关于构建和谐劳动关系的意见》所指出的那样:"劳动关系是生产关系的重要组成部分,是最基本、最重要的社会关系之一。劳动关系是否和谐,事关广大职工和企业的切身利益,事关经济发展与社会和谐。"①该重要文件强调指出:"党的十八大明确提出构建和谐劳动关系。在新的历史条件下,努力构建中国特色和谐劳动关系,是加强和创新社会管理、保障和改善民生的重要内容,是建设社会主义和谐社会的重要基础,是经济持续健康发展的重要保证,是增强党的执政基础、巩固党的执政地位的必然要求。"②可见,对于新时期和谐劳动关系建设,党中央、国务院将其提到了前所未有的高度。

---

　　① 《中共中央国务院关于构建和谐劳动关系的意见(2015年3月21日)》,《人民日报》2015年4月9日第1版。
　　② 《中共中央国务院关于构建和谐劳动关系的意见(2015年3月21日)》,《人民日报》2015年4月9日第1版。

　　由于劳动关系乃是劳资双方以契约方式形成的平权主体关系，因而劳动关系究竟能否和谐，既取决于劳资双方能否相互尊重与彼此调适，也取决于包括政府部门、第三方社会组织等在内的多元力量能否实现劳动关系的协调平衡，还取决于社会伦理规范、劳动法治等规则、准则及机制等对劳动关系运行能否进行有效约束与调整。就是说，在劳动关系运行过程中，如何发挥好劳资"自治"与他方力量对劳动关系的有效"规制"的功能，把握和处理好各方面利益与相互关系的"平衡点"，乃是衡量劳动关系社会治理以及各地依法执政水平与能力的标尺。对此，党中央、国务院明确要求"各级党委和政府要从夺取中国特色社会主义新胜利的全局和战略高度，深刻认识构建和谐劳动关系的重大意义，切实增强责任感和使命感，把构建和谐劳动关系作为一项紧迫任务，摆在更加突出的位置，采取有力措施抓实抓好"①。

第一节　适度介入型：工资集体协商的应然模式*

　　近些年来，工资集体协商在全国范围内开展得如火如荼。之所以会有如此气象，主要是依赖于一种党委领导、政府推行、工会操办、各部门协调的"权力统筹型"治理模式。这种模式有利于提高治理效率，但却是以牺牲当事人的主体性为代价的。劳资之间的意思自治与契约自由受到损害，劳动者与用人单位的"被协商"现象广泛存在，治理效果

---

　　①　《中共中央国务院关于构建和谐劳动关系的意见（2015 年 3 月 21 日）》，《人民日报》2015 年 4 月 9 日第 1 版。

　　*　本节初稿由课题组成员南通大学马克思主义学院教授吴延溢提供。

并不理想。因此,政府应当改变这种从外部强力推行的治理策略,但也不能完全自由放任,而是应当着眼于建构一种"适度介入型"政府治理模式。

一、适时拓展专门性行政主体进行依法行政

行政权力要介入到工资集体协商中去,首先要依赖于法定的行政主体。这些行政主体的职权严格遵循权力法定和法律保留原则,不得任意扩张,不得做滥用职权、超越职权之事,亦不得消极懈怠、失职渎职、行政不作为。理论上,劳动行政管理主体可分为单一性行政主体和复合性行政主体两种结构。单一性主体是指政府中只有一种统管劳动与社会保障事务的行政机关,复合性主体则是指在政府劳动行政管理体系中存在多种行政机构。我国工资集体协商的行政管理主体是单一性行政主体,即人事与社会保障部门。而一些发达国家除了劳工部之类的一般性劳动行政主体之外,还设置了专门监管劳资关系、负责集体协商和劳资争议事务的行政主体,通常叫作劳资关系委员会或产业关系委员会,以北美国家与澳大利亚最为典型。这种专门性行政主体的设置对于促进工资集体协商具有积极作用,对我国也有借鉴意义。

(一) 专门性行政主体的设立有赖于劳资关系的变迁程度和立法推动

就一些发达国家的经验来看,设立监管劳资关系和集体协商的专门行政主体,不是想当然的结果,而是与特定时代背景下经济发展节奏、工会运动活跃程度、劳资之间利益冲突和平衡的重要性以及相应的立法需求等因素有关。如美国在 20 世纪 30 年代经济大萧条的背景

下，贫富分化日益加剧，国内工人运动风起云涌，①劳资之间的矛盾冲突大规模爆发，于是《国家劳动关系法》(又称《瓦格纳法》)于1935年应运而生。其最大的亮点就是设立了国家劳资关系委员会。该委员会有5名成员，由总统任命，经参议院批准，任职期限为5年。委员会的总部设在华盛顿，并在全国各大城市设有地区办事处。委员会的职权也由该法限定，主要是监督与企业集体协商的工会代表的选举过程，调查、裁定、指控的不公正劳动行为。但是在日常事务中，对不公正的劳动行为案件进行调查和起诉以及对选举程序进行的调查和监督，主要由委员会授权的各地区办事处负责。国家劳资关系委员会地区办事处由办事处主任领导，其成员包括一名地区律师、几名出庭律师、实地监察员和办事员。

　　"二战"以后，美国又迎来了新一轮恢复国民经济的高峰，既要发展生产，保持增长态势，又要促进劳动就业，保障民生。为了稳定生产秩序，打破谈判僵局，在日益加剧的集体性劳资冲突中求得更好的平衡，美国国会于1947年通过了《劳资关系法》(又称《塔夫脱-哈特莱法》)，设立了不受劳工部部长或劳工部任何官员管辖或领导的专门性集体劳动争议调处机构——联邦调停调解局。该局的法定职权主要包括：1. 调停与调解。为防止因集体协商争议而使商业自由流通中断，帮助发生劳资争议的各方通过调停和调解决争议。2. 行政干预。在影响到商业的任何工业部门发生任何集体劳资争议时，可以主动或经争议中的一方或多方的请求，进行干预。3. 谈判引导。如果在一定时期内不能通过调解使有关各方达成集体协议，必须促使他们自愿寻找别的办法来调解争议，而不采取罢工、闭厂或其他施加压力的办法，例

---

　　① 参见杨通轩：《个别劳工法——理论与实务》，台北五南图书出版有限公司2015年版，第177页。

如谈判单位的职工以秘密投票方式接受或拒绝雇主最新的解决条件。4. 条款解释。在执行或解释现有集体协商协议中的条款争议时,以取得各方同意为最佳方案。只有在最后努力无效的情况下,再进行调解和调停。5. 召集会晤。一旦双方在集体协商协议的条款或执行问题上产生争议,而争议的一方请求开会或打算参加协议的一方请求开会,调停局应立即安排会议并努力使这次会议迅速解决此项争议;如果开会不能解决此项争议,调停局应立即召集各方会晤,协助找出解决争议的办法。

劳资关系委员会和联邦调停调解局的设立与运行,大大减少了工资集体协商中的不当劳动行为,有效地将其引入秩序化、民主化的理性轨道,协商成功率大为提高,集体协议的实际效果十分显著。1949 年,全美汽车工人联合会与通用汽车公司达成工资协议,公司保证劳动者的工资与生产率同步增长,工会则保证为公司提供稳定的劳动力。该集体协议一时间成为当时美国劳资谈判的范本,劳资双方获得双赢,其他工会与雇主纷纷效仿。1969 年,美国普通工人的平均工资为 9000 美元,其购买力相当于现在的 4 万多美元,当时,工人已经享有很好的医疗保险和养老金等福利,工人阶级成为中产阶级的主体。总之,集体协商的成功推行,使美国工人阶层的工资水平总体得以提高,普通劳动者分得了 GDP 较大的份额,工人的权益得到极大保障,缓和了劳资矛盾,美国的罢工活动锐减,1970 年为 381 起,1980 年为 187 起,2010 年仅为 11 起。①

当然,有些国家设立专门行政机构的初衷,并不是促进集体协商,

---

① 1937 年,美国发生了 4740 起罢工,成为美国历史上罢工次数最多的年份。参见刘植荣:《罢工是市场经济的天然产物》,http://zhirong.blog.sohu.com/302587579.html2014－04－24。

而是限制集体协商中的相关权利。如澳大利亚负责集体协商和劳动争议事务的机构是澳大利亚联邦产业关系委员会。[①] 该委员会的前身是成立于1904年的联邦政府调解和仲裁庭。根据1996年《劳动场所关系法》的授权，其法定职责已不再局限于劳资纠纷的调处，还有：1. 核准集体协议；2. 审批成立工会组织的申请，并进行登记注册；3. 审核批准工会罢工的请求。这些授权尤其是后两种职权，实际上是对工会组织的结社自由权以及罢工自由权予以了程序上的限制。之所以这样做，与1996年澳大利亚自由党上台执政不无关系，自由党向来对工会持敌视态度，因此自由党主政的联邦政府采取一些限制甚至瓦解工会集体谈判权的改革措施也就不足为怪。最有争议的是，联邦政府设立了一个名为"支持就业办公室"的专门机构来推动一种新的劳资关系机制，即"澳大利亚工作场所协议"（Australia Workship Agreement），简称AWA。AWA是雇主与单个雇员之间签订的能排除集体协议的协议。"虽然法律规定不能强迫雇员签署AWA，但法院认为，因不签AWA而拒绝雇佣此人的不算强迫。"[②]当然，自由党也未能完全实现它的计划，因为它提出的许多法律草案被工党等反对党控制的参议院驳回了。

（二）我国是否有必要设立专门性行政主体

我国目前是否有必要在现行劳动行政机关之外再设立专门调整劳资关系、管理集体协商与集体劳动争议事务的专门性行政机构？在行

---

① 该委员会由28名成员组成，其中委员会主席和副主席各1名，委员会副主任14名，其余为委员会委员。所有成员由政府提名，由总督任命，直到65岁退休。他们都是劳动关系领域、法律界和经济界的知名人士或资深专家。

② 〔澳〕Sean Cooney：《澳大利亚劳动法：对正规工人和边缘工人的新发展》，童颖琼译，载叶静漪、周长征主编：《社会正义的十年探索：中国与国外劳动法制改革比较研究》，北京大学出版社2007年版，第401页。

政精简化和大部制改革的时代背景下讨论这个问题,似乎略显不合时宜,政府也不大可能将现行劳动行政部门的部分职能分割出去,再设立一个新的行政机构。但是,如果从我国现行工会的体制改革和职能转变的角度去分析,倒是提供了一条可行路径。

工会在现实生活中的运作存在着异化的必然性。异化倾向主要有两种:一是官僚化,二是资本化。西方国家的工会主要表现为第一种。如德国工会组织,曾在 20 世纪 70 年代至 80 年代被一些国家誉为"楷模",但在 20 世纪 90 年代以后直至 21 世纪却承受着巨大压力,新自由党人将它"当作一种官僚团体主义的危险范例而加以抛弃。同时,重要的几个工会也越来越无法面对劳工不满的攻击"①。我国的工会则兼有两种异化倾向。在现行工会体制中,总工会由政府自上而下在不同层级的行政区划中设置,②工作人员属于公务员编制,经费来源类似于一种变相的行政征收。工会虽然不是国家机关,但也绝不是非政府组织(NGO),而是官僚气十足的政府性非政府组织(GNGO)。用人单位的工会,一般不具备独立的人格,只是用人单位的一个部门,人事与财务受制于资方,往往沦为资方的附庸,甚至帮闲。所以,要想使我国工资集体协商制度能有实质性的进展,还有赖于工会体制的深刻变革,务必要对工会体系自身的内部结构重新做一番梳理,使得现有的各种角色、功能都能得到合理、有效的配置。

① 〔德〕Boy Luthje:《德国的劳资共决与集体谈判制度——一个备受压力的模式》,曹燕译,载叶静漪、周长征主编:《社会正义的十年探索:中国与国外劳动法制改革比较研究》,北京大学出版社 2007 年版,第 388 页。

② 这套自上而下的组织体制具有高度的统一性和覆盖性,效率很高,但民主元素欠缺,正如美国莱莫恩学院社会学系教授丹恩所言:"中国在提供广泛的工会代表方面做得比较好。而其缺点在于不能给工人选择自己想要加入的组织的权利,以及不允许工人独立行动。"参见〔美〕克里福特·丹恩:《结社自由:中美两国对待国际劳工标准的比较研究》,赵明华译,载赵明华、赵炜、范璐璐主编:《中国劳动者维权问题研究——中国工会法60 年与劳动法 15 年》,社会科学文献出版社 2011 年版,第 133 页。

有学者提出一种理想型改革思路,即工会要不断地增强独立性和利益代表性,由目前工资集体协商中的"功能性组织"向"利益性组织"转化。[①]这种改革需要政府充分放权,使工会完全社会化。这显然与我国现有政治体制无法兼容,也难以寻觅市民社会的成熟土壤,不具备现实可能性。因此,单纯社会化的思路过于简单。基于整体性、系统性与协同性的考量,我们可以对现有工会体制进行分化式改革。

其一,将总工会这种"官方工会"干脆从工会体系中分化出来,予以行政化,名称不再叫"总工会",而改为类似于"劳动关系委员会"之类的名称,名正言顺地扮演政府机关的角色。从职能转换意义上讲,现行总工会在调整劳资关系和促进集体协商方面,常常也是凭借某种准行政性的公权力来运作的,这些职能完全可以归化到改革后的专门行政机构的职能中,通过立法明确赋予其监管集体协商与工会活动的职权,如对协商代表民主选举的监督权、对集体协商中不公正劳动行为的调查权与起诉权、集体协议的审核权、设立工会组织的审批注册权、罢工核准权等。此外,还可以将附属于现行劳动行政部门的调处和仲裁劳动争议的职权剥离出来配置给它。

其二,将用人单位工会从用人单位的行政体制中分化出来,予以职工化。即用人单位工会代表在本单位职工中通过民主选举产生,其委员会成员均由普通劳动者兼任,执行集体协商与集体协议缔约职能。在协商期间,不得停发谈判代表工资。还可委托专业人士参与谈判,代理费用由工会会费中支出。考虑到许多用人单位工会会费的实际困难,政府部门应对此提供法律援助计划。只有这样,用人单位工会才能

---

① 参见乔健:《中国特色的三方协调机制:走向三方协调与社会对话的第一步》,《广东社会科学》2010年第2期。

成为"直达工人所在的地方"①。

其三,同行业的用人单位工会之间可以结成行业工会,并且予以社会化。行业工会具备社团法人资格,既不隶属于任何政府机构,也不受制于任何一家用人单位。其职能主要在于行业集体合同的协商与缔结,并为用人单位工会的集体协商提供指导。"当劳资双方出现纠纷时,由行业工会领导人为主出面进行谈判,与本企业不存在联系,必要时还可以领导其他企业的劳动者统一行动,其效果比单个企业工会组织要好得多。"②

基于这种分化式改革思路,设立监管劳资关系、负责集体协商与集体劳动争议事务的专门行政主体,便成为总工会改革的题中应有之义。当然,这只是一种理想化的设想,实际操作起来肯定会遇到不少体制上和观念上的阻却因素,尚需等待时日,把握时机。

此外,需要指出的是,无论政府是否设立专门管理工资集体协商事务的行政机构,现行的相关行政主体除了要坚持职权法定原则外,还应当遵循信赖保护原则。根据宪政经济学家布坎南的分析,行政机关违反信赖保护原则的情况可以分为"规则下选择"与"规则间选择"两种。③ 对于这两个术语的理解,也是见仁见智。

结合本文的语境,笔者认为,所谓"规则下选择",是指政府行政机关并不改变既定游戏规则,但在对相对人实施具体行政行为时,会根据情势的变化做出相应调整,使得相对人的信赖利益失去稳定性的保护。

---

① Martin Estey, *The Union: Structure, Development, and Management*, 3rd ed., New York: Harcourt Brace Jovanovich, 1981, p. 50.

② 姜俊禄:《中国工会面临重大改革之探讨》,载赵明华、赵炜、范璐璐主编:《中国劳动者维权问题研究——中国工会法 60 年与劳动法 15 年》,社会科学文献出版社 2011 年版,第 165 页。

③ 参见〔澳〕杰佛瑞·布伦南、〔美〕詹姆斯·布坎南:《宪政经济学》,冯克利等译,中国社会科学出版社 2004 年版,第 111—112 页。

如在契约自由规则既定的情况下,某地方政府行政机关一会儿因追求集体劳动合同的签约率而鼓动很多不愿意集体协商的劳方与资方进行谈判签约,一会儿又因害怕集体协商会引发群体性事件、影响社会稳定而对劳动者集体协商的强烈诉求采取打压措施。

所谓"规则间选择",就是政府行政机关根据自己的偏好,在同一事务上有时选择这种规则,有时选择那种规则,使人感觉到规则不确定,甚至老是在变,从而损害相对人的信赖利益。如在南海本田集体劳动纠纷中,行政机关一开始出于维稳考虑而把工人的罢工行动视为非法,并派维稳工作人员进驻厂区,但却进一步激怒了工人。为了防止事态扩大,行政机关才想到要维护工人正当权益,并派总工会工作人员协助工人集体谈判和签约,使得工人的工资诉求最终获得合法解决。就这个个案而言,尽管工人工资诉求的结局是令人满意的,但从整个事件的进程来看,相关行政部门并不是在一以贯之地执行某种既定法律规则,而是在不同规则之间腾挪躲闪,选择性地适用,并没有为广大劳动者提供确定性和连续性的合理预期。如果换个时间或是在其他企业中发生类似事件,相关行政主体会采取什么处理措施,依然是不确定的。

二、从外围提供公共产品与服务进行给付行政

根据行政权与公民权利的关系,可以将行政活动分为秩序行政和给付行政。秩序行政是指通过限制相对人的自由权利而实现社会统治秩序,是一种规制性行政活动,所以又可称为"规制行政";[①]给付行政是指赋予相对人以经济、社会、文化等方面的权利或利益,是一种授益

---

①　胡建淼、江利红:《行政法学》,中国人民大学出版社 2010 年版,第 277 页。

性行政活动。给付行政是在传统自由主义法治国向现代社会法治国转型中逐渐成长起来的,要求行政主体积极创造条件去实现相对人的社会经济权利,①体现了有效政府理念。给付行政的外延十分宽泛,既表现为行政主体对弱势群体的物质帮助或救助,又表现为各种公共产品与服务的供给,包括为相对人提供信息、技术、补助、奖励、保险、资金借贷等。②在工资集体协商领域的给付行政,除了提供劳动者最基本的社会保险之外,主要表现在两大方面:一是提供集体协商赖以顺利进行的政策环境、社会氛围与技术条件;二是提供优质高效的信息咨询和培训服务。

(一) 提供工资集体协商所需要的政策环境、社会氛围与技术条件

这具体表现在如下三方面:

1. 公共政策。主要指行政机关为规范集体协商的健康开展和集体协议顺利达成,积极推行相关劳动法律,适时制定配套实施细则和具体劳工标准,详细规定集体协商的程序、事项(如工资水平、工资增长率、养老金、工时、雇佣条件等)以及谈判主体的代表资格、权利、义务和责任等。此外,行政机关还要因时制宜地调整所得税、贷款利率以及就业政策,为集体协商的可操作性开展提供政策性支持,也为政府促进

---

① 如"二战"后,德国的给付行政获得长足发展,其治理的重要性已超过了秩序行政。德国《基本法》确立了社会国家和法治国家原则,"在社会国家中,行政应为公民提供服务和帮助,因此给付行政优先于秩序行政"。参见〔德〕平特纳:《德国普通行政法》,朱林译,中国政法大学出版社1999年版,第77页。

② 基于此,有学者对"给付行政"与"行政给付"两个概念进行了区分,认为我国行政法上的行政给付在外延上要狭窄得多,只是给付行政的一种方式,仅仅指行政机关对弱势群体依法赋予其一定的物质权益或与物质有关的权益的行政行为。参见朱新力、唐明良、李春燕:《行政法学》,中国人民大学出版社2012年版,第150页。

工资集体协商的依法运行提供了政策保障。

2. 社会环境。主要是指行政机关营造有利于开展集体协商的社会氛围,提高社会各界人士对依法开展集体协商的认知度,尤其是工会和雇主组织参与集体协商的积极性。另外,通过社会民调机构对工会组织维护工人权益的表现,包括代表工人进行集体协商的表现,开展民意调查,并随时掌控工会活动的政治倾向和公众对工会支持态度的变化。

3. 技术层面。技术革新和技术引进对就业水平和集体协商所产生的影响越来越大。因此,国家行政机关在这方面的作用就是积极引导集体协商双方处理好使用新技术和保持员工就业岗位的关系。最近有很多证据表明,在发达国家工资集体协商"表现得最出色的工厂往往是那些把人力资源开发、管理和利用与技术革新和引进成功地结合起来的工厂"[①]。

(二)提供集体协商所需要的信息咨询与培训服务

积极提供工资集体协商中的信息咨询服务,是各国政府行政机关的一项重要职责,其目的在于使劳资双方能够了解和掌握顺利开展集体协商所需的背景资料和具体流程,同时也能帮助协商双方提升理性处理谈判中或谈判后所发生的集体劳动争议的能力。此类给付行政的具体内容包括:

1. 经济背景信息。主要是指行政机关在宏观经济、微观经济和劳动力市场运行状况方面为集体协商双方提供相关的数据资料和分析预测信息。比如经济增长率、通货膨胀率、国际收支平衡状况、产业结构

---

① 刘燕斌:《国外集体谈判机制研究》,中国劳动社会保障出版社 2012 年版,第 212 页。

政策调整与变化状况、劳动力参与率、失业率、职业结构变化以及工资上涨幅度等宏观经济方面的指标、数据或资料;还有微观企业层面的、可能会对集体协商产生不同程度影响的信息资料,如一定时期内企业罢工事件的相关数据统计与分析。

2. 人口结构信息。主要是行政机关为协商双方提供可能会影响具体谈判走势的一些人口数据和分析资料。比如国家经济活动人口的流动情况;男女劳动力的劳动参与率,尤其是女性劳动参与率的增加情况;青年人口的劳动参与率和受教育率;分部门、分行业的劳动者从业率等方面的资料信息。这些信息会为工资集体协商中工资水平与增长率的谈判提供数据支撑。

3. 协商流程信息。主要是行政机关为协商双方开展协商的具体步骤与规则提供指导性意见。政府在此项给付活动中应当贯彻民主理念,在谈判代表的产生环节上要体现代议制民主思维,设计好选举规则;在谈判交涉环节上要体现协商民主思维,让协商双方自主参与、平等对话、理性妥协;在集体合同的生效环节上要体现决断式民主思维,尊重全体职工或职代会的最终决定权。

除了信息咨询服务,行政主体还可以举办培训班,为工资集体协商双方代表提供专门的谈判技巧培训,并向谈判双方提供集体协商所需的技术指导。我国政府在这一方面的给付行政在实践中已经外包给了各级工会,2008 年全国总工会出台了《关于建立集体协商指导员队伍的意见》,意见中明确指导员的一项重要职责就是对基层工会人员和企业职工代表进行集体协商知识与技能的培训。

总体上讲,市场经济比较成熟的国家,其行政主体的给付行政比较发达,大都能提供较为优越的支撑条件和治理环境,但我国行政主体在权力统筹型协商模式的影响下,推行工资集体协商主要依靠的是指令性的秩序行政，①授益性的给付行政尚未引起足够重视。即使有一些给付内容，但供给的公共产品还很不够，除了社会保险、劳动基准、协商规则、工资水平与工资增长线等最低限度的品种外，还有许多数据、信息和政策在以上各方面都远远没有得到满足。当然，强调给付行政并不是要排斥秩序行政，有时秩序行政也是实现给付行政的必要手段，例如在集体协商中是否有突破劳动基准的上限或下限的情况，是否存在拒绝集体协商的不当劳动行为，都可以借助劳动监察的方式予以秩序行政。就我国的现状而言，"劳动监察中存在的问题，乃是执法力度不大或是执法手段不力的问题，相当多的劳动监察机构与监察人员在执法时遇到了阻力，有些抗法之用人单位拒绝执法人员入厂（场）检查，基层执法人员常常抱怨没有执法手段"②。

三、通过三方机制和调解仲裁进行居间行政

行政机关对工资集体协商的适度介入不仅表现在其主要从协商外围提供相关公共产品与服务，而且还表现在即使协商过程中有行政机关的参与，也只能是从事斡旋、协调或仲裁等居间行政行为，扮演集体谈判的主持人或裁判员的角色，而不是运动员，更不能刻意站在某一方的立场上"拉偏架"，袒护一方而打压另一方当事人。

---

①　国内还有学者将这种秩序行政称为"侵害行政"或"管制行政"，如董保华教授认为，"《劳动合同法》和随后制定的《就业促进法》《劳动争议调解仲裁法》使劳动行政权在各方面得以扩大或强化。这种扩大主要扩大的是侵害行政的范围，而非给付行政的范围。如果说侵害行政将国家定位于管理者，强调的是管理别人，更强调国家权力；给付行政则是将国家定位于服务者……更加强调国家义务"。参见董保华：《劳动合同立法的争鸣与思考》，上海人民出版社2011年版，第185、203页。

②　郑尚元：《劳动合同法的制度与理念》，中国政法大学出版社2008年版，第449页。

（一）通过三方机制发挥谈判中的协调促进作用

　　三方机制又称三方协商机制,就是在工资集体协商过程中,由行政管理部门、劳方和资方等三方代表共同组成的机构主持谈判活动,促进资方和劳方进行平等协商,缩小差距,达成妥协的一种制度。这种机构不属于国家行政机关,但也不是民间组织,而是政府牵头设立的履行协商辅助职能的混合型治理机构。政府行政部门虽然介入其中,但也只是居间主持相应级别的集体协商活动,提出框架性的指导意见,及时协商各方的利益冲突,促进集体劳动合同的达成。

　　三方机制以成熟的市场经济和民主宪政体制作为其运行的制度背景。市场机制的运行逻辑要求工会与雇主组织按照某种自发的秩序产生和运转,这样才能真正代表劳动者和资方各自利益,而民主宪政体制的基本要求是让多元利益主体的法权要求都能得到自由平等表达或代言,并达成妥协与共和。而三方协商机制正是确保了工会和雇主组织具有充分的代表性和话语权。"在三方协商机制中,要想切实达到预期的理想效果,各成员国政府必须确保独立自主并具有广泛代表性的工会和雇主组织的存在和话语权,并通过立法等其他适当程序和措施,使双方的力量达到基本平衡。"[1]

　　目前大多数市场经济国家都有集体协商三方机制。20 世纪 60 年代,德国、瑞典、挪威等国家就建立了常设的国家级三方委员会;英国、法国、葡萄牙、西班牙等国家设立了专门的三方顾问委员会,主持开展国家一级的劳工和社会问题三方协商与合作活动,并指导开展部门和产业一级的活动。

---

　　[1]　马永堂:《国外三方协商机制及其对我国的启示与借鉴》,《中国行政管理》2012 年第 4 期。

　　学者马永堂还对一些具有代表性的东欧转型国家进行了考察，这对正处于转型发展时期的中国具有鲜活的示范效应。他认为这些国家在三方协商机制的建设方面速度很快。东欧国家目前大都已建立国家级的三方协商机构，如罗马尼亚的国家经济和社会委员会，保加利亚的国家三方伙伴关系委员会，拉脱维亚的国家三方委员会，波兰的社会和经济事务三方委员会，匈牙利的国家利益和谐委员会，斯洛伐克的国际经济和社会合作三方委员会等。这些国家的三方协商机构都有国家立法方面的授权，[①]其存在和运行使得政府行政权力与工会、雇主组织的社会权力充分结合在一起，在促进劳资关系和谐发展、实现宏观经济社会目标方面发挥了卓有成效的作用，特别是独立工会运动的浪潮得到有效遏制，即使法律赋予工会罢工权，但罢工频率比建立三方机制前明显下降。[②]

　　我国目前在国家和省级层面虽然已经有了三方协商机制的实践，但这种机制具有政策性、临时性和松散性特征。没有国家立法方面的授权，没有建立常设性的办事机构，也没有专职工作人员操办三方协商事宜。这一机制的运作缺乏统一的游戏规则，欠缺确定性和连续性，不足以在劳资集体协商领域形成信赖保护。所以，我国政府应当加快相关立法进程，以法律的形式为三方协商机制的构建与完善提供制度保障。

（二）通过多元化调解和终局性仲裁加强行政主体的解纷功能

　　对于多元化调解，有两种解释路径。一种是行政调解的压力向社

---

　　① 通过国家立法的形式设立三方协商机构，并赋予其相应职责，已成为世界通例。亚洲的一些发展较快的国家，如韩国，也于20世纪90年代末通过了关于建立国家三方委员会的专门法律，并颁布了实施该法律的总统令。

　　② 马永堂：《国外三方协商机制及其对我国的启示与借鉴》，《中国行政管理》2012年第4期。

会消解,通过社会组织和机构积极参与调解,尽可能拓展纠纷解决渠道,帮助行政机关摆脱过多集体争议案件引发的解纷困境。这种情况一般发生在公民社会比较成熟的国度。另一种是行政调解的能量在公权力运转体制内得到进一步放大,不仅局限于劳动行政部门这一个调解主体,而且还有与各行业有关的行政部门、司法机关、总工会甚至执政党组织的共同参与,使得单一性行政调解演化成兼容整合式调解。这就是当下我国各个地方盛行的"大调解"模式。这种模式的确是社会纠纷解决机制的一种创新。① 在大调解格局中,容易形成一种解纷合力,克服过去各自为战、相互推诿的弊病,对于集体协商中遇到的种种争议焦点和难题,能够及时做出针对性的回应和破解,提高了政府治理的效率。当然,正如前文所言,大调解并非是蛋糕做得越大越好,最终的发展方向还是要实现政府与社会的分离和互动。

集体劳动争议仲裁是在调解无效之后进入的下一个程序。仲裁机构的人员组成也是一种三方机制,不过它不同于三方协商机制。三方协商机制存在于协商过程中,其功能是协调各方、主持谈判、促进协商达成协议,这种机制不具备强制性;而仲裁是对协商不成引起的争议做出裁决,裁决书具有法律的强制执行力。劳动仲裁主要表现为两种形式:一是自愿性仲裁,即争议当事人自愿向仲裁机构提交仲裁申请;二是强制性仲裁,即由仲裁机构根据法律规定的条件主动对争议做出处理决定。通常情况下,强制性仲裁主要针对一些重大的劳动争议案件,如波及整个产业或社会的劳资冲突,以及直接危及社会安全和公共利益的案件。一般情况下的仲裁都是自愿性的,只有在法律规定的特殊情形出现时才能启动强制性仲裁,如德国《企业组织法》规定,在企业

---

① 关于"大调解"模式在解纷机制的创新方面的探讨,可详见那述宇等:《大调解——社会纠纷解决路径的创新》,中央文献出版社 2009 年版,第 26—30 页。

发生关停并转为变动时,企业职工委员会可以代表工人与雇主协商制定一项弥补雇员损失的"社会计划",如果协商未能达成合意,"社会计划是可以强行制订的,必要时,应通过劳动仲裁处以多数票做出裁决"[①]。我国目前尚未建立强制性仲裁制度。

在多数国家,仲裁裁决一经做出,即对当事人形成法律约束力,不得再起诉。在另一些国家,如果当事人对仲裁裁决不服,可保留或行使向法院提起诉讼的权利,由法院做出最终裁判。我国目前"在实际操作中形成了将劳动仲裁设定为劳动诉讼前置程序的做法,但该做法无论在法理上,还是与现有立法及其基本精神的对接上,均存在诸多问题"[②]。因为劳动仲裁机构具有自身法律地位的独立性,[③]将劳动仲裁视为劳动诉讼的前置程序无疑是变相地将劳动争议仲裁委员会当作附属于司法机关的"前缀"来看待,也有悖于争议解决方式的自主选择性和裁决的终局性原则。从规范文本来看,现行的《劳动法》《劳动合同法》和《劳动争议调解仲裁法》都没有明确规定劳动仲裁是劳动诉讼前的必经程序。所以我们应当明确一种"或裁或审,各自终局"的终局性仲裁模式。

还有学者认为,我国政府应当将劳动争议仲裁机制从行政化的体制中剥离出来,实现真正意义上的社会化,还原劳动仲裁之社会法本意

[①] 〔德〕沃尔夫冈·多伊普勒:《德国雇员权益的维护》,唐伦亿、谢立斌译,中国工人出版社 2009 年版,第 106 页。

[②] 秦国荣:《劳动权保障与〈劳动法〉的修改》,人民出版社 2012 年版,第 225—226 页。

[③] 《劳动法》第 81 条规定:"劳动争议仲裁委员会由劳动行政部门代表、同级工会代表、用人单位方面的代表组成。"这表明我国劳动争议仲裁机构既不是《仲裁法》意义上的仲裁机构,也不是纯粹行政机关,更不是司法机关;又由于其机构序列、专职人员编制以及办公经费从属于劳动行政机关,因而它也当然不是民间机构。只能说,它是一种受行政权统制的、按照准司法程序运转的、兼顾劳资两利因素的居间裁判机构。

与功能。① 这种构想无疑与治理理论关于治理主体多元化的模式不谋而合,也应当是劳动仲裁制度改革的终极目标。但是,这种改革方案的现实可行性有多大? 有学者基于部门自利性的考量,对此表示了深切忧虑,认为政府部门本身也是一种利益主体,有自己的行为方式和行动逻辑,一旦仲裁从行政体制中分流,真正走向社会化,无疑相当于从劳动行政机关身上割下一磅肉来。劳动行政机关为了维护部门利益,必然会成为阻却改革的强大力量,社会化仲裁的改革方案最终会流产。②

四、对有损公共利益的罢工行为进行行政干预

国家行政机关对集体协商一般都应保持中立态度,不宜直接介入协商活动。但在协商过程中,当双方发生争议,使协商无法继续进行,或者可能发生对抗性行为时,政府有关行政部门就应主动介入或应邀进行斡旋调解,敦促双方互谅互让,相互妥协,以避免发生激烈的有损公共利益的罢工行动。③

(一) 发达国家对罢工的行政干预已有制度化实践

罢工是劳方在集体协商陷入僵局后逼迫对方妥协的一种产业行动。国际劳工组织及其大多数成员国都认为,罢工是工人的一种基本权利,应予以尊重,而且许多国家都在相应的法律中对申请和举行罢工

---

① 张宪民、郭文龙:《论我国劳动争议处理机制的调整》,《中国劳动》2006年第8期。
② 董保华:《劳动合同立法的争鸣与思考》,上海人民出版社2011年版,第192页。
③ 另外,在国家经济不景气或是失业严重时期,政府也往往从全局利益出发,采取强制性手段对集体协商进行直接的行政干预,如冻结工资、限制提高福利待遇以及一些预防突发性事件的断然措施等。参见刘燕斌:《国外集体谈判机制研究》,中国劳动社会保障出版社2012年版,第213页。

的目的、性质、程序、方式等做了详细规定。但是，罢工尤其是大规模、长时间的罢工，毕竟会对社会政策秩序和社会公共利益造成重大影响或损害。因此，为避免损失进一步扩大，政府会按照法律规定的程序及时做出反应。从国外的法治实践看，政府对罢工的行政干预主要表现在以下几个方面。

1. 在罢工准备阶段，通过行政干预推迟罢工。挪威有关法律规定，调解委员会可以命令推迟罢工，并启动至少 16 天的调解程序，以便利用一切可能的调解手段使问题得到解决。瑞典有关法律规定，罢工通知应同时提交劳动争议调解局。如果确信有助于争议的解决，调解局可以做出决定，将罢工推迟 14 天。芬兰有关法律规定，罢工通知需同时提交劳动争议调解机构；如认为基本服务部门的罢工对社会生活威胁较大以及需要时间再次进行调解，劳工部可以命令罢工延期 14 天。俄罗斯有关法律规定，在紧急情况下或在特殊部门即将举行罢工时，联邦政府有 10 天的期限，对集体劳动争议提出解决方案。爱沙尼亚有关法律规定，经调解机构提出建议，政府行政主管部门可视情况命令罢工推迟两周或一个月。

2. 在罢工开始后，发出行政命令，中止或制止罢工。西班牙有关法律规定，就业部在适宜情况下可命令罢工人员中止罢工，恢复工作，期限最长为两个月；在有可能损害国家经济的情况下，有权命令通过强制仲裁依法中止罢工。挪威有关法律规定，如果有可能严重危及社会利益，议会或内阁（在议会休会期间）可决定中止罢工。澳大利亚有关法律规定，劳工部部长如果认为罢工对雇主和雇员造成消极影响，威胁一部分公众的生活、人身安全、健康和社会福利，以及对国家经济的某一部分造成重大伤害，有权通过发布部长命令制止罢工。爱沙尼亚有关法律规定，在发生自然灾害和国家紧急状态时，政府可命令中止罢工。

3. 在罢工对国家安全和社会公共秩序造成威胁时,按照法定程序,向司法机关申请强制复工令和终止罢工的裁定。这类行政命令一般由政府机构或主管部门领导人发布,也有个别国家由政府首脑颁布。美国1947年《劳资关系法》规定,如果美国总统认为罢工已威胁到国家安全的话,可以直接采取干预行动,包括指定一个调查委员会对争议问题进行调查,并要求在规定时间内向他提出书面报告。总统也可通过司法部向罢工发生地的联邦法院申请,由联邦法院发出停止罢工的命令。法院根据申请发出命令后,不管劳资双方意见如何,都应当暂停罢工80天。在此期间双方继续寻求解决办法,以期最终达成协议。2002年9月,美国西海岸一万多名码头工人发起的大罢工,就是以这样的程序解决的。当时布什总统让司法部向旧金山联邦法院申请下达复工命令,法院据此迅速做出停止罢工的裁定。劳资双方在法定的"冷却期"内经过谈判,各自做出让步,最终达成了为期6年的协议,结束了罢工。① 澳大利亚产业关系委员会则有权决定罢工是否合法或受到保护,并将决定提交联邦法院,法院则可据此发布罢工禁止令,并对任何不受保护的或非法的罢工采取取缔行动。

4. 有些国家的行政机关在法定情形下有权直接做出终止罢工的决定或命令。如俄罗斯有关法律规定,在罢工对国家或部分地区造成特别严重影响的情况下,联邦政府有权做出终止罢工的决定。韩国有关法律规定,罢工不得有暴力和破坏行为,不得占领与重要生产活动有关的生产设备和设施,不得停止、关闭或中断工作场所安全设备的正常运行;如发生以上情况,劳工部部长可根据全国劳工关系委员会做出的决定,命令罢工停止,如果来不及等待委员会的决定,可立即命令停止

---

① 刘燕斌:《国外集体谈判机制研究》,中国劳动社会保障出版社2012年版,第220页。

罢工,但事后应得到委员会的追加批准。

（二）我国对罢工的行政干预尚缺法治化安排

与以上这些国家相比,我国政府对工资集体协商的行政干预程度可以说是非常显著、强大的,因为这种干预的主体已不再局限于行政机关,不是一种纯粹的行政性干预,而是表现为一种"党委领导—行政主导—工会操办—多部门协调"的多种公权力混合推进的"权力统筹型"模式。在国家层面上,主管部门制定推进工资集体协商的各项工作指标,实行目标管理;在地方层面,各级政府与工会围绕目标,完成下达的指标任务。其本意是推动集体协商的全面实行,切实维护和保障劳动者的集体劳动权,但实际上却变异为政府在中央与地方之间"围绕指标考核而进行的体制内互动"①,上演着一场场公权力部门自娱自乐的游戏。劳方代表与雇主只是在事先为他们预设好的工资集体协议上履行一下签字仪式,劳动者和用人单位普遍地"被协商",沦为这台大戏中的群众演员。资方在集体合同上的妥协主要来自公权力的干预,而不是劳方的集体对抗行动(如罢工)。由于我国没有明确的罢工法律制度,即使现实生活中出现自发性罢工,政府也会将其视为"体制外"的群体事件来处理,甚至纳入维稳工作的范畴。所以我国政府对罢工行为基本上采取的是强行压制态度和非法治化处理措施,凭借公权力对劳资双方施加压力,而不是通过实体法与程序法的规制来规范罢工行为,并为行政权的介入和干预设置必要条件。

这种"权力统筹型"工资集体协商模式,无非是基于如下三种表面上说得通、深入分析却不能成立的理由：

---

① 吴清军:《集体协商与"国家主导"下的劳资关系治理——指标管理的策略与实践》,《社会学研究》2012 年第 3 期。

1. 劳资私人主体之间的信息不对称、地位不对等和力量不均衡等实质不平等因素,需要政府行政介入和干预。但这只是我们的主观联想和臆断,实质不对等的法律关系并不能构成政府行政介入的必然性法理逻辑,事实上,有很多不对等的社会关系,比如医患关系、消费关系、婚姻关系等,都存在类似的特点,但这些关系很显然都不必然地需要政府行政介入或干预。那么什么才是必然的法理逻辑呢? 当利益博弈与冲突超出了私法领域,影响到公共利益时,行政干预便获得了法理上的必然性。

2. 劳资关系的稳定与社会稳定、政权稳定之间存在某种内在联系,所以需要政府行政介入和干预。这种观点的基本理论前提就是只有政府介入才能维护社会稳定,这显然是与现代法治理念和治理理论相悖的,是对公权力主体及其运行功能的盲目依赖与迷信,也是对劳资关系当事人主体的权利能力和自治能力的不信任与变相否定,很容易导致政府权力的膨胀与公民权利的萎缩,进而导致法治国家的迷失与警察国家的复活。

3. 劳资之间存在难以调和的矛盾对立,需要政府介入和干预。这是一种片面的停留于个体利益最大化的单调性思维,缺乏企业共同体的整体性考量,只看到劳资双方的零和式利益博弈关系,"而没有看到双方订立契约的平等交易关系,更没有看到双方合作、协作与身份伦理关系"[1]。

所以,今后我国在集体协商问题上的改进方向应当是政府行政权的适度隐退,不宜大包大揽,强力推行,而要严格限定自身职权,注重协商主体相关权利的培育,在协商当事人之间形成充分的信赖保护;从外围进行给付行政,在公正立场上进行居间行政,促进一种自生自发的劳资谈判秩序的形成;只有在这种秩序出现有损公共利益的僵局或紊乱

---

[1] 秦国荣:《劳动权保障与〈劳动法〉的修改》,人民出版社 2012 年版,第 280 页。

时,政府的行政干预才是必要的。

五、结　语

从法治化的角度看,工资集体协商的政府治理要秉持有限政府和有效政府相统一的理念,遵循比例原则,既不能自由放任、不闻不问,也不能强力推行、一手操办,而要做到适度介入。这里的适度首先表现为严格依法行政,适时拓展集体协商事务的行政主体,理性地实施法定的行政职权;其次表现为必要的给付行政,从外围提供工资集体协商所必需的信息资讯、劳动保障、劳动基准等公共产品和服务;再次表现为有效开展居间行政,营造一种有针对性的三方机制,在谈判中进行协调与斡旋,在有争议时予以调解和仲裁。当然,如果因谈判破裂而引发罢工,并与公共利益发生严重冲突,政府就要进行有序化的行政干预,将集体争议的影响控制在企业内部。这些都构成工资集体协商中"适度介入型"行政的必要元素。

第二节　劳动关系中的司法介入、
政府管制与劳资自治[*]

在劳动关系中,司法介入与劳资自治作为必然共存的两种调整手

---

[*] 本节初稿由课题组成员南京审计大学法学院讲师李亘提供。收录进本书时由秦国荣对部分文字进行了修改。

段,两者应是怎样一种关系,一直以来都是理论与实践中的难题。最高人民法院第 18 号指导性案例的颁布,引发了学界关于法院对用人单位规章制度合理性审查问题的思考。而在此问题上观点对立的背后,实质是对劳动关系中司法介入与劳资自治两者博弈的认知和选择的不同。司法介入与劳资自治两者并非孰优孰劣的关系,而是一种协商合作的关系。政府应注重管制劳动关系的基准,除此以外充分尊重劳资双方的自治。法院对用人单位规章制度的审查,应仅对用人单位规章制度的合法性和其中涉及劳动基准的内容进行合理性审查,一般情况下应充分尊重用人单位规章制度的法律约束力与有效性。

众所周知,事物的发展是内因和外因共同起作用的结果。内因是事物变化发展的根据,外因是事物变化发展的条件,外因通过内因起作用。同理对于劳动关系而言,其能否健康发展的关键之处同样在于劳动关系的内部——劳资双方之间关系如何。而劳资双方之间的关系,在很大程度上依赖于劳资双方的自治,即劳资双方之间能否通过良好有序的内部治理方式相互沟通协商,从而形成和谐相处局面。因此我们说劳资自治乃劳动关系健康发展的内因。然而劳动关系的健康发展,仅有内因的推动是远远不够的。劳动者一方的天然弱势性决定了劳资双方的自治必须在一定管制下进行,才能保障劳动者的合法权益。作为劳资双方之外的第三方,政府对劳动关系强有力的管制则是劳动关系发展变化的主要外因。虽然外因最终还是需要依靠内因即影响劳资双方之间的自治来达到调整劳动关系的目的,但就劳动关系整体的健康发展而言,司法介入的作用无疑是不可或缺的。因此在劳动关系的健康发展中,劳资自治与司法介入两者必须共同发挥作用,缺一不可。但问题在于,既然在劳动关系中司法介入与劳资自治这两种调整手段必然共同存在,那么两者之间应是一种怎样的关系,该如何界定。

一直以来,这一难题困扰者劳动法理论界和实务界的众多同仁。对此,以法院对用人单位规章制度的合理性审查问题为视角,通过对这一具体问题的分析和探讨,或许可以为劳动关系中司法介入与劳资自治两者关系这一难题的提供解答。

一、指导性案例引发对法院合理性审查的思考

2013 年 11 月 8 日,最高人民法院公布了第 18 号指导性案例。作为自指导性案例制度实施以来首个严格意义上的劳动法案例,该案例对于劳动法学界与实务界产生了一定的影响。案中劳动者王鹏进入原告中兴通讯(杭州)有限责任公司(以下简称"中兴公司")从事销售工作。中兴公司的《员工绩效管理办法》(以下简称《绩管办法》)规定:员工半年、年度绩效考核分别为 S、A、C1、C2 四个等级,不胜任工作的原则上考核结果应为 C2。因王鹏三个半年度考核结果均为 C2,中兴公司据此认为,王鹏不能胜任工作,经转岗后,仍不能胜任工作,决定单方解除与王鹏的劳动合同。双方由此发生争议,诉至法院。法院经审理认为:虽然王鹏的考核结果为 C2,但是 C2 等级并不完全等同于"不能胜任工作",中兴公司仅凭该限定考核等级比例的考核结果,不能证明劳动者不能胜任工作,不符合据此单方解除劳动合同的法定条件。因此中兴公司的解雇行为属于违法解除劳动合同,应当依法向王鹏支付经济补偿标准二倍的赔偿金。①

本案争议的焦点在于,中兴公司内部《绩管办法》中界定"不能胜任工作"的规定能否成为中兴公司与王鹏解除劳动合同的效力依据。

---

① 参见《中兴通讯(杭州)有限责任公司诉王鹏劳动合同纠纷案》,《人民法院报》2013 年 11 月 26 日。

《绩管办法》作为长期在中兴公司内部适用,对全体公司员工工作绩效进行普遍规范管理的一部内部规章,其性质应归于劳动法上用人单位规章制度①的范畴。故本案中,中兴公司依据《绩管办法》与王鹏解除劳动合同的行为,其实质乃是用人单位依照单位规章制度实施的一种人事管理行为。本案法官也正是认识到了这一点,因而在审理过程中,重点对中兴公司的《绩管办法》进行了审查,并认为《绩管办法》中"不胜任工作原则上考核为 C2"的规定具有不合理性,进而否定了该规定的效力,最终做出中兴公司在不能证明王鹏不能胜任工作的情况下违法解雇,应支付二倍赔偿金的判决。至此,我们可以看到,最高人民法院通过第 18 号指导性案例的颁布,向各级法院表明了人民法院在审理劳动争议过程中,通过对用人单位规章制度的合理性审查(以下简称"法院合理性审查"),否定了用人单位规章制度中不合理规定的效力,最终维护劳动者合法权益的基本态度。

最高人民法院颁布的《关于案例指导工作的规定》第 7 条规定:"最高人民法院发布的指导性案例,各级人民法院审判类似案例时应当参照。"该规定实质上要求下级法院在审理类似指导性案例的劳动纠纷时,法官除特殊情况外必须参照指导性案例中的做法。这将意味着:最高院第 18 号指导性案例颁布之后,全国各级人民法院在审理涉及用人单位规章制度的劳动纠纷时,应参照指导性案例中法院的做法,法院对用人单位规章制度进行合理性审查,从而形成法院对用人单位

---

① 用人单位规章制度,国内有的学者称之为劳动规章制度,在国外又被称作劳动规则、工作规则、就业规则等。诸多称谓的内涵和外延虽有细微差别,但本质并无不同,均可理解为国际劳动组织 ILO 特别委员会于 1959 年的定义:"企业界对 work rules, company rules, work shop rules, rules of employment, standing order 之称号,供企业之全体从业员或大部分从业员之使用,专对或主要对就业中行动有关的各种规则。"参见黄越钦:《劳动法新论》,中国政法大学出版社 2003 年版,第 136 页。鉴于我国的《劳动法》与《劳动合同法》中均使用"用人单位规章制度"一词,为保持与立法一致性,也使用此称谓。

规章制度合理性审查的常规化、正当化。

　　然而众所周知,用人单位规章制度作为一种在单位内部实施,调整用人单位与劳动者之间以及劳动者相互间关系的行为规则,①无论其适用主体还是调整范围,都仅仅局限于用人单位内部的劳资双方。因此,规章制度的制定在某种程度上乃是劳资双方自治的一种结果。不仅如此,由于用人单位规章制度的内容往往涉及劳资双方的切身利益,其"地位是非常独特而且常常引起争议的"②。如果确认法院对用人单位规章制度合理性审查正当化,则意味着用人单位规章制度的效力在某种程度上将取决于人民法院的审查结果。而在合理性审查中的合理性标准尚未达成共识之际,法院将被赋予极大的自由裁量权,继而在用人单位规章制度效力由"资方单决"还是"劳资双决"的争论之后,开辟出"法院决定"的新模式。而在现代法治日益提倡公权与私权划清界限的今天,法院作为劳资双方之外的第三方司法机关贸然干涉劳资双方的利益关系调整,故而对用人单位规章制度进行合理性审查的做法,在法理上究竟有无该当性与合法性,无疑是有待商榷的。换言之,法院究竟是否应当对用人单位规章制度进行合理性审查? 如果可以,应如何审查? 这些问题值得学界和实务界深入思考与慎重对待。

二、学界对法院合理性审查的争议

　　对于法院是否应当对用人单位规章制度的合理性进行审查,学界一直存有诸多不同见解,概括起来主要有以下两类学说。

---

① 参见王全兴主编:《劳动法》,法律出版社2004年版,第206页。
② 参见颜雅伦、蔡淑娟:《知识经济下之劳雇关系与企业竞争力》,台北思益科技法律事务所2002年版,第138页。

（一）肯定说

支持"肯定说"的学者普遍认为，法院应当对用人单位规章制度的合理性进行审查。但学者们对此给出的理由却不尽相同，部分学者认为："由于劳动者一方在劳动关系中天然地处于'弱势地位'，因此对于处于'强势地位'的用人单位而言，其制定的规章制度，只要具备了内容合法、经民主程序、向劳动者公示，即可以由用人单位决定实施，是否合理则没有制约。"①即便劳动立法赋予了劳动者在规章制度制定过程中的平等协商权以及规章制度实施过程中的修改建议权，但由于劳动者在劳动关系中的不平等地位，使得"这种内部推动规章制度完善的力量是薄弱的、不平等的"。而"法院对于用人单位规章制度合理性的审查，则可以从外部促进用人单位规章制度的完善"②。只有这样才能确保用人单位规章制度真正地保护劳动者的切身利益，而不是沦为用人单位谋取私利的工具。

相较于简单将劳动者处于"弱势地位"作为法院审查理由的学者而言，另一部分持"肯定说"的学者则从劳动者集体表意制度的角度对劳动者的"弱势地位"进行了更深层次的分析，他们指出：基于"用人单位规章制度形式上一体适用于全部或大部分劳动者，实质上对于劳动关系的合作性具于特有的规范作用，因此从立法论上不应绝对排除集体意思参与的空间"③。在某种程度上，用人单位规章制度其实乃劳动者一方集体与用人单位协商的结果。但是，由于"我国集体表意制度

①　朱忠虎、严非：《法院可以而且应当审查用人单位规章制度的合理性——与陈伟忠同志商榷》，《中国劳动》2013年第1期。

②　朱忠虎、严非：《法院可以而且应当审查用人单位规章制度的合理性——与陈伟忠同志商榷》，《中国劳动》2013年第1期。

③　郑尚元、王艺非：《用人单位劳动规章制度形成理性及法制重构》，《现代法学》2013年第6期。

尚不完善,引入集体意思意在'自治',而如果本无集体意思而空行'自治',则将成为实质上的用人单位单方'他治'。劳动规章制度涉及劳动关系中权利义务的方方面面,故这种'他治'将更严重地威胁劳动者利益"[1]。换言之,我国集体表意制度的不完善,使得劳动者在规章制度的制定过程中无法形成统一的集体意思,从而在与用人单位的协商过程中处于弱势地位,缺乏与用人单位谈判的资本,最终使得劳资双方的"自治"实质上变为用人单位单方的"他治"。那些"认定劳动规章制度为用人单位与劳动者全体双方意志共决的集体性规范,可以成为用人单位与劳动者自治的依据,法院不应多加干涉的观点并不合适。这种理解实质上等于在大多数情况下令用人单位单方的意思成为了法规"[2]。这样的做法将极有可能使劳动者的利益被置于任人宰割的境地。

因此在持"肯定说"的学者们看来,虽然劳动立法在用人单位规章制度的制定和修改过程中皆规定了必须经过民主程序,以保障用人单位规章制度的合理性。但"用人单位规章制度经民主程序制定,在法律上作用应仅为证明劳动规章制度具有合理性的(有力)证据,但最终仍应由法院综合各种要素对劳动规章制度合理性进行全面审查"[3]。只有这样才能保证法院真正公平公正地做出判决,才能促进用人单位在保障规章制度合法的基础上,不断完善规章制度的合理性,从而保障劳动者的劳动权利,促进劳动关系的和谐稳定发展。

---

[1]　郑尚元、王艺非:《用人单位劳动规章制度形成理性及法制重构》,《现代法学》2013 年第 6 期。

[2]　郑尚元、王艺非:《用人单位劳动规章制度形成理性及法制重构》,《现代法学》2013 年第 6 期。

[3]　郑尚元、王艺非:《用人单位劳动规章制度形成理性及法制重构》,《现代法学》2013 年第 6 期。

（二）否定说

与"肯定说"的学者不同,持"否定说"的学者们则认为法院不应对用人单位规章制度的合理性进行审查,其给出的理由也不尽相同,归纳起来主要有以下几点。

首先,用人单位规章制度是劳资双方自愿协商合意的结果,即便是新进入单位的劳动者,在劳动合同订立过程中,也有权了解用人单位规章制度的内容,并与资方在合同中约定需遵守的单位规章制度,这也就意味着劳动者承认用人单位规章制度并愿意受其约束。此外,用人单位规章制度的主要内容是依据相关法律制定的,具有一定的合法性,可以说,"用人单位规章制度是实施劳动法律规范的必要手段,是法律规范的延伸和具体化"①。法院作为司法机关无权对劳资双方间的私法领域进行干涉。不仅如此,如果允许法院对规章制度的合理性进行审查,将严重影响规章制度的稳定性和在单位内部的权威性,使依法制定的规章制度在用人单位内部变为一纸空文,无人遵守。

其次,《劳动合同法》第4条规定:"在规章制度和重大事项决定实施过程中,工会或者职工认为不适当的,有权向用人单位提出,通过协商予以修改完善。"这充分表明,"我国劳动立法允许对不适当(不合理)的规章制度进行修改,而立法之所以规定这一民主程序,目的就是为了解决规章制度不公正、不合理的问题。但这里需要注意的是,立法规定修改这一不适当(不合理)规章制度的主体乃是企业工会或者职工,而非人民法院"②。因此,法院在审理过程中,如果对用人单位规章

---

① 陈伟忠:《法院对用人单位规章制度合理性审查合法吗》,《中国劳动》2012年第8期。
② 陈伟忠:《法院对用人单位规章制度合理性审查合法吗》,《中国劳动》2012年第8期。

制度的合理性存有异议，其权力边界至多是审查用人单位规章制度制定的民主程序有没有问题，而无法直接审查规章制度内容的合理性。

此外，用人单位规章制度具有极强的个性，每个用人单位的规章制度均是依据自身实际情况制定的，这就导致一方面，不同的用人单位其规章制度也必然各不相同，另一方面，用人单位规章制度还往往蕴涵着本单位所从事行业和业务的特点，而不同行业和业务的特点往往相差甚远。在实际审理过程中，法官不可能了解所有用人单位的实际情况和所有行业的特点。立法也不可能为用人单位规章制度的合理性做出一个统一的标准。在缺乏统一审查标准的情况下，如果放任法院对用人单位规章制度进行合理性审查，法官将会被赋予极大的自由裁量权。而且因为法官自身业务水平和熟悉领域的不同，也极容易出现同案不同判的情况。因此，就现实条件而言，法院对用人单位规章制度的合理性审查没有现实可操作性。

通过对学界不同观点和理由的梳理可以发现，对于法院是否应当对用人单位规章制度合理性进行审查的问题，我们并不能简单地断定谁对谁错。要想真正弄清此问题，还需要进行更深层次的剖析。

三、学界争议的背后：司法介入与劳资自治的相互博弈

前已述及，学界在法院对用人单位规章制度合理性审查的问题上有着截然相反的两种观点。这两种观点实质上是两种不同的思路分野："肯定说"，强调政府积极干预劳资双方的自治，对劳动关系进行有效的管理和控制，即强调政府管制（下文简称"管制"）；"否定说"，强调尊重劳资双方的合意协商和自由意思表示，将劳动关系交由劳资双方自己调节，即强调劳资自治（下文简称"自治"）。正是"管制"与"自

治"两种思想的相互分野,构成了学界对此问题截然相反的观点。

在"肯定说"看来,在劳动关系中,由于劳资双方处于不平等的地位,劳动者一方具有天然的弱势性,如果放任劳资双方自由协商,必然会导致用人单位利用其优势地位压迫劳动者一方,侵犯其合法权益。加之目前我国劳动者集体表意制度的不完善,劳动者一方无法形成与资方对话的资本,这就更加使得处于强势地位的用人单位可以肆无忌惮地欺压劳动者。如果仅依靠劳资双方进行自治,就会出现劳动者一方合法权益被肆意侵犯的局面。而为了保障劳动者一方的合法权益,必然需要政府对劳资关系进行管制,在兼顾劳资双方合法权益的同时,倾斜保护劳动者的合法权益。具体到法院对用人单位规章制度的合理性审查问题上,如果单纯放任劳资双方"自治"来制定规章制度,必然会造成用人单位利用其强势地位,制定对劳动者极为不利的规章制度。这无疑等于置劳动者权益于不顾,甚至民主的"自治"将变成用人单位的单方"他治"。在这种情况下,只有通过引入掌握公权力的法院进行管制,对用人单位规章制度的合理性进行审查和控制,才能真正保护劳动者的合法权益。因此,在劳动关系中,"管制"无疑应当是优于"自治"的。

"否定说"认为,劳动关系的私法性质决定了劳资双方之间的权利义务关系乃属于私法领域,而法院作为公权力机关本不应贸然介入其中。用人单位规章制度作为劳资双方合意协商的结果,其调整的乃是劳资双方之间的权利义务关系,法院作为掌握公权力的司法机关,根本就没有介入这种私权协商中的法理依据。用人单位规章制度在用人单位内部施行,关涉劳资双方的利益关系,法院并非劳资利益关系的当事人,更是无权介入其中。因此,法院应当尊重劳资双方自愿协商、意思自治的结果,不应贸然干涉劳资关系,更不应审查用人单位规章制度的合理性,否则将会使得用人单位规章制度变成一纸空文。换言之,在劳动关系中,"自治"应当优于"管制"。

可见,学界对于用人单位规章制度合理性审查问题的争论的实质其实在于对劳动关系中"管制"与"自治"关系及其认识的相互对立。法院能否对用人单位规章制度进行合理性审查这一问题产生的根源在于究竟如何认识劳动关系中"管制"与"自治"的相互关系。如果"管制"与"自治"关系处理得当,不仅法院对用人单位规章制度合理性审查的问题会迎刃而解,劳动关系中诸如此类的许多问题也都将得以解决。因而"管制"与"自治"的关系究竟如何,孰优孰劣,就成为我们必须解决的问题。综观各界,对此问题目前主要持有以下两种观点。

(一) 政府管制优于劳资自治

从目前国内现有的文献资料来看,认为"管制"优于"自治"的学者所持的基本逻辑是:在劳动关系中,劳动者较之于资方处于弱势地位,"强资本,弱劳工"的现实使得在正常情况下,劳方难以与资方相抗衡。特别是在当前中国新旧劳动体制交替的背景下,资方利用其优势地位侵害劳方的合法权益,将造成严重的后果。因此必须引入政府对劳资关系进行干预,"倾斜"保护劳方,才能够使劳资双方获得实质上的平等。简单地说,即"劳资不成熟,公权需介入"①。

这样的观点乍一看似乎有着"先声夺人的道德判断和善良愿望",学者们站在道德的制高点上,从帮助劳资关系中广大弱势劳动者的善良愿望出发,将政府看作"正义力量"的化身,呼吁政府积极干预劳资关系,帮助弱势劳动者,从而遏制资方压迫广大劳动者的"恶行"。然而当我们冷静下来,除去情绪化的道德假设和简单的逻辑判断,客观理

---

① 汪伟:《常凯:"劳资不成熟,公权需介入"》,《新民周刊》2006 年第 21 期。

性地对此种观点进行学术分析则会发现,上述观点不仅在学术上过于简单和理想化,缺乏对劳资双方以及政府的本质分析,其最终的结论性对策也缺少基本的可行性论证。如果按照这种思路去处理劳资关系,其结果"不仅会与其所谓的善良愿望背道而驰,甚至会带来更为严重的社会问题"①。

首先,仅就劳动者在劳资双方间处于实质上的弱势地位而言,其并不能成为政府介入劳资关系的理由和法理依据。

劳动者和劳动力不可分离的特性,使得劳动者在向用人单位出卖劳动力使用权的同时,将自己的人身置于用人单位的控制之下,从而用人单位与劳动者之间就建立起了一种以服从和管理为特征的从属性关系。正如恩格斯在《论权威》一书中所言,大工厂是以"进门者放弃一切自治"为特征的。因此,劳动关系的从属性特征决定了劳动者必然在劳动关系中处于从属地位,具有一定的弱势性。那种主张引入政府对劳资关系予以干预,强行将劳方提升到与资方"平起平坐"地位的观点,是不符合劳动关系的本质属性的,必然也不符合劳动关系运行和发展的内在规律。正如国外学者所言,劳动法所要做的是"从正面承认了如前所述的雇主与劳动者之间在经济、社会方面的不平等,并企图纠正从那些不平等中产生的不正当的结果"②。换言之,劳动法所需要纠正的是由劳动关系从属性产生出的一些不符合劳动基准规范的不正当结果,而不是改变劳动关系的从属性特征本身。

不仅劳动关系如此,在现实生活中,当事人双方处于不平等地位的现象比比皆是,例如消费关系、医患关系,甚至婚姻关系。从立法的角

---

① 秦国荣:《劳动权保障与〈劳动法〉的修改》,人民出版社2012年版,第247页。
② 〔日〕星野英一:《私法中的人》,王闯译,中国法制出版社2004年版。转引自董保华:《劳动法律与人力资源管理的和谐共存》,《浙江大学学报(人文社会科学版)》2008年第4期。

度来说，只能以形式平等的宣示与适当对弱势方给予倾斜保护的政策设计来彰显法律内蕴的正义，而不能直接授权政府介入来"纠正"实际生活中的诸多实质不平等的社会关系。否则，我们就只能依靠政府来解决一切社会问题，从而生活在"警察国家"了。① 因此，仅以劳动者处于弱势地位就要求政府介入劳资关系的观点，并没有认清劳动关系的本质属性，是没有法理依据的。

其次，主张政府介入劳资私域的做法是与当前我国劳动法的发展方向和法治国家精神不相符合的。

新中国成立以来，我国长期处于传统的计划经济体制之下，这种体制的基本特点在于企业和职工的一切行为均听命于政府②。劳动关系双方缺少应有的决策权，劳动法律关系体现的只是国家的意志，只是劳动行政法律关系的延伸。体现在具体制度上就是：劳动人事制度僵化，职工吃企业大锅饭，企业吃国家大锅饭，干多干少、干好干坏一个样。③这样就必然带来了劳动者劳动积极性和劳动效率的低下。随着经济体制的改革，我国逐步开始对这种传统的劳动关系模式进行调整，而调整的目标则在于"充分发挥市场竞争机制调节生产要素和社会资源的功能，将劳动力在内的各种市场要素都实行市场化运作，使其按照市场规律实现自由流动和配置"④。要做到这一点，就要求弱化国家以往直接管理劳动关系的职能，而赋予劳资双方充分自主协商的空间，保障劳资双方的意思自治和契约自由。通过对一系列劳动基准的规定，在劳动合同标准化的基础上，赋予劳动者充分择业权和用人单位完整的用人

---

① 参见秦国荣：《劳动权保障与〈劳动法〉的修改》，人民出版社2012年版，第260页。
② 此处的"政府"采用广义解释，包括立法、司法和行政机关，属于"政府"的代表。
③ 参见秦国荣：《劳动权保障与〈劳动法〉的修改》，人民出版社2012年版，第260页。
④ 中央文献研究室编：《十三大以来重要文献选编（下）》，人民出版社1993年版，第1817页。

权。通过劳动合同的签订、履行、变更和终止,调节劳动力的供求关系,既能使劳动者拥有一定的择业自由和流动自由,又能确保劳动者在合同期内履行劳动义务和完成应尽的责任,从而使劳动力有相对稳定性和合理性的流动。① 因此,强调政府对劳资关系进行干预将意味着,把通过体制改革好不容易释放出的自治空间再次纳入政府的管辖之下,这无疑是一种"倒退"的做法。

自党的十八届四中全会通过了"依法治国"的重大战略决策以来,法治国家建设成为我国的大事。而现代法治国家建设的基本任务之一,就是确定公权与私权的界限。由于政府较之于私权而言过于强大,为了防止政府滥用权力对私权造成侵害,现代法治运行的要义正在于通过限制政府公权力的行使范围,设计严格的法定程序等方式,确保私权主体能够在法律所规定的权利范围内享有充分的意志自治和行为自由。这就意味着政府随意侵入私权领域的做法在现代法治国家是被严格禁止的,只有在特定的情况下,按照严格的法定程序,政府才能对私权予以干预。因此,强调政府积极干预劳资关系的观点在某种程度上是违背现代法治精神的。

最后,政府介入劳资关系也不一定有利于劳动者,相反存在巨大的弊端。学界早有学者认识到政府介入的弊端,而提出反对政府对劳资领域的直接干涉。有学者认为"主张政府'强介入'劳资关系的思路尽管在中国这种'官本位'社会、'强政治'环境、具有亚细亚生产方式特征的社会中非常有市场、有吸引力,也非常容易为精英和大众所接受,在某些方面,短期也能取得立竿见影的效果"②,但其弊端

---

① 参见秦国荣:《法律衡平与劳权保障:现代劳动法的价值理念及其实现》,《南京师范大学学报(社会科学版)》2007 年第 2 期。

② 徐小洪:《劳动法的价值取向:效率、劳动者主体地位》,《天津市工会管理干部学院学报》2009 年第 1 期。

也显而易见。因此,"依靠政府的'强介入'形成'强劳动'的这条思路是不可行的,这不是构建和谐劳动关系的最佳道路"①。具体而言:

其一,政府介入劳资关系的方式取决于公共政策的最终决定,而公共政策的决策过程是各阶层利益博弈的结果。如果要求政府的公共决策有利于保护劳动者,前提在于劳动者的利益诉求能够到达决策过程中。然而在当前的中国现实中,劳动者缺乏强大的群体组织和畅通的表达渠道,因而利益诉求难以全面真实地进入政府的决策过程。相反,资方却有这一渠道。②

其二,"政府不是中性的,其自身也是利益群体,他们也要追求政治利益和经济利益,在中国现实中,最可能出现的就是官商勾结"③。其实在西方,自古以来学者对于公权力容易滥用和滋生腐败的特性就有着清醒的认识。正如孟德斯鸠所言:"一切有权力的人都容易滥用权力,这是万古不易的一条经验。"④因此,西方学界早已抛弃了寄希望于政府直接介入私权而改善私权利益的幻想,相反,其在主张私权自治的同时,特别强调法律对政府行使的规制与约束。公共选择学派认为个人不仅在经济市场上是自利的"经济人",而且在政治市场上也是关注自身权力和利益最大化的"经济人",政府机关及其工作人员也同样倾向于利用手中的职权进行寻租。⑤从这个角度说,"政府并不比其他

———

① 徐小洪:《劳动法的价值取向:效率、劳动者主体地位》,《天津市工会管理干部学院学报》2009年第1期。

② 参见徐小洪:《劳动法的价值取向:效率、劳动者主体地位》,《天津市工会管理干部学院学报》2009年第1期。

③ 徐小洪:《劳动法的价值取向:效率、劳动者主体地位》,《天津市工会管理干部学院学报》2009年第1期。

④ 〔法〕孟德斯鸠:《论法的精神》上卷,许明龙译,商务印书馆2014年版,第157页。

⑤ 参见徐小洪:《劳动法的价值取向:效率、劳动者主体地位》,《天津市工会管理干部学院学报》2009年第1期。

机构更圣洁、更正确,政府的缺陷至少和市场的缺陷一样严重"①。

其三,政府直接干预劳资关系还存在一些自身难以克服的技术性缺点。首先,政府机关对于劳动市场的感受远不如企业灵敏,因而其行为和决策往往存在滞后性,常常出现行为"合法不合理"的情形。其次,企业之间千差万别,政府的干预难以适应所有企业的实际情况。最后,政府的执行和实施还存在一系列的具体问题,强行实施的话,时间和人力、物力、资本的耗费将十分巨大。

其四,就劳动者而言,"如果政府长期强介入干预劳资关系,全力帮助劳动者,最终的结果将是劳动者完全丧失自主性,成为等待政府给予利益,而不是自己争取权利,进而去追求利益的自主独立的群体"②。

因此,那种主张政府以保护弱势方劳动者的身份干预劳资关系的观点,是在缺乏对劳动关系以及政府本质属性进行分析的基础上,"一种比较简单的、过于崇拜和夸大行政权功能的非法治观念"③。如果允许政府随意介入劳资私权领域,其结果不仅不能实现对劳动者利益的保护,而且有可能打破劳资关系的相对平衡,损害劳资关系的正常建构和维护,最终将导致劳资双方的利益都有可能受到损害。换言之,在调整劳资关系过程中,"管制"优于"自治"的观点是难以立足的。

(二) 劳资自治优于政府管制

既然在调整劳动关系过程中"管制"优于"自治"的观点难以证成,那么是否就意味着政府应完全放任劳资双方进行自治,而不予以干涉

---

① 汪翔、钱南:《公共选择理论导论》,上海人民出版社1993年版,第50—51页。
② 董保华:《劳动法律与人力资源管理的和谐共存》,《浙江大学学报(人文社会科学版)》2008年第4期。
③ 徐小洪:《劳动法的价值取向:效率、劳动者主体地位》,《天津市工会管理干部学院学报》2009年第1期。

呢? 换言之,是否意味着"自治"优于"管制"的观点是正确的呢? 其实也不尽然。

我们说,考察任何一个部门法,都应当有一个出发点,或者说叫"本位理念",这是部门法的权利义务重心之所在。而这种"法本位理念"往往是由部门法所体现的利益所决定的。[①] 劳动法作为调整劳动关系及其运行的部门法,其实乃属于社会法的组成部分。而社会法的"本位理念"乃"社会本位"思想,即旨在通过维护社会弱势群体的利益来达到社会整体利益的平衡和发展。但社会利益既不同于纯粹的私人利益,也不同于国家的公共利益,其并非原本就独立存在,而是由私人利益上升演化而存在于私人利益与公共利益之间。就劳动法而言,国家通过劳动法对劳资关系中处于弱势一方的劳动者的利益进行保护,就使得千千万万个劳动者的"微观利益"上升为全社会劳动者群体的"中观利益",从而促进社会利益的整体平衡和发展。

因此就劳动法的社会属性和价值定位而言,其必然不会完全放任劳资双方之间纯粹的私人利益博弈。毕竟"利益就其本性来说是盲目的、无止境的、片面的,一句话,它具有不法的本能"[②]。如果完全放任劳资双方自治,由于劳动者在社会资源和经济实力上的弱势地位,就难免会出现资方为追求私人利益的最大化而侵害劳动者的合法权利,这种自由放任模式带来的恶果早在资本主义原始积累时期的西方国家就已得到了证实。在西方资本主义资本积累时期,资本家在其逐利本性的内在动力和应对市场竞争的外在压力的双重驱动下,对劳动者采取了极为残酷的剥削手段。而当时西方资本主义国家则提倡自由主义经

---

① 参见秦国荣:《劳动权保障与〈劳动法〉的修改》,人民出版社2012年版,第261页。
② 〔德〕卡·马克思:《第六届莱茵省议会的辩论》,载《马克思恩格斯全集》第1卷,人民出版社1972年版,第183页。

济政策,对资方剥削劳动者的行为采取放任的态度,这就使得资本家"像狼一般地贪求剩余劳动,不仅突破了工作日的道德极限,而且突破了工作日的纯粹身体的极限"①。劳动者在当时过着备受摧残、暗无天日的生活,甚至当时的英国政府一度由于国民身体素质普遍过低而无法征集到健康的士兵。因此政府有必要对劳资关系进行一定的控制,以保障劳资双方的自治在法律规定的限度内进行,从而使劳资双方的合法权益得到应有的保护。

从劳资关系的社会性来看,并非所有的劳资双方自治都仅涉及劳资双方的私人利益,在特定的场合中,劳资双方的协商甚至会上升到社会利益乃至公共利益的层面。比如就用人单位规章制度的制定而言,劳资双方就规章制度进行的协商,其实并非单个劳动者与资方之间的利益协商,而是就整个企业内部所有劳动者的工资标准、劳动保护、福利保障等利益进行的谈判。这样的劳资自治一旦发生在某个行业的标杆性公司或较大的集团企业中,其就不再仅仅涉及劳动者的个人利益,而可能关涉到行业的劳动基准乃至劳资关系的构建与稳定。事实上,这已经由单纯的私益层面上升到了整个企业或行业所有劳动者的集体利益及劳资关系调整的层面。如果政府对劳资之间的自治不闻不问、置之不顾,那么其实就是政府在劳资关系政策设计及执行上的不作为,或者说,失去了对劳资关系进行有效监管的应有功能。② 因此,简单地认为"自治"优于"管制"的观点同样也是不可取的。

综上可以发现,无论是"管制"优于"自治"还是"自治"优于"管制"的观点都不完全适应我国的劳动关系现实。因此在调整劳动关系

---

① 〔德〕卡·马克思:《资本论》,载《马克思恩格斯文集》第5卷,人民出版社2009年版,第306页。

② 参见董保华:《劳动制度改革和政府职能的转变》,《法学》1992年第9期。

时,究竟应如何处理"管制"与"自治"的关系,达到劳资关系的和谐稳定,还需要我们结合我国的实际国情和政治制度现状,自己做出客观、理性的思考和判断。

四、和谐劳动关系下政府管制与劳资自治的应然进路

客观地说,在中国这样一个"后发式""政府主导型"发展中国家进行市场经济和法治建设的过程中,政府的法治角色定位最为困难、多变和复杂。[①] 一方面,受几千年来封建专制集权传统文化和新中国成立后长期实行计划经济体制的影响,"万能政府""国家管社会"的观念在我国仍大有市场。另一方面,随着法治进程和经济文化的迅速发展,社会公众对于政府的要求也在不断提高。各种利益集团及社会民众为了自身利益的追求,会对政府提出不同的要求。这往往使得政府处于两难的境地,无论最终介入与否都会带来抱怨和指责。不可否认,政府有时候确实会感到"心力交瘁"。但无论出于怎样的理由,政府均应按照法治文明和法治国家建设的要求,准确而理性地定位政府应有的立场和角色。特别是在劳动关系中,劳动者一方的弱势地位要求政府不得不介入其中,但过度的或者不适当的政府介入又会破坏劳动关系中原有的生态机制。因此在构建和谐劳动关系的过程中,如何妥善处理政府管制与劳资自治之间的关系是当前需要解决的首要难题。

就我国当前法治文明建设和经济体制改革的目的而言,改革开放的重要目标之一就在于:改变以往计划经济体制下那种政府统摄全部

---

① 参见秦国荣:《劳动权保障与〈劳动法〉的修改》,人民出版社 2012 年版,第 259—260 页。

社会资源、包办一切的运行模式,实行国家和社会的分离,促进市民社会的形成。其本质内涵在于:以完善的法律制度明确公权与私权的界限,明确政府在私权领域应有的职能,保证政府能够不错位、不缺位、不越位。与此同时,确立私权主体的利益,保障市民社会中私主体充分的自治权。在劳动关系的改革中,其目标亦在于改变我国以往经济体制下国家对企业大包大揽、劳动人事制度僵化、"职工吃企业大锅饭"的局面;逐步改变政府对企业招工、用人、辞退、职工福利等一系列行为直接管理的体制,充分发挥市场竞争机制的调节作用;准确定位政府的角色和管制的限度,在保障劳动者基准合法利益的基础上,赋予劳资双方充分的自主权,激活企业和职工的活力,做到劳动关系中政府管制与劳资自治的精准分割,构建劳资双方和谐共进的劳动关系。正如学者所言:"明确并处理好政府与劳动者、资方之间的关系,是创建劳资关系共赢的关键环节。"[1]

不仅如此,当前新型劳动关系的发展也为政府在劳动关系中的准确定位提供了方向性的指引。以往一些观点认为劳资关系之间必然出现冲突、矛盾,从而需要政府予以介入,其逻辑前提在于认为劳资双方乃天然对立的群体,劳资关系具有明显的阶级性质,劳资双方之间具有不可调和的阶级矛盾。[2] 殊不知,这种劳资对立的思想具有强烈的时代局限性。在一些特殊的时代背景下,劳资双方之间可能确实存在不可调和的阶级矛盾,是相互对立的群体。正如资本主义发展早期,资本家为了实现自己的资本积累,拼命地压榨劳动者利益,制定过高的工时,却只支付极低的工资,甚至对劳动者身体都造成极大的损害。在这

---

① 秦国荣:《劳动权保障与〈劳动法〉的修改》,人民出版社 2012 年版,第 270 页。

② 参见权衡、杨鹏飞等:《劳动与资本的共赢逻辑》,上海人民出版社 2008 年版,第 135 页。

种背景下,劳资双方无疑是矛盾不可调和的对立群体,也正因为如此,马克思、恩格斯等先辈才积极倡导工人阶级为自己的合法权益进行斗争,对抗资产阶级的剥削。

但正如时代会不断变迁一样,劳动关系也在不断地变化和发展。近年来随着我国市场经济的迅速发展和法治建设水平的不断提高,劳动关系早已不再是以往旧时代的阶级对立关系。相反,随着劳动法制的不断发展,劳资双方正逐渐建立起相互合作、互利共赢的新型劳动关系。这在一定程度上是符合劳动关系的内在属性的,必将成为未来劳动关系的发展趋势。具体表现为以下几点。

首先,从劳动关系的建立来看。虽然就劳资双方的力量对比而言,劳动者确实处于一定的弱势地位,但这并不能改变劳资双方之间平等的民事主体地位。劳动关系乃由作为生产资料所有者的资方与作为劳动力所有者的劳动者之间按照各自的意思自治,通过平等协商订立劳动契约而得以建立,从而实现生产资料与劳动力的结合。即使劳动立法对劳资双方建立劳动关系时约定的工资、工作时间等内容设置了基准性的规定,劳资双方不得违反,但这并不意味着立法者将劳资双方视为不同的阶层而划分不同标准,劳资双方仍是平等的民事主体关系。立法如此设定的目的,主要是出于对劳动者弱势地位的考虑,以期维护劳动者的基准性合法利益。因此在劳动关系建立过程中,并不存在所谓的劳资双方阶级对立关系。相反,劳动关系的建立是因为劳资双方互相欣赏对方,需要对方为己所用,劳动者看中资方的平台,而资方看中劳动者的劳动技能和素质,从而在平等协商基础上形成互助合作关系。

其次,在劳动关系运行过程中,劳资双方以企业作为载体,逐渐在企业长期的生存与发展过程中形成了彼此互为手段和工具的利益关系。劳动者将企业的发展作为自己提升工资和福利待遇的手段,企业则将劳动者劳动技能水平的提升作为企业发展的动力。在激烈的市场竞争中,迫于生存的压力,劳资双方形成了命运一体、相互依存的伦理关系。

最后,现代公司资本运营模式的改革和发展也为建立互利共助、和谐共存的劳资关系提供了新的契机。随着现代企业制度中股份合作、股权激励等政策的实行,很多劳动者不再是单纯领取工资,而是拥有着企业的股份。这就使得大量劳动者不再是单一身份,而是兼具资方与劳方双重身份。此时谈及资方与劳方的对立关系,就等于将劳动者自身一分为二,很显然这是不科学的。因此,在研究劳动关系时,我们需要抛弃以往劳资对立的思维定式,在现代企业制度的架构下,准确定位劳资双方的相互关系,并且在此基础上,合理界定政府管制的限度和机制。

对此,西方工业化国家在处理劳动关系时,普遍采用的是一种"政府干预"与"劳动关系当事人协商"相结合的体制,即国家仅设定劳动者的最低保障要求,在此基础上对于劳动关系中的其他内容给予当事人充分的协商自主权。因为在西方学者看来,根据产权理论或法律经济学理论,各种权利配置结构有着不同的社会成本,为了保障社会的整体利益,促进社会的发展,最佳的方法就是选择成本最低的权利配置结构。此外,如果交易费用为零,则不论将权利配置给谁,通过市场交易,总是可以达到权利配置的最优。但是,现实中存在两个问题:其一,即使交易费用为零,通过市场交易达到权利配置的最优,仍然存在利益的分配问题;其二,现实中交易费用不可能为零。这两点决定了权利初始分配的重要性。正如波斯纳(Richard A. Posner)所言:"这样正确的权利初始分配选择就显得非常关键, 因为很高的交易成本可能将使通过随后市场交易来纠正错误的初始权利分配成为泡影。"①

　　那么在劳动关系中怎样的权利分配是最优的选择呢? 运用经济学理论对劳动关系领域进行分析,西方学者得出了如下结论:在劳动关系领域,为了结构配置最优,为了成本最低,应当将权利尽可能多地赋予劳资双方,让劳动关系的大量实务可以通过劳资双方的协商决定。而对于政府则赋予较少的权利,即只赋予其干预劳动者最低保障要求的权利。② 因为首先,就交易成本而言,由于劳资双方长期处于用人单位这一共同环境之中,无论是时间性还是空间性,劳资双方的沟通和协商都极其方便。而对于政府而言,政府作为公权力主体乃劳动关系以外的第三方,其对于劳资关系的干涉则要困难得多。政府不仅在干涉之前要花费大量的时间和精力了解单位的情况与运行模式,在干涉的过程中也将花费大量的人力物力和财力。因此在交易成本上,劳资自行协商的成本要远低于政府干涉。其次,就利益分配而言,在劳动关系中,劳资双方的利益就其性质而言乃属于私主体之间的利益,而政府作为公权力的代表,不应得到劳资双方间的利益。但是前已述及,政府虽然作为本应中立的公权力机关,但其在某种程度上也是追逐利益的"经济人"。如果赋予其过多的权利,则在利益的分配过程中,在缺乏相应监督的条件下,很难保障政府不会侵犯劳资双方之间的利益,或倾向于做出对自己有利的选择。因此综合这些考虑,西方国家普遍采用了"政府干预"与"劳动关系当事人协商"相结合的体制,仅赋予政府干涉劳动关系基准的权利,而将劳动关系的其他事情交由劳资双方自行

---

　　① 〔美〕理查德・A. 波斯纳,《法律的经济分析》,中国大百科全书出版社 1997 年版,第 75 页。
　　② 参见〔英〕A. 哈耶克:《个人主义与经济秩序》,北京经济学院出版社 1989 年版;〔英〕E. 米德:《效率、公平与产权》,北京经济学院出版社 1992 年版;〔美〕罗纳德・H. 科斯:《企业、市场与法律》,上海三联书店 1990 年版。

协商。

实践证明,这种模式在国外社会化大生产的形势下获得了普遍的成功。这也在一定程度上从侧面证明了劳动法作为一种社会法产生于资本主义自由竞争时期,并不是历史的巧合。

相较于国外而言,我国学者对于新经济体制下政府在劳资自治协商中的角色定位也不乏一些精彩的见解。例如有的学者就指出:在劳资协商自治的过程中,政府应当扮演一种既无为也有为的角色。① 所谓"无为",即不直接介入劳资双方的自治,充分尊重劳资双方的意思自治和行为自由,对于双方协商的方式、内容以及最后的结果均采取一种超脱、中立和不干预的"无为"姿态。所谓"有为",则是指政府应当对劳资自治的底线予以控制,防止劳资双方特别是资方突破立法的基准性规定,侵犯对方的合法权益。具体表现为:立法通过完善法律法规体系,提供一系列基准性的制度和规则,将劳资双方的自治行为限定在法律和制度的框架内,维护双方的合法权益和社会的整体利益。由此可见,无论是国外的做法还是国内学者提出的观点,都体现了在处理劳动关系中公权干预与劳资自治的分工协作思想。应当说在当前我国经济形势日益好转、法治建设不断健全的背景下,将政府作为一种"底线守护者"的角色,也不失为一种比较理性且符合公权与私权划分要求的举措,值得借鉴。

因此,在和谐劳动关系下,"管制"与"自治"之间其实并非一种孰优孰劣的关系,其真正的应然状态乃是一种协商合作的关系。在劳动关系运行中,由政府通过完善的法律法规,规定劳资双方特别是劳动者一方权益的劳动基准,辅之以劳动监察以及中立公正的劳资纠纷解决

---

① 参见常凯:《劳权论——当代中国劳动关系的法律调整研究》,中国劳动社会保障出版社 2004 年版,第 27 页。

机制，来"管制"劳资自治的底线和框架，使劳资双方的合法权益得到最基本的保护。在此基础上，政府应自觉给劳资双方的协商和企业自主权的行使留下充分的自由空间，充分尊重劳资双方的"自治"。做到"管制"与"自治"各有分工、相互协调，使劳动关系在符合其本质属性和内在运作规律的前提下持久稳定地运行。

五、政府管制与劳资自治和谐共存下的法院合理性审查

基于以上对"管制"与"自治"相互关系的系统分析可以得知，在处理劳动关系的过程中，政府的"管制"范围应仅限于通过设定劳动基准、加强劳动监察和建立中立公正的纠纷解决机制的方式，来实现劳资自治的底线把控。因此，人民法院作为掌握裁判权的司法机关，在审理劳动纠纷过程中理应坚持"管制"底线，尊重"自治"的原则。这意味着人民法院作为司法审判机关，一方面，要打破过去那种对劳动者过于偏袒、偏向保护的做法，承认资方对劳动者的用工管理权，尊重劳资双方的意思自治，将劳资关系引入理性化、法治化的纠纷解决轨道。另一方面，也要积极起到对劳动基准等劳资关系底线的监督和控制职能，保证立法规定的劳动基准得到劳资双方的有效执行，保护相对弱势一方劳动者的基本权益不受侵犯。

就用人单位规章制度的审查而言，法院的底线性"管制"作用则体现在审查监督用人单位规章制度的内容和制定程序是否符合劳动立法规定的劳动基准要求，是否突破劳动立法规定的"底线"。对此，最高人民法院发布的《关于审理劳动争议案件适用法律若干问题的解释》第 19 条明确规定，用人单位根据《劳动法》第 4 条之规定，通过民主程序制定的规章制度，不违反国家法律、行政法规及政策规定，并已向劳

动者公示的,可以作为人民法院审理劳动争议案件的依据。据此,法院对于规章制度的底线"管制"主要通过合法性审查的方式予以实现。并且,一旦用人单位规章制度的内容经过合法性审查被证实符合劳动立法的规定,那么对于规章制度中条款的具体规定,法院则应当充分尊重劳资双方的"自治",不予以干预。

那么这是否意味着,法院对用人单位规章制度就完全没有合理性审查的必要,指导性案例中法院对中兴公司《绩管办法》中"末位淘汰"规定的合理性审查是错误的呢?其实不然。

虽然在对用人单位规章制度的审查中,合法性审查是判断规章制度是否符合劳动基准要求的主要手段,但这并不意味着合法性审查可以完全保证规章制度处于劳动基准要求的范围之内。由于受成文法传统的影响,我国的劳动立法对劳动基准的规定往往以法律条文的形式予以呈现。然而受社会环境和立法技术的限制,立法者在一些规定劳动基准的条文中不得不使用诸如"严重""重大""不能胜任"等语意模糊的词语,在实践中需要对这些词语进行进一步的解释才能予以适用。这就使得一些劳动基准的边界变得极其模糊,因为对这些词语的不同界定,将直接影响劳动基准的边界。而这也给一些用人单位留下可乘之机,它们利用这一立法技术的漏洞,大打立法的"擦边球"。通过对一些模糊的立法概念进行自我的解释,从而达到规避劳动立法规定的目的,而这种行为仅凭借合法性审查则无法予以规制。这就需要司法机关通过合理性审查的方式,以劳动法特有的"倾斜"保护劳动者思想为指导,审查规章制度规定的合理性,判断规章制度的条款是否突破劳动基准的"底线",实现对规章制度实质上的底线"管制"。

以第 18 号指导性案例为例,案中法院对中兴公司《绩管办法》中界定"不能胜任工作"的条款进行合理性审查的关键原因乃在于,这一条款属于对劳动立法中用人单位单方面解雇基准的解释，其涉及对劳动基准底线的把控。曾有学者做过这样的比喻，若将一个国家的劳动法比作旋转之中的巨大摩天轮，那么解雇制度就是这个摩天轮赖以运行的敏锐的轴心。[①] 解雇制度之所以在劳动法中具有如此重要的地位，关键在于其对于劳动者以及劳动关系而言都具有至关重要的"底线"作用。

就劳动者而言，一旦被解雇，则意味着经济生活基础的丧失，即使可以领取失业保险等救济金，但原本的生活水平也将大大下降，这将无疑对劳动者的生活乃至生存权产生重大的影响。如果劳动者被解雇以后，一直处于失业状态或被迫提前退休，那么对于劳动者的劳动权以及人格权也将产生巨大的影响。就劳资关系而言，资方滥用解雇权所带来的直接后果，就是劳方对于资方信任度和归属感的降低。而这种信任度和归属感的降低所带来的必然结果是劳动者工作积极性的降低。而劳动者的消极怠工，势必影响到用人单位的生产效率。为提高生产的效率，单位必将大量解雇消极工作的劳动者。这样就会出现"解雇权滥用—劳动者消极工作—解雇消极劳动者—劳动者更加消极工作"的恶性循环，这无疑会给劳动力市场的稳定以及劳资关系的和谐发展带来极其恶劣的影响。因此，各国劳动立法一直以来对于解雇制度都持谨慎甚至保守的态度，将其作为劳动关系的底线予以把控。[②] 我国2007年颁布的《劳动合同法》，将所有"解雇事由"全部集中于法律明确规定的3个条款、13种情形中，将解雇事由完全法定化，任何超出法定情形以外的解雇都将被视为违法解雇。

---

① 参见权衡、杨鹏飞等：《劳动与资本的共赢逻辑》，上海人民出版社2008年版，第135页。

② 参见〔日〕野田进：《劳働契约の变更と解雇》，信山社1997年版，第1页。

　　不过这一立法也并非尽善尽美,其中最大的缺陷便在于立法者在设计解雇事由的评判标准时,大量使用了如"严重违反""重大损害""不能胜任"等内涵模糊的法律概念,并且在之后的立法或司法解释中也未对这些法律概念的内涵进行界定。这样一来,不仅为司法机关在审理中对解雇合法性的判断带来巨大困难,也给用人单位规避法定解雇事由留下了可乘之机。为了通过频繁更替劳动者来提高企业的生产效率,同时规避立法对解雇事由的限制,许多用人单位开始出现类似第18号指导性案例中利用规章制度对解雇标准进行自我界定来扩张解雇权边界的现象。用人单位根据自身利益的需要对立法中未予明确的解雇标准在规章制度中进行自我界定,将解雇标准一降再降,最终完全架空解雇事由的法定限制,这无疑是与劳动法的立法本意相违背的。

　　面对用人单位的这种做法,司法机关仅通过合法性审查无法对其进行遏制。原因在于:其一,合法性审查的前提在于有法可循,而立法至今仍未对解雇标准的内涵进行法律层面的界定,因而也就无法认定用人单位自行界定解雇标准的行为违法。其二,出于保护用人单位自主管理权的考虑,我国劳动立法一直以来均将"严重违反用人单位规章制度"作为法定解雇事由之一。若用人单位将解雇事由界定的情形均归于"严重违反用人单位规章制度"之列,司法机关也就无法通过合法性审查对其进行遏制。对此,法院只有秉持劳动法的基本理念,通过对规章制度中解雇性条款进行合理性审查,判断其界定标准是否突破了劳动基准的底线。如果规章制度中界定的标准符合劳动立法"倾斜"保护劳动者的要求,法院则对其效力予以承认。但如果规章制度界定的标准违背了劳动立法的本意,突破了劳动基准的"底线",法院则可以其条款不合理为由,对其效力予以否定。

　　因此,第18号指导性案例中,法院对中兴公司《绩管办法》中"不能胜任工作"的条款进行合理性审查，并认定其不合理，进而否定该条款效力的做法，是符合法院作为司法机关的角色定位的，法院的行为履行了司法对劳资自治底线的把控，应当予以肯定。

　　综上，在法院对用人单位规章制度合理性审查的问题上，法院应牢牢把握"管制"底线，尊重"自治"的原则，仅对规章制度中界定模糊的劳动基准条款进行合理性审查，通过对这些条款合理性的判断，实现对劳资关系底线的实质性把控。除此之外，应充分尊重劳资双方在合法性前提下的意思自治和行为自由，推动中国特色劳资合作共赢的和谐劳资关系和劳动伦理价值理念的建立。

第六章
当代中国劳资伦理法律规制与和谐社会建设：
理想图景与时代意义

　　劳动关系作为市场经济中的社会生产关系，既反映了资本与劳动的内在联系，也反映了社会的经济生活方式与利益分配结构。劳动关系与社会生产力发展、经济制度设计等更有着相互推动和促进的紧密关系。在我国，尽管社会主义的制度安排从根本上消除了劳动关系中资本与劳动的对立，为和谐劳资关系建设提供了强大的制度基础和社会条件。但我们同样不可否认的是，随着社会生产力与市场经济的不断发展，尤其是在改革开放不断深化的社会转型时期，劳动关系与其他社会关系一样，总会随着社会利益结构的变迁以及分配方式的不断变革而发生变化，从而随着新的社会条件、新的利益格局、新的体制机制建构等，产生这样那样的新问题与新矛盾，有时候甚至出现极为激烈的矛盾与冲突。

　　建设和谐劳动关系乃是一项系统复杂的社会工程，并不意味着靠美好的善良愿望和简单的行政手段等就可以实现。相反，需要我们深入思考和研究社会转型时期劳动关系变化的特点与内在规律，探寻劳资关系运行中劳资双方的互利合作基点、利益共赢节点、利益平衡支点等，以劳资伦理准则为基础，建构维护劳资自治、劳资纠纷社会多元协调与化解、劳资运行实现良法善治的有效社会机制。劳动法治既应维护用人单位的用工自主权与生产经营权等正当合法权益，更应以有利于劳动者为基本准则,切实维护劳动者所享有的各项权益,以法治手段架构起维护劳资伦理关系和合法权益的社会治理体系。

第一节　中国社会转型过程中劳动关系发展困境的法律分析[*]

劳动关系的发展困境是指在劳动关系的发展过程中,劳动关系发展的实际效果与立法者预期的目标呈现出不相吻合的状态。劳动关系发展困境产生的直接原因在于立法者在设计劳动立法制度时,对劳资双方交易成本的设计失衡。而劳动关系发展困境产生的根本原因在于立法者立法理念的偏颇,立法者将对劳动者的倾斜保护与单保护相混淆。要想解决当前劳动关系的发展困境,一方面,劳动立法需要矫正其在劳资双方交易设计上的失衡;另一方面,劳动立法需要针对当前劳动者与用人单位的分层趋势,区别对待,分层立法,倾斜保护不同情况下的弱势一方,兼顾劳资双方的利益。

一、劳动关系"发展困境"的法律内涵

(一) 社会转型中"发展困境"的由来

自改革开放以来,无论是最初"社会主义市场经济"建设目标的提

---

[*] 本节初稿由课题组成员南京审计大学法学院讲师李亘提供,收录进本书时由秦国荣对部分文字内容进行了修改。

出，还是近来中央提出的"供给侧结构性改革"，都无一不印证着中国社会正在经历一场迅速且深入的转型。而伴随着转型过程中各种矛盾和问题的出现，"快速转型中的中国社会，究竟是一个什么样的社会？"也逐渐成为学界热议的一个话题。

对于这个问题，郑杭生先生曾做出过精辟的论述："转型中的中国社会是一个社会优化与社会弊病并生、社会进步与社会代价共存、社会协调与社会失衡同在的社会。"①简而言之，"中国社会的转型是一个既充满希望，又饱含痛苦的过程"②。其具体表现在：一方面，改革开放以来，我国以社会快速转型形式出现的社会巨大变化使得社会各个领域都得到了不同的优化，取得了举世瞩目的成就，未来充满希望；另一方面，我国在转型过程中也面临着诸多困难和挑战，包含着痛苦。

为了阐释我国在转型过程中遭遇的困难和挑战，郑杭生先生还创新性地提出了"发展困境"的概念。所谓"发展困境"，简单而言是指"发展的实际结果与发展的预定目标程正好相反的趋势"③。例如，本来转型发展的预定目标是缩小贫富差距，减少腐败；发展的实际结果却是贫富差距扩大，腐败现象蔓延。郑先生指出，由于我国所特有的不同时空社会问题复杂扭结以及不同时空社会思潮交叉重叠，这样的发展困境在我国的转型过程中可能发生在社会的各个领域。而作为经济转型的重点领域，劳动关系自然也不例外。

---

① 郑杭生：《改革开放 30 年：快速转型中的中国社会——从社会学视角看中国社会的几个显著特点》，《社会科学研究》2008 年第 4 期。
② 郑杭生：《改革开放 30 年：快速转型中的中国社会——从社会学视角看中国社会的几个显著特点》，《社会科学研究》2008 年第 4 期。
③ 郑杭生：《警惕"类发展困境"——社会学视野下我国社会稳定面临的新形势》，《中国特色社会主义研究》2002 年第 3 期。

(二)"劳动碰瓷"事件背后的"发展困境"

2016年5月,《第一财经日报》刊登的一篇题为《〈劳动合同法〉失衡? "搏炒"和"劳动碰瓷"轻易拿到两倍工资》的报道[1],通过两种极端的现象展示了当前劳动关系在转型过程中所面临的"发展困境"。

该篇报道以广东省东莞市为例,揭示了当前实践中在劳动关系领域存在的一种怪象——"劳动碰瓷"。根据报道中所描述的内容,所谓"劳动碰瓷",是指劳动者利用借口"生病""家里有事""身份证没带",甚至部分劳动者通过将劳动合同从企业的人事档案中抽出、藏匿或损毁等方式,不与企业签订劳动合同,而在一个月后等待双倍经济补偿的行为。[2]

这一现象透露出当前我国劳动关系的两个特点:

第一,这种现象体现了当下劳动关系领域同样正在尝试进行转型。对这种现象稍作分析便可发现,这种现象的背后乃是当前劳动关系中极为重要的一项制度——"未签订书面劳动合同的惩罚性赔偿制度"(后面简称为"书惩制度")。而这项制度的一大特点在于,它是《劳动合同法》颁布之后对《劳动法》规定所进行的重大变革。换言之,这项变革性制度的提出可以说是我国社会转型在劳动关系领域的一种典型体现。

第二,实践证明,立法者在劳动关系领域所尝试的这种转型正面临着严重的"发展困境"。

通过对"书惩"这一制度的前后对比可以发现,立法者在此次"转型"中最初所预期的目标乃是:通过对用人单位进行经济处罚的手段,

---

[1] 顾文剑、方嘉:《〈劳动合同法〉失衡? "搏炒"和"劳动碰瓷"轻易拿到两倍工资》,《第一财经日报》2016年5月24日。

[2] 顾文剑、方嘉:《〈劳动合同法〉失衡? "搏炒"和"劳动碰瓷"轻易拿到两倍工资》,《第一财经日报》2016年5月24日。

维护劳动者的合法权益,缓和劳资双方的紧张关系,保障劳动关系的稳定,进而推进和谐劳动关系的建立。具体而言,"书惩"制度的设立乃是立法者创新性地将《消费者权益保护法》中的惩罚性赔偿制度引入劳动关系的结果。其具体规定于《劳动合同法》第 82 条:"用人单位自用工之日起超过一个月不满一年未与劳动者订立书面劳动合同的,应当向劳动者每月支付二倍的工资。用人单位违反本法规定不与劳动者订立无固定期限劳动合同的,自应当订立无固定期限劳动合同之日起向劳动者每月支付二倍的工资。"通过法条的内容便能够明显看出,立法者设立该惩罚性赔偿制度的目的乃是通过规定双倍工资的惩罚性赔偿,确保用人单位与劳动者签订书面劳动合同,进而实现书面劳动合同在劳动关系中的普及。

虽然立法者对于这项"转型"性制度的推行抱以积极正面的期待,然而实践却残酷地表明,这项制度的转型不但未能达到立法者最初的预期,反而加剧了劳动关系的恶化,"劳动碰瓷"现象的出现就是这种反差最有力的证明。这种转型的预期结果和实际效果呈现明显相反趋势的现象,无疑就是我们所称的"发展困境"。

(三) 劳动关系转型中的"发展困境"

如果说"劳动碰瓷"体现的"发展困境"让我们对"书惩"制度的转型充满担忧的话,那么更值得我们担忧的恐怕是,在劳动关系的转型过程中,这种"发展困境"并非仅仅出现在"书惩"这项制度中。近年来,在我国社会转型的大背景下,劳动立法也经历了巨大的调整。特别是《劳动合同法》的出台,对原有的劳动立法进行了巨大的改动。出于保护弱势劳动者的考虑,《劳动合同法》在解雇保护、经济补偿等方面都采取了比以往更高的标准。虽然不可否认,这种转型的确在某些方面保护了劳动者的利益，并且部分制度的调整也的确取得了良好的实践效果。但是，这一转型的举措也在某种程度上使得劳动关系遭遇了严重的"发展困境"。

因此，与立法者推行劳动领域转型、制定《劳动合同法》之初的良好设想相比，其实施效果却是背道而驰的。它不仅没有改善劳动关系，反而使劳动关系被扭曲，使企业、劳动者和政府的行为也被扭曲了，劳动领域的转型遇到了极大的"发展困境"。那么，究竟是何种原因造成了困境的产生？为了摆脱困境，我们该如何进行调整？这些问题成为当下所有劳动法学者必须面对和攻克的难题。

具体而言，劳动关系立法"发展困境"的直接原因在于：

其一，劳动立法在交易成本设计上的失衡。

对于劳动法领域转型中所遭遇的"发展困境"，我们认为其直接原因在于新型劳动立法对劳动关系运行过程中劳资双方交易成本的设计存在失误。

美国著名法经济学家波斯纳在其著作《法律的经济分析》中提出，"行为人的行为是他们在特定法律条件下进行成本——收益分析的结果，当事人对一定权利的不同估价是其交易得以进行的原动力"[1]，并且，"法律制度在运行中会给当事人带来收益和成本，财产权利界定清晰可以降低交易成本。通过制定使权利让渡成本比较低的法律，可促使资源流向使用效率高者手中，从而提高经济运行效率"[2]。立法者正是认识到在劳动关系的运行过程中，劳资双方行为的实质都是他们对特定的法律条件下成本和收益分析的结果，因此，出于对劳动者一方倾

---

① 〔美〕理查德·A. 波斯纳：《法律的经济分析》，蒋兆康译，法律出版社2012年版，第39页。

② 〔美〕理查德·A. 波斯纳：《法律的经济分析》，蒋兆康译，法律出版社2012年版，第39页。

斜保护的考虑,立法者利用设定法律的方式,人为地为劳资双方在劳动关系中的各项行为设定了不同的成本和收益。

其二,劳动立法理念的偏差。

如果说劳动关系遭遇"发展困境"的直接原因是劳动立法对劳资双方交易成本设计的失误,那么我们认为其根本原因在于当前我国劳动立法理念的偏差。这种"偏差"的表征在于以下三个方面。

一是偏离立法的基本要求,将矛盾引向劳资双方,"挑起群众斗群众","挑动"劳资双方内部"争斗",人为引发劳资纠纷。如《劳动合同法》第 82 条规定:"用人单位自用工之日起超过一个月不满一年未与劳动者订立书面劳动合同的,应当向劳动者每月支付二倍的工资。用人单位违反本法规定不与劳动者订立无固定期限劳动合同的,自应当订立无固定期限劳动合同之日起向劳动者每月支付二倍的工资。"尽管立法强调书面劳动合同对于劳动者的重要性,要求用人单位应该与劳动者订立书面合同,这也确实很有必要,但如果按照立法的要求,将用人单位与劳动者订立劳动合同视为法定义务,则用人单位的违法行为应由劳动监察机关进行查处,由用人单位承担行政责任。但《劳动合同法》却违背了《行政强制法》的基本原则,将用人单位的违法情形转化为"授权"劳动者由此获得"二倍工资"的利益权利,将用人单位应承担的法定义务转化为可以计算的"违法之债",将劳动者应享有的权利直接转化为现实的"利益"。这种将行政法上的法律义务转化为民法上的"债"的做法,违背了行政法的基本要求,也违背了民法的基本原理。这种规定既在立法上缺少法理依据,也在实践中极大地引发了劳动者的道德风险,并激化了劳资矛盾。从近年来大量的劳动纠纷均为"二倍工资请求"的实际情况来看,这种立法的社会效果与法律效果确实较差。

二是不恰当地增加了劳动合同的强制性,"管制"色彩较为浓厚,"合同"的"意思自治"色彩较大淡化,破坏了劳资双方的契约自由,导致了劳资双方互不信任。在《劳动合同法》的法律条文中,有大量"不得""应当"等强制性规定,使得本来应该是劳资双方相互协商、意思表示一致后缔结的劳动合同,变成了必须按照法律的强制性规定进行的"强制性""义务性"合同,加之《劳动合同法》对劳动合同解除的严格规定,使得用人单位将正规劳动用工视为畏途,转而寻求《劳动法》与《劳动合同法》之外的用工方式。其直接后果就是用人单位不断规避劳动合同的强制性,甚至放弃劳动合同用工。近年来劳务外包、共享员工的兴起,与《劳动合同法》的强制性有着或多或少的联系。

三是不懂得劳动关系稳定的真正内涵,将劳动关系稳定简单地看作就是劳动合同的"静态"稳定,不尊重市场规律与劳动力市场的波动调节,不懂得劳资双方利益的"动态平衡",导致立法僵化,既损害了劳资双方利益,也损害了社会经济的活力。在市场经济中,劳资双方原本均为实现各自私利的"趋利主体",双方之所以能够形成劳动关系,在于彼此能够通过这种法律关系满足对方的需求,实现自身的利益追求。对于劳动者而言,劳动关系能否稳定,关键在于其能否在劳动力市场上获得发挥自身技能与特长,从而不断获得报酬增长与晋升的机会。对于用人单位而言,所谓劳动关系稳定,在于其能否通过"优胜劣汰"机制获得更适合于企业发展与应对市场竞争压力的优秀员工。换言之,立法者并不应代替劳资双方进行选择,不应将劳动关系稳定理解为特定用人单位与特定劳动者之间的"从一而终",不应将劳动关系和谐理解为劳动关系"静态"与"僵化"。这种理解很显然是违背市场经济竞争与劳资关系的内在本质的,也是违背劳动力市场的流动调整与劳资双方的动态调适的基本要求的。实践也证明，这种"强按牛头""强扭之瓜"的方式，不仅导致了劳资双方矛盾的激化，导致了法律颁布后劳动纠纷案件的数量"井喷式"上升，而且严重抑制了劳动力市场与企业竞争的活力，对社会经济发展也造成了诸多负面影响。最终不得不靠新的政策来对劳动关系进行"松绑"，用政策代替法律的方式来承认和"引导"企业"灵活用工"的"合法性"。

对于这种立法理念的"偏差"，有学者一针见血地指出，这种做法"不是将劳资双方看作民事平权主体，不是看作有着各自私利的契约主体，不是看作相互合作与利益一致的市场主体，而是公然不平等地对待劳动用工方，法律上以侵害用工单位的自主权和管理权来实现其劳动关系稳定的理想图景"①。其结果是，相当多的用人单位不得不采用"用脚投票"的方式，"或大量裁员，或尽量与劳动者订立短期劳动合同，或采用劳务派遣避免直接与劳动者订立劳动合同，或采用诸如临时用工等其他用工形式和方式来规避劳动合同法中不对等的强制性法律义务，甚至在成本增加难以为继的情况下采取或撤资或歇业或转产不再从事劳动密集型行业，甚至干脆直接用弃厂逃跑等方式彻底退出市场"②。

我们说，这种违背市场经济规律和劳动力市场内在要求的立法理念，确实既损害了劳资双方的利益，增加了劳资双方矛盾冲突的风险，同时也损害了社会经济发展，窒息了市场活力，"好心办了坏事"，是要不得的。

---

① 董保华：《论劳动合同法的立法宗旨》，《现代法学》2007 年第 6 期。
② 秦国荣：《无固定期限劳动合同：劳资伦理定位与制度安排》，《中国法学》2010 年第 2 期。

二、劳动关系发展困境的法律应对

（一）调整劳动立法在交易成本设计上的失衡

前已述及,造成我国目前劳动关系发展困境的直接原因在于劳动立法在劳资双方交易成本设计上的失衡。因此,要想使我国的劳动关系发展走出目前的困境,首先需要调整当前劳动立法中对劳资双方交易成本设定的失衡。近年来对于劳动立法的不合理之处,学界已有诸多学者对此展开了研究。[①] 我们认为就目前的劳动立法而言,在劳资双方交易成本的制度设计上,主要存在以下失衡之处。

1. 用人单位解雇与劳动者辞职成本的失衡

（1）制度表现

在劳动关系中,解雇和辞职乃是一组相对的概念,两者都属于对劳动合同的解除,但两者的发起主体存在不同。解雇一般指用人单位主动提出与劳动者解除劳动合同,而辞职则一般指劳动者主动提出与用人单位解除劳动合同。由于解雇涉及劳动者的就业问题,因此基于对劳动者权益的保护,世界各国的劳动立法都普遍对解雇设置了较为严格限制条件。而与此同时,为了保护劳动者的自由择业权,则对辞职给予了相对宽松的规定。虽然这种"严格解雇,宽松辞职"的精神从本质上来说符合劳动关系的特点,且已经得到了世界各国劳动法学界的普遍认可,但对于两者的差别控制而言,仍然存在一

---

① 参见沈同仙:《〈劳动合同法中〉劳资利益平衡的再思考——以解雇保护和强制缔约为切入点》,《法学》2017 年第 1 期;董保华:《〈劳动合同法〉的十大失衡问题》,《探索与争鸣》2016 年第 4 期;章惠琴、郭文龙:《从倾斜保护原则审视〈劳动合同法〉之修改》,《学术界》2017 年第 1 期;秦国荣:《无固定期限劳动合同:劳资伦理定位与制度安排》,《中国法学》2010 年第 2 期。

个合理尺度的问题。劳动立法对于其中任何一方过度偏向，都会造成劳动关系的紊乱。

一方面，我国当前的劳动立法对用人单位的解雇行为设置了极高的交易成本。例如，首先，《劳动合同法》在劳资双方的劳动合同签订上，增设了应当签订无固定期限劳动合同的法定情形。用人单位在与劳动者连续签订两次固定期限劳动合同之后，就面临签订无固定期限劳动合同的压力；或者自用工之日起满一年不与劳动者订立书面劳动合同，就自动视为已经与其订立了无固定期限劳动合同。其次，在劳动合同解除上，《劳动合同法》为用人单位的解雇规定了详细的法定解雇情形，同时在试用期解除、不得解除情形、解除程序以及经济补偿金的规定上对用人单位的解雇行为设置了诸多附加条件。最后，《劳动合同法》在劳动合同的必备条款上废除了原《劳动法》中对劳资双方约定劳动合同终止条件的规定。这种"扩无期，废终止，限解除"的立法设计，无疑给用人单位的解雇行为带来了极高的成本。另一方面，劳动立法则极大地降低了劳动者辞职的成本，给予了劳动者充分的辞职自由。例如，在目前的劳动立法中，只要劳动者履行提前通知程序，则可以在任何情况下无因辞职，解除劳动合同。此外，《劳动合同法》在劳动者可单方解除劳动合同的法定条件设定中，增设了类似"用人单位未及时足额支付劳动报酬"这样的条件，并规定用人单位在此种劳动者辞职的情况下，仍需向劳动者支付经济补偿金。这就使得劳动者的辞职成本大大降低，甚至可以从经济补偿金中获得一定的收益。劳动立法一方面严格限制用人单位的解雇权利，另一方面极度放任劳动者的辞职自由，造成了巨大反差和失衡，自然给劳动关系带来了各种各样的问题。

（2）成本失衡所带来的问题

首先，劳资双方在解雇和辞职成本上的巨大失衡直接导致大量用人单位怯于增加工作岗位、招录新员工,以至于一些单位放弃正常招工程序,而大量使用劳务派遣的形式。调查显示,在《劳动合同法》颁布后一年内,仅北京市的劳务派遣企业就增加了175%,而劳务派遣人数则增加了58%。北京某开发区的用工单位原来使用派遣工5000多人,到2008年底猛增到1.9万人,是原来的3.8倍。① 与此同时,立法对劳动者辞职的过度自由放任,使得大量用人单位丧失对员工培训的积极性。

其次,劳动立法对劳动者辞职法定条件规定的宽泛性,以及对支付经济补偿金情形的放宽,使得实践中部分劳动者开始将解除劳动合同而获得经济补偿金作为自己谋利的一种手段,前文提及的"劳动碰瓷"就属于实践中的典型现象。而这无疑给劳动关系的健康发展,带来极为恶劣的影响。

最后,劳动立法的这种规定,在某种程度弱化了劳资双方在劳动关系运行过程中应有的照顾与忠实义务,形成了一种用人单位不愿对员工进行培训投资或签订无固定期限劳动合同,员工把跳槽当成习惯,难以对企业形成长期归属感的怪象。长此以往,不仅会影响劳动关系的健康稳定发展,而且对和谐劳动关系乃至劳资伦理关系的建立都将产生不良的影响。

(3)立法对策建议

针对目前劳动立法对解雇和辞职行为成本设计的失衡,我们认为要想改变这种失衡,可以通过以下几种方式:第一,劳动立法应该适当缩减劳动者对无固定期限劳动合同的强制缔约权,取消或者调整用人单位与劳动者连续签订两次劳动合同,续签劳动合同作为应当签订无

---

① 参见康桂珍:《〈劳动合同法〉实施后劳务派遣发展状况研究》,《工运研究》2009年第2期。

固定期限劳动合同的法定情形,给予劳资双方在合同期限上充分的自由协商权。第二,适当放松当前劳动立法对用人单位的解雇限制,赋予用人单位适度的灵活用工权。在不违反法律法规强制性规定、公序良俗的基础上,允许用人单位与劳动者约定劳动合同的终止条件,并且取消劳动合同正常到期终止时用人单位仍需支付经济补偿金的规定。第三,适当限制劳动者的无因辞职行为。必要的时候可以在固定期限合同或者以完成特定任务为期限的合同中,设置劳动者无因辞职的违约责任。

2. 用人单位经营管理成本畸高

(1) 制度表现

《劳动合同法》较之于原来的《劳动法》,一大特点在于对劳动关系双方当事人的协商自治空间进行了大幅压缩,同时对用人单位的用工管理自主权进行了多方面限制,以至于有学者称:“2008 年施行的《劳动合同法》,基本标志着我国个别劳动关系步入了高度管制的时代。”[1]其具体表现在,首先,《劳动合同法》第 4 条明确规定,用人单位规章制度的设立,“应当经职工代表大会或者全体职工讨论,提出方案和意见,与工会或者职工代表平等协商确定”。除此之外,“用人单位应当将直接涉及劳动者切身利益的规章制度和重大事项决定公示,或者告知劳动者”。这就意味着,在用人单位的管理过程中,所有有关劳动者利益的管理事项,用人单位都需要提前在规章制度中进行预设。如果用人单位在管理过程中行使了未在规章制度中规定的管理权,如若发生劳动纠纷,则存在违反立法规定而败诉的风险。同样,劳动立法对于规章制度的修改,也要经过协商和公示的程序。其次,《劳动合同法》

---

[1]　董保华:《〈劳动合同法〉的十大失衡问题》,《探索与争鸣》2016 年第 4 期。

的另一大特点是大力推行劳动合同的书面化。而劳动合同的书面化,一方面表现为,在劳动关系建立时,劳资双方必须签订书面劳动合同,否则用人单位将具有支付双倍工资的风险;另一方面表现为,用人单位在管理过程中,即便劳资双方协商要对劳动者的薪资、职位等劳动合同中涉及的内容进行变更,也必须以书面的形式进行修改。

(2) 带来的问题

劳动立法这种对企业的经营管理进行刚性化处理的直接结果,就是大大增加了企业的经营管理成本,并且实践中这一成本大多表现为不易察觉的隐性成本。以规章制度为例,劳动立法要求用人单位在管理过程中必须按照单位内部的规章制度进行管理,并且规章制度的设立和变更均须通过严格的程序。虽然这一做法有利于防止用人单位利用强势地位侵害劳动者合法权益,但这一做法在实践中存在明显的弊端。首先,劳动关系乃是一种继续性关系,在长期的存续过程中,市场环境的变化,劳动者自身的成长,企业的发展转型,都会导致企业管理的改变。而在瞬息万变的市场竞争中,企业在管理上往往要迅速做出决断。但立法对规章制度变更繁琐的程序规定,使得这种管理成本迅速上升。其次,劳动立法规定规章制度的设立需要经过职工代表大会或者全体职工的讨论。但实践中,对于新设立的企业,往往需要先设立规章制度,再招募员工。在员工都还未招募的情况下,如何进行协商和讨论? 实践中难以操作。最后,我国目前存在大量的小微企业,这些企业的员工极少,管理灵活多变。要求其设立明确的规章制度,并履行严格的程序,实践中可操作性极低。

此外,对企业管理的刚性化要求也并非一定有利于保护劳动者的合法权益。在劳动关系中,劳资双方乃是休戚与共的利益共同体。对企业管理的过度刚性化要求,只会大大增加企业的管理成本。而企业管理成本的畸高,要么会降低企业的用人积极性,减少劳动者的就业机会;要么会促使企业转移成本,减少劳动者的福利,同样给劳动者造成损失。不仅如此,对于劳动合同变更书面化的要求,使得实践中出现部分企业口头与劳动者达成加薪协议,但未变更书面合同,最终企业不认账的情况。

(3)立法对策建议

对于目前立法对企业经营管理的过度刚性化管理,我们认为应当适当增加企业经营管理的灵活性,降低企业的管理成本。这样既可以增强企业的市场竞争力,也可以激发企业的用人积极性,为劳动者创造更多的就业岗位。对此,劳动立法可以做出如下修改:一是在保留用人单位规章制度设立程序的基础上,为新设企业规章制度的制定设立专门的程序。此外,在对并非涉及劳动者核心重大利益的规章制度进行修改时,可以设立相应的简易程序,便于企业管理政策的变动和调整。二是对于劳动合同的变更,劳动立法可以规定,对劳动者有利的合同变更,可以采用口头或者默认的形式,并非必须进行书面变更;而对于劳动者不利的合同变更事项,则依然要求进行书面形式的劳动合同变更。

3. 用人单位与劳动者争议解决成本的失衡

在劳动关系长期的存续过程中,由于各方面不同的原因,劳资双方难免会发生一些矛盾和纠纷。对于一些小的矛盾,双方尚可协商处理。但当矛盾涉及双方实质利益时,劳资双方就可能通过仲裁或者诉讼的方式处理。一旦劳资双方进入仲裁或者诉讼程序,就意味着劳资双方必须花费一定的时间、精力和金钱来应对仲裁或者诉讼,这就是双方的争议解决成本。而在劳动争议解决成本的设定上,劳动立法的制度设计存在着明显的失衡问题。

（1）制度表现

对于劳动争议解决成本的失衡,劳动立法主要表现在两个方面:实体性规定和程序性规定。

首先,就实体性规定而言。第一,《劳动合同法》"法律责任"部分的 16 条规定中,除了第 86 条"劳动合同依照本法第 26 条规定被确认无效,给对方造成损害的,有过错的一方应当承担赔偿责任"涉及劳动者应承担的法律责任,其余规定全是针对用人单位的法律责任而设立的。第二,《劳动合同法》极大地扩大了经济补偿金支付范围,甚至规定在劳动合同正常到期终止的情形下,仍要求用人单位支付经济补偿金。第三,《劳动合同法》引入了《消费者权益保障法》中的惩罚性赔偿制度。对用人单位未订立书面劳动合同,应当订立无固定期限合同而未订立,违法约定试用期,违法解除或终止劳动合同等情形,规定用人单位应当支付双倍赔偿金;对用人单位未及时足额支付劳动报酬,低于当地最低工资标准支付劳动者工资,未依法支付加班费、经济补偿金等情形,规定劳动行政部门可以责令用人单位向劳动者加付赔偿金。惩罚性赔偿几乎涉及了劳动法的各个方面。

其次,就程序性规定而言。第一,在诉讼费用的征收上,劳动者的起诉成本极低。《劳动争议调解仲裁法》规定劳动争议仲裁不收费,诉讼费为每件 10 元,以调解方式结案或者当事人申请撤诉的,以及适用简易程序审理的案件受理费为 5 元。第二,在诉讼时效问题上,《劳动争议调解仲裁法》规定劳动争议申请仲裁的时效期限为一年,并适用中止、中断制度。对因拖欠劳动报酬发生争议的,设置了特殊时效制度,劳动者可以在劳动关系终止之日起一年内提出。第三,在上诉权利上,劳动立法对劳动者和用人单位区别对待。《劳动争议调解仲裁法》规定,追索劳动报酬、工伤医疗费、经济补偿或者赔偿金,金额不超过当地月最低工资标准十二个月工资的争议,以及因执行国家的劳动标准在工作时间、休息休假、社会保险等方面发生的争议,实行"一裁终局",即劳动者对仲裁裁决不服的,可以提起诉讼,用人单位则没有起诉权。

(2) 带来的问题

通过上述分析可以看出,劳动立法在劳动争议处理问题上,无论是实体性规定还是程序性规定,都对劳动者表现出了极大的偏向。而这种过度的偏向所带来的直接问题在于:第一,劳动立法对劳动争议极低成本的制度设计导致劳动争议激增,滥诉现象严重,不利于社会稳定。仲裁法院不收费制度,减轻了对违法者的惩罚力度,削弱了对案件数量的调控功能,给无理和恶意仲裁诉讼者留下了很大的空间,仲裁机关和法院却为此耗费了本来就很有限的仲裁与审判资源,同时也过度消耗了用人单位的成本。第二,劳动立法对惩罚性赔偿制度的引入,结合对劳动者争议立法的倾向,在某种程度上诱使大量劳动者积极寻求劳动争议,乃至促使实践中大量劳动者违背诚实信用原则和忠实义务,为谋求赔偿金和补偿金,主动寻求劳动诉讼。前文提及的"劳动碰瓷"事件,就是典型的代表。这种现象不仅在个别劳动诉讼中发生,近年来的调查表明,为求得高额的赔偿金,劳动群体争议案件数量也开始出现上升趋势,给社会稳定带来极大的影响。第三,劳动立法在劳动争议成本设计上的失衡,使得用人单位时刻面临着高度的用工风险。为了防范、转嫁用工风险,实践中,用人单位开始倾向于通过大量使用劳务派遣、人事外包来转嫁直接用工带来的风险。据全国总工会经过广泛调查统计获得的数据,到 2010 年底国内劳务派遣职工已经达到 6000 万,比《劳动合同法》实施前增加了 4000 万。劳务派遣和劳动外包的激增,给劳动力市场的和谐稳定带来了极大的不稳定因素。

（3）对策建议

要想破解当前劳动争议解决成本失衡的问题，劳动立法需分别从实体和程序两个层面入手，对当前的劳动立法进行修改。

首先，实体性方面。第一，劳动立法应适当缩小经济补偿金的给付范围，取消劳动者合同正常到期终止等情况下的经济补偿金支付。第二，劳动立法应适当缩小惩罚性赔偿的适用范围，将惩罚性赔偿限定在用人单位因主观过错，故意侵犯劳动者利益并给劳动者造成实际损失的严重情况下才能适用，一般情况下则应适用违约责任赔偿实际损失。

其次，程序性方面。第一，劳动立法应当适当提高劳动争议的收费标准，防止劳动者随意起诉。例如，恢复劳动争议仲裁收费制度，提高劳动争议诉讼费用，从而达到通过仲裁诉讼收费，调控仲裁诉讼案件的数量，合理影响当事人的仲裁诉讼动机，防止当事人滥用诉权的目的。第二，对于"一裁终局"制度进行调整，给予用人单位相应的上诉权，必要时可以取消"一裁终局"。

（二）劳动立法的分层

对于劳动关系所遭遇的发展困境，劳动立法在交易成本制度设计上的失衡乃是其出现的直接原因。而真正导致劳动关系发展困境的根本原因，乃是目前我国劳动立法对倾斜性保护劳动者立法的认识存在误差。因此，要想真正破解劳动关系发展困境，则需从根本上对我国劳动立法的倾斜性立法进行重新定位。

我们说，劳动关系中平等关系和隶属关系并存、人身关系和财产关系并存的特征，以及劳动者群体相对于资方而言天然的弱势性，决定了劳动立法在进行制度设计时必然需要从"自由的立法者"向"弱势群体的保护者"转化，对劳动者一方进行倾斜性的保护立法。然而倾斜性立法究竟应该如何倾斜？对此，我们认为倾斜性立法应当注意两点。

第一，倾斜性保护并非单方保护。在劳动关系的运行过程中，劳资双方乃是一个紧密相联的利益共同体。面对日益激烈的市场竞争，任何企业稍有不慎就有亏损乃至破产的可能。而对于劳动者而言，企业发展的状况对于他们有着直接的利益影响。企业在市场竞争中获胜，取得良好的经济效益，其内部员工不仅同样能够获得较高的经济收入，社会地位、职业前景甚至个人成就感都会获得不同程度的提升。相反，如果企业在市场竞争中处于劣势乃至破产倒闭，那么企业员工就可能面临着工资下降甚至丧失工作的危机。企业的兴衰成败对于劳资双方而言有着荣辱与共、利益攸关的切身关系。企业兴盛，则劳资两利；企业衰败，则双方受损。① 对此，美国古典管理学派的 F. W. 泰罗曾明确表示："从本质上说，工人和雇主的最大利益是一致的。"②"除非雇员也一样富裕起来，雇主的富裕是不会长久的，反之亦然。"③因此，立法者在立法过程中需要抛弃所谓的劳资对立、对抗思想，不应制定对于劳动者一方单方面保护、完全不顾资方利益的制度，而应当在适当倾斜保护劳动者合法权益的情况下，兼顾劳资双方的利益，积极引导劳资双方相互合作、信赖和忠实，形成和谐共赢的劳资伦理关系。

第二，倾斜性立法既并非对所有劳动者的倾斜，也并非单纯对于劳动者一方的倾斜，在某种情况下，也可以对用人单位进行倾斜保护。在社会阶层结构呈现多元化发展的今天，劳动关系中的劳动者和用人单

---

① 参见泰国荣：《劳资伦理：劳动法治运行的价值判断与秩序维护》，《社会科学战线》2015 年第 7 期；董保华：《〈劳动合同法〉的十大失衡问题》，《探索与争鸣》2016 年第 4 期。
② 〔美〕F. W. 泰罗：《科学管理原理》，胡隆昶等译，中国社会科学出版社 1984 年版，第 138 页。
③ 〔美〕F. W. 泰罗：《科学管理原理》，胡隆昶等译，中国社会科学出版社 1984 年版，第 157 页。

位都开始逐渐出现分层的趋势。对于劳动者而言,可分为蓝领、白领和金领劳动者。对于用人单位而言,也可以分为小微企业、中小企业和大型企业乃至上市公司。对于这些主体而言,在不同的情况下,力量对比将呈现不同的状态。以往一味地强调劳动者天然弱势的情况,也将发生改变。例如,在上市公司面前,一些普通劳动者可能确实存在弱势地位,但这些普通劳动者在一些小微企业面前,或者一些职业经理人、CEO 等劳动者在企业面前,就不再一定是处于弱势地位的。对于企业而言,各类企业向劳动者承担义务的能力有天然的差异,而且是不可消除的差异。劳动立法如果忽视主体间的差异,将不可避免地造成现实适用上的极大窘境。

因此,我们认为劳动立法的倾斜保护制度的实质乃是希望通过形式不平等的倾斜立法,来达到劳资双方之间的实质平等。在劳资双方层次日益多元化的今天,劳动立法不可再像以往一样单方面、广范围、"一刀切"地对劳动者一方倾斜保护,而应当对劳动者和用人单位分层立法,在不同的场合下,对弱势一方进行倾斜保护,从而实现劳动关系的实质平衡,破解劳动关系的发展困境。对此我们认为,可以通过以下方式进行分层立法的尝试。

第一,对于企业而言,建立小微企业豁免制度。相较于大中型企业,小微企业的特点在于无论是组织规模还是经济实力都极为弱小。亚洲开发银行和美国国家开发署将小微企业分别定义为"穷人的企业"和"由贫困人口经营的企业",体现的仍然是自然人属性。小微企业与其雇员之间,虽也存在强弱之分,但这种强弱对比极其微小。因此,如果对这些小微企业也适用现代劳动法的倾斜立法调整模式,可能将矫枉过正,出现新的失衡,有违劳动法追求结果公平的立法初衷。因此我们认为,出于维持劳动关系实质平衡的考虑,可以对这些小微企业在规章制度制定、书面合同签订等方面进行一定的豁免。例如,日本《劳动基准法》规定,使用 10 名以上劳动者的雇主,有义务制定就业规则,此前为 50 名;德国《解雇保护法》对雇用 10 人以下的用人单位实行解雇保护整体豁免;澳大利亚《公平工作法》规定,小企业雇主不需要支付遣散费;法国对雇佣人数 20 人以下的企业豁免制定内部规章的义务;我国台湾地区对雇用劳工人数在 30 人以下的企业豁免订立工作规则的义务;等等。这些都可以为我国劳动立法提供有益的借鉴。

第二,对于劳动者而言,建立高级管理人员排除制度。所谓高级管理人员(简称"高管")是指那些在企业中领取高额工资,对企业的发展和管理具有重要决策权的劳动者群体。相较于其他劳动者而言,这一类劳动者的主要特点在于对用人单位的从属性较弱。因此有学者提出:高管并非劳动者,而是"代表雇主向劳动者行使雇主职能之人"①。雇主是雇员在劳动契约的相对人,有权要求雇员提供劳务并且受领之人。雇主可以是自然人、法人或非法人团体。当雇主是自然人时,是由其本身行使指示权,但当雇主是法人或非法人团体时,却只能借由其机关(董事、委任经理人)或高级管理人员行使指示权。一般而言,由于企业的大型化,企业的组织架构越来越庞大、精细,法人借由其机关或高级管理人员行使指挥命令权的情况,就会越来越普遍。对于此种公司机关行使指挥命令权之现象,通常称之为"雇主功能之分离",并将代行指示权之机关称为"功能性雇主"。功能性的雇主会随着职务的变动而由他人取而代之,但法人或非法人组织(雇主)却继续存在,他们是劳动契约的相对人。如果对于这些劳动者仍然适用倾斜保护立法,则可能造成用人单位的弱势地位。因此,对于性质上明显属于雇主

---

① 郭玲惠:《劳动契约法论》,台北三民书局 2011 年版,第 103 页。

范畴的高级管理人员，劳动立法应将其列为雇主而非雇员，排除出劳动立法的保护范围，由其他民商事法律加以调整。

三、结　语

纵观人类社会发展的历史长河，大到一个国家、小到一个部门的转型都不可能一帆风顺，都或多或少会面临不同的发展困境。劳动关系作为一个汇聚了各行各业的企业和劳动者、时刻受到国内外各种因素影响的领域，其在转型过程中遭遇一定的发展困境并不奇怪。但要想解决当前的发展困境，并在以后的发展过程中尽量避免再次陷入同样的困境，就要求我们在对劳动立法进行顶层设计时，必须按照劳资关系的内在本质和应然要求进行制度设计。劳动法制至少应按照劳动契约缔结、履行、争议解决等环节加以展开，根据各个环节的不同特点和要求形成科学合理的制度架构。劳动法治建设应按照劳资关系运行的内在伦理要求，准确反映劳资伦理关系的基本内容，以劳资伦理维护为价值判断，设定劳资关系当事方的权利义务关系。只有这样，才能真正实现劳动关系向和谐稳定方向的转型，为我国社会主义现代化建设提供坚强的保障。

第二节　网络用工与劳动法的理论革新和实践应对

所谓网络用工，乃是特指劳动者自愿接受网络平台加入条件，以网络平台为介质，接受网络平台发出的订单指示及服务要求，从事特定工作的用工方式。随着互联网技术的普及，网络用工日渐成为广受用工单位与劳动者欢迎和普遍接受的用工方式。但网络平台用工究竟是不是劳动法上的劳动用工，无论是在学术界，还是在司法实践中，均有不同的理解、观点与判断，因此需要学界对相关论域的理论与实践问题做一些探讨。

一、网络用工对传统劳动用工从属性理论的冲击

如果我们简要将网络时代的用工方式进行粗线条的分类，大致可以分为以下几种类型：一是网络平台公司通过"互联网＋"的产品与服务模式，由线下产品或劳务的提供者提供线上服务；二是线下自然人或个体工商户利用网络平台注册网店，通过线上网络与第三方支付平台从事网上销售业务；三是线上平台公司与线下用人单位进行合作，线下用人单位"成建制"地加盟线上平台公司，利用线上平台进行联合派工用工；四是线上平台公司以业务承揽方式发布招录人员信息，由应聘者或接受者通过缔结网上格式协议，接受平台公司利益分配方案，按照网络平台公司任务或业务订单要求完成平台任务信息指令，由任务完成者与平台公司直接进行费用核算或结算。

在网络信息时代，对于求职者与招工者而言，无论是以网络作为自营平台，还是以网络作为用工平台，相比于工业化大生产的劳动用工而言，均已发生极为深刻的变化。网络时代用工当事人双方无论是在心理上，还是在现实中，均已不再推崇与遵守传统劳动法体制和劳动用工逻辑。工业化时代的劳动用工理论在网络化用工时代受到了巨大的质疑与冲击。

(一) 网络用工动摇了传统劳动关系从属性法学理论

按照传统劳动法与劳动关系理论,尤其是大陆法系国家判别劳动关系本质特征的劳动法基本理论,一般普遍认为,隶属性或从属性是判定劳动关系的主要依据。[①] 大陆法系国家关于劳动关系从属性的理论,非常契合我国计划经济时代的单位或组织体的身份判别特征,也较为契合我国长期以来形成的个人依附于集体的伦理文化心理。我国劳动法基本上是按照这一理论进行劳资关系设计与制度架构的,这一理论在传统工业化集体劳动与协作生产条件下,确乎有其合理性与必然性,因而这一理论对于我国劳动法治建构有着极为深刻的影响。但在互联网时代,劳动用工方面的诸多新形式、新特征和新模式使这种从属性理论受到前所未有的挑战和冲击。这些冲击具体表现为以下几点。

1. 身份从属性弱化。网络用工方式灵活多样,用工考核与管理形式日渐松散,员工多重兼职、不定时工作,以及工作场所与地点的非固定性,用工单位对员工"不求所有,但求所用",导致员工对企业的身份归属感、稳定感逐步淡化。"移动互联网的发展,使劳动者能够借助网络的媒介。直接服务于有需求的消费者,在解放了劳动者,提高了劳动力资源的利用效率的基础上,也进一步弱化了企业的传统作用。在这种网络化的共享经济运营模式下,企业已经不像从前那样安排劳动者进行工作,而是仅仅提供服务需求信息,企业对劳动者的控制力大大降低。身为网约工的劳动者对企业的人身依附型和从属性弱化。"[②]

2. 组织从属性弱化。从契约角度来看,以互联网为基础的"网签

---

① 按照劳动法从属性理论,劳动者的从属性一般分为身份从属性、组织从属性和经济从属性。

② 参见金超:《劳动关系视角下的网约用工纠纷研究》,《中国劳动关系学院学报》2018 年第 2 期。

加盟""合作合营""利益分成""众包模式"等打破了签订劳动合同、建立固定劳动关系的传统用工方式。网络用工方当事人一般均以加入者自愿接受的网上格式合同条款规定的合作前提与条件,以及公开明确的考核、利益分配、工作要求等规章制度约束双方,通过第三方支付平台及网络系统进行结算。考勤考绩、注重过程管理的传统管理模式日渐式微,企业的科层管理、工会、群团组织等也日趋淡化式微,劳动者对企业组织体的身份归属感较为淡薄。

3. 经济从属性弱化。网络用工为劳资双方提供了相互合作与利用的便利,劳动者可以根据网络信息进行自由兼职与承揽,用工方可以利用网络便利有效整合社会人力资源,将属于企业的业务进行外包,以业务团队或项目组式管理取代企业内部科层管理结构,公司日渐成为各方利益平台,企业承载当事各方的事业与利益,社会共同体观念逐步形成。

(二) 网络用工淡化了劳动契约观念

与传统企业劳动用工强调劳动者忠诚忠实相比,网络用工企业与知识性劳动者建立的关系,已经表现出明显的差异。随着知识更新与科技发展速度的不断加快,信息扩展、交通与网络联系的日渐便捷,网络用工改变了劳动力结构和人力资本构成,网络用工开始形成"资本家—知本家"的平权结构,劳动者作为"知识资本"的所有者与运用者,在网络企业"轻资产"运行和平台灵活用工的情况下,可以通过平台获得更高的收入。有学者经过收集资料与数据分析,认为"中国网络平台(Uber)中,63.8%的专职司机和66.3%的兼职司机都明显体验到收入的增加。另外,50.8%的兼职者的本职工作属于私营部门(其中民营企业38.3%,个体经济组织12.5%),通过在网络平台劳动力市场补充收入,稳定了私营部门就业,缩小了部门收入差距"①。除了收入增加以外,平台就业的灵活性深受劳动者青睐,"灵活的工作时间是网络平台劳动力市场的重要特征。美国74%的平台就业者认为网络平台(Uber)工作让他们更加灵活地安排日程,让生活状态不再那么紧张。和朝九晚五的固定工作相比,73%的人更愿意选择灵活就业,并且有35%的人指出,即使没有Uber,他们也会寻求其他的网络平台就业"②。

传统企业用工相对比较注重劳动用工的稳定性与长期性,契约构成了双方劳动用工关系的书面凭证。互联网时代的工作岗位和雇佣形式复杂多变,用工双方以网络为平台的合作关系加强,传统劳动关系理论与立法已经难以解释和调整网络时代的劳动用工方式。网络用工扩展了劳资双方的视野与范围,使得劳资双方可以在更为广阔的范围遴选适合自己的合作对象,即"根据熊彼特对创新的界定,当前以信息共享收益的新业态商业模式是一种典型的创新,在互联网平台上进行生产要素的重新组合,打破了以往劳资双方需要建立固定劳动关系,签订劳动合同,履行社会保障合约的用工方式"③。

网络平台搭建了双方相互利用和"互为目的与手段"的市场交往方式,企业和公司组织在网络条件下日渐成为承载双方利益实现的"虚幻共同体"与"理念上的组织体",劳资双方均开始相互寻求经营合作、共同发展与利益共享等方面的"志同道合"者,对共同事业心追求的考量取代了对组织体的忠诚与服从。不仅如此,很多网络用工中的平台(企业)和就业者,均会"两厢情愿"、意思一致地自愿选择放弃劳

① 纪雯雯、赖德胜:《网络平台就业对劳动关系的影响机制与实践分析》,《中国劳动关系学院学报》2016年第4期。
② 纪雯雯、赖德胜:《网络平台就业对劳动关系的影响机制与实践分析》,《中国劳动关系学院学报》2016年第4期。
③ 纪雯雯、赖德胜:《网络平台就业对劳动关系的影响机制与实践分析》,《中国劳动关系学院学报》2016年第4期。

动法的保护与规制。多方当事人均希望以合作模式、承揽模式、外包模式形成平等互利关系,而不愿意受到传统劳动法的制约,网络用工当事人对民事契约的钟情与选择,使得劳动契约理论不断受到削弱与挑战,劳动雇佣向民事雇佣的回归趋势日渐明显。

(三) 网络用工使得传统工会组织与工会功能日趋式微

网络用工时代,无论企业是以网络平台为媒介,还是通过网络平台与劳动者形成用工关系,网络平台均成为劳雇双方联系与交流的主要途径,而劳动者在网络用工关系下,成为极为分散、相互竞争与陌生的群体。无论是从企业的组织体存在,还是从企业组织的实际运行以及与企业及其他员工的相互交流等来看,劳动者均处于网络虚拟存在与技术性交流的淡薄状态。劳动者与企业之间,除了纯粹的业务信息、流程指令以及结算的数据之外,基本上没有传统企业中人群的聚合与情感相处交流。劳动者之间更是在网络世界里分隔为咫尺天涯的熟悉"网友"与陌生"同事",这使得以集体谈判为基础的集体劳动关系难以在互联网用工中发挥作用。

网络时代的最大特点之一在于技术进步快速、信息传播迅捷。这使得企业经营业务的更新与调整速度较快,业务类型丰富,生存周期较短,从而使得网络用工的灵活性较强,岗位变动较快,劳动者的行业从业期限与换岗周期大大缩短,很难形成某个行业或产业的相对稳定固化的从业者阶层,劳动者或从业者很难进行工会组建活动。网络用工管理层掌握了工作场所中的用工关系控制权,管理者在劳动用工关系中的角色越来越重要,劳动者组建工会则越来越困难。网络用工时代,创新创业企业与中小微企业成为网络时代的主要雇主群体,在这种类型的企业中,无论是工会组建,还是基于劳工团结的集体谈判,均难有存在空间。一句话,互联网用工削弱了传统管制与自治的组织力量,使得传统工会组织与集体谈判失去了其存在的理由和可能。

但问题又恰恰在于,失去了对话与沟通交流的网络用工,在网络信息传播极其快捷便利的情况下,使发生劳动者群体性事件的风险增加。网络时代尤其是智能手机的普及与手机互联网的迅速发展,大大提升了信息的传播效率,方便了人与人及组织与组织之间的通讯联系。手机互联网既可以是用工者对劳动者进行信息掌握与技术控制的手段,也可以成为员工进行用工情况沟通和组织集体行动的有效工具。网络信息时代,信息的发布与存储以及搜索引擎的强大功能使得行业及产业劳动用工关系呈现出前所未有的"透明"状态,每个人都可以以互联网的信息和通信技术作为传播与动员的手段,网络新闻及其评论、网络自媒体信息等对于劳动者的自我认知、用工行为评价、权利意识觉醒、利益判别以及集体抗争时的内外沟通等起到了重要的信息传播与沟通乃至诱致矛盾的作用。网络信息时代,企业"'意见领袖'不再仅仅来自于企业高层管理者,还可能是 QQ、微博、微信、朋友圈等网络传播介质中的图像文字信息发布者以及有影响力的普通员工。这些以 80 后和 90 后为主体的劳动者已经成为劳动力市场的核心力量。他们拥有更强烈的权利意识和法治观念,还能够有效运用手机互联网和各种现代通讯软件进行积极的多样化信息交流与集体维权行动"[1],网络信息沟通便利、易受舆论和他人观点影响的这种特点,使得部分人有可能会利用网络影响、召集或者代表一个不确定的劳动者群体去发起集体行动;比如劳资对抗、罢工、自下而上的集体谈判等,这不仅对传统的、程式化的企业管理制度和手段构成了严峻挑战,而且对劳资纠纷与群体

---

[1]　刘剑:《实现灵活化的平台:互联网时代对雇佣关系的影响》,《中国人力资源开发》2015 年第 14 期。

性事件的发生带来难以预测的不确定性。[①]

二、网络用工劳动关系的法律判别标准

毫无疑问,大陆法系成文劳动立法国家关于劳动关系身份从属性的理论,有着极为鲜明的与工业化集体分工劳动和组织体内部管理相适应的基本特点,而随着网络时代组织体弱化与"虚拟化",以及以网络平台为工作指令和任务执行的分工社会化与分散化,"群聚式"集体劳动随之趋于松散乃至解体,传统人力资源管理模式发生巨大变化,员工和企业的身份与契约性质模糊,劳动关系从属性理论很难解释网络用工及其法律本质。正如有学者指出的那样:"随着经济模式的转变,作为一种新型资本形态,人力资本的本质特征为其参与利益分享提出了客观要求,在这种客观要求的驱动下,包括人力资本所有者主体地位、人力资本出资和价值评估以及人力资本产权市场化等制度将会逐渐建立,这将改变企业内部人力资本所有者与物质资本所有者之间的关系,从而导致新的劳动关系模式的出现。"[②]

网络信息时代,企业可以根据自己的经营与发展需要,借助网络平台、移动互联网技术和大数据,不断调整用人规模和用人模式,充分运用网络平台,将企业的产品体验与品质改进延伸至终端消费者。由于网络劳动者的受教育及技能水平较强,劳动契约意识淡薄,创业与合作意识浓厚,因而不太注重劳动契约订立。而劳动合同法与相关劳动法

[①]　参见刘剑:《实现灵活化的平台:互联网时代对雇佣关系的影响》,《中国人力资源开发》2015 年第 14 期。

[②]　陈微波:《共享经济背景下劳动关系模式的发展演变——基于人力资本特征变化的视角》,《现代经济探讨》2016 年第 9 期。

律法规日趋严格,劳动用工成本增加,使得创新型企业与网络用工企业不断寻求规避劳动法的限制,各种类型的劳务外包、承揽、租赁、合营、合伙、合作等模式取代了传统劳动雇佣,网络用工方式的多样性与灵活性,使得劳动法难以界清和调整,因而网络用工的劳动法"真空"地带确实较多。尽管有人认为,"具有工具价值的移动互联网技术并未实质性地改变劳动关系双方契约关系,劳动者给付劳动行为和用人单位给付劳动报酬的劳动力交换过程也未被冲击,灵活的用工形态在一定程度上突破了传统工厂制度流程化的用人管理过程"[1],"用人单位可以远程控制指挥劳动者的劳动过程,但是人格从属性和经济从属性依旧明显"[2]。但涉及具体的网络用工方式,这种判断在理论上并不足以让我们准确界清劳动雇佣与民事法律关系之间的界限,在实践中似乎也不能为具体案例判断提供具有可操作性的判别标准。

对于各种纷繁复杂的网络用工,以下两个判断应该没有多少争议。其一,通过对互联网平台用工模式的层层剥离,会发现劳动关系的灵活化改变了企业用工模式,但并未改变用人单位生产资料和劳动者劳动条件结合的劳动关系实质。[3] 其二,无论网络用工以怎样的平等合作形式出现,劳动者都要接受用工方指令,从事用工方指定与分配的劳动任务。用工者利用网络加强了对劳动者的技术控制,劳动过程中出现了网络信息技术主导的新型控制方式,企业对劳动者的管理策略由传统的考勤考绩开始转向对劳动者劳动信誉、服务质量与实际业绩的评价和分配,网络技术与传播使得企业对劳动者管理呈现出越来越细致

---

[1]　李炳安、彭先灼:《移动互联网时代中的劳动关系转型及其认定》,《科技与法律》2018 年第 2 期。

[2]　李炳安、彭先灼:《移动互联网时代中的劳动关系转型及其认定》,《科技与法律》2018 年第 2 期。

[3]　参见王全兴:《"互联网+"背景下劳动用工形式和劳动关系问题的初步思考》,《中国劳动》2017 年第 8 期。

和严格的趋势。比如企业可以通过网络对劳动者进行服务方式、地点、时间和质量要求的规定；注重消费者对劳动者的网上评价，以技术手段加强对劳动者进行劳动管理与纪律执行等。换言之，网络用工条件下，企业用工的身份性不断淡化，而控制性逐步强化。

随着网络用工方式对身份性以及劳动契约的不断淡化，那种基于大陆法系从属性理论而建构的劳动立法似乎已不能适应网络时代劳动关系的新特点和新情况。而网络用工这种弱契约、强控制的特点，与英美法系关于劳动关系判别的基本理论极为吻合。英美法系主要以"控制说"来界定和判别劳动关系。虽然从本质上说，大陆法系与英美法系判别劳动关系的核心思想其实是一致的，即两大法系在认定雇员的标准上基本一致，都依据劳动关系的本质属性认定雇员的身份。但大陆法系国家相对比较注重劳动者的身份从属性，其成文立法通常对雇员只做宽泛的描述，具体的认定标准则主要通过法院的判例加以确立，这些标准通常包括"组织标准""控制标准""风险标准"等多重因素。① 换言之，对比两大法系对劳动关系以及劳动者的判别，用工者是否对劳动者的工作进行实际控制以及控制时间乃是实质性标准，而劳动者身份确定乃是标志性或结果性标准。我国现有劳动立法过于突出劳动者的外在身份性，而忽略了判定劳动者标准的实质控制性；过于强调书面劳动合同的象征性证据意义，而忽略了劳动用工关系的实际内涵及判别标准，导致了现有立法对类似网络用工这种劳动关系难以判别与调整。

我国现有劳动立法过于强调劳动关系的身份性和劳动合同的书面性，其实与劳动立法对劳动关系的实质性认定之间本身就存在着矛盾

---

① 参见谢增毅：《劳动关系的内涵及雇员和雇主身份之认定》，《比较法研究》2009 年第 6 期。

和冲突。比如我国劳动立法并不是以书面劳动合同的订立,而是以劳动实际用工来判别劳动关系是否真正确立。对劳动关系进行实质性判定,乃是英美法系劳动立法与司法的一贯思路。比如美国立法与司法实践通常会以以下六个因素作为判别劳动关系是否成立以及雇员身份的标准:"在工作的过程中,雇员相对于'雇主'的独立程度或服从于'雇主'控制的程度;雇员分享利润或承担损失的机会;雇员对商业机构的设备和器材是否有投资;雇员与商业机构之间关系的持续性及持续的时间;雇员进行工作所必需的技术的程度;雇员所提供的服务作为雇佣实体不可分割的一部分的程度。"[1]在判别是否属于联合雇佣时,美国立法和司法通常考虑以下因素:"工人为不同雇主所进行的工作在何种程度上构成假定联合雇主整个生产过程或全部商业目标的必要组成部分;假定联合雇主的经营场所和设备是否被用来进行工作;雇主为假定联合雇主工作的程度;工人与假定联合雇主之间的雇佣关系持续的时间;假定联合雇主对工人施加控制的程度;与假定联合雇主签订的合同中,工人的职责在不同的雇主之间是否'没有任何实质'变化;工人是否有一个'商业组织',其可以或者已经作为一个'工会'从一个联合雇主转移到另一个联合雇主。"[2]

　　包括美国在内的英美法系国家对劳动关系进行实质性考察的立法思路与司法实践,比较符合劳动关系运行及其本质的基本特点和内在要求。因为劳动关系作为劳雇双方形成劳动管理与内部分工合作的内部关系,劳动的提供方是否按照用工方的指令和控制完成用工方的指派任务,乃是判别劳动关系是否成立的重要标准。从网络用工来看,除了那种以网络为媒介进行求职或招工的类型之外,其他进行实质性派

---

　　① 林晓云等编著:《美国劳动雇佣法》,法律出版社 2007 年版,第 21 页。
　　② 林晓云等编著:《美国劳动雇佣法》,法律出版社 2007 年版,第 23—24 页。

工用工的网络用工,均可按照英美法系的"控制"标准进行实质性考察与判别,符合"控制"标准实质要件的,可以纳入劳动法规制范围。

2005 年,劳动和社会保障部发布《关于确立劳动关系有关事项的通知》(劳社部发〔2005〕12 号),就用人单位与劳动者确立劳动关系的有关事项做出规定,认为用人单位招用劳动者,即使未订立书面劳动合同,但只要满足以下三个条件,即应认定为劳动关系:(1)用人单位和劳动者符合法律、法规规定的主体资格;(2)用人单位依法制定的各项劳动规章制度适用于劳动者,劳动者受用人单位的劳动管理,从事用人单位安排的有报酬的劳动;(3)劳动者提供的劳动是用人单位业务的组成部分。这种解释已经含有考量劳动关系"实际控制"的意味,但这种较为宽泛而模糊的解释,难以真正有效指导劳动司法与执法实际工作。

由于我国以劳动立法和社会保障立法架构起了区别于公务员体制与人事体制的极为复杂而特殊的"劳动法体制",即以劳动用工立法架构了社会保险立法的对接体系,劳动立法同时承载了劳动用工与社会保险保障的双重功能。按照我国社会保险立法中国家、用工单位与劳动者个人"三方"承担社会保险费用交纳义务的要求,用人单位用工不仅要承担劳动者工资或报酬给付的义务,而且要承担社会保险费用交纳的义务,社会保险费用成为用工方用工成本和费用支出的很大一部分。而由于劳动者本人也要承担社会保险费用支出,因而,网络用工中的用工方与劳动者均有不交纳社会保险费用的"合意",在实际用工过程中,双方故意不签劳动合同,故意以合作、合伙、合营、租赁、承揽等民事契约替代劳动雇佣契约,目的在于规避社会保险法的强制规定。这在一定程度上加大了网络用工的判别难度,给司法实践也带来了诸多"盲区"。

诚如有学者所指出的那样,"确认互联网中用工关系的基本形态仍为雇佣关系,对于规范完善互联网经济中的用工关系,避免劳资冲突,具有非常深远、积极的意义"①。面对上述问题,我们同样可以按照英美法系中的"控制"标准来对网络用工进行实质性考察与判别,根据具体案情和双方的实质性关系进行司法判别。对于故意规避社会保险强制义务的行为及约定,可以认定为无效,并根据双方过错情况进行责任认定和损害赔偿数额确定。对于劳动关系成立构成要件的,应纳入劳动法调整范围。对于确实不属于劳动关系,不应由劳动法调整的,应按照民商事法律进行判定。而对于劳动法与社会保险法的体系对接问题,这种观点很值得我们思考,即"近年来很多国家劳动法理念上的一个发展趋势,对于一些非典型的劳动关系,或者介于劳动关系、民事关系之间的非正规用工关系,甚至是一些传统的民事关系,如加工承揽,会把它们视为一种'准劳动关系'或'特殊劳动关系',在一定程度上适用劳动法的某些规定,以保护弱者权益。20 世纪 80 年代以后,可以看到劳动关系在全世界范围内都越来越呈现出非标准化的趋势,劳动关系的非标准化在我国也已经成为一个不可逆转的现实"②。

三、应对网络用工的理论革新与制度设计

前已述及,大数据与网络时代,不仅给经济发展方式,而且给劳动用工关系带来了诸多变化。新业态与就业新形式、新理念、新方式等,对资本与劳动的关系产生了极为重大而深刻的影响,给人力资源管理

---

①　常凯:《雇佣还是合作,共享经济依赖何种用工关系》,《人力资源》2016 年第 11 期。

②　董保华:《论非标准劳动关系》,《学术研究》2008 年第 7 期。

和劳动法律关系调整带来了新课题与新问题。时下之所以出现《劳动法》和《劳动合同法》适用与施行过程中的争议与困境，其原因不仅在于我国现有劳动法律的制度设计刻板僵化，注重稳定用工，且对所有行业、地区与劳动者不加区分地实行"一统化"的综合立法模式等，已无法解释、判别与调整网络新型用工，与网络经济发展以及企业轻资产化、经营日趋灵活多变要求劳动用工灵活化、多样化、便捷化、复杂化等客观情况也不相适应；而且在于我国现有劳动法理论及劳动关系认定的判断逻辑，始终是以工业经济或者说是以工厂与机器大生产时代的集体或分工劳动为基础的，这很显然与网络经济或网络劳动用工特点完全不相吻合。现有劳动法理论观念落后，对劳资关系本质内涵的理解与判断的基本逻辑不能自洽，迫切需要我们对传统劳动法理论进行创新，与时俱进，根据社会经济发展的客观现实做出理论回应。

对于网络劳动关系与传统劳动关系之间的利益分配和输送逻辑，有学者进行了较有创新的分析与理解，认为传统劳动关系的逻辑在于："① 劳方出卖自身所有的劳动力，与生产资料相结合，并开展劳动活动。② 劳动力与生产资料结合的劳动活动在市场上通过供产销链条和成本效益差产生利益。③ 利益转移到资方，从企业角度为收入。④ 收入的一部分（当然只是一小部分）作为生活资料如工资、津贴，转移到劳动者。"[1]而网络平台用工的逻辑在于："① 劳动者与企业签订一定形式的合作协议。② 劳动者将自己的劳动力与自有生产资料及生产条件结合，产生利益。③ 劳动者将劳动活动带来的利益收入一部分转为己有。④ 利益的一部分转到企业，作为协议价格。"[2]这就表明，

———————

① 朱海龙、唐辰明：《互联网环境下的劳动关系法律问题研究》，《社会科学》2017年第8期。

② 朱海龙、唐辰明：《互联网环境下的劳动关系法律问题研究》，《社会科学》2017年第8期。

基于传统劳动关系理论所形成的"很多传统的法律框架和规则体系都难以起到原有的作用，难以达到预期的规制和保护效果。一切保护和规制的目的和路径，都应当迈开改革的步伐。而改革的开展，都应当由思维的转换为始，将治理思维转换到新型的劳动关系逻辑中来"①。

应该说，与工业化时代劳动关系的不平等性、从属性不同的是，网络用工乃是基于陌生人在网络上的相互尊重、信任、合作等虚拟交往的基本准则与价值观念，在用工理念与模式上一般倾向和注重合作、平等、自由、创新的"共享文化"，放权给员工，赋予其在劳动过程中更多的自由与自主权。互联网时代通讯与交流的便捷，使得企业和劳动者可以借助网络平台实现相互沟通与合作，"不求所有，但求所用"成为网络信息时代企业的用工共识。而随着劳动者技能与素质的提升，其议价以及与资方博弈的能力得以增强，弹性就业与合作共赢成为劳资双方的共同选择，对劳动者而言，则成为其提升工作与生活质量的方式。"在互联网时代，弹性工作制对企业而言成为其降低成本、提高竞争优势的一种战略选择。经济学家普遍认为，弹性工作制有利于员工进行工作—闲暇平衡（work-leisure balance，WLB），从而提高效率；同时也有利于企业降低人工成本，提高管理与运营的灵活性，适应多变的市场环境，从而使企业在日益复杂和激烈的竞争环境中保持因时而变的动态竞争力。"②

网络时代的工作岗位和雇佣形式复杂多变，劳资双方以网络为平台的合作关系加强，合作关系取代了劳动雇佣关系，传统劳动雇佣理论与立法已经难以解释和调整网络时代的劳动用工方式，可以说，产生于

---

① 朱海龙、唐辰明：《互联网环境下的劳动关系法律问题研究》，《社会科学》2017年第8期。

② 刘剑：《实现灵活化的平台：互联网时代对雇佣关系的影响》，《中国人力资源开发》2015年第14期。

工业化时代的劳动关系及其法律制度体系,已远远不能适应大数据、网络与信息时代的要求。互联网尤其是手机互联网时代的到来,深深改变了包括雇佣关系在内的人们生活的各个方面。互联网时代的员工、客户与企业的关系正在发生重大变化,为了应对快速变化的市场环境和日新月异的技术进步,企业需要有效整合和充分利用包括人才资源在内的各种内外部资源,与员工甚至与消费者建立起一种合作共赢的新型关系。①

网络时代促进了劳动雇佣的"资本家—知本家"结构的形成。"一方面,知识工人(knowledge worker)作为高端人力资本,正在摆脱物力资本的束缚,凭借自身的技术和智力资本,赢得劳动关系中的主动权。与产业工人不同,知识工人的劳动具有专业性和创新性。"②这意味着平权合作的新型劳资伦理关系逐步确立,其突出表现为:劳雇双方平等合作与互利共赢;双方共创共享企业利益共同体平台;双方以劳雇关系为基础,以民商事关系为内容,在共同合作中做到权责分明、风险共担。伴随劳动过程的知识性、自主性、创造性不断增强,部分企业开展企业平台化、员工创客化变革,推进控制式管理转向合作式管理。③ 在网络用工中,"1. 人力资本所有者与物质资本所有者之间的关系趋于平等;2. 合作型劳动关系模式将占主导地位;3. 劳动关系模式将趋于弹性化、多重化、开放性;4. 劳动关系模式将呈现出一定的虚拟性特征"④。

---

① 参见秦国荣:《应对劳动用工新变化需要制度创新》,《中国劳动保障报》2018 年 6 月 13 日。

② 杨文华、何翘楚:《平台经济业态下去集体化劳动关系的生成及治理》,《改革与战略》2018 年第 1 期。

③ 参见胡磊:《我国网络平台就业的特点、发展瓶颈与制度支持》,《中国劳动》2018 年第 2 期。

④ 陈微波:《共享经济背景下劳动关系模式的发展演变——基于人力资本特征变化的视角》,《现代经济探讨》2016 年第 9 期。

可以说,网络信息时代的企业比之前任何时代更需要劳资之间进行"商谈""沟通""对话"与形成平权型雇佣关系。

互联网时代的企业与员工开始建立一种合作共赢的新型关系,互联网企业发展的核心动力是掌握信息技术的知识劳动者。不可否认,网络用工对传统劳动雇佣理念及模式均产生了巨大的冲击,出现了如"平台经济对集体劳动关系的解构""新雇佣方式对传统劳资对立格局的解构"的局面。"平台经济包括搭建并经营互联网平台的企业,以及依托互联网平台开展经营活动的应用型企业和个人。在这些平台型企业中,非标准雇佣(non-standard employment)方式不断涌现。随着标准化雇佣方式被打破,传统的劳资对立格局逐渐瓦解,使得原本明晰的劳资界限变得模糊。与标准化雇佣方式不同,非标准雇佣方式并不必然要求劳资双方签订法治化契约,以维持一对一的雇佣关系。而以便于运营为目标,因而往往采用虚拟化契约。"①与传统产业工人相比,知识劳动者的自主性既是创造性劳动的必要基础,也是企业管理的主要挑战。从互联网企业的具体实践来看,互联网企业和知识劳动者建立的雇佣关系与传统企业和劳动者相比,已经表现出明显的差异。传统企业通过薪酬、职业上升空间、组织文化等途径留住员工的心,互联网企业更加强调知识劳动者的职业忠诚和专业忠诚,与知识劳动者建立一种合作共赢的新型雇佣关系。②

由于互联网时代的资本变得更加"轻快"和灵活,技术、信息、行业发展及业务变化较快,因此劳资双方均感到所谓稳定的劳动契约已变得无关紧要与不经济,因为这种"稳定"对用工方而言会束缚资本流

---

① 杨文华、何翘楚:《平台经济业态下去集体化劳动关系的生成及治理》,《改革与战略》2018 年第 1 期。

② 参见刘剑:《实现灵活化的平台:互联网时代对雇佣关系的影响》,《中国人力资源开发》2015 年第 14 期。

动,减损市场竞争力;对劳方而言会束缚契约与择业自由,减损其预期收益。正如有学者所指出的那样,在"沉重资本"的时代,资本和劳动由于彼此相互依赖而必须进行强化结合。为了谋生,工人依赖于被雇用;为了再生产和增长,资本依赖于工人。然而,在"轻快资本"的互联网时代,苹果公司可以把利润低的制造部分外包给富士康,优步和滴滴打车甚至都不需要自己养车,而由司机自己带车。优步和滴滴公司也不再负责司机的各种福利、社会保险以及从培训到退休的一切事宜,因为这些司机不是滴滴公司的员工,只是"独立承包人"。相反,传统的出租车公司则要承担牌照、购车等很多成本,所以市场效率低,肯定竞争不过优步、滴滴打车这种"轻快资本"。而以互联网为基础的"众包模式"也打破了劳资双方签订劳动合同、建立固定劳动关系的传统用工方式。[1]

  网络时代"互联网+"对传统产业的渗透,带来了新的产品和服务,加速了产业结构升级。企业以灵活方式创造岗位,构成全新的劳动力市场,[2]其工作实现于网络平台,雇佣模式灵活多样。灵活就业岗位的旺盛需求反映出劳动者对灵活性就业方面的现实诉求。"网约工与平台企业的关系,较之本人劳动力与他人生产资料(劳动条件)相结合的劳动关系,其特征在于:(1) 部分组织从属性,即不构成平台企业劳动组织成员,但遵守平台企业一定的管理规则并受其一定的监管;(2) 外部经济从属性,即其岗位和收入对平台企业有经营上的依赖;(3) 继续性,即其存续并非一次性、零工性而是日复一日、月复一月;(4) 平台企业从其劳动中得利。这四个特征或要件的有无和强弱,对认定有无劳

---

  ① 参见刘剑:《实现灵活化的平台:互联网时代对雇佣关系的影响》,《中国人力资源开发》2015 年第 14 期。
  ② 参见李炳安、彭先灼:《移动互联网时代中的劳动关系转型及其认定》,《科技与法律》2018 年第 2 期。

动关系具有关键意义。这尤其取决于在与网约工相结合的本人劳动条件(生产资料)和平台企业所提供劳动条件(销售渠道、网络平台、客户信息等)之间,平台企业所提供劳动条件处于何种地位。"①

当下不仅需要对劳动立法进行修改调整,而且需要用工单位及其人力资源管理工作者,及时进行理念与手段的创新,以适应时代要求与产业发展需要。诚如有学者指出的那样,我国网络平台就业的发展瓶颈在于:第一,"'去劳动关系化',弱化就业安全性";第二,"'去工会化',窄化体制内利益表达渠道";第三,"'两分法',权益保障制度滞后于实践发展需求"。而"促进和规范网络平台就业发展的制度支持"在于:第一,"增强自治性劳动的灵活保护";第二,"优化工会对网络平台就业人员的维权服务";第三,"完善从属性劳动的分层分类保护"。②劳动立法的价值选择应审慎考虑企业技术革新和劳动者权益保障的利益平衡点,遵循劳动法律制度的内生逻辑,承认企业灵活用工的合理性。"司法解释应当与时俱进,采取扩大解释的方式,将那些并不具备工业文明下法定劳动关系特征的用工类型纳入法律的范畴加以规制。坚持法律底线思维,在劳动者的劳动报酬、劳动安全等基本方面提供保护,其他则可以交给市场去解决。《劳动合同法》应进行制度创新,更具有包容性,不能直接将传统工业文明时代的劳动关系规范强加在参与共享经济的各方主体上,用现行的制度框架去约束,否则,P2P 用工模式将与企业传统用工模式别无二致,共享经济也将失去本来的活力和意义。"③

① 王全兴:《"互联网+"背景下劳动用工形式和劳动关系问题的初步思考》,《中国劳动》2017 年第 8 期。

② 胡磊:《我国网络平台就业的特点、发展瓶颈与制度支持》,《中国劳动》2018 年第 2 期。

③ 唐鑛、李彦君、徐景昀:《共享经济企业用工管理与〈劳动合同法〉制度创新》,《中国劳动》2016 年第 7 期。

与互联网经济及其发展要求相适应,网络时代带来了劳动用工的新变化和新发展,需要劳动立法及其规则能够适应这一变化,确认企业灵活用工及劳动者弹性就业的需求,准确定位"非全日制用工""不定时用工""双重劳动关系""非标准劳动关系"等用工方式在劳动法律制度中的定性与位置,探索多方沟通协商机制和互联网劳动关系纠纷解决机制等技术性手段的完善之道。建构与民商法雇佣制度对接的多元劳动雇佣法律制度,扩大劳动法规制劳动关系的包容性与自由度,以尊重劳资双方意思自治,维护劳资双方利益,实现劳资双方利益平衡与和谐为目标,形成企业灵活用工、经营创新和劳动者权益得以保障的多赢格局。

第三节　新时代劳资伦理关系构建的目标理想 *

劳动关系的和谐稳定作为和谐社会构建的重要组成部分,在新时代下具有极为重要的战略意义。我国当前劳动关系面临着劳动争议频发、群体性争议增多、立法目的与实际效果偏差严重、"中等收入陷阱"现象凸显等诸多问题。出现问题的原因在于,劳动立法过分倚重公权力干预,制度设计失衡,以及"倾斜保护"趋向于"单保护"等。新时代和谐劳动关系构建的理想图景是以劳资双方互利共赢为基本目标,以社会主义核心价值观为指引,调整劳动关系,设立合理明确的劳资双方权利义务,建立健全劳资纠纷解决机制。

　＊ 本节初稿由课题组成员南京审计大学法学院讲师李亘提供。收录进本书时由秦国荣对部分文字进行了修改。

一、我国和谐劳动关系发展之现状

2004 年,党的十六届四中全会首次完整提出了"构建社会主义和谐社会"的目标,并将其正式列为中国共产党全面提高执政能力的五大要求之一。和谐社会建设的目标在于谋求社会成员之间、人与自然之间各类关系的和谐发展,其中社会成员之间即人与人之间的和谐发展尤为重要。人类社会最基本的社会活动就是劳动,人们在劳动过程中结成了相互协作与利益关联的劳动关系,构成了社会生产关系的核心内容之一。因此,和谐社会建设的成功与否,劳动关系的和谐程度将是其最为重要的试金石之一。在我国的发展历程中,和谐劳动关系的构建一直都是国家建设的重要内容。2015 年 4 月,中共中央、国务院发布了《关于构建和谐劳动关系的意见》(下文简称《意见》),作为新时期指引劳动关系发展的纲领性文件,《意见》深刻地指出了我国劳动关系目前面临的问题与挑战,而这些问题无疑也是我国和谐社会建设的重要障碍。因此深入分析并妥善解决当前我国劳动关系发展与运行中所存在的问题,将是我国社会主义建设新时期的一项重要课题。

(一) 劳动争议频发,群体性争议增多

《意见》开篇首先对劳动关系和谐与社会和谐的关系进行了肯定,指出"劳动关系是生产关系的重要组成部分,是最基本、最重要的社会关系之一。劳动关系是否和谐,事关广大职工和企业的切身利益,事关经济发展与社会和谐"[1]。《意见》同时指出,虽然我国目前的劳动关系总体上保持了和谐稳定,但是"劳动关系矛盾已经进入了凸显期和多

---

① 《中共中央国务院关于构建和谐劳动关系的意见(2015 年 3 月 21 日)》,《人民日报》2015 年 4 月 9 日第 1 版。

发期",具体表现在"劳动争议案件居高不下,有的地方拖欠农民工工资等损害职工利益的现象仍较突出,集体停工和群体性事件时有发生"①。"劳动争议案件频发,群体争议增多"乃是当前我国和谐劳动关系建设所面临的主要问题。

我国劳动争议案件的频发已经成为当下急需解决的一个问题。2010年《中国青年报》刊登了一篇名为《劳合法实施2年,劳动争议案井喷,新工人求职更难》的文章,该文指出:"自《劳动合同法》颁布实施后,劳动争议案件出现井喷,2008年激增到69万多件,增加近50%。而据最高法院的统计数字,2008年全国审结劳动争议案件28万余件,同比上升93.93%。据统计,2010年上半年,全国法院受理劳动争议案件近17万件,同比增长30%。有些地域出现了激增,其中广东、江苏、浙江三省,在2009年第一季度的同比增幅分别达41.63%、50.32%和159.61%。"不仅如此,一个更加值得警惕的现象是近年来在频发的劳动争议案件中,群体性争议案件所占比重不断上升。一直以来,在我国自上而下且行政化严重的一元工会体制以及立法上集体争议处理规定存在较多"盲区"的情况下,在劳动关系运行过程中,一旦发生劳资双方的群体性争议事件,无论是工会自治组织还是劳动部门都无法及时给予有效的处理,致使我国的"集体停工和群体性劳动纠纷事件时有发生",严重影响劳动关系和社会秩序的稳定。

(二) 立法目的与实际效果偏离

近年来,在我国社会转型的大背景下,劳动立法也经历了巨大的调整。特别是《劳动合同法》的出台,对原有的劳动立法进行了大幅度修

---

① 《中共中央国务院关于构建和谐劳动关系的意见(2015年3月21日)》,《人民日报》2015年4月9日第1版。

改。出于保护弱势劳动者的考虑,《劳动合同法》在解雇保护、经济补偿等方面都相较以往采取了更高的标准。这样做虽然在某些方面确实保护了劳动者的利益,部分制度调整也的确取得了一定的稳定劳动关系的效果。但是不可否认的是,在劳动立法改革的诸多方面,现实的实际效果与最初的立法目的产生了严重的偏差。

　　根据人力资源和社会保障部的统计,仅在 2007 年到 2008 年一年的时间内,劳动争议案件就由约 35 万件激增至 69.3 万件,增长了近一倍。在之后的几年里,虽然劳动争议案件数量有所浮动,但一直居高不下,2008 年成为明显的分水岭。[①] 而 2008 年正是新《劳动合同法》正式运行的第一年。由此可以看出,《劳动合同法》的颁布似乎并没有达到立法者所期待的促进劳资和谐的效果,反而使得劳资双方的矛盾不断激化,劳动争议案件激增。

　　除此之外,在《劳动合同法》颁布之后,劳动关系还发生了其他一系列的变化。比如,对于企业而言,虽然《劳动合同法》颁布之后,企业开始与劳动者积极签订劳动合同。但是与此同时,企业对于劳动者薪资提升、业务培训等事项却变得愈发消极。而《劳动合同法》之前的情况是虽然劳动合同签订率相对较低,但是员工的招聘、培训、加薪等涉及劳动者权益的事项处于增长的状态。对于劳动者自身而言,《劳动合同法》颁布之后,虽然“新法”对于劳动者保护力度空前加强,但这也导致一方面,没有工作的劳动者求职变得更加困难;另一方面,已有工作的劳动者由于企业福利政策的减少和“新法”的倾斜导向,与企业摩擦不断,劳动争议频繁发生。对于劳动监管部门而言,虽然《劳动合同法》在某种程度上扩大了劳动部门的监管权力,但劳动者并没有因为

――――――――――
　　① 参见董保华、李干:《构建和谐劳动关系的新定位》,《南京师大学报(社会科学版)》2016 年第 2 期。

劳动部门扩大权力而得到好处，反而处境更糟了。对于《劳动合同法》颁布实施引发的诸多问题，在 2016 年 2 月 19 日召开的中国经济 50 人论坛上，当时的财政部部长楼继伟就公开表示："劳动合同法对企业的保护严重不足，在立法和司法层面上都有体现。很大程度上降低了我国劳动力市场的灵活性，不利于提高全要素生产率，最终损害了劳动者的利益。下一步要修改劳动合同法，把合理的地方保留，但是要把过于僵化的部分剔除，保证劳动力市场灵活性，体现企业和劳动者的平衡。"[①]这也标志着，劳动关系实际运行情况与劳动立法初衷严重背离的现象正式得到了官方人士的承认。

（三）"中等收入陷阱"现象凸显

所谓"中等收入陷阱"乃是由世界银行在 2006 年提出的一个概念，指"某些国家在人均国民收入达到 3000 美元以后便陷入经济增长停滞期，在相当长时间内无法成功跻身高收入国家行列"[②]。虽然对于我国是否真的存在"中等收入陷阱"，学界存在一定的争议，但是部分学者对此仍提出了一些中肯的建议和看法。例如厉以宁教授认为，任何一个国家在"经济增长过程中始终会因为社会矛盾激化和经济改革政策欠妥而陷入阶段性的停滞状态，不论在哪个发展阶段都会有当时情况下的衰退问题，需要相关的国家政策找出适当的挽救方案"[③]。而历史经验已经反复证明，当一个国家步入中等收入阶段后，往往会出现两类问题：一是"由于工资收入水平上升了，无法同低收入国家的廉价

---

　　① 楼继伟：《关于提高劳动力市场灵活性和全要素生产率》，https://www.sohu.com/a/59734058_119930，2016 年 2 月 22 日访问。

　　② 金立群：《中国如何跨越"中等收入陷阱"》，《人民日报》2015 年 8 月 11 日第 7 版。

　　③ 厉以宁：《论"中等收入陷阱"》，《经济学动态》2012 年第 12 期。

劳动力竞争"①；二是"由于缺少优势产业和先进技术，无法同发达高收入国家竞争"②。而这两点都与劳动关系的和谐与否密切相关。

近年来，随着劳动力成本的不断上升，大量企业迁往东南亚国家已经成为不争的事实。以苏州为例，2018 年伊始，世界 500 强之一的日本日东电工公司宣布关闭苏州工厂，撤离中国。日东电工作为全球第一大偏光片制造商，其生产的液晶电视用多层光学补偿膜占国际市场份额的 40%以上。2017 年，日东电工被高工新材料研究所（GGII）评为中国市场偏光片企业中最具竞争力企业，鼎盛时期员工达 5500 名，而日东电工的迁出将直接造成近千名工人的失业。其实在过去几年间，已经有 15 家世界 500 强企业离开苏州这一块曾经让它们感到无比自豪的中国新兴工业都城，日东电工是第 16 家。耐克、阿迪达斯、联建、宏晖、飞利浦、普光、华尔润、诺基亚、紫兴、希捷、及成……这一长串曾经让苏州人骄傲的名字，如今已"孔雀东南飞"。而在造成这些企业大量外迁的众多原因中，劳动力成本过高是极为重要的一点。

综上可以看出，改革开放以来虽然我国的劳动关系获得了长足进步与发展，正在不断走向正规化和法治化，但仍然存在着诸多的问题。在社会主义发展的新时代下，只有从根本上解决这些问题，才能真正构建新时代下和谐劳动关系。

二、和谐劳动关系发展困境之原因

在众多社会关系中，劳动关系由于其覆盖人群广、涵盖行业多、社

---

① 厉以宁：《论"中等收入陷阱"》，《经济学动态》2012 年第 12 期。
② 厉以宁：《论"中等收入陷阱"》，《经济学动态》2012 年第 12 期。

会影响大的特点而具有一般社会关系所不具备的复杂性和重要性。因此在世界各国,对劳动关系的调节都是法治建设和国家政策的重要内容。但正是由于劳动关系的庞杂,立法者必须深入了解劳动关系背后的伦理定位及其价值指向,才能对劳动关系做出妥善的制度性安排和立法调控。否则,不仅达不到有效调整劳动关系的目的,甚至会对原有的劳动关系造成一定的破坏。近年来,针对我国劳动关系所面临的种种困境,一方面,我们要看到我国正处于改革的深水区,新旧体制激烈碰撞,利益结构格局剧烈改变,难免会对原有各种社会关系造成冲击,劳动关系也不例外。但另一方面,我们也不得不承认近些年劳动立法理念和政策的偏差同样对劳动关系发展的困境产生了重要的影响,我们需要认真反思和改进。

(一) 过分倚重公权力干预

"劳资不成熟,公权需介入",这一观念曾经在很长一段时间里主导了我国劳动立法对劳动关系的调整模式。这一劳动立法思维的最大特点在于,在对劳动关系的调整过程中,立法者先验地认定劳资双方自我协商能力不足,希望依靠国家公权力的强势介入,达到平衡劳资双方利益分配,乃至维持劳动关系持续稳定的目的。这一立法思想的直接表现就是《劳动合同法》的制定出台。

在 2008 年颁布的《劳动合同法》中,立法者对劳动关系运行设置了大量的强制性规定,而其中最为典型的当属无固定期限劳动合同制度的规定。对此,有学者指出立法者以强制性公权干预劳动关系主要表现在两个方面:"一是通过在法律上确定其认为需要保护的那部分劳动者,要求资方或用工者必须要与之订立无固定期限劳动合同;二是在立法上具体规定了资方在订立与履行劳动合同过程中存在过错的情形,强制性地规定资方在存在过错的情况下,必须要与受到'损害'的劳动者订立无固定期限劳动合同,从而既将无固定期限劳动合同在立法上作为对特定劳动者群体的特殊保护,也将此看作是对有过错资方的一种'惩罚'。"①而无论是无固定期限劳动合同制度的设立,还是对合同解除制度的约束,都体现了立法者在《劳动合同法》制定过程中的一个主要观念倾向,即在天然设定的"资强劳弱"判断前提下,利用公权力的强势干预,赋予资方更多的义务和限制,给予劳动者更多的权利,从而使劳资双方在劳动关系运行过程中达到一种理论上权利义务的平衡稳定。

但这种公权力的强势干预所带来的必然结果就是大大压缩了劳资双方的协商自治空间,劳动关系的外部性控制加强。而劳动关系作为一种具有人身隶属性特征的长期关系,劳资双方在漫长的共处过程中必然会产生各种各样的纠纷,而这些纠纷其实大部分都依靠劳资双方自我调适、自行协商就可以解决。只有涉及双方核心利益的重大问题,内部无法通过协商予以解决时,才需要劳动关系的外部力量加以干涉,这也是我们一直主张劳动法底线控制职能的理由。而公权力的强势干预一方面大大压缩了劳资双方的自治空间,另一方面却"扩大了当事人的法定诉求空间,间接引导当事人通过劳动监察、劳动仲裁与法院等公权力渠道解决争议。在不区分劳动者层次与用人单位规模的前提下,以较高的标准增加劳动者的权利内容与用人单位的义务内容,一方面劳动者实现权利的欲望高涨,另一方面部分企业难以完全依法履行义务,二者的冲突无法在劳动关系的框架内得以解决,只能涌入外部渠

---

①　秦国荣:《劳动权保障与〈劳动法〉的修改》,人民出版社 2012 年版,第 115 页。

道,从而催生了劳动争议案件数量的增加"①。由此可见,一味地依靠国家公权力的强势干预,并不会给劳动关系带来真正的和谐稳定。

(二) 制度设计失衡

美国著名法经济学家波斯纳在其著作《法律的经济分析》中提出:"行为人的行为是他们在特定法律条件下进行成本—收益分析的结果,当事人对一定权利的不同估价是其交易得以进行的原动力……法律制度在运行中会给当事人带来收益和成本财产,权利界定清晰可以降低交易成本。通过制定使权利让渡成本比较低的法律,可促使资源流向使用效率高者手中,从而提高经济运行效率。"②在劳动立法过程中,立法者正是认识到劳资双方所有的行为都是他们对特定的法律条件下成本和收益分析的结果,因此,基于对劳动者倾斜保护的考虑,立法者人为地为劳资双方在不同制度设计中设定了不同的成本和收益。

以"未签订书面劳动合同的惩罚性赔偿制度"(下文简称"书惩制度")为例,立法者认识到,在以往的劳动关系运行过程中,大量用人单位不愿意签订劳动合同是因为在原有立法模式下不签订劳动合同的违法成本很低,但在未来发生劳动纠纷时却能够给自己带来一定的收益,在比较成本和收益之后,大量用人单位选择不与劳动者签订劳动合同。那么改变这一状况最有效的方法,就是通过设定法律来提高用人单位不签订劳动合同的交易成本。因此,立法者通过设立"书惩"制度,规定不与劳动者签订劳动合同的用人单位需向劳动者支付双倍工资,这

---

① 参见董保华、李干:《构建和谐劳动关系的新定位》,《南京师大学报(社会科学版)》2016 年第 2 期。

② 〔美〕理查德·A. 波斯纳:《法律的经济分析》,蒋兆康译,法律出版社 2012 年版,第 39 页。

一制度设计极大地增加了用人单位不与劳动者签订劳动合同的交易成本,当这一成本大于未来发生劳动纠纷时产生的收益时,用人单位就不得不与劳动者签订劳动合同来降低成本。像这样通过片面增加用人单位交易成本来达到对劳动者倾斜保护的事例,在近年来的劳动法领域颇为常见。但通过这种单方面增加用人单位交易成本的立法,是否就真的能够达到保护劳动者、促进劳资和谐的目的呢?

我们认为答案恐怕是否定的。原因在于,虽然立法者认识到了通过增加用人单位的交易成本可以迫使用人单位做出一些看似对于劳动者有益的行为,但是立法者却忽略了市场运行过程中用人单位对成本的转移以及劳资双方成本与收益的比量问题。具体而言:

首先,就劳动关系运行过程中用人单位的成本转移而言。经济学家罗纳德·哈里·科斯曾提出:"只要财产权是明确的,并且交易成本为零或者很小,那么,无论在开始时将财产权赋予谁,市场均衡的最终结果都是有效率的,实现资源配置的帕雷托最优。"[1]换言之,根据科斯定理,在市场的运行过程中,只要交易成本足够小,那么无论立法对权利的最初配置如何,行为人之间都可以通过谈判交流的方式来实现资源的优化配置。而在劳动关系的运行过程中,即便劳动立法通过一些法律规定,在某些制度上为用人单位设置了极高的交易成本。而基于劳动关系中资方势力普遍强于劳方的特性,用人单位在面对立法者在个别制度上设置的高成本时,仍然能够通过一些交易成本极低的方式来转移自己的成本。例如,在"书惩"制度实施后,虽然迫于两倍工资和经济补偿金的压力,大量用人单位不得不纷纷与劳动者签订书面劳动合同且不能随意解雇员工。但是为了平衡这些制度给自身增加的用

---

① 转引自〔美〕约瑟夫·费尔德:《科斯定理1-2-3》,李政军译,《经济社会体制比较》2002年第5期。

人成本,大量用人单位选择通过降薪、减招、取消员工培训、大量使用劳务派遣和劳务外包等方式来减少自己的成本开支。在劳动者的解雇问题上,一些用人单位甚至采用给劳动者减薪、降职、长期轮休等方式来逼迫劳动者自己离职。而劳动立法的这些规定所导致的用人单位成本转嫁也给劳动者带来了消极的影响。由于大量用人单位为了转嫁成本,实施减招、取消培训、使用劳务派遣和外包等措施,大量求职劳动者难以找到工作,员工难以得到培训,该提高的技能得不到提高,该获得的加薪收益无法实现,在某种程度上反而损害了部分需要提升自身劳动技能的优质劳动者的利益,这与我国当前的工业技术转型对高水平劳动者的需求是不相符的。

其次,就成本与收益的比量问题而言。由于受到对劳动者倾斜保护思想的影响,立法者在某些特定制度设计上,一味地加重用人单位的交易成本,降低劳动者的交易成本,提高劳动者诉讼的收益,希望借此达到保护弱势劳动者的目的。但是,立法者却忽视了成本与收益的比量问题,这给实践中劳动关系的运行带来了极为恶劣的影响,具体表现为以下两个方面。

一方面,对于用人单位而言,劳动立法人为地在用人、管理、解雇和诉讼仲裁等方面给用人单位增加了大量的交易成本,却忽视了用人单位的收益问题,这就使得大量企业因为过高的成本和过低的利润而纷纷倒闭或者出逃。这在《劳动合同法》颁布之后的广东和浙江等地区尤为明显。在 20 世纪 90 年代初期,中国低廉的劳动力成本以及改革开放后"科教兴国"政策培养出来的文化素质较高的产业工人,一度使得中国制造席卷全球。特别是 2002 年加入 WTO,世界消费市场向中国敞开大门之后,中国制造迅速占领了世界制造业的市场。然而,世异时移,美国著名的研究机构波士顿咨询集团的一份研究报告表明,2015

年中国制造业的成本已经追平美国,三年后中国制造业的成本将比美国高出 2%—3%。这也就直接导致了中国的制造业迅速衰退,大量外资撤离。而制造业的落寞,直接损害的就是广大劳动者群体的利益。如果企业大量外迁,那么必然将导致大批劳动者失业,从而可能引发严重的社会问题。

另一方面,对于劳动者而言,由于劳动立法对用人单位人为设定了极高的用人成本,从而迫使用人单位通过降薪或降低涨薪幅度、取消员工培训等福利的方式来降低成本。这就使得劳动者付出辛勤劳动却无法获得令人满意的收益。这种情况长期存续带来的直接后果就是劳动者的工作热情日益下降,工作效率降低。在用人单位不愿通过增加成本的激励方式而是通过惩戒性措施来迫使劳动者提高效率时,必然导致劳资双方的摩擦不断,劳资纠纷频发。而《劳动合同法》的出台,不仅在劳动纠纷的仲裁和诉讼费用上大大降低了诉讼成本,而且在经济补偿上更是规定了高额的经济补偿金。在面对高额的经济补偿金和高胜诉率与自己平时的工资收入的鲜明对比时,劳动者在法律给予的利益诱惑与机会成本选择上,往往很清楚如何抉择。对于劳动者而言,时间成本是固定的,在同一时间段内劳动者可以在与用人单位打官司获取经济补偿和自己认真工作取得固定薪酬两者间做出一个选择,选择的标准必然是两种行为所带来收益的大小。对于劳动者而言,选择前者的交易成本即为放弃这段时间认真工作所获得的工资收入,以及与用人单位的官司可能败诉的风险成本。如果此时劳动者选择前者的机会成本明显低于所带来的收益,那么劳动者当然会选择前者。其结果必然是劳动者选择收益较高的方式,特别是当前者的司法成本、风险成本极其低时。以劳动碰瓷为例,在同样的时间内,当劳动者通过碰瓷获得的经济补偿是正常工作所获得工资的两倍,且胜诉率极高时,就难免会有劳动者选择碰瓷以获得较高的收益。

由此可以看出,由于立法者在制定《劳动合同法》时,过于重视通过片面增加用人单位的交易成本来降低劳动者的交易成本以及仲裁诉讼成本,却忽视了劳动关系运行过程中的成本转移和成本收益的比量问题,因此该法在实施之后,实际产生的效果与预期目标出现了巨大的差距,既加重了用人单位的负担,也使劳动者权益受到了损害。

(三)"倾斜保护"趋向"单保护"

《劳动合同法》第1条开宗明义地指出:"为了完善劳动合同制度,明确劳动合同双方当事人的权利和义务,保护劳动者的合法权益,构建和发展和谐稳定的劳动关系,制定本法。"应该说,该法"明确劳动合同双方当事人的权利和义务"的规定,体现了立法秉持对劳动关系双方的权利义务分别予以明确,劳资双方均需承担相应义务,均可享有相应权利的理念。而"保护劳动者的合法权益"则体现了立法考虑到劳动关系实际运行过程中劳资双方的力量差异,相较于强势的资方而言,更加注重于对弱势劳动者的倾斜保护。换言之,立法者所秉持的理念应当是"在明确劳资双方权利义务的基础上,对劳动者的合法权益予以倾斜保护,从而实现和谐劳动关系的建立"。这一理念对劳资关系的定位与调整是准确的,包括对劳动者倾斜保护的理念。综观世界各国的劳动立法,鉴于劳动者在劳动关系中的天然弱势地位,各国为了实现劳资双方的平衡稳定,均对劳动者实行倾斜保护的政策。也就是说,在兼顾劳资双方利益的情况下,对劳动者实行倾斜保护是符合劳动关系内涵和发展规律的。然而,在我国劳动立法的实际制定和运行过程中,对劳动者的倾斜保护却出现了一定的偏差,由倾斜保护趋向于对劳动者的单保护。或者说,我国的劳动立法在倾斜保护的名义下,行单保护之实。而当前我国劳动关系所面临的困境,很大程度上正是源于这种立法内容的偏差。

对劳动者的倾斜保护和单保护,从表面上看似乎这两种理念都倾向于着重保护劳动者利益,但实则这两种理念有着本质的区别。就倾斜保护而言,其内涵主要分为两个层面,即倾斜立法和保护弱者。①

首先,倾斜立法具有三个层面的含义。第一,倾斜立法是以立法对劳动关系双方利益的同等保护为前提的。因为只有劳动立法在对劳动关系双方利益均进行保护的前提下,才存在向一方倾斜的可能。如果劳动立法只保护一方利益,则不存在倾斜的必要与可能。第二,倾斜立法的倾斜方式主要体现在对劳动基准的设定上。所谓劳动基准,是指为了保障劳动者最起码的劳动报酬、劳动条件而规定的最低限度的措施和要求,具体包括工时、休息休假、工资保障、劳动安全卫生等制度。对于用人单位而言,一旦劳动立法设定了劳动基准,那么在劳动关系的运行过程中,用人单位只能以优于而不能以劣于劳动基准法所规定的标准对待劳动者。任何违反劳动基准的劳动合同、规章制度等都是无效的。因此,在劳动基准的设立上对劳动者予以一定的倾斜,将极大有利于对劳动者合法权益的保护。第三,倾斜立法虽然在利益的分配上给予劳动者适当的倾斜,但仍给予劳动关系双方当事人充足的协商空间。对于劳动关系而言,纵使它再特殊,也仍然属于平等民事主体之间建立的一种民事关系,劳动立法并不能排斥劳资双方在平等自愿基础上自由协商的权利。即便劳动立法对于劳动者予以一定的倾斜,仍需尊重双方的意思自治,只是这种意思自治必须在劳动基准和法律的框架内进行而已。

---

① 参见董保华:《论劳动合同法的立法宗旨》,《现代法学》2007 年第 6 期。

其次,劳动法保护弱者是指基于劳动关系存在劳动与人身无法分离的特性,劳动关系双方当事人具有强烈的人身隶属关系。在劳动关系中,无论是在资源占有还是经济实力上,资方都必然远远强于普通的劳动者。在劳动关系双方的力量对比上,劳动者处于天然的弱势地位。对于这种力量对比不均衡的隶属关系,如果立法放任不管,有可能导致强势一方利用自身的优势地位侵犯弱势一方的利益。因此,为了平衡这种劳动关系中的实质不平等关系,劳动立法必须对弱势一方即劳动者的合法权益进行保护,维持劳动关系的和谐稳定。

而单保护则与倾斜保护不同。首先,单保护与倾斜保护最大的区别在于,单保护并非是建立在对劳动关系双方利益同等保护的基础上对劳动者利益的着重保护,而是完全忽视资方的利益,以牺牲资方用工自主权、管理权和缔约自由权等利益为代价,单方面保护劳动者的利益。其次,单保护思想从一开始就不是将劳动关系当作一种合作共赢的民事关系看待,而是将劳动关系视为一种不平等的善恶关系,人为主观地将劳动合同订立以及劳动合同的履行过程认定为用人单位对劳动者合法权益存在欺凌与侵犯的过程。"用人单位在劳动合同订立之时就预先被设定为侵权主体、过错主体,也可说是一种'原罪',双方当事人根本并无平等协商的可能性。人为地对劳资双方设定诸多限制,将劳动立法由民事私法变为了一种行政管理法。"①最后,单保护的思想从表面上来看,似乎占据着保护弱势劳动者的道德制高点。但实践证明,这种不顾资方利益、单方面保护劳动者利益的行为,不仅未能给广大的劳动者带来实际的利益,相反,在损害了资方利益的同时,也损害了劳资双方的和谐互信,最终损害了劳动者的整体利益。

---

① 董保华:《论劳动合同法的立法宗旨》,《现代法学》2007 年第 6 期。

劳动立法这种由"倾斜保护"转向"单保护"的理念偏差,使得尽管现有劳动立法和诉讼规则设定从表面上看,似乎体现了保护劳动者利益的主观愿望。但这种制度设计并不是从劳资合作的角度来思考劳资关系,而是将劳资关系理解为强者与弱者的利益相互对立和冲突的社会关系。立法理念的偏差使得现有的劳动立法失去了本来应有的理性和公正,而是弥漫着强烈的"道德绑架"情绪,人为地将资方认定为必然会想方设法侵犯劳动者合法权益的"原罪体"。即现有相关立法"不是将劳资双方看作民事平权主体,不是看作有着各自私利的契约主体,不是看作相互合作与利益一致的市场主体,而是公然不平等地对待劳动用工方,法律上以侵害用工单位的自主权和管理权来实现其劳动关系稳定的理想图景"①。然而这种强化劳资对立与激化劳资矛盾的"挑起群众斗群众"的传统思维,不仅无助于劳资关系的稳定和劳资纠纷的解决,相反使得资方在被迫增加劳动管理成本和难度的同时,不得不采用各种手段规避现有立法与司法。甚至实践中大量资方不得不采用"用脚投票"的方式,"或大量裁员,或尽量与劳动者订立短期劳动合同,或采用劳务派遣避免直接与劳动者订立劳动合同,或采用诸如临时用工等其他用工形式和方式来规避劳动合同法中不对等的强制性法律义务,甚至在成本增加难以为继的情况下采取或撤资或歇业或转产不再从事劳动密集型行业,甚至干脆直接用弃厂逃跑等方式彻底退出市场"②。除此之外,这种人为单方偏向劳动者的做法其实也并未真正起到保护善良劳动者的作用,那些勤勤恳恳工作的善良劳动者在资方利益受到损害的情况下,工资和福利必然受到影响。甚至在大量企业倒

---

①　秦国荣:《无固定期限劳动合同:劳资伦理定位与制度安排》,《中国法学》2010年第2期。

②　秦国荣:《无固定期限劳动合同:劳资伦理定位与制度安排》,《中国法学》2010年第2期。

闭破产时,这些善良劳动者都将因此失去原有的工作岗位。而那些平时好吃懒做,不尊重劳动合同,故意违反劳动合同约定以及不遵守、不服从资方内部管理和劳动纪律的劳动者,反而因为立法和司法的偏向、偏袒得到了纵容。"劳动碰瓷"等社会现象的出现,就是最为典型的体现。

因此,在劳动立法过程中,立法者应当在认真思考中国现实国情条件下劳资关系的本质及其伦理定位的基础上,树立符合我国劳动关系发展的立法理念,才能从根本上维护和谐有序的劳资关系,建构真正符合新时代要求的和谐劳动关系。

三、新时代和谐劳动关系建构之目标理想

中共中央在《关于构建社会主义和谐社会若干重大问题的决定》(以下简称《决定》)中明确指出,构建和谐社会的重要内容在于"发展和谐劳动关系"。习近平总书记在党的十九大报告中也指出,在社会主义发展的新时期,要始终坚持"完善政府、工会、企业共同参与的协商协调机制,构建和谐劳动关系"。由此可见,在党和国家规划的建设蓝图中,新时代下劳动关系的应然状态无疑应当是一种"和谐劳动关系"。我们只有厘清和谐劳动关系的内核,才能明确构建和谐劳动关系乃至和谐社会建设的目标。我们认为,新时代下和谐劳动关系建构的目标理想至少应当包含以下几点。

(一)以互利共赢为立法追求目标

劳动关系不仅是一种集财产属性与人身属性于一体的混合型社会关系,同时也是一种双方力量不均衡的社会关系,是一种较为弱势

的劳动者个体隶属于资方的从属性社会关系。在劳动过程中,劳动者不仅需要接受资方的内部分工和指令,而且要服从资方内部纪律章程的管理和约束。正因为如此,一些人认为劳资双方实力与地位的不平等决定了在劳动关系中劳资双方乃是利益冲突的对立体,一方要想获得自身的发展和利益,必然以侵犯对方的利益为前提,劳资双方之间乃是一种相互对立的利益冲突关系。这种观点在特定的历史时期可能具有一定的合理性,但在劳动关系日趋成熟的今天,和谐社会下的劳动关系早已不再是劳资双方相互冲突对立的零和博弈关系,劳资双方在劳动关系存续过程中的互利共赢才是新型劳动关系的理想与现实状态。

　　劳动关系和谐是社会和谐的基础。"和谐不仅意味着合理地管控分歧和矛盾,还意味着基本的认同,更意味着合作、共赢、共享、共进理念之践行,是一种确保全体成员皆能享受最大福祉、获得最大幸福的温馨而恬静的社会环境与秩序之状态。"①尽管劳动关系有时会存在不和谐的状态或因素,但是我国当下的劳动关系始终包含着非常强烈的和谐性之要求,这是由我国的社会制度、社会环境、企业组织形式、市场经济发展等诸多因素共同决定的。恩格斯曾说过:"资本和劳动的关系,是我们全部现代社会体系所围绕旋转的轴心。"②劳动关系是随着工业化大生产与资本主义制度的建立而产生的,但同时也是随着市场经济的发展和世界范围内的社会制度变革而不断发生变迁的。在西方资本主义早期发展阶段,新兴资产阶级为了彻底摧毁封建社会的社会基础与文化习惯,巩固资本对劳动的剥削地

---

　　①　冯彦君:《"和谐劳动"的观念塑造与机制调适》,《社会科学战线》2015 年第 7 期。
　　②　〔德〕弗·恩格斯:《卡·马克思〈资本论〉第一卷书评——为〈民主周报〉作》,载《马克思恩格斯文集》第 3 卷,人民出版社 2009 年版,第 79 页。

位,通过立法确认和维护了资本对劳工的管制与压迫。这使得资产阶级在追求利润的驱动下,残酷地剥削和压迫劳动者,劳资关系处于资方绝对控制的状态。直到19世纪中叶,随着马克思主义和社会主义运动在欧洲的兴起,逐渐觉醒的劳工开始在欧洲进行有组织的工人反抗运动,劳资关系开始呈现出敌对性的紧张激烈状态,劳资双方之间的斗争上升为阶级对立与阶级斗争。而近现代以来,由于人本主义思潮的兴起以及国际劳动组织的不懈努力,各国对于劳动关系的认识与劳动立法开始逐步"趋同",即在劳动关系运行过程中,对任何一方利益的过度偏重都会影响劳动关系的稳定运行,最终将损害双方的利益。只有实现劳资双方的互利共赢,才能真正保障劳动关系的和谐稳定,进而推动整个市场经济的稳定发展。我国是公有制占主导地位的社会主义国家,随着改革开放以来对市场经济本质和运行规律认识的不断深入,开始科学地审视资本与劳动的内在关系,构建互利共赢的劳动关系逐步成为社会共识,并以此作为劳动立法的追求目标。

(二) 以社会主义核心价值观为精神内核

作为以公有制为基础的社会主义国家,中国特色的和谐劳动关系应当以社会主义核心价值观为基本精神内核,着力塑造与维护新时代劳资双方互利共赢的劳资伦理关系。在党的十九大报告中,习近平总书记明确提出了"激发与保护企业家精神"和"弘扬劳模精神与工匠精神"要求。这两项要求的提出乃是在新时代下,党和国家对劳动关系提出的新定位与新要求,是对我国转变经济发展方式、全面建成小康社会时期劳动关系伦理的精准概括,也是社会主义核心价值观在劳动关系领域的具体体现与要求。

新时代中国特色和谐劳动关系下的"企业家精神"具有极为丰富的价值内涵,既"包含创新创业、开拓进取的勇气和胆识,又蕴涵社会责任感、事业心和文化情怀等基本要求,更有体现当代中国精神、拥护党的领导、热爱社会主义、担当民族复兴大任的使命担当等胸怀"①。这要求在劳动关系运行过程中,企业家一方面要注重对外的社会责任与开拓精神,另一方面更要注重对内的科学管理和人文关怀,切实保障劳动者的合法权益和主人翁地位。在竞争日益激烈的全球化市场经济中,只有具备与劳动者同舟共济的企业家精神,才能在市场竞争中立于不败之地。

同样,新时代下的"劳模精神和工匠精神"也对劳动者提出了新的要求。在科技迅速发展的今天,国家迫切需要建设知识型、技能型、创新型劳动大军。和谐劳动关系要想稳定运行,不仅需要企业家具有良好的企业家精神,也同样需要劳动者恪守职业伦理规范,在劳动过程中保持勤勉、忠实,自觉提升自己的劳动技能与素养,不为一己私利做出有损单位的行为。劳动者应当明白这样一个道理,在市场经济高度发达的今天,企业之间存在激烈的市场竞争,只有劳动者与企业共命运、同呼吸,尽职尽责,为企业发展贡献才智,企业才能获得了良好的发展,在同业竞争中胜出,劳动者才能真正获得实利。企业兴,则劳动者利;企业衰,则劳动者损。

因此,我国的劳动关系法治建设应以新时代劳企伦理关系要求为基础,以社会主义核心价值观为内核,真正维护劳动法治的公平与正义,维护劳资伦理秩序与社会道德信念。

---

① 参见秦国荣:《以十九大精神指引新时代和谐劳动关系法治建设》,《南京审计大学学报》2017年第6期。

（三）劳资双方权利义务明确合理

　　劳资关系发展的历史经验告诉我们,建立和谐劳动关系并非依赖于劳方或者资方单方面的行为,而是要靠劳资双方共同努力,依靠劳资双方在劳动关系存续过程中始终恪守自己的职业道德,相互关爱,共同营造良好的劳动关系氛围。只有明确劳资双方权利义务,使劳资双方始终明确地知晓自己应当履行何种义务,享有何种权利,才能够保障劳动关系的稳定运行。

　　劳动关系的人身属性决定了劳动者在签订劳动合同之后,必须在资方的指挥和管理下从事劳动,劳资双方具有明显的人身隶属性,这就意味着劳动关系双方的权利义务设定必然不同于一般民事关系。对于一般民事关系而言,由于关系双方的主体权利平等性,因而双方的权利义务设定相对同等。但在劳动关系中,资方享有对劳方进行指挥和管理的权利,因此资方相对于劳方而言处于相对强势地位,由此也就决定了资方必然相对于劳方而言应承担更多的义务和责任,而劳方对于资方而言则会享有更多的权利。

　　为了维护劳动关系的和谐稳定,保障劳动者的合法权益。在劳资双方的权利义务设定上,对于资方,立法者应当更多地强调资方对于劳动者的照顾和保护义务,以维护员工的利益为核心,以关怀、保护、尊重、公平等为价值观和行为判断标准,注重营造良好的企业氛围和环境,维护劳动关系的稳定运行。具体包括保护劳动者的健康安全与休息休假权、合理薪酬权、择业权、辞职权等。当然,资方在履行义务的同时也享有进人权、用工自主权、劳动指挥与管理权等权利,包括制定单位内部规章制度并要求劳动者服从的权利。

　　和谐劳动关系的建立同样对劳方有着责任和义务的要求。虽然对于每个劳动者而言,他们都是独立的个体,拥有每个公民都享有的基本人权,都有着自己对理想生活的追求和向往。但是劳动者必须清楚地认识到,任何一个单位都是由有着不同背景、阅历、学历、资历、兴趣爱好的相互独立的劳动者所组成的,只有每个人都认真履行自己的职责,整个单位才能够正常运行。也只有用人单位获得了良好的发展,劳动者才能够真正获得收益。在与资方签订劳动契约后,劳动者就应当基于单位员工的身份,忠实维护资方的权益,勤勉敬业地工作,遵守企业规章纪律,以良好的职业操守和职业技能为单位贡献力量,共同推动企业的发展。

(四) 劳资纠纷解决机制健全

建立健全劳资纠纷解决法律机制,一直受到党中央高度重视。《中共中央关于全面深化改革若干重大问题的决定》明确要求:"创新劳动关系协调机制,畅通职工表达合理诉求渠道。"《中共中央关于全面推进依法治国若干重大问题的决定》也明确指出:"要健全依法维权和化解纠纷机制。努力凸显法律在维护广大人民群众权益、化解社会冲突与矛盾中的权威地位,引导和支持人民理性地表达利益诉求、依法维护合法权益。"因此,建立健全、合理、有效的劳资纠纷解决机制,努力畅通劳资双方利益协调和利益保障的法律渠道,对于促进和谐劳动关系的建立至关重要。

现有的《劳动法》和《劳动争议调解仲裁法》将调解与协商、仲裁、诉讼等确立为解决劳动争议的法定途径。对于我国和谐劳动关系建设而言,要想建立健全合理的劳资纠纷解决机制,必须在调解、仲裁和诉讼等各个方面进行相应的制度完善。就调解和协商而言,虽然我国在立法中明确提及了劳动争议协调委员会的设立及其劳资纠纷调处功能,但在现实生活中由于工会功能的缺失和劳资关系的紧张,劳动争议协调委员会的实效性往往较弱,对此可以通过赋予企业工会更多独立的权力,从而推动劳动争议协调委员会的功能得到更好的发挥。

此外,我们应发挥劳动监察、人民调解委员会的职能,加强劳动监察联动执法,做好事前防范与事中及时处理工作,尽量以非对抗性手段解决劳动争议,将矛盾消弭在萌芽状态。同时,加强普法教育工作,督促劳资双方遵从劳资伦理,守法守纪,确保劳资和谐。

四、结　语

劳动关系是社会生产关系的重要组成部分,和谐劳动关系建设是新时代我国社会主义法治建设与文明发展的重要组成部分。目前劳动关系运行中所暴露出的诸多问题,充分说明了我国的劳动法治建设尚任重道远,迫切需要国家和立法者做出相应的变革。劳动关系的调整应当遵循劳资伦理的内在要求,以维护劳资和谐作为劳动立法的基本价值取向,将社会主义核心价值观引入劳动关系法律制度的设计与安排中,明确劳资双方的权利义务关系、行为规范以及相应的法律责任。只有将促进劳资共赢作为新时代劳动关系发展的基本目标,才能真正实现劳动关系的和谐稳定,真正推动社会主义核心价值观的践行,最终也才能推动和实现和谐劳动关系与和谐社会建设的目标理想。

参考文献

一、 著作文献

《马克思恩格斯文集》第 3 卷，人民出版社 2009 年版。

《马克思恩格斯文集》第 4 卷，人民出版社 2009 年版。

《马克思恩格斯文集》第 8 卷，人民出版社 2009 年版。

《马克思恩格斯全集》第 1 卷，人民出版社 2002 年版。

《马克思恩格斯全集》第 3 卷，人民出版社 2009 年版。

《马克思恩格斯全集》第 4 卷，人民出版社 2012 年版。

《马克思恩格斯全集》第 19 卷，人民出版社 2006 年版。

《马克思恩格斯全集》第 46 卷（下），人民出版社 2009 年版。

《马克思恩格斯选集》第 2 卷，人民出版社 1995 年版。

《马克思恩格斯选集》第 4 卷，人民出版社 2012 年版。

《马克思恩格斯选集》第 5 卷，人民出版社 2012 年版。

《列宁选集》第 3 卷，人民出版社 1995 年版。

《习近平谈治国理政》第 2 卷（中文版），外文出版社 2017 年版。

《习近平谈治国理政》第 3 卷（中文版），外文出版社 2020 年版。

中央文献研究室编：《十三大以来重要文献选编》（下），人民出版社 1993
  年版。

〔古希腊〕亚里士多德：《政治学》，吴寿彭译，商务印书馆 1965 年版。

〔法〕卢梭：《社会契约论》，何兆武译，商务印书馆 1980 年版。

〔法〕孟德斯鸠：《论法的精神》，许明龙译，商务印书馆 2014 年版。

〔英〕梅因:《古代法》,沈景一译,商务印书馆 1959 年版。

〔英〕罗纳德·H.科斯:《企业、市场与法律》,上海三联书店 1990 年版。

〔英〕A.哈耶克:《个人主义与经济秩序》,北京经济学院出版社 1989 年版。

〔美〕奥利弗·E.威廉姆森:《资本主义经济制度》,商务印书馆 2003 年版。

〔美〕奥利弗·E.威廉姆森、西德尼·G.温特编:《企业的性质——起源、演变和发展》,姚海鑫、邢源源译,商务印书馆 2007 年版。

〔德〕马克斯·韦伯:《新教伦理与资本主义精神》,于晓、陈维纲译,生活·读书·新知三联书店 1987 年版。

〔加〕A.E.奥斯特、L.夏莱特:《雇佣合同》,王南译,中国对外翻译出版公司 1995 年版。

〔英〕阿里尔·扎拉奇、莫里斯·E.斯图克:《算法的陷阱:超级平台、算法垄断与场景欺骗》,余潇译,中信出版社 2018 年版。

〔美〕黛安娜·马尔卡希:《零工经济:共享经济时代的新型工作方式,推动社会变革的引擎》,陈桂芳译,中信出版社 2017 年版。

〔美〕罗伯特·C.所罗门:《商道别裁——从成员正直到组织成功》,周笑译,中国劳动社会保障出版社 2004 年版。

〔美〕罗伯特·C.所罗门:《伦理与卓越——商业中的合作与诚信》,罗汉等译,上海译文出版社 2006 年版。

〔美〕罗斯科·庞德:《通过法律的社会控制》,沈宗灵译,楼邦彦校,商务印书馆 2010 年版。

〔德〕曼弗雷德·魏斯、马琳·施米特:《德国劳动法与劳资关系》,倪斐译,商务印书馆 2012 年版。

〔美〕杰奥夫累·G.帕克、马歇尔·W.范·埃尔斯泰恩、桑基特·保罗·邱达利编著:《平台革命:改变世界的商业模式》,志鹏译,机械工业出版社 2017 年版。

〔澳〕杰佛瑞·布伦南、詹姆斯·布坎南:《宪政经济学》,冯克利等译,中国社会科学出版社 2004 年版。

〔美〕理查德·A.波斯纳:《法律的经济分析》,中国大百科全书出版社 1997

年版。

〔美〕理查德·T. 德·乔治:《企业伦理学》(原书第 7 版),王漫天、唐爱军译,机械工业出版社 2012 年版。

〔法〕让·梯若尔:《创新、竞争与平台经济》,寇宗来、张艳花译,法律出版社 2018 年版。

〔加〕尼克·斯尔尼塞克:《平台资本主义》,程水英译,广东人民出版社 2018 年版。

〔德〕平特纳:《德国普通行政法》,朱林译,中国政法大学出版社 1999 年版。

〔意〕T. 特雷乌:《意大利劳动法与劳资关系》,刘艺工、刘吉明译,商务印书馆 2012 年版。

〔德〕沃尔夫冈·多伊普勒:《德国雇员权益的维护》,唐伦亿、谢立斌译,中国工人出版社 2009 年版。

〔德〕黑格尔:《法哲学原理》,范扬、张企泰译,商务印书馆 1961 年版。

〔美〕哈里·C. 卡茨、托马斯·A. 科钦、亚历山大·J. S. 科尔文:《集体谈判与产业关系概论》(第 4 版),李丽林、吴清军译,东北财经大学出版社 2010 年版。

〔英〕E. 米德:《效率、公平与产权》,北京经济学院出版社 1992 年版。

〔美〕F. W. 泰罗:《科学管理原理》,胡隆昶等译,中国社会科学出版社 1984 年版。

〔荷〕费迪南德·B.J. 格拉佩豪斯、莱昂哈德·G. 费尔堡:《荷兰雇佣法与企业委员会制度》,蔡人俊译,商务印书馆 2011 年版。

〔美〕亚力克斯·罗森布拉特:《优步:算法重新定义工作》,郭丹杰译,中信出版社 2019 年版。

〔日〕星野英一:《私法中的人》,王闯译,中国法制出版社 2004 年版。

〔美〕约翰·布德罗、〔美〕瑞文·杰苏萨森、〔加〕大卫·克里尔曼:《未来的工作:传统雇用时代的终结》,毕崇毅、康至军译,机械工业出版社 2016 年版。

〔美〕约翰·W. 巴德:《人性化的雇佣关系——效率、公平与发言权之间的平衡》，解格先、马振英译，北京大学出版社 2007 年版。

〔日〕野田进：《労働契約の変更と解雇》，信山社 1997 年版。

曹凤月：《企业道德责任论——企业与利益关系者的和谐与共生》，社会科学
　　文献出版社 2006 年版。

常凯：《劳权论——当代中国劳动关系的法律调整研究》，中国劳动社会保障
　　出版社 2004 年版。

陈继盛：《劳工法论文集》，陈林法学基金会 1994 年初版。

陈威如、侯正宇：《平台化管理》，机械工业出版社 2019 年版。

陈寅恪：《隋唐制度渊源略论稿》，生活·读书·新知三联书店 2001 年版。

董保华：《劳工神圣的卫士——劳动法》，上海人民出版社 1997 年版。

董保华：《劳动关系调整的法律机制》，上海交通大学出版社 2000 年版。

董保华主编：《劳动合同研究》，中国劳动社会保障出版社 2005 年版。

董保华：《劳动合同立法的争鸣与思考》，上海人民出版社 2011 年版。

樊浩：《中国伦理精神的现代建构》，江苏人民出版社 1997 年版。

甘勇：《劳动法》，武汉大学出版社 2003 年版。

公丕祥：《法哲学与法治现代化》，南京师范大学出版社 1998 年版。

郭玲惠：《劳动契约法论》，台北三民书局 2011 年版。

黄越钦：《劳动法新论》，中国政法大学出版社 2006 年版。

胡建森、江利红主编：《行政法学》，中国人民大学出版社 2010 年版。

李慧芬：《荀子管理思想论》，山东人民出版社 2004 年版。

黎建飞：《劳动法的理论与实践》，中国人民公安大学出版社 2003 年版。

李景森、王昌硕主编：《劳动法学》，中国人民大学出版社 1996 年版。

梁慧星编：《民商法论丛》第 4 卷，法律出版社 1996 年版。

林晓云等编著：《美国劳动雇佣法》，法律出版社 2007 年版。

刘燕斌：《国外集体谈判机制研究》，中国劳动社会保障出版社 2012 年版。

马洪主编：《国外经济管理名著丛书》，中国社会科学出版社 1984 年版。

穆胜：《激发潜能：平台型组织的人力资源顶层设计》，机械工业出版社 2019
　　年版。

那述宇等:《大调解——社会纠纷解决路径的创新》,中央文献出版社 2009
　　年版。

潘峰:《劳动合同附随义务研究》,中国法制出版社 2010 年版。

秦国荣:《市民社会与法的内在逻辑——马克思的思想及其时代意义》,社会
　　科学文献出版社 2005 年版。

秦国荣:《劳动权保障与〈劳动法〉的修改》,人民出版社 2012 年版。

权衡、杨鹏飞等:《劳动与资本的共赢逻辑》,上海人民出版社 2008 年版。

台湾劳动法学会编:《劳动基准法释义》,台北新学林出版股份有限公司 2011
　　年版。

萨孟武:《中国政治思想史》,东方出版社 2008 年版。

史尚宽:《劳动法原论》,台北正大印书馆 1978 年重刊版。

王全兴主编:《劳动法学》,高等教育出版社 2004 年版。

王圣元:《零工经济:新经济时代的灵活就业生态系统》,东南大学出版社
　　2018 年版。

汪翔、钱南:《公共选择理论导论》,上海人民出版社 1993 年版。

谢怀栻、陈明侠:《劳动法简论》,中国财政经济出版社 1985 年版。

徐国栋:《民法基本原则解释——成文法局限性之克服》,中国政法大学出版
　　社 1992 年版。

颜雅伦、蔡淑娟:《知识经济下之劳雇关系与企业竞争力》,台北思益科技法
　　律事务所 2002 年版。

杨通轩:《个别劳工法——理论与实务》,台北五南图书出版有限公司 2015
　　年版。

叶静漪、周长征主编:《社会正义的十年探索:中国与国外劳动法制改革比较
　　研究》,北京大学出版社 2007 年版。

于凤霞:《平台经济:新商业、新动能、新监管》,电子工业出版社 2020 年版。

张新平:《理论与进路:网络平台治理立法研究》,社会科学文献出版社 2020
　　年版。

赵明华、赵炜、范璐璐主编:《中国劳动者维权问题研究——中国工会法 60 年

与劳动法 15 年》,社会科学文献出版社 2011 年版。

郑尚元:《劳动合同法的制度与理念》,中国政法大学出版社 2008 年版。

周学峰:《网络平台治理与法律责任》,中国法制出版社 2018 年版。

朱新力、唐明良、李春燕主编:《行政法学》,中国人民大学出版社 2012 年版。

Chester Irving Barnard, *Organization and Management*, *Selected Papers*, Cambridge MA: Harvard University Press, 1948.

Chester Irving Barnard, *Functions of the Executive*, Cambridge MA: Harvard University Press, 1968.

John T. Dunlop, *Industrial Relations System*, New York: Henry Holt, 1958.

Marcus H. Sandver, *Labor Relations: Process and Outcomes*, Boston: Little, Brown and Company, 1987.

二、 论文文献

常凯:《论政府在劳动法律关系中的主体地位和作用》,《中国劳动》2004 年第 12 期。

常凯:《雇佣还是合作,共享经济依赖何种用工关系》,《人力资源》2016 年第 11 期。

陈微波:《共享经济背景下劳动关系模式的发展演变——基于人力资本特征变化的视角》,《现代经济探讨》2016 年第 9 期。

陈伟忠:《法院对用人单位规章制度合理性审查合法吗》,《中国劳动》2012 年第 8 期。

程延园:《我国劳动争议的发展变化与劳动关系的调整》,《经济理论与经济管理》2003 年第 1 期。

董保华:《劳动制度改革和政府职能的转变》,《法学》1992 年第 9 期。

董保华:《劳动法的国家观——劳动合同立法争鸣的深层思考》,《当代法学》2006 年第 6 期。

董保华:《论劳动合同的立法宗旨》,《现代法学》2007 年第 6 期。

董保华:《劳动法律与人力资源管理的和谐共存》,《浙江大学学报(人文社会科学版)》2008 年第 4 期。

董保华:《论非标准劳动关系》,《学术研究》2008 年第 7 期。

董保华:《〈劳动合同法〉的十大失衡问题》,《探索与争鸣》2016 年第 4 期。

董保华、李干:《构建和谐劳动关系的新定位》,《南京师大学报(社会科学版)》2016 年第 2 期。

杜海燕:《论非公企业劳资伦理精神和原则》,《东北师大学报(哲学社会科学版)》2012 年第 1 期。

冯彦君:《"和谐劳动"的观念塑造与机制调适》,《社会科学战线》2015 年第 7 期。

贺汉魂、王泽应:《马克思劳动伦理关系思想及其现实启示研究》,《理论探讨》2013 年第 4 期。

胡磊:《我国网络平台就业的特点、发展瓶颈与制度支持》,《中国劳动》2018 年第 2 期。

纪雯雯、赖德胜:《网络平台就业对劳动关系的影响机制与实践分析》,《中国劳动关系学院学报》2016 年第 4 期。

焦国成:《论伦理——伦理概念与伦理学》,《江西师范大学学报》2011 年第 1 期。

金超:《劳动关系视角下的网约用工纠纷研究》,《中国劳动关系学院学报》2018 年第 2 期。

黎德良、章宁:《对我国劳动争议处理机制的探讨》,《中国劳动保障》2006 年第 4 期。

康桂珍:《〈劳动合同法〉实施后劳务派遣发展状况研究》,《工运研究》2009 年第 2 期。

李炳安、彭先灼:《移动互联网时代中的劳动关系转型及其认定》,《科技与法律》2018 年第 2 期。

李飞:《法律如何面对公益告发——法理与制度的框架性分析》,《清华法学》2012 年第 1 期。

李海明、陈亚楠:《吊诡的英国雇员股东制度》,《中国工人》(*Chinese Workers*)
　　2015 年第 10 期。

厉以宁:《论"中等收入陷阱"》,《经济学动态》2012 年第 12 期。

李亦中、瞿栋:《论劳动争议仲裁与民事诉讼的协调》,《中南财经政法大学研
　　究生学报》2006 年第 6 期。

李永明:《竞业禁止的若干问题》,《法学研究》2002 年第 5 期。

梁治平:《立法何为?——对〈劳动合同法〉的几点观察》,《书屋》2008 年 6
　　月号。

刘剑:《实现灵活化的平台:互联网时代对雇佣关系的影响》,《中国人力资源
　　开发》2015 年第 14 期。

刘小鹏:《浅谈确立裁审分离的劳动争议处理体制》,《新视点》2002 年第
　　11 期。

刘玉:《企业伦理关怀管理的经济学分析》,《淮北煤炭师范学院学报(哲学社
　　会科学版)》2007 年第 1 期。

马永堂:《国外三方协商机制及其对我国的启示与借鉴》,《中国行政管理》
　　2012 年第 4 期。

乔健:《中国特色的三方协调机制:走向三方协商与社会对话的第一步》,《广
　　东社会科学》2010 年第 2 期。

秦国荣:《人民调解制度:法律性质、文化成因及现代意义分析》,《兰州大学
　　学报》2004 年第 3 期。

秦国荣:《劳动违约责任:归责原则、构成要件及立法完善》,《当代法学》2006
　　年第 2 期。

秦国荣:《法律衡平与劳权保障:现代劳动法的价值理念及其实现》,《南京师
　　大学报(社会科学版)》2007 年第 2 期。

秦国荣:《法律上的劳动概念:法理逻辑与内涵界定》,《江苏社会科学》2008
　　年第 3 期。

秦国荣:《建国前中国共产党劳动立法的演变及其启示》,《江海学刊》2008
　　年第 4 期。

秦国荣:《劳动权的权利属性及其内涵》,《环球法律评论》2010 年第 1 期。

秦国荣:《无固定期限劳动合同:劳资伦理定位与制度安排》,《中国法学》
　　2010 年第 2 期。

秦国荣:《我国劳动争议解决的法律机制选择——对劳动仲裁前置程序的法
　　律批判》,《江海学刊》2010 年第 3 期。

秦国荣:《劳资均衡与劳权保障:劳动监察制度的内在功能及其实现》,《河南
　　省政法管理干部学院学报》2010 年第 6 期。

秦国荣:《劳动法上的劳动者:理论分析与法律界定》,《法治研究》2012 年第
　　8 期。

秦国荣:《约定竞业限制的性质判定与效力分析》,《法商研究》2015 年第
　　6 期。

秦国荣:《劳资伦理:劳动法治运行的价值判断与秩序维护》,《社会科学战
　　线》2015 年第 7 期。

秦国荣:《以十九大精神指引新时代和谐劳动关系法治建设》,《南京审计大
　　学学报》2017 年第 6 期。

秦国荣:《劳动关系治理的法治逻辑》,《贵州省党校学报》2017 年第 6 期。

秦国荣:《劳动关系法律调整的伦理要求与法治内涵》,《东南大学学报(哲学
　　社会科学版)》2018 年第 4 期。

秦国荣:《网络用工与劳动法的理论革新及实践应对》,《南通大学学报》2018
　　年第 4 期。

沈同仙:《〈劳动合同法〉中劳资利益平衡的再思考——以解雇保护和强制缔
　　约为切入点》,《法学》2017 年第 1 期。

宋希仁:《论伦理关系》,《中国人民大学学报》2000 年第 3 期。

孙德强:《论劳动仲裁制度的法律基础》,《中国劳动》2004 年第 8 期。

唐镔、李彦君、徐景昀:《共享经济企业用工管理与〈劳动合同法〉制度创新》,
　　《中国劳动》2016 年第 7 期。

王全兴:《"互联网+"背景下劳动用工形式和劳动关系问题的初步思考》,
　　《中国劳动》2017 年第 8 期。

王天玉:《基于互联网平台提供劳务的劳动关系认定——以"e代驾"在京、沪、穗三地法院的判决为切入点》,《法学》2016年第6期。

王霞:《论政府在集体协商制度建设中的作用》,《中国劳动关系学院学报》2010年第4期。

吴清军:《集体协商与"国家主导"下的劳资关系治理——指标管理的策略与实践》,《社会学研究》2012年第3期。

谢增毅:《劳动关系的内涵及雇员和雇主身份之认定》,《比较法研究》2009年第6期。

谢增毅:《互联网平台用工劳动关系认定》,《中外法学》2018年第6期。

许建宇:《劳动者忠实义务论》,《清华法学》2014年第6期。

徐小洪:《劳动法的价值取向:效率、劳动者主体地位》,《天津市工会管理干部学院学报》2009年第1期。

徐元彪、周茜:《略论我国劳动争议处理体制的改革与完善》,《湖北经济学院学报(人文社会科学版)》2007年第11期。

杨光飞:《企业伦理:意涵及其功能》,《伦理学研究》2005年第6期。

杨文华、何翘楚:《平台经济业态下去集体化劳动关系的生成及治理》,《改革与战略》2018年第1期。

张斌:《企业劳动关系伦理化管理:动因、内涵及策略》,《经济问题探索》2010年第7期。

章惠琴、郭文龙:《从倾斜保护原则审视〈劳动合同法〉之修改》,《学术界》2017年第1期。

张宪民、郭文龙:《论我国劳动争议处理机制的调整》,《中国劳动》2006年第8期。

赵薇:《论我国企业的商业伦理建设》,《南京大学学报(哲学·人文科学·社会科学)》2003年第3期。

郑杭生:《改革开放30年:快速转型中的中国社会——从社会学视角看中国社会的几个显著特点》,《社会科学研究》2008年第4期。

郑尚元:《员工竞业禁止研究》,《现代法学》2007年第4期。

郑尚元、王艺非:《用人单位劳动规章制度形成理性及法制重构》,《现代法学》2013 年第 6 期。

朱海龙、唐辰明:《互联网环境下的劳动关系法律问题研究》,《社会科学》2017 年第 8 期。

朱忠虎、严非:《法院可以而且应当审查用人单位规章制度的合理性——与陈伟忠同志商榷》,《中国劳动》2013 年第 1 期。

后　记

　　本书乃是国家社科基金重点项目"当代中国劳资伦理法律规制问题研究"的结项成果。项目研究受全国哲学社会科学工作办公室资助完成,本成果于2018年7月23日按程序提交结项,于2019年2月25日以良好等级通过了全国哲学社会科学工作办公室组织的结项鉴定评审。

　　本课题原本是2013年国家社科项目的指南选题,但2013年那年,我由于教学科研与行政工作特别繁重,加上承担的国家社科基金一般项目刚刚结项不久,因此那年就没有申报。而在那年公布的课题中标公告中,竟然没有人中标本课题。于是,我决定继续准备本课题的申报工作。2014年,本课题获批为国家社科基金重点项目。

　　完成国家社科基金项目是一项非常漫长而艰辛的工作,尤其是这种具有较大理论难度的课题,需要阅读和思考的东西特别多。而2014年至2016年上半年,又正是我担任南京师范大学社会科学处处长期间,极为繁重的行政工作、教学科研以及社会事务,占据了我很多的精力和时间。2015年上半年,学校党委启动新一轮干部遴选工作,我准备不再参加这一轮的岗位聘任工作。然而,面对校党委和校领导的信任和期待,面对母校文科建设与机制改革的重任,我又难以断然下决心离开。于是,在选择自我和解还是与社会和解的两难之间,我最终还是选择了后者。

　　2015 年,尽管我只是将社会科学处改制的人文社会科学研究院作为我申报竞聘的第三选项,但经民意测验、群众投票、述职演讲、答辩等程序,校党委最终还是决定由我担任人文社会科学研究院院长。接到任命的那一刻,我的内心确实是极为复杂与矛盾的。我是个有完美主义倾向的人,喜欢追求工作的完美,如果继续接受任命,那毫无疑问将继续开启那种早已厌倦但又不得不奉献其中的行政事务。这种对周期性、重复性、繁杂性、事务性行政工作的职业倦怠,已经严重影响着我的工作与生活情绪。特别是这种工作的繁琐复杂、文山会海、无休止对内对外的接待等,严重影响着我的教学与科研工作,使得我无法静下心来阅读、思考和写作。

　　但我更深知,作为母校培养的学子,身受母校及老师栽培关爱之重恩,又深蒙校党委和校领导之高度信任与期望,如果不接受任命,又如何向关心、关怀和爱护我的师长领导交代与解释? 这真的不是矫情,而是一种无法与人言说的两难。因为众所周知的原因,尽管高校行政管理岗位不是什么"官位",但你既然到了这个岗位,在中国这个有着特殊"官本位"思维与文化的环境中,如果你突然不干或离开岗位,难免会引起各种猜测、怀疑和非议:是犯错误了,还是得罪领导了? 是感觉压力太大、能力不行,干不下去了,还是对领导或人际关系不满,耍情绪撂挑子了? 如果你对人解释说是因为厌倦行政管理工作而主动放弃不干,估计几乎没有人会相信你的话。我知道在这种人言可畏,尤其还是在母校工作的环境里,要想安心顺利、没有闲言闲话地离开行政管理岗位,回到纯粹的教学科研工作之中,绝对不是一件简单容易的事情,除非我当初拒绝或没有担任过这种"行政岗位"。

　　在 2014—2015 年这段内心充满矛盾和纠结的时光里,最能让我暂时摆脱烦恼的就是阅读与本课题有关的文献资料,参加学术活动,思考和研究整个课题的核心观点、思想体系、概念分析工具以及创作部分成果。只有在从事这项工作时,我才真切地感受到生活的美好与充实。而在我对行政工作产生厌倦,同时又纠结于如何与各方和解,专心从事教学研究工作的时期,有部分高校似乎与我心有灵犀,向我伸出了橄榄枝。在反复权衡之下,我最终还是决定换个环境,到南京审计大学工作。

与母校南京师范大学一样,南京审计大学是一所在江苏省乃至全国均有着较高美誉度的高校。这里背山面江,风景秀美。良好的校风学风也得到了社会的普遍认同。尤其难得的是,南京审计大学党委志存高远,求贤若渴,开启了对优秀高层次人才进行大规模引进的工作。全校上下一心,引智工作令人瞩目。对我而言,以经济法起家的南审法学学科,经过若干年筚路蓝缕的砥砺前行,已经初具规模,法学本科教育特色鲜明,在国内已经产生较好的影响。南审具备较好的经济法学科基础以及对经济法学科较为重视的学院、学校条件,来南审工作也更有利于我专心从事教学与科研工作。

从2016年11月来到南审,到2018年年底,这是我到南审专心致志做一个专职老师的时期。这期间,不仅学校主要领导及科研部、组织人事部、总务委员会、财务处等部门给了我极好的照顾与关怀,而且学院、学科同仁也给了我关心与支持,使得我能够安心整理近几年来的思考,对本课题进行极为全面的梳理和理论探索。这段时间是我相对"高产"的时期,离开了行政岗位的繁琐与喧嚣,抛开了杂务的纠缠,对于一个希望安心从事教学科研的教师而言,确实是最为充实而开心的一段时光。利用这段极为宝贵的时光,我基本上完成了本课题主要部分的写作和论文发表,并开始全面梳理课题的基本逻辑、概念分析工具、理论体系、实践应用等内容。

　　在此期间，本课题组除了开展正常的科研与调研工作外，还在人才培养、学科发展、科研平台建设、学术交流合作、社会服务、成果转化等方面开展了一系列成效显著的工作。在人才培养方面，以本课题为主要内容进行研究及毕业论文选题的李亘博士顺利毕业。另外两位博士汪银涛、丁芳也参与了本课题研究，以本课题相关内容作为博士论文选题，并结合本课题研究发表了学术论文和进行了毕业论文写作。其他硕士生与本科生也以本课题所涉内容进行了论文选题与写作。在科研平台建设方面，2017 年 10 月，本人牵头课题组整合省内科研与实务资源，以南京审计大学为依托，与江苏省劳动监察局、常州市天宁区人民政府联合申报并获批江苏省高校人文社会科学校外重点研究基地"江苏劳动法治研究基地"，2019 年又获批江苏省法学会"劳动与社会保障研究中心"。在对外学术交流与合作方面，2017 年 12 月，以本人及课题组主要成员为策划骨干，以江苏省法学会社会法学研究会与中国社会法学研究会名义共同主办，由常州市天宁区人民政府、江苏劳动法治研究基地和南京审计大学共同承办的"创新创业与劳动者权利保障"全国高端论坛暨全国第三届社会法博士生论坛在常州市顺利召开，在省内乃至国内都产生了较为广泛而重大的影响。2018 年 9 月，以本人及课题组主要成员为主要策划人，由江苏劳动法治研究基地与南通市如东县法学会共同主办，由如东县人民法院承办的"江苏劳动法治研究首届论坛暨第二届扶海法学沙龙"顺利举行，论坛与沙龙采取线下会议与线上直播相结合的方式进行，当天线上关注量超过 1.3 万人，在当地法律实务界和社会上产生了较大的影响。

　　在社会服务方面，本人作为课题主持人先后受邀参加了多项活动。2018 年 5 月，受邀参加在南京举行的"人力资源大数据智慧发展暨南京人力资源服务业行动大会"，并在会议上以本课题研究成果为主要内容做会议主旨演讲;2019年2月,受邀参加南京市人力资源产业发展座谈会,并被南京市人力资源产业协会聘为协会专家团顾问;2019年5月,受邀担任现场专家评委,参与南京市首届十佳HR经理人评选活动;2020年7月,作为特邀评审专家参与南京市人力资源服务行业和谐劳动关系企业、南京市人力资源产业品牌产品的评审活动。本人作为课题主持人还组织部分律师,与相关企业进行沟通交流,并以法律服务的形式,协助企业梳理内部管理与劳动用工规章制度、法律文本等。而无论是组织学术交流与研讨,还是从事社会服务与法律服务,本人作为课题主持人及团队成员始终注意将本课题形成的重视劳资伦理的社会责任、法律责任等理念及成果进行转化,主张劳资双方应建立起企业共同体观念,恪守各自的伦理责任,注重劳资关系的内部沟通、协调与和谐,共同建设和维护和谐企业与和谐劳动关系。

这段专心致志地从事本课题研究的时光是极为充实、忙碌和紧张的,论文发表、学术交流、社会服务、人才培养等,均围绕本课题核心内容和主题展开。至2018年上半年,本课题主要研究工作已告结束,开始进入课题成果梳理整合阶段,并于2018年6月完成课题结项材料准备工作,7月正式提交给学校科研部将材料交江苏省哲学社会科学工作办公室送审。经省规划办和国家哲学社科工作办公室结项评审,最终本成果以良好成绩结项,较为圆满地完成了课题研究任务。

本书作为国家社科基金项目结项成果,绝不仅仅是我及课题组成员努力工作的结果,而且是在诸多领导师长、亲人朋友、同仁同事的关心、支持与帮助下,才得以顺利完成的结果。在本成果即将付梓之际,真的需要对他们说出感恩、感谢的心声。

我首先要感谢恩师公丕祥教授对我始终如一的厚爱与扶持,在而立之年得入师门,真乃三生有幸。恩师不仅对我的学术思维一直起着榜样示范作用,而且对我的工作和生活也给予了诸多令人感动、没齿难忘的帮助。恩师在担任校外单位重要岗位期间,也是一直勤奋学术,笔耕不辍。近年来更是学术成果高产,在高级别专业学术期刊上发文的数量、获得的高级别优秀成果奖励,真是让我高山仰止,见贤思齐。

感谢我在南师大社会科学处(人文社会科学研究院)工作期间的领导、同仁们给予我工作的大力支持与帮助。尤其感谢南师大原校党委书记文晓明教授,原校党委书记兼校长宋永忠教授,原校长胡敏强教授,分管校领导、原副校长陈凌孚教授、吴康宁教授、朱晓进教授、傅康生教授,原纪委书记蔡林慧教授、倪延年教授,原副校长华桂宏教授、夏锦文教授、陈国祥教授,以及其他校领导给予我的充分信任和精心指导,使得我在社科处能够集中精力,全身心投入工作之中。同时也感谢与学校社科管理工作有关的相关上级部门及领导的关心、支持与大力帮助,他们的单位与名字虽然不能在这里一一述明,但因工作关系而与他们结成的深情厚谊永志难忘。

感谢我在社科处工作期间南师大职能部门的诸位同仁。如果说作为一名在教学科研一线岗位工作的教师,来到管理岗位后真的有什么收获和趣味的话,那就是扩大了工作的视野与范围,改变了工作环境。从学院或学科扩大到全校各部门和各学院的工作协调与人际交往范围,从处于单一的专业教学、科研与法律实务工作环境,转变为与不同学科、知识、思维等背景的人群进行共事,确实有一种难以名状的奇妙感觉。篇幅所限,在这里一并对我在南师大社科处工作期间的南师大诸部门,尤其是学科办、宣传部、研究生院、科技处、人事处、财务处、后勤处、资产处、党办、校办等诸多对我工作给予理解、支持与帮助的同仁们表示衷心感谢。忘不了我们共同奋斗与相互配合的日子,忘不了我们的工作友情与厚谊,忘不了那段我们秉持"团结紧张,严肃活泼"理念的工作与生活状态的时光。

　　我要特别感谢南京师范大学原社科处的全体同仁,感谢他们在工作中形成了精诚团结、相互帮助的良好氛围与作风,大家心往一处想,劲往一处使,全心全意做好社科服务工作。现在回想起来,那真是段"激情燃烧"的岁月啊,虽然工作很累,节奏很快,但社科处同仁敬业奉献,任劳任怨;虽然工作忙碌,但大家相互关心,相互帮助,团队意识和为学校社科事业发展而拼搏的进取意识浓厚。这也使得我能够在繁忙的管理工作之余,安心地抽出时间进行思考与写作。

　　感谢南京师范大学法学院给予我始终如一的支持与关心。尤其是感谢法学院原院长龚廷泰教授、李力教授,原党委书记李浩教授,感谢经济法学科黄和新教授、倪斐教授、奚庆副教授、何治中讲师,感谢法学院眭鸿明教授、蔡道通教授以及其他教授、同仁、行政人员在我课题研究以及日常教学、科研工作中给予我的关心与照顾。南师大作为一所百年名校和全国文科重镇,她历史悠久,人文底蕴深厚,名家云集,社会科学研究在国内有着较为明显的优势。在南师大从事社会科学研究,真是具备得天独厚的条件。在本课题研究与写作过程中,还得益于伦理学科、经济学科、政治学科、社会学科、历史学科、马克思主义学科等学科带头人及相关知名专家给予我的指点与帮助,很多专家、学者还专门给我送来了他们的专著文献资料,与他们的交流使得我开拓了思路,也更坚定了我对本课题研究的信心。因学者众多,为避遗漏,在此不列,只一并致谢。

　　这世界真是非常奇妙,难以尽明。2016 年对我来说,在今天看来仍然是感觉既清晰又模糊,甚至连自己都并不能找到一个能够完全说服自己选择离开母校、来到南审的理由。面对校领导、恩师、朋友、同事等的真情挽留和劝慰,真的有种"此情可待成追忆,只是当时已惘然"

的感怀。真的忘不了恩师数小时的电话劝留沟通,忘不了胡敏强校长专程提前结束哈尔滨的重要会议,与我在西江月长达4个小时的真情长谈,忘不了文学院赵生群教授电话的惊愕深情,忘不了法学院倪斐老师的洒泪哽咽……然而,或许只有时间才能验证一切,验证那个只有缘分与或命运中的必然才能解释的当时的那种偶然。人生或许就是如此,而人生最有意义之处,就是在未来的不确定性中寻求确定性,在不断地"折腾"自己、不断地挑战自我、不断地与他人共同奋斗的过程中,去实现一个又一个"小成就",享受那种做成一件又一件"小事"的快乐。而贪图安逸,安于守成,在我理解乃是一个人彻底衰老、等候死亡或走向生命终点的标志。

毫无疑问,南审法学还处于艰难的爬坡之中。2016年,无论是南审还是南审法学,虽然在社会上有着较好的口碑,多年来也形成了严谨朴实的教风学风,但总体还是一个以教学为主型、以职业教育为导向的"高职"型大学。然而,南审的那一届领导班子却是一个奋发图强、求贤若渴、真正想做事的领导集体。感谢南京审计大学原校长晏维龙教授,感谢原党委书记王家新教授,感谢校领导王会金教授、裴育教授、张建红副书记、王书龙副书记,感谢副校长董必荣教授、校科研部部长汪自成教授、校组织人事部原部长李群教授、校研究生院院长姜德波教授、校教务委员会主任程乃胜教授、校组织人事部原副部长徐超副教授、李海燕副研究员等,以及校党政办、组人部、科研部、财务处、总务委员会等学校机关部门的同仁给予我的帮助、厚爱与眷顾。2016年,从5月初夏到10月金秋的接触、沟通、相知、相助,给了我难以忘怀的美好回忆。

感谢南审法学院刘爱龙教授、肖建新教授、胡智强教授、谢冬慧教授、王艳丽教授、秦康美教授以及学院诸多同仁给予我的支持与帮助。

南审法学院有着朴实敦厚的传统,法学院同仁大多具备"双师"或"三师"资质,学院一贯重视应用性教学与实践,这与注重理论研究的南师法学院倒真是一种鲜明对照。来南审后,恰逢国家启动新一轮硕士点授权单位申报,那种曾经做过的极为熟悉又令人难忘的一起努力与奋斗的场景,很快让我融入这个处于爬坡与进取阶段的团队之中,共同感受了那种紧张协作的工作环境,以及分享了南审法学取得小步成功的喜悦。

感谢在我短暂担任南审法学院党总支书记期间,法学院张明霞副教授、卢小毛副教授、胡天成副教授、尚永昕讲师等在工作上给我的极大支持与帮助,从而使法学院党总支的活动能够有声有色地进行。感谢朱芸、李相森、靳宁及其他许多青年教师对学院党务及我的工作给予的极大热情与投入,感谢学院青法会、法专协的同学们为学院学生工作所做的倾情奉献。此外,还要感谢苏欣副教授对党总支校友会筹备工作的付出与努力,感谢南审法学院校友会筹备工作组诸多杰出校友的热情与奉献,感谢法学院科研秘书马莉、校科研部周丹、张道藩等同仁为本课题申请结项所给予的帮助。

感谢江苏社会科学院原副院长刘旺洪教授对我一直以来的关心和帮助。或许是命运的机缘和无法说清的定数,2017 年 7 月,他被省委升任为南京审计大学校长,来到了南审。从南京师范大学政教系、经济法政学院、法律系、法学院到社科处、党办,无论是学术研究、从教还是工作、生活,刘旺洪教授都给了我无私的帮助与指导,一路提携,亦师亦友,深情难忘。

感谢华东政法大学马长山教授,作为国内极具影响的法理学知名教授,长山教授在"市民社会与法的内在关系"的研究领域,有着极深的学术造诣。感谢长山教授大力推荐本书进入商务印书馆的编辑出版计划。感谢商务印书馆的编辑们为本书出版所做的工作。谢谢你们！

　　感谢国家社科基金通讯评议专家、会评专家和结项评审专家在本课题申报、立项、结项等过程中给予的肯定和鼓励,感谢国家社科工作办公室对课题研究立项和本书出版给予的资助和支持。国家社科基金项目代表了我国社科科研的最高等级和荣誉,能够获得这种国家级的重点项目立项,从事严肃认真、规范科学的项目科研,既是一个社科工作者莫大的荣幸,也是一份沉甸甸的责任和使命。这次项目科研,再次给我以深入思考和系统全面研究我国劳动法治基本逻辑与伦理特质的科研机会,这种带着压力、动力和使命感的课题研究任务,驱动着我和课题组成员不断调研、讨论、阅读和思考。

　　感谢江苏省人社厅、省劳动监察局、省高级人民法院,南京市人社局、市人力资源产业协会,常州市天宁区委区政府、区人社局、区法院等单位为本课题调研与合作所提供的帮助与支持,尤其感谢江苏省人社厅顾潮副厅长挂职常州市天宁区委区政府领导期间,以及江苏省劳动监察总队原总队长经洪斌,副总队长张景亮、张智灵,江苏省高级人民法院法官王芬,南京市人社局劳动关系处原处长、现南京市人力资源产业协会会长巴坤亚等给予我和课题组的大力支持和鼓励,使得本课题组在人才培养、科学研究、社会服务等方面获得了难得的机会。感谢江苏省法学会、江苏省教育厅社政处、江苏省社科工作办、江苏省社科联等部门给予本课题组科研的肯定和鼓励,尤其感谢江苏省法学会会长周继业,江苏省社科联原党组书记刘德海、副主席徐之顺、原副书记汪兴国,江苏省教育厅社政处原处长王伟,江苏省社科规划办原主任尚庆飞,副主任汪桥红、周丽等领导给予本课题组研究成果的肯定和政策支持。

　　感谢南审科研部、南审法学院对本课题研究给予的便利与支持,以及对本书出版给予的经费资助。

感谢课题组成员为本课题科研所做出的贡献,尤其是南通大学吴延溢教授、南京审计大学法学院李亘讲师、南京师范大学法学院汪银涛博士、金陵科技学院丁芳讲师为本课题调研、学术会议组织以及社会服务等工作所做的辛苦工作。其中,吴延溢教授为本书提供了第五章第一节的书稿初稿,李亘讲师提供了第四章、第五章第二节、第六章第一节、第六章第三节的书稿初稿,除上述章节外,其余部分为本人写作。全书由本人审核校对和修改定稿。

最后,我要深深地感谢我的家人,感谢我的妻子丁宣东女士几十年来相濡以沫的照顾和支持,她一直默默承担了所有的家务,并不断提供着作为非法学专业人士对我的学术研究和立论观点的反思与评判性探讨,给我提供了许多灵感与"接地气"的建议,同时还一直作为我所有学术作品的第一读者和审校者,协助我修改完成了诸多文章。感谢我的儿子猴宇与儿媳兔瑶,在我获得本课题立项、从事课题研究期间,他们不仅通过自己的努力,获得了较为稳定的事业和幸福的生活,从而给了我放心安定的科研心境,而且给我带来了可爱的孙儿和孙女,孙儿包哥小小猴与孙女卷妹丽丽姐这一对天使般小精灵的到来,使我"荣升"为爷爷辈的人,更给我寂寞繁重的科研生活带来了无穷的快乐和情感寄托。感谢你们,生命里因为有你们,才使得每天的空气是那么清新,阳光是那么明媚,生活中的一切是那么美好。

人生是既短暂又漫长的,所谓"五十知天命"真乃古人人生经验的总结。岁月如梭,光阴似箭,弹指一挥间,不觉已年过半百,华发早生。这是人生的自然规律,谁也无法逃避。回首往事,特别庆幸自己当年选择了教师这个职业,选择了以教学科研为业。这个职业既可以永远与朝气蓬勃的年轻人在一起,仿佛时间永远停在青春的岁月,又可以思考、研究和写作自己感兴趣的学术问题、社会问题、实践问题,还可以让自己的学术思想和思考获得延传与散播。掐指算来,转眼已从教 35 年。然而,却并没有感到岁月老去,相反,每天都是忙碌于专业领域的事务,丰富而踏实。

书稿即将付梓,写完这篇后记的时候,不禁有些感慨万千与忐忑惴惴。过去的岁月与事情,一幕一幕浮现在头脑中,仿佛就在眼前。但愿这部作品能够对阅读者有所裨益。只愿劳资伦理的学术命题以及课题组所做的学术努力,能够真正对劳动关系立法和和谐劳资关系建构,以及对今后的劳动法学学术研究和国家与地方的劳动法治建设,起到一点绵薄的作用。

秦国荣

2020 年 9 月于南京江浦

图书在版编目 (CIP) 数据

当代中国劳资伦理法律规制问题研究 / 秦国荣等著.
— 北京：商务印书馆，2021
ISBN 978-7-100-20419-4

Ⅰ.①当… Ⅱ.①秦… Ⅲ.①劳资关系—研究—中国
②劳动法—研究—中国 Ⅳ.① F249.26 ② D922.504

中国版本图书馆 CIP 数据核字（2021）第 201435 号

当代中国劳资伦理法律规制问题研究
秦国荣等　著

商 务 印 书 馆 出 版
（北京王府井大街 36 号　邮政编码 100710）
商 务 印 书 馆 发 行
江苏凤凰数码印务有限公司印刷
ISBN　978-7-100-20419-4

2021 年 10 月第 1 版　　开本　880×1240　1/32
2021 年 10 月第 1 次印刷　　印张　12½

定价：69.00 元